本丛书获"中央高校科研基本业务费"资助

本书系教育部人文社会科学重点研究基地重大项目"中东政治现代化进程研究"研究成果（项目批准号：2009JJD770023）

浙大人文

青 年 学 者 文 丛

沙特阿拉伯
政治现代化进程研究

◉吴 彦 著

ZHEJIANG UNIVERSITY PRESS
浙江大学出版社

浙大人文青年学者文丛

总　序

　　由浙江大学人文学部策划的《浙大人文青年学者文丛》与读者见面了，这实在是一件值得特别庆贺的事。

　　值此庆贺之机，不揣粗陋，说一点与当下人文学科的境遇与发展相关的感想，与本《文丛》的作者和读者朋友们交流求教。

　　关于人文及人文学科内容的表述，中国和西方虽有不同，但其意蕴与精神，两者的看法则大体相同。

　　一般认为，我国古代文献中最早出现"人文"一词的是《易经》："刚柔交错，天文也；文明以止，人文也。观乎天文以察时变，观乎人文以化成天下。"（《贲·彖辞》）意思是说，天生有男有女，男刚女柔，刚柔交错，这是天文，也即四时更替、天道自然；人类因此而有夫妇，有家庭，由家庭而国家，而天下，这是人文，也即社会人伦、人类文明。治国者既要观察天道自然的运行规律，又须用人文精神来教化天下。孔子说："德之不修，学之不讲，闻义不能徙，不善不能改，是吾忧也。"（《论语·述而》）因此，他强调"仁学"，要求人们"修德"、"讲学"、"徙义"、"改过"，学会"做人"、"爱人"，这是孔子对什么是人文的看法，也可以说是我国古代"人文教化"的日常要求和经验总结。在西方文化传统中，早期古代希腊时期，人和自然是一个整体，科学是真正综合的。亚里士多德开始寻找不同学科之间的差异,区分了理论、实践和创制三种科学,但他并没有将人文科学、社会科学和自然科学明确区分开来,而是仍然将自然哲学、数学和形而上学一起作为理论科学,将伦理学与政治哲学一起作为实践科学,将诗和修辞学归入以生产某物为目的的创制科学。后来所说的人文科学的某些观念,在公元前五世纪的希腊作为通识教育内容,目的是培养年轻人成为积极的公民。据说"人文学"(humanitas)概念最早由古罗马的西塞罗在《论演讲》中提出来的,作为培养雄辩家的教育内容,成为古典教育的基本纲领,并由圣奥古斯丁用在基督教教育课程中,围绕基督教教义学习语法、修辞、诗歌、历史、道德哲学。此后,人文学科便作为中世纪学院或研究院设置的学科之一。中世纪后期,一些学者开始脱离神学传统,研究和发掘古希腊、罗马的文化遗产,认为这种古典文化以人和自然为研究对象,是一种与非神学的世俗文化,并用 humanitas(人文学)来称呼这种新学问。大约到 16 世纪,"人文学"一词有了更广泛的含义,指的是这样一种文化现象:针对上帝至上的宗教观念,主张人和人的价值具有首要意义,重视人的自由意志和人对自然界的优先地位。从事人文学研究的学者于是被称为人文主义者。直到 19 世纪时,西方学者才用"人文主义"一词来概括这一文化现象,这就是我们通常所谓文艺复兴时代的人文主义思潮。人文主义思潮的主要内容成了英美学院和欧洲大陆大学预科基础教育的基本内容。随着近代实验科学的不断发展,人文学科逐渐明确了自己特殊的研究对象,成为独立的知识领域。按美国国会关于为人文学科设立国家资助基金的法案中的规定,"人文学科包括如下研究范畴:现代与古典语言、语言学、文学、历史学、哲学、考古学、法学、艺术史、艺术批评、艺术理论、艺术实践以及具有人文主义内容和运用人文主义方法的其它社会科学。"①欧盟一些主要研究资助机构对人文科学的范畴划分略有不同。欧洲科学基金会认为人文科学包括：人类学、考古学、艺术和艺术史、历史、科学哲学史、语言学、文学、东方与非洲研究、教育、传媒研究、音乐、哲学、心理学、宗教与神学；欧洲人文科学研究理事会则将艺术、历史、文学、语言学、哲学、宗教、人类学、当代史、传媒研究、心理学等归入人文科学范畴。这些差异反映了一种人文科学与社会科学研究相互交叉的趋势，所谓的学科分类也是相对而不是绝对的，更不是唯一的。

可见，从传统上看，人文学科是欧美大学学院或研究院设置的学科之一，属于教育学的基本科目类别；人文科学则是人文学科这一独立知识领域的总称，其主要研究对象是人与社会及其活动，是人类自身的发展、价值和精神。探求人的奥秘，便形成人文科学，人文科学的存在与发展，与人类自身的生存与发展相生相伴，须臾不能分离。

随着近代西方科学进步所带来的学科分化和社会变化，人文科学与自然科学，从本来的整体综合逐渐出现分化与疏离，表现出明显的区别。自然科学以自然界的物质现象为研究对象，是关于物质形态、结构、性质和运动规律的科学，通过观察、实验的方法，揭示各种物质形态的结构和本质，认识自然界的运动规律，并直接服务于人类利用和改造自然的活动，其特点是可重复性、可复制性。人文科学则研究人与社会及其活动，主要探讨人类历史发展、人的意识、情感、精神活动，通常采用引证与诠释、直观与体验、演绎与推论、想象与联想，以及思想实验等以语言分析、逻辑抽象和精神官能为基础的方法，使用难以用实验科学方法加以验证的范畴概念，如现象、本质、价

---

① 《简明不列颠百科全书》，第6卷，"人文学科"条目中国大百科全书出版社1986年版，第760页。

值、命运、自由意志等,揭示人自身的生存状态、活动形式及其价值与意义,突出认识和体验的独特性、偶然性和创造性,或者获得"具体的"个别和独特的认识内容与价值观念,或者形成适合于任何时代任何人的普遍经验和一般原则,其特点是不可重复性、不可复制性。

自古以来,人文科学就在各个方面推动着人类自身及其社会的发展。以哲学为例,中国古代哲学,无论是孔孟之道还是黄老之学,对人自身的德行养成和素质发展,对社会的政治影响和秩序稳定,都起着科学技术所不能替代的深刻作用,直到今天,仍然如此;西方哲学,无论是传统理论还是现代思想,都有力地推进了人们理解和把握自然界与人类社会的步伐,从不同角度打开了深入探索、理解自然世界和人类自身及其社会奥秘的通道,决定性地影响了欧洲自然科学世界观的道路和方法,奠定了自然科学实验观察和科学分析的理论基础。即便在以经济建设为中心、市场规则主导的当今世界,人们也都自觉不自觉地接受和运用着人文科学提供的思想、观念、价值、态度以及思维与生活方式,享受着人文科学所带来的实际成果。今天谁都不会否认,没有实践是检验真理的唯一标准这样的哲学讨论,就没有涉及理论、经济、社会发展乃至人的生活态度各个方面的思想解放和观念转变,也就不会有我国的改革开放以及由此带来的翻天覆地的变化。在一定意义上可以这样说,三十多年来,人文科学和其它社会科学一起,一次次将关系社会发展的重大问题提到时代和大众面前,持续地引领着人们的社会想象和公共论题,塑造了整个改革开放时代的公众话语模式和心理结构。

可是我们看到,无论在国内还是国外,人文学科在当今社会却受到明显的不同程度的误解、冷遇甚至排斥,人们越来越喜欢用直接可见的"有用"与"无用"作为衡量大学学科与专业之生存标准。对这种状况,我们无需怨天尤人。作为基础研究领域,人文学科具有自身的内在特征,诸如:它在根本

4

目标上与直接的经济发展要求存在着正常的疏离,其研究一般需经历较长的过程,研究的结果也难以精确预见和预测,因而被挤到急切发展经济的当下社会的边缘,不在追求物质利益的人们的视野焦点之中,并不值得大惊小怪。它所面对的是人自身,人作为有思想的主体,在认识和改造世界的同时也在不断地认识和改变着自身,这一过程是无止境的,因而,最初的人文学者及其理论所讨论的问题,并不会随着时间的流逝全部消失,许多问题仍然会被后人们反复讨论,却不能获得确定无疑的结论;它研究的虽然都是人自身,但不同的研究者可以根据不同的观念和角度,采用不同的研究方法,从而得出不同的认识,不同时代对同一问题也可以得出不同的认识,甚至同一个人对自己研究的同一问题前后也可能会有不同的观点,而这许多认识和观点,并不一定有统一的评价标准,不能用实验的方法予以验证,一般也难以获得普遍的认可和最终的答案;这本来正是人文科学具有永恒魅力的原因之一,可是却与人们通常那种追求解决实在问题、获取具体认知与效益的愿望,显得格格不入,甚至会让人生出厌倦无聊的情绪。科学技术的价值表现是直接的,作用发挥是显性而当下可见的,人文科学与之不同,它的价值表现是间接的,作用发挥是隐性而缓慢延后的,人们往往容易看到科学技术直接带来社会经济的发展和人们生活的改善,却忘记或忽视了推动这种变化的思想观念的深层次作用,以及由此带来的生产关系的改革和调整的力量。从人文学科具有的诸如此类特征,我们也许可以找到理解人文学科当下遭际的一些理由。

理解这种遭际的现实,并不就是默认它的合理性,更不是让我们消极地抱怨与等待,而是要面对现实,通过自身的努力去逐渐改变这种现实。我以为这里有一点很重要,就是我们从事人文学科教学和研究者自身,包括青年学者在内,要以一种人文精神去对待所从事的职业与事业,把握人文学科的特征,相信人文学科对社会和人生的意义,恰当看待学科的冷与热,尽可能摆脱急功近利的浮躁心态,坚守人类自身不可离异的精神家园,以积极的态度延续与发展人文学科。

《人文学科青年学者文丛》的编辑出版,便是这种坚守和发展的一种承诺与措施,将为人文学科青年学者们提供发表研究成果、交流研究心得的可以信赖的阵地。本《文丛》将精心选编本校人文学科青年学者的研究著作,也包括其它学科青年学者属于人文学科的研究成果,人文学部将对有志于该学科研究的青年学者们给予研究和出版的经费支持。十多年前,曾担任过香港首届特别行政区行政长官的董建华先生以宏远的眼光,在原杭州大学设立大陆高校第一个文史哲研究基金,扶持和培养了大批人文学科青年才俊,其中许多人已成为相应学科领域的知名专家。我们有理由对本《文丛》满怀同样的期待,愿与人文学科的青年朋友们共同耕耘这个阵地,一起分享收获的喜悦,与《文丛》相伴着成长。

庞学铨

2010 年 8 月于西子湖畔浙大

前　言

　　沙特阿拉伯①位于西亚地区的阿拉伯半岛,西邻红海,东邻波斯湾,北部与约旦、伊拉克和科威特交界,东南部与卡塔尔、阿拉伯联合酋长国和阿曼接壤,南部与也门相邻。沙特阿拉伯的国土面积约为 224 万平方公里,约占阿拉伯半岛总面积的 80%。沙特阿拉伯的气候炎热干旱,降水量极低,其国土面积的 95% 属于干旱或者半干旱的沙漠和山地。沙特阿拉伯境内无常年性的河流,只有一些季节性的河谷分布在各地。沙特阿拉伯的淡水资源非常匮乏,有限的地下水是淡水的最主要来源。恶劣的自然环境和气候条件对农业发展十分不利。沙特阿拉伯的可耕地十分稀少,仅占国土面积的 0.5%,并且需要灌溉。因此,逐水草而居的游牧生产生活方式在沙特阿拉伯历史上长期占据主导地位,牧养骆驼和羊群的贝都因人是沙特阿拉伯历史上主要的社会群体。在辽阔的沙漠中分布着面积不等的绿洲,这些绿洲围绕着地下水源,形成了以种植枣椰树为主的绿洲农业。微弱的绿洲农业与有限的朝觐业成为游牧经济的补充。总体而言,石油经济兴起以前的沙特阿拉伯较为落后,生产力发展极其缓慢。沙特阿拉伯境内拥有丰富的石油资源,已探明的石油储藏量约占世界石油储藏总量的四分之一。第二次世界大战以后,沙特阿拉伯的石油工业迅速发展,成为世界上最重要的石油生产国和石油出口国。巨额的

---

　　① "沙特阿拉伯"是沙特家庭成员阿卜杜勒·阿齐兹·本·阿卜杜勒·拉赫曼·本·费萨尔·沙特建立的国家的简称和通称。1932 年 9 月 23 日起,国名全称为"沙特阿拉伯王国"。按国内外学界惯例,"沙特阿拉伯"和"沙特阿拉伯王国"一般可以通用,本书使用"沙特阿拉伯",但在强调历史事件的官方政治性质时,本书使用"沙特阿拉伯王国"。

石油资金改变了沙特阿拉伯的贫困状态,使其成为富有的石油福利国家。

沙特阿拉伯西部的希贾兹地区主要由山地和沿海低地组成。希贾兹是伊斯兰教的摇篮,也是伊斯兰教圣城麦加和麦地那的所在地。希贾兹自伊斯兰教建立以来就与外部世界联系密切,一年一度的朝觐时节是希贾兹与外部世界交往的重要机会。希贾兹南部的塔伊夫是沙特阿拉伯的著名避暑胜地,毗邻麦加的吉达则是红海沿岸最重要的港口城市。希贾兹与也门之间的山地是阿西尔地区。阿西尔地区气候潮湿,降雨量相对充沛,是沙特阿拉伯的主要农业区。希贾兹以东的阿拉伯半岛内陆地区为纳季德,主要由高原和丘陵组成。纳季德地区的地理环境十分恶劣,共有三个举世闻名的大沙漠:纳季德北部是大努夫德沙漠,中部为小努夫德沙漠,南部则是世界上气温最高、气候最干燥的鲁卜哈利大沙漠。由于闭塞的地理环境和恶劣的气候条件,在石油发现之前,纳季德一直是阿拉伯半岛上最闭塞的地区,很少与外部世界进行交往。纳季德是瓦哈卜派伊斯兰教和沙特国家的发源地。沙特阿拉伯的首都利雅得位于纳季德东部,是瓦哈卜派伊斯兰教的宗教中心。哈萨位于阿拉伯半岛东部,是波斯湾沿岸的低地,具有较为丰富的地下水源,是沙特阿拉伯最重要的农业区域,胡富夫和盖提夫是沙特阿拉伯最重要的农业绿洲。沙特阿拉伯的油田大都位于哈萨一带,达曼、朱拜勒和胡巴尔是哈萨的主要城市,宰赫兰则是国家石油公司即阿拉伯美国石油公司的总部所在地。

沙特阿拉伯是阿拉伯半岛人口最多的国家。据 2000 年的统计,沙特阿拉伯的总人口约为 2200 万人,其中外籍人口约占总人口的四分之一。沙特阿拉伯绝大多数的外籍人口来自周边的阿拉伯国家以及其他的亚非国家,少量的外籍人口来自西方国家。[1] 沙特阿拉伯本国人口主要是阿拉伯人,只有少量的非裔黑人分布在阿西尔地区。沙特阿拉伯的人口分布十分不均,西部的希贾兹地区和西南部的阿西尔地区以及东部的哈萨地区人口密度相对较大,阿拉伯半岛腹地的纳季德地区

① Ann Heinrichs. (2002). *Saudi Arabia*. p. 86. New York: Children's Press.

人口则相对稀少。伊斯兰教是沙特阿拉伯的国教,沙特阿拉伯人口几乎是清一色的穆斯林,其中大约有90％的人口信奉逊尼派。逊尼派分别尊奉罕百里派教法、沙斐仪派教法、马立克派教法和哈奈斐派教法,其中,信奉罕百里教法学派的人口占总人口的50％以上,主要分布在纳季德地区;信奉沙斐仪教法学派的人口占总人口的37％左右,主要分布在希贾兹和阿西尔地区;信奉马立克教法学派的人口约占总人口的3％,主要分布在哈萨地区;信奉哈奈斐教法学派的人口最少,约占总人口的1.5％。沙特阿拉伯尼派穆斯林中隶属于罕百里教法学派的瓦哈卜派是沙特阿拉伯信仰人数最多、影响最大的宗教派别。沙特阿拉伯国王是瓦哈卜派伊斯兰教教长,沙特王室、宗教权威和其他上层人士均属于瓦哈卜教派。什叶派穆斯林是沙特阿拉伯的宗教少数派,约占沙特阿拉伯王国总人口的10％,大都尊奉十二伊玛目派,少数的什叶派穆斯林尊奉伊斯玛仪派和宰德派。什叶派穆斯林大多数聚居在盛产石油的东方省,约占该省人口的三分之一。

沙特阿拉伯的政治具有浓厚的宗教色彩。沙特阿拉伯地处伊斯兰教的发源地阿拉伯半岛,境内拥有伊斯兰教的两大圣地——麦加和麦地那。沙特阿拉伯历来都以两大圣地的"护主"地位自居,在当今的伊斯兰世界具有举足轻重的地位。沙特阿拉伯是当今世界上最典型的实行"教俗合一"政治制度的国家,将《古兰经》视为国家的宪法和立法的源泉。伊斯兰教是沙特阿拉伯的国教,它作为官方意识形态对沙特阿拉伯的经济、社会和政治生活具有重大影响。沙特阿拉伯的社会生活具有浓厚的色彩,沙特阿拉伯人普遍沿袭着部族传统的社会习俗,部族关系根深蒂固。"沙特"一词出现于国家的正式称谓之中,反映了部族传统在沙特阿拉伯的广泛影响。在教俗合一的政治体制之下,沙特家族构成沙特阿拉伯统治集团的主体。沙特阿拉伯的第一代国王是沙特家族的阿卜杜勒·阿齐兹;其后即位的历代国王,包括已故国王沙特、费萨尔、哈立德、法赫德和现任国王阿卜杜拉以及王储苏尔坦,皆系阿卜杜勒·阿齐兹的嫡子。伴随时代的变迁和历史的演进,大多数中东国家在第二次世界大战后民族民主运动大潮的冲击下,都通过不同形式的革命陆续走上了共和之路,沙特阿拉伯却始终维系着传统的教俗合一的家族政治体制,并在相对平稳的政治氛围下实现了王权在沙特家族内部的传承,这一特殊现象在中东乃至世界历史上都具有一定的典型性。

当今中东地区局势动荡,矛盾错综交织,令国际社会注目,而其深层原因无疑是现代化进程中社会的裂变和新旧秩序的尖锐对立。现代化是传统文明向现代文明过渡的历史阶段,其核心内容在于人类社会逐渐摆脱依附状态而走向自由。现代化的历史进程包含诸多因素的矛盾运动,其实质在于所有制的变革和社会形态的更替。个体生产、自然经济、乡村农业的统治地位、广泛的超经济强制和普遍的依附状态以及思想的束缚无疑是传统社会的基本要素,所谓的现代化主要表现为个体生产向社会化生产的转变、自然经济向商品经济的转变、封闭向开放的转变、奴役向自由的转变、专制向民主的转变。生产的社会化、经济的市场化、工业化、城市化、人身的自由化、社会秩序的法治化、政治生活的民主化和意识形态的个性化构成现代化的普遍趋势和基本方向,生产的进步、经济的发展和财富的增长则是现代化的深层物质基础。

现代化的主体是具有完整主权的现代民族国家。民族国家的建立和民族主义的实践构成实现生产进步、经济发展和财富增长进而使民众获得权利、自由和尊严的前提条件,民主政治的确立则标志着现代化进入崭新的阶段。纵观世界历史,诸多国家由于具体条件的差异而在现代化的进程中经历了不同的发展道路,然而民族主义的兴起与民主化运动的高涨却是现代化进程中普遍存在的历史现象和不可或缺的必要环节。

所谓"发展的独裁模式"作为从传统政治模式向现代政治模式过渡的中间环节,普遍存在于现代化进程中的诸多国家。新旧经济秩序的更替和新旧社会势力的此消彼长,构成所谓"发展的独裁模式"赖以存在的历史条件。脆弱的政治基础和内在的悖论倾向,则是所谓"发展的独裁模式"区别于传统君主政治和现代民主政治的明显特征。

传统社会的政治模式建立在精英政治的基础之上,民众通常处于政治舞台的边缘地带。现代化进程中政治生活的突出现象,是民众政治与精英政治的激烈角逐。伴随着现代化的长足进步,民众政治发展壮大,演变为主流的政治形态,成为现代政治模式的重要标志。民众广泛的政治参与,是政治现代化进程的重要组成部分,根源于现代化进程中经济社会领域的深刻变革。民众政治参与的程度,集中体现民众作为社会主体之解放的程度。

　　自由在传统社会是相对于奴役状态的法律概念,在现代社会则是与公民权密切相关的政治概念。自由与民主可谓现代文明的两大主题,主权在民与宪法至上构成现代民族国家的政治基础。传统社会的特有现象是民众意志与国家意志之间的明显对立,通常表现为民众与国家之间的暴力冲突。现代文明的发展历程,在政治层面上的主要表现是议会政治、政党政治和选举政治的发展和日臻完善。主权在民的政治原则和民众广泛的政治参与,提供了民众意志与国家意志趋于吻合的历史基础。议会政治、政党政治和选举政治则是联结民众社会与国家权力的桥梁和纽带。

　　现代化的历史进程大约从 1500 年开始在西欧逐渐启动,进而波及古老的东方世界。19 世纪以后,中东诸国经历了从传统文明向现代社会过渡的深刻变革。伊斯兰传统文明的衰落与中东诸国的现代化进程两者之间无疑具有内在的逻辑联系,伊斯兰传统文明的历史遗产对于中东诸国的现代化进程产生广泛的社会影响,进而决定着中东诸国的现代化进程区别于其他地区的特殊道路。

　　中东地区国家甚多,国情各异,现代化历程既具有共性亦不尽相同。本书试图结合伊斯兰文明的历史传统和石油时代特定的社会环境,选择中东地区最重要的石油王国沙特阿拉伯作为个案,从经济秩序、社会结构、政治生活和宗教思潮的不同层面分析沙特阿拉伯现代化进程中新旧因素的矛盾运动,探讨沙特阿拉伯政治现代化进程的基本模式和演进趋势,进而揭示沙特阿拉伯诸多现象的历史成因。前石油时代,瓦哈卜派宗教复兴运动与沙特家族政权相结合,完成了民族国家建立和整合部族社会的历史任务。石油时代,经济社会秩序剧烈变动和政治制度相对滞后之间的历史悖论成为沙特阿拉伯社会的主要矛盾。经济关系的变革和新旧社会势力的消长,提供了民主与专制激烈抗争的客观物质基础。在经济社会领域现代化长足发展的历史条件下,民众的政治崛起和民间宗教政治运动的滥觞体现了民众政治参与的强烈诉求,构成促使沙特家族政治改革和推动政治现代化进程的社会动力。自下而上的民众政治诉求和自上而下的官方政治改革,构成沙特阿拉伯政治现代化进程的核心内容。

目 录

第一章

瓦哈卜派运动与早期沙特国家

第一节　瓦哈卜派运动的兴起

一、瓦哈卜派兴起的历史环境

瓦哈卜派伊斯兰教和沙特国家诞生于阿拉伯半岛。阿拉伯半岛特定的历史环境和历史传统,构成瓦哈卜派伊斯兰教和沙特国家发展的重要基础。阿拉伯半岛是伊斯兰教的发源地,伊斯兰国家是阿拉伯半岛和中东地区社会发展的重要产物,教俗合一的政治形态是阿拉伯半岛历史发展的重要特征。先知穆罕默德时代的伊斯兰国家、哈里发国家、奥斯曼帝国构成统治或者影响阿拉伯半岛历史发展的重要阶段。

先知穆罕默德时代,伊斯兰教信仰诞生并广泛传播,教俗合一的麦地那国家建立并得以巩固,伊斯兰文明在阿拉伯半岛初步确立。伊斯兰教是宗教革命与社会革命相结合的产物。伊斯兰教通过安拉至上和顺从使者的宗教信条,初步阐述了国家权力的政治原则。先知穆罕默德作为伊斯兰教的使者,是伊斯兰国家权力的化身。始建于公元622年的温麦,是由安拉的臣民即穆斯林组成的宗教政治共同体。温麦作为伊斯兰国家的雏形,具有宗教集合体和政治集合体的双重性质。①伊斯兰国家具有宗教和政治的双重权力,其宗教权力来源于宗教信条的约束和宗教义务的规定,"取悦于安拉还是触犯安拉构成衡量社会行为的首要准则"②。

632年,先知穆罕默德去世。穆斯林一度对谁将接替先知担任温麦的领袖感到茫然,而阿拉伯半岛各处的反叛浪潮又直接危及新兴伊斯兰教的安全。经过穆斯林核心人物的协商,麦地那的穆斯林共同拥戴阿布·伯克尔作为先知穆罕默德的继承人"哈里发",担任温麦的领袖,伊斯兰世界从此进入哈里发统治的时代。哈里发国家起源于先知穆罕默德创立的温麦,长期沿袭温麦的教俗合一政治体制。哈里发国家历经麦地那哈里发国家、倭马亚哈里发国家和阿拔斯哈里发国家三个发展阶段。自632年先知穆罕默德去世至1258年蒙古军队攻陷巴格达,哈里发作为"安拉的使者的继承人",在理论上兼有宗教与世俗的最高权力。

阿拉伯半岛作为伊斯兰教和伊斯兰文明的发源地,在先知穆罕默德和麦地那哈里发时代曾经创造了辉煌的历史。在先知穆罕默德时代和麦地那哈里发时代,阿拉伯半岛始终是伊斯兰教的传播中心和伊斯兰世界的政治中心。倭马亚哈里发时代,伊斯兰帝国的中心转移到大马士革,继而转移到巴格达,阿拉伯半岛的历史发展长期处于停顿甚或后退的状态。随着哈里发国家政治中心的转移,穆斯林经济、文化和宗教活动的中心也移出了阿拉伯半岛。除希贾兹的两座圣城麦加和麦地那之外,阿拉伯半岛的绝大部分地区逐渐淡出了伊斯兰文明发展的中心舞台。

18世纪中叶瓦哈卜派伊斯兰教兴起之前的千余年间,穆斯林世界经历着巨大的变化。伊斯兰帝国经历了频繁的朝代更替,然后又是奥斯曼帝国的崛起和衰微。然而,作为伊斯兰教发源地的阿拉伯半岛,由于相对隔绝的地理位置和恶劣的自然环境,特别是半岛经济的贫瘠和穷困,似乎已经被各个朝代的统治者所遗忘。在不同的历史时期,阿拉伯半岛虽然曾被纳入不同帝国的势力范围或属地辖区之内,但

---

① 哈全安著:《中东国家的现代化历程》,人民出版社2006年版,第2页。
② 〔英〕诺·库尔森著,吴云贵译:《伊斯兰教法律史》,中国社会科学出版社1986年版,第4页。

各帝国对半岛的大部分地区都只是实行名义上的和形式上的统治。只有半岛两侧的红海和波斯湾沿岸地区及其周围的水陆交通线相对重要,出于战略上的考虑,各统治帝国都在这些地区建立行政管理机构或派驻军队。阿拉伯半岛在很大程度上与外界隔绝,历史的发展长期处于相对停滞的状态。

　　伊斯兰世界的宗教政治重心转移之后,阿拉伯半岛的绝大部分地区重新成为贫瘠和荒凉之地。由于闭塞的地理位置、恶劣的自然环境和落后的生产技术,18世纪初的阿拉伯半岛是阿拉伯世界最落后的地区。具有浓厚原始色彩的游牧业和绿洲中微弱的种植业是阿拉伯半岛最重要的经济活动。骆驼和羊群是阿拉伯半岛最重要的畜牧业产品。随着季节的变化,贝都因人驱赶骆驼,奔走于沙漠和牧场,过着逐水草而居的生活。牧养羊群的阿拉伯人徘徊于沙漠边缘,间或从事农业耕作,处于半游牧半定居的状态。依靠地下水源的灌溉农业是绿洲经济的基本模式,而近乎原始的灌溉技术限制着耕地面积的扩大和农作物产量的提高。绿洲农业处于极不稳定的状态,持续的干旱和地下水源的枯竭,足以导致耕地荒芜和绿洲消失,对种植业形成毁灭性的影响。薄弱的经济基础、恶劣的自然条件、原始的农业技术和绿洲的孤立,导致阿拉伯半岛经济发展十分缓慢。奥斯曼帝国政治的腐朽和经济的衰退导致从印度经由阿拉伯半岛的越境贸易衰落,因此最主要的运输工具——骆驼的销量急剧下跌。奥斯曼帝国的内讧及其社会经济状况的恶化导致履行朝觐的穆斯林人数减少。[①] 这些因素都使得18世纪阿拉伯半岛的经济状况更加恶化。

　　在阿拉伯半岛,贝都因人(游牧人口)与定居人口之间往往缺乏严格的界限。自然环境的变化是决定游牧与定居相互转换的首要因素,迁徙则是游牧与定居两种经济活动和生活方式的转换得以实现的基本途径。简单的手工业作为辅助性的经济活动,存在于阿拉伯半岛的游牧社会。阿拉伯半岛的手工业者大都处于分散

---

　　① Vassiliev, Alexei. (2000). *The History of Saudi Arabia*. p. 63. New York: New York University Press.

的状态,尚无行会形式的行业性组织。阿拉伯半岛缺乏严格意义上的城市,所谓的城市在绝大多数情况下等同于绿洲,只有麦加作为宗教中心而成为非绿洲城市的特例。绿洲城市的主要功能是为游牧群体与定居人口的产品交易提供场所,物物交换是阿拉伯半岛基本的贸易方式。①

阿拉伯半岛素有部落社会的历史传统。阿拉伯人分别属于各自的部落,血缘关系和共同的经济利益,特别是土地和水源的共有权构成维系部落制度的基本纽带。阿纳宰部落、沙马尔部落、哈里德部落、盖哈丹部落、阿季曼部落、穆泰尔部落、哈尔卜部落和阿泰巴部落,是18世纪阿拉伯半岛的主要游牧部落。② 每个部落按照父系的原则划分为若干居住区,家族构成财产占有的基本单位。原始公有制的经济传统长期延续,个人财产支配权相对微弱。在部落内部,谢赫是家长式的首领和经济活动的组织者,他具有决定部落的迁徙,分配牧场、水源和各个家族宿营地的职责。同时,谢赫是部落内部各个家族之间矛盾纠纷的仲裁者,是执行部落习俗的监督者。在部落之间,谢赫代表着整个部落的利益,具有决定战争与媾和的权力。麦吉里斯即部落会议是部落内部的咨议机构,体现着原始民主制的政治原则。谢赫做出的重要决定必须得到麦吉里斯的支持,部落成员有权在麦吉里斯发表意见。每个部落还有自己的军事首领阿济德。

游牧地区实行部落对牧场、水源的公共所有权和独占权。每个部落分别控制各自的游牧范围,同时排斥其他部落进入。实力强大的部落拥有相对稳定的牧场和水源,保持着较为完整的血缘体系。相比之下,弱小的部落由于缺乏相对稳定的牧场和水源,难以维持较为完整的血缘体系,往往分散于各地,依附于实力强大的部落,以交纳贡赋为条件,寻求强大部落的保护。游牧部落内部的贫富分化并不明显,贝都因人普遍处于贫困的状态,食物的匮乏十分严重。绿洲往往处于贝都因人

① 哈全安著:《中东国家的现代化历程》,人民出版社2006年版,第352—353页。
② Vassiliev, Alexei. (2000). *The History of Saudi Arabia*. p. 39. New York: New York University Press.

部落的保护之下,贝都因人部落以征收贡赋为条件保护绿洲的安全。实力强大的部落往往可以控制方圆数百公里的地区,为该地区的绿洲提供保护,成为绿洲的实际统治者。也有少数强有力的绿洲统治者,向周边区域的贝都因人部落征收贡赋。在定居者生活的绿洲中,血缘组织的完整程度和重要性不及沙漠中的游牧部落,进而形成了比较明显的贫富分化和社会对立。

　　18世纪的阿拉伯半岛处于奥斯曼帝国的统治之下,然而奥斯曼帝国在维也纳战役遭遇决定性失败后已经逐渐走向衰落,其政令只在希贾兹、也门和半岛东海岸执行,其对半岛大部分地区的统治都已徒具虚名。被广袤沙漠所包围的阿拉伯半岛腹地纳季德地区摆脱了奥斯曼帝国的控制,政治权力处于"真空"状态。阿拉伯半岛尚未出现一个统一的国家组织。作为独立经济实体的绿洲和部落的孤立,与半岛广袤沙漠的地理环境之对比,成为地方分权的重要因素。人口的部落差异和地方差异、各种阿拉伯语方言和宗教信仰的差异与对立,也排斥着中央集权的政治倾向,阿拉伯半岛长期处于封建部落割据的无政府状态。微小的绿洲酋长国家和广大的游牧部落是阿拉伯半岛的主要政治实体。游牧部落对绿洲国家频繁的劫掠活动与游牧部落之间为争夺牧场和水源而进行的战争定期交织地进行。阿拉伯人与其说是战士,不如说是抢劫者。他们并不热衷于生命的杀戮,只是为了劫掠财物而进攻敌人。频繁的劫掠愈加破坏了阿拉伯半岛的经济状况,有时劫掠还引发血族仇杀,甚至导致残酷的战争。

　　长期以来,伊斯兰教在阿拉伯半岛的影响下降,伊斯兰教法"沙里亚"的原则在半岛的许多地区都被忽略,半岛上的宗教礼仪和宗教习俗也逐渐背离了正统的伊斯兰教。18世纪初,阿拉伯半岛的宗教信仰处于混乱状态,多种伊斯兰教派并存,对圣徒、圣墓、圣物的崇拜广泛盛行,多神教重新抬头,许多信仰甚至保留着原始信仰的残余。人们对亚当以来的诸位先知都加以崇拜,有的还崇拜活着的圣人。"人们去到圣徒处或者他们的墓前,要求圣徒改变他们的厄运。他们崇拜圣徒和虔诚的人士,放弃了一神论和信仰。"①尽管阿拉伯半岛的居民在名义上仍然信仰伊斯兰教,并且自称是穆斯林,但实际上每个阿拉伯部族或者村落都拥有自己的崇拜物和宗教仪式。许多人都相信诸如石头和树等物体有可能对他们的命运产生影响。人们经常到神圣的洞穴中礼拜,并以面包和肉类作为祭品。英国探险家贝尔格里夫曾形象地描述道:"纳季德人经常在树荫下或在洞穴中,向精灵礼拜,崇敬死人和墓地的祭品,并保存了一些古赛伯邑时代的风俗习惯;另一方面,他们不重视伊斯兰的礼拜,不理睬天课、封斋和朝觐……"②这个时期的阿拉伯半岛在诸多方面与伊斯兰教诞生前夕的查希里叶时代非常相似,迷信充斥各地,离经叛道的行为比比皆是,圣徒崇拜尤为盛行,圣门弟子和历代先贤的陵墓成为圣徒崇拜的主要去处。在这种经济落后、社会动荡、政治混乱、信仰衰退的环境下,一场"回归正教"的瓦哈卜派宗教改革运动应运而生。

二、伊本·瓦哈卜及其宗教政治思想

瓦哈卜派伊斯兰教的创立者是穆罕默德·本·阿卜杜勒·瓦哈卜③(1703—1792)。他出生于纳季德地区的阿伊纳绿洲,他的家族属于塔米姆部落司南族的成员。伊本·瓦哈卜出生于宗教世家,其祖父苏莱曼早年师从罕百里派著名学者艾哈迈德·伊本·穆罕默德·伊本·穆什里夫,是纳季德地区杰出的宗教学者和穆夫提,在阿伊纳绿洲担任卡迪。伊本·瓦哈卜的父亲承袭其祖父的职位担任阿伊纳绿洲的卡迪,1726年被阿伊纳绿洲的埃米尔罢免后移居侯赖米拉。伊本·瓦哈卜深受宗教氛围的熏陶,自幼谙熟"泰夫绥勒"(即经注学)和"哈迪斯"(即圣训学),十岁时就能背诵《古兰经》全文。伊本·瓦哈卜在青年时代广泛游学于邻近地区,

---

① Vassiliev, Alexei. (2000). *The History of Saudi Arabia*. p. 70. New York: New York University Press.

② [叙]莫尼尔·阿吉列尼著,何义译:《费萨尔传》,商务印书馆1977年版,第8页。

③ 穆罕默德·本·阿卜杜勒·瓦哈卜,瓦哈卜派伊斯兰教的创立者,以下简称"伊本·瓦哈卜"。

数次造访麦加、麦地那、巴士拉、巴格达、哈马丹、伊斯法罕和库姆等宗教中心,得到众多著名宗教学者的教授和指导,对《古兰经》和伊斯兰教法著作有精深的研究。数年的神学研究对伊本·瓦哈卜的世界观具有决定性影响。广泛游学和神学研究使伊本·瓦哈卜有机会熟悉阿拉伯半岛和邻近国家的宗教派别和信仰,并且形成了对它们的独到见解。伊本·瓦哈卜在长期的旅行中,耳闻目睹了阿拉伯半岛上偏离经训的恶习陋俗,他也因此进一步研究伊斯兰神学和教法学,希望从中找到拯救宗教和社会的办法。伊本·瓦哈卜尤其对罕百里教法和罕百里派著名宗教学者伊本·泰米叶的学说有精深的研究,并从中获取瓦哈卜派教义的主要论据,逐渐形成他自己的教法主张。

罕百里学派是伊斯兰教法学派之一,与哈奈斐学派、马立克学派和沙斐仪学派并称为逊尼派四大正统教法学派。罕百里学派在9世纪由巴格达人艾哈迈德·本·罕百里始创。艾哈迈德·本·罕百里是著名的教法学家沙斐仪教长的学生,在学习教法原理的过程中,以治学严谨而享有盛名,被誉为"严格遵守圣训的人"。以艾哈迈德·本·罕百里的名义编纂的圣训集《穆斯纳德》,共包含28000条圣训,是罕百里学派形成的标志。罕百里学派承袭麦地那学派和马立克学派的法学传统,恪守《古兰经》的字面经文和"圣训"的法律条款,将《古兰经》和"圣训"视为不谬的法学原则,认为《古兰经》作为教法的首要渊源,在制定教法、裁决律例时具有绝对的、至高无上的地位,故而罕百里学派在四大教法学派中又称"经典派"。罕百里学派认为理性判断和公议类比不足凭信,反对以个人意见推断教法问题,否认一切形式的类比推理,尤其反对穆尔太奇勒学派的"意志自由论",并且拒绝接受艾什尔里的教义学主张。罕百里学派还坚持正本清源,恢复伊斯兰教的本来精神。罕百里学派是伊斯兰教法学派中保守主义的主要代表,具有明显的复古倾向。艾哈迈德·本·罕百里曾经以其渊博的学识和虔诚的信仰得到穆斯林的广泛崇敬,12世纪,罕百里学派一度兴盛,以巴格达为中心,流行于伊拉克、叙利亚和伊朗。但是,其后罕百里学派却由于守旧和刻板,在伊斯兰世界影响甚微,其追随者寥寥无几。

14 世纪,著名的伊斯兰学者伊本·泰米叶毕生执著于研究早期伊斯兰教的正统思想,对逊尼派四大法学派的教法学说进行深入分析,并继承和发扬了罕百里学派的教法学说。伊本·泰米叶一生著述颇丰,流传下来的论著多达 60 余部,涉及对《古兰经》和"圣训"的研究与注释、教法学、哲学、逻辑学、伦理学,以及对各教派学说的批判等广泛内容。伊本·泰米叶认为,自中世纪以来,由于伊斯兰教受到希腊哲学、基督教、佛教、琐罗亚斯德教和新柏拉图主义等外来文化和意识形态的影响,穆斯林世界出现了崇拜圣徒、朝拜圣墓、祭祀自然物等多神崇拜和异端思想,从而背离了"安拉的正道"。伊本·泰米叶特别强烈地反对苏菲神秘主义和对圣徒圣陵的崇拜,坚决抵制苏菲神秘主义的泛神论倾向。伊本·泰米叶遵循罕百里学派的法律传统,明确提出了"回到《古兰经》和'圣训'中去"的口号,强调《古兰经》和"圣训"是伊斯兰法的唯一源泉和立法基础。他主张复兴早期伊斯兰教的原旨教义,恢复《古兰经》和"圣训"的真正精神以及萨拉夫(即伊斯兰教最初三代)的传统惯例,坚持伊斯兰教"认主独一"的根本信仰。他认为《古兰经》是信仰的最高准则,对其注释要严格而精确,不能妄加推测和穿凿附会。他提出除遵循《古兰经》和"圣训"外,不能信奉任何权威,他反对凯拉姆学派、苏菲主义和其他学派离开"认主独一"教义的任何"创新",认为只有坚持"认主独一"才能使四分五裂的伊斯兰社会重新统一。伊本·泰米叶强调教法学家在创制过程中的重要作用,认为教法学家是"先知的继承人"。他反对经院化的教义和教法研究,主张采用大众化的语言,以通俗易懂的道理解释经典。伊本·泰米叶还提出独特的政治学说,他强调权力具有相对性,反对传统政治理论中关于哈里发应出自古莱西家族的观点,从而否认了家族世袭统治和阿拔斯王朝极力鼓吹的"君权神授"理论。他承认早期四大哈里发的正统性,认为哈里发只有经过民主选举,才符合伊斯兰教关于穆斯林人人平等的原则。伊本·泰米叶重视权力和秩序在国家统治中的辩证作用,追求以强权维持秩序,以秩序保障民生福利并实践教法的政治理想。伊本·泰米叶认为,伊斯兰国家的政府应对温麦负责以实施教法,温麦依赖安拉以支持实施教法的政府。这一理论既为统治的合法性也为革命的合法性提供了教义的和理性的依据,因为服从执行教法的政府和反对异端及偏离教法的政府同样都是穆斯林的义务。这种理论为伊斯兰政治学说注入新的活力,后来成为伊斯兰复兴运动意识形态的理论基础。近现代的伊斯兰复兴思潮和运动都不同程度地受到伊本·泰米叶思想的影响,他被称为"罕百里教法学派的权威"和"伊斯兰世界激进主义的先驱"。

伊本·瓦哈卜的思想与罕百里学派伊本·泰米叶的思想一脉相承,瓦哈卜派是罕百里学派中的极端派别。伊本·瓦哈卜通过对罕百里学派各种教法典籍和伊本·泰米叶著作的研读,在对阿拉伯半岛社会现状进行认真思考之后,创立了瓦哈卜派教义。瓦哈卜派教义以伊本·泰米叶的复兴主义思想为指导,在教法方面沿袭罕百里学派的法律传统。伊本·瓦哈卜撰写了《认主独一论》、《信仰基要》、《伊斯兰教三要素》、《先知正道简述》、《疑难揭示》、《教律来源言论集》和《注释大全》等一系列具有代表性的著作。这些著作阐释了伊本·瓦哈卜的基本观点及其学说的渊源,奠定了瓦哈卜派教义的基础。伊本·瓦哈卜还撰写了《大罪论》、《伊斯兰的荣誉》、《精粹要义》、《四原则》等著作,其写作风格简朴,行文简单、内容明确、论述清晰,适合阿拉伯半岛上文化水平较低的普通民众。伊本·瓦哈卜的著作为他所倡导的瓦哈卜派宗教改革运动提供了丰富的理论依据和舆论准备。

伊本·瓦哈卜神学思想的核心是严格坚持一神崇拜的信仰原则,坚决反对多神崇拜和异端邪说。伊本·瓦哈卜主张正本清源和返璞归真,强调伊斯兰教的根本信仰"认主独一",强调安拉是唯一的创造者、主宰者、毁灭者和受崇拜者。瓦哈卜认为现在的伊斯兰教已经堕落,必须恢复伊斯兰教在创立初期的纯洁性和严格性,反对异教思想对伊斯兰教的侵染。伊本·瓦哈卜提出,偏离正道的宗教异端包括以下诸种行为:遇到灾难时向安拉以外的受造物祈祷,向安拉以外的受造物求助,通过先知或圣徒祈求安拉的喜悦,祈求安拉以外受造物的保护,以安拉以外的受造物名义起誓,参拜坟墓和向亡灵祈求。① 伊本·瓦哈卜严厉抨击当时在阿拉伯半岛腹地流行的诸如迷信精灵之类的非伊斯兰教的崇拜形式,把它们看做是伊斯兰教的腐败和堕落。伊本·瓦哈卜主张净化伊斯兰教,否认安拉与信士之间存在任何形式的中介环节,禁止祈求所谓的圣徒或亡灵的佑护,要求摒弃穆斯林宗教生活中的陋习恶俗,将崇拜圣徒和圣墓以及向圣徒献祭的宗教习俗视作异端。伊本·瓦哈卜强调恪守宗教功修和交纳天课的必要性,号召对背离经训者发动圣战。在伊本·瓦哈卜看来,真正的伊斯兰教已经被世人所遗忘,由此导致精神的堕落、政治的混乱和经济的萧条;净化信仰、清除异端和恢复伊斯兰教的本来面目,是使世人摆脱沉迷于罪恶的必要途径。

伊本·瓦哈卜在教义学方面主张接受《古兰经》和"圣训"中关于安拉的描述,反对人为的解释和猜测。伊本·瓦哈卜认为,描述至高无上的安拉,要用安拉及其使者穆罕默德所作的不曲解、不渎神、不变形、不比拟的描述,不允许否定安拉自我描述的那些属性,不允许用受造者的属性来比拟安拉的属性。伊本·瓦哈卜反对脱离经训的任何"标新立异",反对将理性置于经训之上,批判苏菲派对《古兰经》的隐秘解释,反对用异教的观点注释《古兰经》。在教法学方面,伊本·瓦哈卜强调《古兰经》和"圣训"是立法的源泉,将《古兰经》和早期真实的"圣训"作为穆斯林信仰、立法、道德和个人行为的最高准则。伊本·瓦哈卜承认四大教法学派的教长是逊尼派正统学说的建立者,也承认 14 世纪的宗教学者伊本·泰米叶和伊本·卡伊姆,但是反对随后的所有教法理论和实践。伊本·瓦哈卜反对因袭传统和盲从中世纪的教法学家和宗教权威,他主张一切应回归到《古兰经》本来的精神,倡导以罕百里教法学派的学说行教治国。

伊本·瓦哈卜努力重建伊斯兰法的神圣地位,主张用伊斯兰法治国,倡导社会的伊斯兰化,要求穆斯林严格履行教法规定的各项宗教功课和义务,强调按时礼拜

---

① Vassiliev, Alexei. (2000). *The History of Saudi Arabia*. p. 74. New York: New York University Press.

和交纳宗教课税"宰卡"。伊本·瓦哈卜倡导穆斯林皆为兄弟,不分氏族、种族和贫富,在安拉的法律面前人人平等。伊本·瓦哈卜主张整肃社会风尚,净化信徒的心灵,革除社会的弊端,严禁高利贷盘剥和商业贸易中的巧取豪夺,要求埃米尔和贵族善待奴隶、仆人和雇工。禁止饮酒、吸烟、赌博、腐化、堕落、奢侈和淫秽,反对宗教仪式中的音乐和舞蹈内容,禁止穿着绸缎和华丽服装,禁止佩戴金银珠宝等首饰。瓦哈卜派反对使用念珠、吟唱、高声诵读、舞蹈和齐克尔(狂热的集体礼拜),而这些习俗都是苏菲派宗教实践的重要内容。[①]

与此同时,伊本·瓦哈卜承袭伊本·泰米叶的政治思想,在坚持安拉独一的信仰原则基础之上,强调宗教与国家的同一性,强调宗教是国家的基础,国家是宗教实践的保障。瓦哈卜派具有明显的极端倾向,认为拒绝该派思想的穆斯林皆为卡菲勒(即异教徒),犹如查希里叶时代的多神崇拜者。相比之下,瓦哈卜派对持一神信仰的犹太人和基督徒较为宽容。瓦哈卜派因此区别于伊斯兰世界的其他教派,后者对不同派别的穆斯林表现为普遍的宽容色彩。先知穆罕默德时代的宗教实践,即宽容"有经典的人"而苛求多神崇拜者必须放弃原有信仰和皈依伊斯兰教,构成瓦哈卜派极端倾向的历史依据和理论源泉。

伊本·瓦哈卜自称其宗教改革运动为"陶希德"(即唯一神论),以"陶希德"的旗帜消除穆斯林之间的分歧,要求穆斯林停止部落仇杀和自相残杀,并团结一致共同对敌。瓦哈卜运动的追随者称"穆瓦希德",意为一神崇拜者或认主独一者。伊本·瓦哈卜要求穆斯林响应他的号召,对不遵从瓦哈卜派原则的人进行圣战。宗教狂热构成瓦哈卜派的显著特征,圣战则是瓦哈卜派宗教狂热的外在形式。伊本·瓦哈卜与其追随者通过严格的宗教仪式建立起密切的主从联系,致力于圣战是瓦哈卜派的首要宗教义务。伊本·瓦哈卜的宗教政治思想包含回归传统和批判现实的双重倾向,其实质在于借助回归传统的外在形式,批判现实的宗教秩序,回归

---

① Vassiliev, Alexei. (2000). *The History of Saudi Arabia*. p. 78. New York: New York University Press.

宗教传统成为否定现实秩序的理论依据。瓦哈卜派倡导的宗教革命,即反对圣徒崇拜、夷平圣墓和否定现存的宗教秩序,构成 18 世纪阿拉伯半岛社会革命和政治革命的先导和理论工具。[①]

瓦哈卜派反对土耳其化的伊斯兰教已经超出了宗教的领域,具有军事—政治的性质,这是阿拉伯半岛国家地位与奥斯曼帝国统治权力相互抵触的历史现实在意识形态方面的反映。伊本·瓦哈卜宗教政治思想的主旨是反对奥斯曼帝国对阿拉伯半岛的统治和一切外来势力的侵略。伊本·瓦哈卜认为,正是由于伊斯兰教的腐败和堕落,才导致阿拉伯半岛的混乱和分裂,阻碍了半岛的团结和统一,造成异教徒奥斯曼人对阿拉伯半岛的入侵。伊本·瓦哈卜通过反对迷信圣徒、毁坏圣墓和推倒圣树,来破坏阿拉伯半岛政治分裂的意识形态和宗教基础。通过去除各绿洲分别信奉的圣墓,绿洲的贵族阶层不再各自为政,并且失去了来自圣墓朝觐的财政收入。通过信仰瓦哈卜派原则,宗教课税"宰卡"成为国家合法而稳定的收入来源。瓦哈卜派强调罕百里法学派,否定创制的原则,反对奥斯曼帝国的官方学说即哈奈斐派。瓦哈卜派虽然并未直接攻击苏菲派,但其主张正本清源、回归经训和崇尚早期伊斯兰教的宗教实践,无疑从理论上否定苏菲派的诸多信仰原则。瓦哈卜派教义通过禁止烟草、丝绸服装等违反伊斯兰教的行为,表达了纳季德人对奥斯曼贵族生活方式的反对。伊本·瓦哈卜时代,阿拉伯半岛普遍存在着反对奥斯曼帝国统治的社会倾向。"阿拉伯人坐在哈里发席位的日子就要到来。我们无法继续容忍篡权者的压迫。"[②]伊本·瓦哈卜谴责奥斯曼帝国统治者腐化堕落和助长"异端邪说",欺压和掠夺伊斯兰国家,其统治完全背离了伊斯兰教,因此不承认奥斯曼苏丹具有伊斯兰教领袖的地位。伊本·瓦哈卜还公开提出只有阿拉伯人才能肩负起恢复伊斯兰教纯洁性的使命,主张用圣战的方式争取阿拉伯半岛的统一和

---

① 哈全安著:《中东国家的现代化历程》,人民出版社 2006 年版,第 360 页。
② Vassiliev, Alexei. (2000). *The History of Saudi Arabia*. p. 80. New York: New York University Press.

阿拉伯民族的独立。瓦哈卜派的兴起意味着对奥斯曼帝国宗教秩序的挑战,在某种意义上,瓦哈卜派运动成为阿拉伯半岛广大民众反抗奥斯曼帝国的统治和实现民族独立的重要标志。

经历了长期的旅行和游学之后,伊本·瓦哈卜于1730年回到纳季德,开始传播瓦哈卜派宗教思想。伊本·瓦哈卜最初在胡赖米拉绿洲传教,但当地民众并不接受他的思想。1737年,伊本·瓦哈卜回到阿伊纳绿洲,矢志革除多神信仰和圣徒崇拜等诸多弊端,阐释一神崇拜的思想,恢复早期伊斯兰教的"正确道路"。伊本·瓦哈卜与他的父亲在思想方面产生了严重冲突,其父生前竭力反对瓦哈卜派理论和宗教主张。直到1740年其父去世以后,伊本·瓦哈卜才正式发起瓦哈卜派宗教运动,公开传播他的思想和教义。伊本·瓦哈卜最初获得了阿伊纳绿洲的埃米尔奥斯曼·本·哈马德·本·穆阿玛的支持,伊本·瓦哈卜的家族还与埃米尔奥斯曼的家族联姻。伊本·瓦哈卜亲手砍倒圣树,瓦哈卜派信徒还摧毁了当地的圣墓,并将一名犯有通奸罪的妇女用石头砸死。埃米尔奥斯曼为伊本·瓦哈卜的行动提供武力支持,瓦哈卜派信徒宣布他们将通过宣传和暴力两种方式将瓦哈卜教义付诸实践。伊本·瓦哈卜及其追随者力量的壮大引起了周围地区统治者的不安,哈萨地区的统治者苏莱曼·本·古拉亚·胡麦迪首先发难。阿伊纳绿洲在经济上依赖于苏莱曼,许多贸易也必须在哈萨的港口进行。埃米尔奥斯曼还在哈萨地区拥有个人的棕榈树和昂贵的地产。苏莱曼·本·古拉亚·胡麦迪要求埃米尔奥斯曼杀死伊本·瓦哈卜,否则就将结束对阿伊纳地区的食物和衣物供应,并占有埃米尔奥斯曼的个人资产。哈萨地区的欧莱玛①对伊本·瓦哈卜的新教义感到愤怒,当地的什叶派对瓦哈卜主义的反对也特别激烈。埃米尔奥斯曼不愿意杀死伊本·瓦哈卜,遂遣送他离开阿伊纳绿洲。1744年,伊本·瓦哈卜移居纳季德中部的德拉伊叶绿洲。

---

① 欧莱玛(Ulama'),指精通古兰经注学、圣训学、教义学、教法学,并有系统的宗教知识的学者。泛指伊斯兰知识阶层。

第二节　早期沙特国家的政治实践

一、德拉伊叶埃米尔国

18 世纪中叶,德拉伊叶是纳季德地区的一个小的定居点,由邻近的几个村庄所组成,居民包括农民、商人、手工业者、欧莱玛和奴隶,总户数不超过 70 户。① 自 1727 年开始,沙特家族的穆罕默德·本·沙特成为德拉伊叶的统治者。沙特家族通常被视作阿拉伯半岛北部牧养骆驼的贝都因人阿纳宰部落的分支。埃米尔穆罕默德·本·沙特向德拉伊叶的居民征收贡赋,以此加强其政治领导权,同时他作为埃米尔肩负着保护绿洲免遭外界攻击的责任,而绿洲居民则为埃米尔提供军事力量。伊本·瓦哈卜到达德拉伊叶之前,沙特家族对德拉伊叶的统治权还停留在一种传统的形式,与阿拉伯半岛其他地区的许多定居点的政治统治并无不同。18 世纪 40 年代,德拉伊叶埃米尔的权力局限于德拉伊叶定居点之内,除了对其居民征收贡赋之外,埃米尔的行政权力还相当微弱。

伊本·瓦哈卜来到德拉伊叶以前,当地的一些贵族已经接受了瓦哈卜派教义。穆罕默德·本·沙特的妻子和两个兄弟也都已经皈依了瓦哈卜派伊斯兰教,他们鼓励穆罕默德·本·沙特与伊本·瓦哈卜建立良好的关系。伊本·瓦哈卜到达德拉伊叶以后,穆罕默德·本·沙特亲自造访他,承诺给予他"与酋长的妻子和儿女同等的保护"②,但穆罕默德·本·沙特要求伊本·瓦哈卜保证在瓦哈卜派教义广泛传播之后不会离开德拉伊叶,也不会反对穆罕默德·本·沙特向当地居民征税。

---

① Al-Rasheed, Madawi. (2002). *A History of Saudi Arabia*. p. 15. New York: Cambridge University Press.

② Al-Yassini, Ayman. (1985). *Religion and State in the Kingdom of Saudi Arabia*. p. 25. Boulder: Westview Press.

穆罕默德·本·沙特对伊本·瓦哈卜说："这是属于你的绿洲。以安拉的名义,如果纳季德的所有人都来反对你,我们也不会放弃对你的保护。"伊本·瓦哈卜则对穆罕默德·本·沙特说："你是德拉伊叶的首领和智者。我希望你对我宣誓:你将对不信者圣战。作为回报,你将成为穆斯林共同体的领袖,而我将成为宗教事务的领导人。"①伊本·瓦哈卜许诺,如果穆罕默德·本·沙特皈依瓦哈卜教派,"安拉将赋予你胜利,从这些胜利中获得的战利品将远远大于你现在的税收"②。于是,穆罕默德·本·沙特不顾许多邻近族长的反对,同伊本·瓦哈卜订立协议,"誓与你合作,直到正确的信仰得到恢复为止"③。由此,瓦哈卜派伊斯兰教的创立者伊本·瓦哈卜与德拉伊叶的埃米尔穆罕默德·本·沙特建立起历史性的教俗联盟,这一联盟揭开了纳季德地区瓦哈卜派伊斯兰教埃米尔国产生的序幕,教俗合一的政治制度在纳季德始露端倪。沙特家族允诺支持伊本·瓦哈卜对非穆斯林和不信仰瓦哈卜派伊斯兰教的穆斯林进行圣战,伊本·瓦哈卜则为沙特家族的统治和扩张,以及沙特国家埃米尔作为穆斯林社团政治领袖的地位提供宗教政治合法性。按照这一盟誓,伊本·瓦哈卜和沙特家族开始携手在阿拉伯半岛传播瓦哈卜派教义,并为确立沙特家族的统治而奋斗。提倡净化信仰的瓦哈卜派宗教思想成为沙特家族对外扩张的舆论工具,圣战与天课则是瓦哈卜派和沙特家族扩大影响的两大支柱。穆罕默德·本·沙特的长子阿卜杜勒·阿齐兹娶伊本·瓦哈卜之女为妻,联姻成为巩固瓦哈卜家族与沙特家族之间教俗联盟的重要手段。④

接受瓦哈卜派教义之前的德拉伊叶埃米尔国是一个弱小的部落国家,部落的叛

---

① Al-Rasheed, Madawi. (2002). *A History of Saudi Arabia*. p. 17. New York: Cambridge University Press.

② Al-Yassini, Ayman. (1985). *Religion and State in the Kingdom of Saudi Arabia*. p. 25. Boulder: Westview Press.

③ 〔日〕田村秀治编,陈生保等译:《伊斯兰盟主——沙特阿拉伯》,上海译文出版社 1981 年版,第59 页。

④ Champion, Daryl. (2003). *The Paradoxical Kingdom: Saudi Arabia and the Momentum of Reform*. p. 22. London: Hurst & Co.

服无常是部落国家统治的普遍形态。伊本·瓦哈卜移居德拉伊叶并与穆罕默德·本·沙特建立起历史性的教俗联盟之后,瓦哈卜家族和沙特家族共同建立了一个以独特的权力分享协议为基础的政权。德拉伊叶埃米尔国成为一个按照瓦哈卜派伊斯兰教原则运行的国家,"最有效的政治军事组织和宗教意识形态相结合,构成了最初的宗教政治运动"①。沙特家族和瓦哈卜家族的联合统治建立在盟誓和联姻的基础之上,沙特家族掌握着国家的最高政治权力,瓦哈卜家族则享有国家的最高宗教权威。在瓦哈卜派伊斯兰教的指引下,德拉伊叶埃米尔穆罕默德·本·沙特发动了统一国家的瓦哈卜派运动,与周边地区的埃米尔和谢赫进行战斗。瓦哈卜派信徒团结在瓦哈卜主义的旗帜之下,为国家的进一步扩张提供了强大的军事力量。沙特家族的军事扩张与瓦哈卜派的宗教宣传相辅相成,每当沙特家族的军队占领一处,瓦哈卜派的宗教学者随即进入并着力宣传"真正的信仰"。1765 年,穆罕默德·本·沙特去世,其子阿卜杜勒·阿齐兹·本·穆罕默德·本·沙特承袭父位,此时的沙特家族已经控制了纳季德的大部分地区,瓦哈卜派伊斯兰教已经在这些地区广为传播。1773 年沙特军队占领利雅得之后,伊本·瓦哈卜将他原有的部分权力授予阿卜杜勒·阿齐兹·本·穆罕默德·本·沙特,而将自己的精力更多地集中在研究瓦哈卜派教义和礼拜方面。② 18 世纪 80 年代,瓦哈卜派与沙特家族基本完成了纳季德地区的统一。纳季德各地原有的埃米尔依旧控制各自的绿洲和牧场,同时向德拉伊叶的埃米尔缴纳天课以示顺从。1788 年,伊本·瓦哈卜与阿卜杜勒·阿齐兹·本·穆罕默德·本·沙特共同指定阿卜杜勒·阿齐兹之子沙特·本·阿卜杜勒·阿齐兹作为德拉伊叶埃米尔的继承人,这一事件标志着沙特

---

① Helms, Christine Moss. (1981). *The Cohesion of Saudi Arabia：Evolution of Political Identity*. p. 77. London：Croom Helm.

② Al-Yassini, Ayman. (1985). *Religion and State in the Kingdom of Saudi Arabia*. p. 26. Boulder：Westview Press.

国家的王权世袭制度正式建立。① 世袭制度的确立有利于沙特国家的巩固,确保了沙特家族权力递交的平稳过渡。瓦哈卜派和沙特家族以纳季德为基地,将攻击目标指向纳季德以东的哈萨地区。1792 年,伊本·瓦哈卜去世,沙特家族统治者阿卜杜勒·阿齐兹·本·穆罕默德·本·沙特继任瓦哈卜派伊斯兰教教长"伊玛目"职位,首开沙特家族领袖兼任瓦哈卜派伊斯兰教教长的先河。沙特国家官方宗教政治从瓦哈卜家族与沙特家族的教俗二元体制转变为延续至今的教俗合一政治体制。沙特家族获得瓦哈卜—沙特家族联盟的领导权,瓦哈卜家族的地位相对下降,成为沙特政府的顾问和宗教事务领导人。② 1793 年,瓦哈卜派战士降服哈里德部落,控制哈萨地区,纳季德以东地区的战事结束。1797 年,卡塔尔承认德拉伊叶埃米尔国的统治权,随后巴林也向德拉伊叶的埃米尔缴纳天课。1801 年,瓦哈卜派战士攻入伊拉克,占领什叶派圣地卡尔巴拉,洗劫了伊玛目·侯赛因清真寺。瓦哈卜派军队向西的扩张导致沙特国家与希贾兹地区统治者谢里夫家族政权产生了冲突。无视于希贾兹人的强烈反抗,瓦哈卜派军队于 1802 年征服了塔伊夫,并在1803 年占领了麦加。阿卜杜勒·阿齐兹·本·穆罕默德·本·沙特征服了广阔的领土,巩固了沙特家族政权的统治基础。到 1803 年,阿卜杜勒·阿齐兹·本·穆罕默德·本·沙特去世之时,沙特国家的军队横跨阿拉伯半岛,控制了从麦加到巴林的大部分地区,占有了阿拉伯半岛中部和东部的广大领土。

沙特·本·阿卜杜勒·阿齐兹子承父位,他是一个狂热的瓦哈卜派信徒,同时又具有非凡的军事才能。在他的领导下,瓦哈卜派军队于 1804 年占领了麦地那,并在 1804 至 1806 年间征服了阿拉伯半岛西部的整个希贾兹地区。麦加的谢里

①　Vassiliev, Alexei. (2000). *The History of Saudi Arabia*. p. 88. New York: New York University Press.

②　Helms, Christine Moss. (1981). *The Cohesion of Saudi Arabia: Evolution of Political Identity*. p. 103. London: Croom Helm.

夫·加里卜·本·穆萨伊德最终降服,表示愿为传播瓦哈卜派教义与沙特政权合作。[①]伴随着沙特埃米尔国的领土扩张和瓦哈卜派伊斯兰教的传播,沙特家族的权力达到顶点,整个阿拉伯半岛几乎都处于沙特家族的控制之下,沙特国家拥有了沙特家族政权历史上最大的版图:东到波斯湾,西到红海,北到叙利亚的豪兰至巴格达近郊,南到阿拉伯海。莱蒂·勃兰特称:"这是安拉的使者以后的第一个阿拉伯国家,在它的旗号下,在法律和秩序的基础上统一了阿拉伯半岛。"菲尔比甚至说:"它是先知以后阿拉伯半岛上最大的王国。"[②]阿拉伯史学家通称这个时期的瓦哈卜派国家为第一沙特国。沙特·本·阿卜杜勒·阿齐兹在位期间,瓦哈卜派运动达到顶峰。他在瓦哈卜派国家内进一步弘扬瓦哈卜派教义的基本精神,严惩那些无视伊斯兰教法和亵渎瓦哈卜派戒规的部落。19世纪初,随着瓦哈卜派军队的节节胜利,瓦哈卜派教义的传播速度和影响范围都是空前的。从大马士革和巴格达到也门,从波斯湾到红海,瓦哈卜派信徒遍布各地。瓦哈卜派军队夺取了圣城麦加和麦地那,从1807年起,德拉伊叶的埃米尔沙特·本·阿卜杜勒·阿齐兹主持每年一度的朝觐仪式,奥斯曼帝国苏丹对两座圣城的统治权力不复存在。控制麦加的朝觐活动,既为瓦哈卜派宗教思想在伊斯兰世界的广泛传播创造了条件,亦为沙特家族政权提供了丰富的财源。

沙特家族统治的德拉伊叶埃米尔国建立在瓦哈卜派运动的基础之上,但是具有明显的世俗目的,即角逐权力和争夺财源。圣战取代劫掠,天课取代贡赋,成为德拉伊叶埃米尔国的主要财源。德拉伊叶埃米尔国通过圣战的形式,劫掠拒绝接受瓦哈卜派宗教学说和拒绝服从沙特家族统治的阿拉伯人,同时对接受瓦哈卜派宗教思想和承认沙特家族统治权力的部落和绿洲征收天课。瓦哈卜派关于净化信仰的宗教宣传,是沙特家族达到世俗目的之舆论工具。德拉伊叶埃米尔国并无职

① [日]田村秀治编,陈生保等译:《伊斯兰盟主——沙特阿拉伯》,上海译文出版社1981年版,第60页。
② [叙]莫尼尔·阿吉列尼著,何义译:《费萨尔传》,商务印书馆1977年版,第15页。

业化的常备军,其从事圣战的军队来自各部落的成年男子。遵循《古兰经》的相关规定,战利品的五分之一属于德拉伊叶的埃米尔,其余五分之四归瓦哈卜派战士所有。瓦哈卜派伊斯兰教的兴起并未改变阿拉伯半岛的传统社会结构,部落势力仍然存在。接受瓦哈卜派的宗教思想、交纳天课和致力于对异教徒的圣战,构成诸多地区和部落效忠于德拉伊叶埃米尔国的基本模式。沙特家族向各地派遣穆夫提和卡迪,他们负责宣传瓦哈卜派的宗教思想,并依据《古兰经》、"圣训"和罕百里派教法行使司法权力,仲裁纠纷。这些瓦哈卜派穆夫提和卡迪是德拉伊叶埃米尔国控制诸多地区和部落的重要工具。德拉伊叶埃米尔国极力废止部落社会血亲复仇的传统习俗,强调一切纠纷须由国家裁决,这是一种整合社会的必要手段。"德拉伊叶埃米尔国强调宗教立国和宗教治国的政治原则,瓦哈卜家族与沙特家族的宗教政治联盟以及瓦哈卜派欧莱玛广泛的政治参与,构成德拉伊叶埃米尔国的明显特征。"[1]德拉伊叶埃米尔国初期,伊本·瓦哈卜拥有绝对的宗教权威,他既是宗教学者和宗教法官,又是圣战的组织者和政治生活的重要参与者。沙特军队占领利雅得以后,伊本·瓦哈卜逐渐退出世俗政治领域,集中精力致力于宗教思想的宣传。教俗合一政治体制的建立,赋予沙特家族特殊的宗教地位,瓦哈卜派穆斯林接受沙特家族作为"合法的世袭的伊斯兰教统治者"。沙特家族的首领担任瓦哈卜教长"伊玛目"的称号,将沙特家族的统治与阿拉伯半岛中部其他埃米尔国和酋长国的统治在根本上区别开来。[2]　这一地位由沙特家族的后代继承,成为沙特家族政治合法性的基石。德拉伊叶的埃米尔致力于国家秩序的建立和实现社会的稳定,采取保障道路安全、保护财产、废止陈规陋习和鼓励贸易交往的政策。德拉伊叶成为阿拉伯半岛重要的贸易中心,贸易的发展为德拉伊叶埃米尔国提供了丰富的财源。

　　然而,德拉伊叶埃米尔国在诸多地区建立的统治只是昙花一现。幅员辽阔和

---

①　哈全安著:《中东国家的现代化历程》,人民出版社 2006 年版,第 364 页。
②　Champion, Daryl. (2003). *The Paradoxical Kingdom: Saudi Arabia and the Momentum of Reform*. p. 23. London: Hurst & Co.

环境恶劣，构成德拉伊叶埃米尔国行使统治权力的自然障碍。在也门、希贾兹、阿西尔、马斯喀特和哈达拉毛地区，德拉伊叶埃米尔的统治权力鞭长莫及。另一方面，德拉伊叶埃米尔国缺乏稳固的社会基础，扩张是德拉伊叶埃米尔国赖以存在的重要条件，战利品的劫掠和分享构成联结埃米尔与部落群体的纽带。一旦扩张停止，贝都因人部落就各行其是，德拉伊叶的埃米尔和瓦哈卜派的欧莱玛无法驾驭广大的部落和地区，统一的政权必然走向崩溃。德拉伊叶埃米尔国的强大引起奥斯曼帝国政府的恐慌，瓦哈卜派军队的不断扩张还威胁到奥斯曼帝国的中心地区叙利亚和伊拉克的稳定。奥斯曼苏丹麦哈迈德二世任命新任埃及总督穆罕默德·阿里远征沙特埃米尔国。1811 年 8 月，穆罕默德·阿里的军队从海路和陆路进入希贾兹，先后占领了延布、麦地那和吉达。瓦哈卜派军队撤出麦加和塔伊夫，埃及军队征服了希贾兹地区。1814 年春，沙特·本·阿卜杜勒·阿齐兹去世，其子阿卜杜拉即位，沙特家族失去了对希贾兹、阿曼和巴林的控制，德拉伊叶埃米尔国濒临灭亡。1815 年初，瓦哈卜派在巴萨勒集结两万兵力，旋即败于穆罕默德·阿里的军队，德拉伊叶埃米尔国的军事力量丧失殆尽。1818 年 9 月，穆罕默德·阿里之子易卜拉欣攻陷德拉伊叶，沙特埃米尔阿卜杜拉投降被俘，瓦哈卜—沙特家族政权灭亡，埃及人成为纳季德的统治者。① 包括阿卜杜拉在内的沙特家族成员和瓦哈卜家族成员以及纳季德贵族约四百人被流放至埃及，易卜拉欣将德拉伊叶夷为平地。其余的沙特家族成员向纳季德中心地区撤退，瓦哈卜教派运动转入低潮。1819 年初，阿卜杜拉在伊斯坦布尔被奥斯曼帝国苏丹处死。②

二、利雅得埃米尔国

1819 年夏，易卜拉欣离开德拉伊叶，返回麦地那。穆罕默德·阿里的目的是

---

① Vassiliev, Alexei. (2000). *The History of Saudi Arabia*. p. 154. New York: New York University Press.

② Champion, Daryl. (2003). *The Paradoxical Kingdom: Saudi Arabia and the Momentum of Reform*. p. 28. London: Hurst & Co.

控制希贾兹的两座圣城以及红海水域,埃及的军队也无力长期统治广袤的阿拉伯沙漠。易卜拉欣任命穆罕默德·本·米沙里·本·穆阿玛尔为纳季德地区的统治者,驻节德拉伊叶。埃及撤军之后,纳季德又陷入了昔日部落割据的混乱状态。沙特家族的后裔特尔其·本·阿卜杜拉的势力在纳季德地区逐渐兴起,进而挑战穆罕默德·本·米沙里·本·穆阿玛尔的地位。特尔其·本·阿卜杜拉夺取德拉伊叶和利雅得后,穆罕默德·本·米沙里·本·穆阿玛尔战败身亡。1820 年秋,穆罕默德·阿里的军队重新占领德拉伊叶和利雅得,特尔其·本·阿卜杜拉逃走,埃及军队在纳季德处死大量的反叛者。1823 年,特尔其·本·阿卜杜拉在苏戴尔部落的支持下东山再起,频频袭扰纳季德的埃及军队。1824 年秋,埃及军队被迫退往希贾兹,特尔其·伊本·阿卜杜拉进驻利雅得,以瓦哈卜派伊玛目自居,控制纳季德地区,恢复了沙特家族的政权并定都利雅得,史称第二沙特国。利雅得埃米尔国沿袭德拉伊叶埃米尔国的传统,致力于瓦哈卜派信仰的传播和疆域的拓展,其扩张的目标主要是波斯湾沿岸地区。特尔其·本·阿卜杜拉消除了纳季德地区各部落之间的混战和无视伊斯兰法规的现象,还通过不断征战来扩大势力范围,他不仅占领了利雅得附近地区,还夺取了盖西姆、哈萨和阿曼的部分地区,并将土耳其和埃及军队全部赶出纳季德。"至 1833 年,整个波斯湾沿岸地区都隶属于瓦哈卜派政权并缴纳贡赋。"[①]特尔其·本·阿卜杜拉统治期间,沙特家族长期的内讧导致沙特国家动荡不定。1831 年,沙特家族成员米沙里发动叛乱,旋即失败。1834 年,特尔其·本·阿卜杜拉在利雅得死于暗杀,米沙里在瓦哈卜家族的支持下控制利雅得。不久,特尔其·本·阿卜杜拉的长子费萨尔从巴林返回利雅得,处死米沙里,接掌沙特政权。1837 年,费萨尔拒绝向奥斯曼苏丹缴纳贡赋,埃及军队自希贾兹进入纳季德。埃及总督穆罕默德·阿里试图将整个阿拉伯半岛纳入其控制范围,于是扶植他的傀儡、沙特家族的一个亲王哈立德·本·沙特来治理纳季德,费

---

① Vassiliev, Alexei. (2000). *The History of Saudi Arabia*. p. 165. New York: New York University Press.

萨尔则在 1838 年兵败被俘并被押往开罗。1841 年,沙特家族的另一个后裔阿卜杜拉·本·苏乃因在瓦哈卜派军队的支持下占领利雅得,取代哈立德·本·沙特成为沙特国家的埃米尔,并将残余的埃及军队全部赶出纳季德。1843 年,费萨尔从埃及返回利雅得,阿卜杜拉·本·苏乃因战败身亡,费萨尔再次成为沙特国家的埃米尔。

此后的二十余年间,纳季德一直处于费萨尔的统治之下。费萨尔以奥斯曼苏丹的臣属自居并向其缴纳贡赋,同时避免与控制希贾兹的谢里夫家族发生直接对抗,却在阿拉伯半岛东部地区与英国殖民者展开激烈角逐。1844 年,利雅得埃米尔国吞并哈萨地区,第二年又占领了卡塔尔。“费萨尔当政的第二个阶段,即1843—1865 年,是第二沙特国家的黄金时代。第二沙特国家在疆域上明显不及第一沙特国家,国家机构也相当落后,然而却得到阿拉伯半岛及周边势力的广泛承认,进而构成从‘革命的瓦哈卜派运动’到‘瓦哈卜派国家’的中间环节”[1]。瓦哈卜派伊斯兰教逐渐成为纳季德及其周边地区占主导地位的宗教思想,为诸多阿拉伯人部落所普遍接受。利雅得埃米尔国沿袭德拉伊叶埃米尔国的传统,实行教俗合一的政治体制。与德拉伊叶埃米尔国相比,利雅得埃米尔国时期的欧莱玛的影响明显削弱,沙特家族势力膨胀,埃米尔集宗教权力与世俗权力于一身。

1865 年,费萨尔去世,沙特家族内部围绕王位继承问题发生了长期的内讧。费萨尔的长子阿卜杜拉承袭父位,但次子沙特、三子穆罕默德和四子阿卜杜勒·拉赫曼试图与阿卜杜拉分庭抗礼。利雅得埃米尔国出现分裂的趋势,王位更换频繁,统治集团内部的矛盾与分裂愈演愈烈,国家动荡不定。从 1865 年到 1876 年的 11 年间,利雅得埃米尔国的王位曾在沙特家族成员之间 8 次更替。[2] 利雅得埃米尔国

---

① Champion, Daryl. (2003). *The Paradoxical Kingdom: Saudi Arabia and the Momentum of Reform*. p. 31. London: Hurst & Co.

② Vassiliev, Alexei. (2000). *The History of Saudi Arabia*. p. 200. New York: New York University Press.

成为一个仅管辖利雅得城镇及周围几个村庄的弱小国家,贝都因人不再服从瓦哈卜派的统治,纳季德东部地区的许多村庄都拒绝向利雅得埃米尔国交纳贡赋。1870 年,沙特·本·费萨尔击败阿卜杜拉的军队,占领哈萨,次年又攻占利雅得,阿卜杜拉逃往南部的盖哈丹地区。1875 年沙特·本·费萨尔死后,阿卜杜勒·拉赫曼成为利雅得沙特国家的埃米尔。1876 年阿卜杜拉重返利雅得,恢复权位。阿卜杜拉当政期间,北方的杰贝勒沙马尔国兴起,并于 1884 年和 1891 年两度出兵纳季德并占领利雅得。1887 年 10 月,沙特·本·费萨尔的儿子们获得了对利雅得的控制权并俘虏了利雅得的埃米尔阿卜杜拉。阿卜杜拉向杰贝勒沙马尔国求救,杰贝勒沙马尔国趁机插手利雅得埃米尔国内部事务。杰贝勒沙马尔国军队救出阿卜杜拉,将他带往杰贝勒沙马尔国的首都哈伊勒,利雅得的埃米尔则由阿卜杜拉的军队司令萨利姆·苏布罕担任,第二沙特国家灭亡,纳季德成为杰贝勒沙马尔国的属地。之后的许多年中,沙特家族的成员时而恢复对利雅得城镇的统治,但利雅得埃米尔国实际上已经沦为杰贝勒沙马尔国的附庸。

阿拉伯半岛素有部落社会的历史传统。除了短时期内更具组织性的国家在阿拉伯半岛出现之外,各种形式的部落酋长国是这一地区最普遍的政治组织形态。[①]酋长国是建立在征税基础上的共享权利和责任的松散的部落联盟,其组成部分是居住在同一个放牧地区的部落集团及邻近的乡村和城镇定居点。血缘关系是沙特社会的主要纽带,部落是沙特社会的主要行政单位。部落并非一个牢固的统一体,其次一级的单位是家族、氏族或者更大的集团。酋长国的统治者是其中一个主要部落的领导家族的成员,酋长所在的部落具有维持酋长国国内秩序、保护酋长国人民、发动对外敌作战的权威和约束力。酋长国没有明确的边界,也没有明确划分的国界;它的领土与它下属的部落在某一特定时期放牧的地域相对应。酋长国没有系统的行政机构,它的政治结构松散而简单。酋长国中各组成部分的结合建立在

---

① Kostiner, Joseph. (1993). *The Making of Saudi Arabia* (1916—1936): *From Chieftaincy to Monarchical State*. p. 4. New York: Oxford University Press.

合作的基础之上,各个部分在处理其内部事务时维持自治。酋长国的统治依赖于不牢固的私人协约或临时约定,各部落根据它们的需求和利益加入或离开部落酋长国。酋长国的持久力依赖于成功地促进各组成部分的利益,也依赖于统治者获取部落忠诚的能力和利用一个意识形态来巩固酋长国的能力。

德拉伊叶埃米尔国和利雅得埃米尔国都是以瓦哈卜派伊斯兰教为意识形态基础而形成的部落联盟。沙特家族最初围绕德拉伊叶建立部落国家,后来又以利雅得为中心建立了沙特酋长国。沙特家族采用瓦哈卜派伊斯兰教作为巩固沙特国家的统一的意识形态。伊本·瓦哈卜去世后,沙特国家教俗二元体制向教俗合一体制的发展使沙特家族领导人成为穆斯林共同体的领袖伊玛目。瓦哈卜派伊斯兰教对伊玛目管辖穆斯林共同体的权力之强调,巩固了沙特家族在部落酋长国中的领导地位。在瓦哈卜派伊斯兰教的旗帜下,德拉伊叶埃米尔国的沙特家族统治者和利雅得埃米尔国的费萨尔·伊本·特尔其都使各个部落服从他们的统治并使部落的效忠达到史无前例的程度。但是即使在沙特酋长国的全盛时期,也未能改变沙特国家的部落体制和部落相对于政府的传统地位和角色。因此,当沙特国家的中央权力在19世纪六七十年代的内战中瓦解时,互相竞争的各个集团很快就形成了单独的部落联盟。① 部落社会的不稳定性是早期沙特国家分裂和灭亡的重要原因。

---

① Kostiner, Joseph. (1993). *The Making of Saudi Arabia*(1916—1936): *From Chieftaincy to Monarchical State*. p. 5. New York: Oxford University Press.

第二章
前石油时代的沙特阿拉伯

第一节　沙特阿拉伯的建立

一、沙特家族政权的重建

　　19世纪末期的阿拉伯半岛处于严重分裂的状态。杰贝勒沙马尔国在穆罕默德·本·拉希德的统治下,势力达到顶峰,成为阿拉伯半岛腹地最重要的政治势力。1884年,当沙特家族内部斗争激化时,穆罕默德·本·拉希德成为整个纳季德地区的统治者,进而控制了北起叙利亚边境、南至阿曼的广大地区。杰贝勒沙马尔国沿袭阿拉伯部落联盟的传统形式,通过劫掠袭击和征收贡赋的手段进行统治,无力整合分散的血缘群体和推动阿拉伯半岛的社会进步。另一方面,杰贝勒沙马尔国依附于奥斯曼帝国的苏丹,是苏丹控制阿拉伯半岛内陆地区的政治工具。希贾兹地区处于奥斯曼帝国的控制之下,奥斯曼帝国在希贾兹的诸多地区驻扎军队。希贾兹地区的人口构成十分复杂,逊尼派、什叶派等多种宗教政治派别和苏菲教团共同存在,多种教法学派长期并存。麦加的谢里夫家族作为圣族后裔在希贾兹地区具有广泛的宗教政治影响,该家族致力于与奥斯曼帝国保持良好的合作关系,接受奥斯曼苏丹的赐封。哈萨位于科威特与特鲁希尔之间,是阿拉伯半岛东部最重要的农业绿洲和贸易区域,也是纳季德的贝都因人获取定居产品的主要来源。哈萨的定居人口大都信奉什叶派伊斯兰教,被纳季德的瓦哈卜派视作异端。19世纪后期,沙特家族政权衰落以后,奥斯曼军队占领了哈萨地区的主要城镇和要塞,哈萨被并入奥斯曼帝国伊拉克总督的管辖范围。此外,什叶派的分支宰德派政权控制了也门,什叶派易德利斯王朝控制了希贾兹与也门之间的阿西尔地区,波斯湾沿岸的科威特、巴林、卡塔尔、特鲁希尔、马斯喀特和阿曼则处于英国的保护之下。19世纪末期,英国与奥斯曼帝国在阿拉伯半岛展开激烈角逐。得知奥斯曼帝国支持沙特家族成员阿卜杜拉·本·费萨尔后,英国增加了对沙特·本·费萨尔的支持,为他提供食物补给。两个强大的外部政治势力对阿拉伯半岛内部事务的干预,加剧了利雅得埃米尔国统治集团内部的矛盾与分裂,加速了第二沙特国家的灭亡。北方的杰贝勒沙马尔国击败沙特政权后,瓦哈卜家族成员转而投靠杰贝勒沙马尔国,以维持瓦哈卜派伊斯兰教的生存。沙特家族成员阿卜杜勒·拉赫曼·本·费萨尔在1890年与嘎西姆人和穆塔伊尔人共同组建反对拉希德人的联盟,但却在1891年初的战争中失败。穆罕默德·本·拉希德占领利雅得,成为阿拉伯半岛中心地区无可争议的统治者。1892年,阿卜杜勒·拉赫曼·本·费萨尔和沙特家族成员逃往科威特。之后的十年间,沙特家族受到尚处于英国保护下的科威特统治者萨巴赫部落的庇护,成为英国在阿拉伯半岛重要的政治盟友。英国保护下的科威特成为沙特家族问鼎阿拉伯半岛政治舞台的出发点。

20世纪初,沙特家族成员阿卜杜勒·阿齐兹·本·阿卜杜勒·拉赫曼·本·费萨尔·沙特①发起重建沙特国家的活动。阿卜杜勒·阿齐兹生于1880年,是沙特家族首领阿卜杜勒·拉赫曼·本·费萨尔的儿子。他的母亲是苏戴尔部落的女子萨拉·苏戴尔,是一名虔诚的瓦哈卜派信徒,一言一行都恪守瓦哈卜派的戒规。阿卜杜勒·阿齐兹从小受到母亲的言传身教,7岁时开始在瓦哈卜派宗教大师阿卜杜拉·本·穆罕默德·本·阿卜杜勒·拉提夫的严格指导下学习,11岁就能背诵

---

① 阿卜杜勒·阿齐兹·本·阿卜杜勒·拉赫曼·本·费萨尔·沙特,沙特阿拉伯王国的建立者,以下简称"阿卜杜勒·阿齐兹"。

《古兰经》。14 岁时,阿卜杜勒·阿齐兹开始进行更加精深的神学研习,并逐步掌握了贝都因人的风俗习惯和军事技能。阿卜杜勒·阿齐兹还参加科威特地区的部落谢赫协商会议,获得了有关阿拉伯政治复杂状况和埃米尔法律决策的第一手知识。阿卜杜勒·阿齐兹酷爱习武,从小练就了高超的骑射技能。他的童年时期,正值沙特国家动荡和危难之时,因此他目睹了沙特家族的兴衰荣辱和家族内讧的悲剧。颠沛流离的生活和异族的压迫歧视使阿卜杜勒·阿齐兹从小立下雄心壮志,矢志恢复沙特家族的地位和荣光。

1900 年,科威特的谢赫萨巴赫·穆巴拉克组织了一支反对拉希德人的联军,阿卜杜勒·拉赫曼和一些沙特家族成员加入了这支军队。阿卜杜勒·阿齐兹尝试夺取利雅得,得到萨巴赫·穆巴拉克的支持。阿卜杜勒·阿齐兹带领的分队曾一度闯入利雅得城,但利雅得的拉希德人总督阿季兰·本·穆罕默德凭借坚固的要塞成功地抵挡了阿卜杜勒·阿齐兹的攻击。1902 年初,阿卜杜勒·阿齐兹带领一支由 40 人组成的突击队,秘密地发起向利雅得的攻击。1 月 15 日清晨,阿卜杜勒·阿齐兹带领几名勇士潜入利雅得城中总督的堡垒,杀死了利雅得总督阿季兰·本·穆罕默德。在城内突击队的配合下,阿卜杜勒·阿齐兹的军队杀死所有敌军,占领了利雅得城。利雅得的居民向阿卜杜勒·阿齐兹宣誓效忠,阿卜杜勒·阿齐兹重新建立了沙特国家。同时,沙特家族带领的援军逐渐向利雅得集结。阿卜杜勒·阿齐兹的兄弟萨阿德·本·阿卜杜勒·拉赫曼从科威特带来了 70 名士兵。阿卜杜勒·阿齐兹向西进攻,占领了哈尔吉。1902 年 5 月,阿卜杜勒·阿齐兹的父亲阿卜杜勒·拉赫曼·本·费萨尔来到利雅得。当阿卜杜勒·阿齐兹召集利雅得的欧莱玛和贵族向他父亲阿卜杜勒·拉赫曼·本·费萨尔宣誓效忠时,阿卜杜勒·拉赫曼·本·费萨尔谢绝了这份荣誉,并宣布他的儿子阿卜杜勒·阿齐兹是利雅得沙特国家的埃米尔,而他自己则是埃米尔的首席顾问和引领礼拜的伊玛目。① 父子之间的相互信任和合作巩固了新国家的稳定。22 岁的阿卜杜勒·阿齐兹成为新沙特国家的埃米尔,其父阿卜杜勒·拉赫曼·本·费萨尔在世时尚被尊为瓦哈卜派伊斯兰教教长,由此确立了由沙特家族控制的沙特国家教俗合一的政治体制。

夺取利雅得之后,阿卜杜勒·阿齐兹面临着十分严峻的形势。利雅得的沙特国家处于各种敌对力量的包围之中:南面和海湾地区属于英国的势力范围;东面和西面是奥斯曼帝国控制的哈萨和希贾兹;正北面是奥斯曼帝国的盟友拉希德家族统治的杰贝勒沙马尔国;而纳季德和其他地区,例如盖西姆、锡尔汉、阿西尔等地则由奥斯曼帝国操纵的各部落所控制。由于地理上的邻近和宗教方面的影响,奥斯曼帝国对阿卜杜勒·阿齐兹形成了政治、军事和宗教等多方面的巨大压力。英国以海湾地区为基地,已经显露出向阿拉伯半岛腹地渗透的意向,但从整体上说来,英国的主导战略是:"维护海湾地区的稳定局势,确保印度和东方通道的安全与畅通。"②因此,阿卜杜勒·阿齐兹认为首要的敌人是奥斯曼帝国,其次才是英国殖民主义者。在四面受敌的情况下,阿卜杜勒·阿齐兹在冷静地分析时局以后,以利雅得为根据地发起了统一活动。阿卜杜勒·阿齐兹的首要征服目标是奥斯曼帝国的附庸拉希德家族控制的地区。为了避免奥斯曼帝国和英国的干涉,阿卜杜勒·阿齐兹将他对拉希德人的进攻蒙上一层家族冲突的外衣。1904 年初,阿卜杜勒·阿齐兹向利雅得北面的盖西姆地区进军,这是拉希德家族控制力比较薄弱的地区。阿卜杜勒·阿齐兹从拉希德人手中夺取阿宰纳和布赖代,继而击败支持拉希德人的奥斯曼军队。1906 年,阿卜杜勒·阿齐兹的军队再次发动对拉希德军队的大规模进攻,拉希德军队战败,嘎西姆被纳入沙特国家的版图。与此同时,纳季德中部和南部的哈尔吉、阿弗拉吉、豪塔、达瓦塞尔、瓦什姆、苏戴尔和马赫马勒等地的部

① Vassiliev, Alexei. (2000). *The History of Saudi Arabia*. p. 213. New York: New York University Press.
② 王铁铮、林松业著:《中东国家通史:沙特阿拉伯卷》,商务印书馆 2000 年版,第 100 页。

落也都归顺了沙特政权。盖西姆和纳季德连成一片,利雅得政权得到初步巩固,沙特家族在阿拉伯半岛中部的地位得以确立。

20世纪初的阿拉伯半岛处于混乱状态,部落间时常爆发长期的冲突和战争,贝都因人叛服无常。阿卜杜勒·阿齐兹建立的沙特国家是一个由游牧民和城市居民组成的松散的联盟,有着一个最小的、非制度化的政府体系和不明确的疆域,其疆域因各部落对不同的埃米尔国表示效忠的变化而变动。沙特国家的军队由阿卜杜勒·阿齐兹的一些亲属、姻亲和贝都因人组成。① 阿拉伯部落承认沙特统治者的政治权力在部落组织之上,但他们"对国家的忠诚并非国家主义的,而是对沙特家族的忠诚"。② 沙特国家共有大约50个地位较高的部落埃米尔和几百个次要的部落和分部落的谢赫。③ 阿卜杜勒·阿齐兹通过婚姻纽带实现以部落联盟为中心的国家的整合,并在广泛联姻的基础上扩大沙特家族的权力基础。阿卜杜勒·阿齐兹及其兄弟,以及沙特家族的其他成员都成功地利用伊斯兰教规定可以娶四个妻子和离婚相对容易的惯例,与许多最主要的游牧部族和城市家族联姻。阿卜杜勒·阿齐兹与著名的阿拉伯家族、部落贵族、有很高宗教学识的定居家族、定居的纳季德家族和沙特家族的旁支联姻,共有22个妻子。④ 缔结婚约是结束部落间长期争斗和其他冲突并维持沙特埃米尔国内部各主要家族的财富和权力的重要方式。许多传统的显赫家族都通过与阿卜杜勒·阿齐兹的姻亲关系获得了重要的经济和政治地位。阿拉伯半岛北部强大的苏戴尔家族通过联姻与阿卜杜勒·阿齐兹

① Abir, Mordechai. (1993). *Saudi Arabia: Government, Society, and the Gulf Crisis*. p. 3. London; New York: Routledge.

② Natasha, Alexander. (1999). *Saudi Arabia: Country Study Guide*. pp. 74-75. Washington, D. C.: International Business Publications.

③ Abir, Mordechai. (1993). *Saudi Arabia: Government, Society, and the Gulf Crisis*. p. 5. London; New York: Routledge.

④ Al-Rasheed, Madawi. (2002). *A History of Saudi Arabia*. p. 77. New York: Cambridge University Press.

建立了亲密的关系,该家族的 3 名成员都在 20 世纪 30 年代担任地方总督。① 广泛的姻亲关系使得沙特家族规模庞大。多数部落通过婚姻纽带隶属于沙特家族,与沙特家族联姻的家族由此成为沙特国家的支柱。家族的统治和部落的统治合而为一,庞大的沙特家族就是一个居于国家领导地位的部落。沙特埃米尔国政治统治的实质是建立在各主要部落联合的基础之上的家族政治,阿卜杜勒·阿齐兹实际上就是部落联盟的首领。

二、伊赫万运动的兴起

19 世纪末期,由于沙特家族政权的衰微,瓦哈卜派伊斯兰教失去了作为生存和扩张基础的强权,也逐渐失去了在阿拉伯半岛宗教信仰方面的主导地位。到 20 世纪初,阿拉伯半岛部落的宗教信仰大都脱离了正统伊斯兰教,多神信仰和异教信仰的势力呈现发展的趋势。1902 年,阿卜杜勒·阿齐兹攻占利雅得并重新建立沙特国家以后,沿袭早期沙特国家的历史传统,尊奉瓦哈卜派伊斯兰教为官方意识形态。阿卜杜勒·阿齐兹号称他是伊斯兰教的保护者,以"只要《古兰经》在,我们的信念就不会动摇;只要骆驼在,我们的荣誉就不会丧失"为维护宗教的口号。② 为了扩大新兴政权的社会基础,阿卜杜勒·阿齐兹摒弃前嫌,请曾经帮助过杰贝勒沙马尔国的瓦哈卜家族后裔阿卜杜拉·本·穆罕默德·本·阿卜杜勒·拉提夫领导国家的宗教活动,恢复了沙特家族与瓦哈卜家族的宗教政治联盟。瓦哈卜派欧莱玛援引先知时代的历史实践以及查希里叶和希吉拉的宗教概念,强调迁徙是摆脱蒙昧状态和获得真正信仰的必经之路,呼唤民众走出沙漠、走向定居,进而阐述伊赫万运动的理论基础。

伊赫万是阿拉伯语"兄弟"一词的复数音译,特指告别游牧生活而移入具备完

---

① Kostiner, Joseph. (1993). *The Making of Saudi Arabia* (1916—1936): *From Chieftaincy to Monarchical State*. p. 145. New York: Oxford University Press.

② [英]彼得·霍布德著,梁丙添译:《今日沙特阿拉伯》,商务印书馆 1981 年版,第 45 页。

整宗教功能的定居点"希吉拉"中的贝都因人。伊赫万运动起源于瓦哈卜派欧莱玛的宗教宣传。伊赫万运动的理论之父是瓦哈卜家族成员阿卜杜拉·本·穆罕默德·本·阿卜杜勒·拉提夫、哈萨的卡迪谢赫伊萨，以及阿卜杜勒·卡里姆·马吉勒比。阿卜杜拉·本·穆罕默德·本·阿卜杜勒·拉提夫为伊赫万运动提供了宗教教义和理论基础，他将瓦哈卜派教义编纂成游牧民容易理解的宗教典籍，并通俗地阐释严格的一神信仰，要求人们认真履行伊斯兰教的各项宗教功课，恪守伊斯兰教教法。除了严格遵守伊斯兰教的五项基本原则，伊赫万理论还要求对"兄弟"的忠诚、顺从埃米尔和伊玛目、兄弟之间互相帮助，以及拒绝与欧洲及其统治的国家交往。[①] 阿卜杜拉·本·穆罕默德·本·阿卜杜勒·拉提夫还提出要建立瓦哈卜派兄弟会，即"伊赫万"，用瓦哈卜派的兄弟之爱来代替氏族部落的传统互助。他在撰述中还宣扬定居生活特别是农业生活的优越性。[②] 这实际上是为了确保阿卜杜勒·阿齐兹政权的宗教合法性，为新兴沙特国家的扩张和统一作舆论宣传，争取广大游牧民的服从和支持。自1910年开始，阿卜杜拉·本·穆罕默德·本·阿卜杜勒·拉提夫委派门徒和弟子前往各地传布瓦哈卜派宗教思想，这些瓦哈卜派思想的宣传者被称作"穆陶威"，他们承担了具体传播伊赫万理论的任务，是沙特国家向贝都因人灌输宗教政治思想的重要工具。穆陶威向各部落游说成立"伊赫万·陶希德"（敬奉唯一真主兄弟会）的必要性和迫切性，并向他们阐述安拉的法规比部落义务更为重要，号召各部落放弃自相残杀的战争和血亲复仇的行动，共同团结在瓦哈卜派的旗帜之下，保卫纳季德和沙特政权。一神崇拜、恪守教法、顺从长官和同胞互助，构成伊赫万运动的思想纲领。

瓦哈卜派欧莱玛的宗教宣传得到阿卜杜勒·阿齐兹的大力支持。尽管阿卜杜勒·阿齐兹重建沙特国家的事业已经取得初步胜利，但他在阿拉伯半岛中部的统

---

① Vassiliev, Alexei. (2000). *The History of Saudi Arabia*. p. 227. New York: New York University Press.

② 王铁铮、林松业著：《中东国家通史：沙特阿拉伯卷》，商务印书馆2000年版，第107页。

治尚不稳固。通过一场瓦哈卜派宗教政治运动,将民众团结在沙特家族周围,就可以为沙特家族提供稳定而广泛的群众基础。于是,阿卜杜勒·阿齐兹出资为穆陶威发放薪水,穆陶威成为阿卜杜勒·阿齐兹角逐权力的重要支持者。穆陶威接受阿卜杜拉·本·穆罕默德·本·阿卜杜勒·拉提夫和瓦哈卜派欧莱玛的派遣到各部落以伊斯兰教的名义教化部落民,向部落民宣传服从穆斯林共同体领导人的重要性,而服从的具体表现就是向沙特政权交纳宗教税"宰卡",并响应沙特政权对非瓦哈卜派发动圣战的号召。① 穆陶威既是瓦哈卜派信仰的传播者,又是沙特政府的代理人,他们代表利雅得的欧莱玛和埃米尔在希吉拉中行使部分宗教政治权力。他们在监督部落民遵守瓦哈卜派戒律的同时,也负责为沙特政府征收宗教税"宰卡"。当穆陶威在部落民中积极传播伊赫万理论时,阿卜杜勒·阿齐兹邀请各部落酋长到利雅得做客,要求他们到利雅得欧莱玛开办的宗教学校学习宗教课程和瓦哈卜派教义。一些狂热信仰瓦哈卜派伊斯兰教的部落酋长回到各自的部落后,着手将伊赫万理论付诸实践。贝都因部落成员在接受瓦哈卜派的宗教宣传以后,告别游牧传统,走出沙漠牧场,选择定居的生活方式,进而献身于利雅得埃米尔国的圣战事业。迁徙、定居、务农和圣战,构成伊赫万运动基本环节。

"自从中世纪以来,直到 19 世纪和 20 世纪初,阿拉伯半岛几乎没有出现明显的变化。纳季德、哈萨和希贾兹的绝大多数人口分别从事两种传统的经济活动,即绿洲农业和畜牧业。"② 由于奥斯曼帝国对阿拉伯半岛北部地区的统治,以及贝都因人不愿意依赖土耳其人和英国人,于是,贝都因人向北的迁徙受到限制。干旱、游牧生活的危机等经济方面的需要促使贝都因人转入定居的生活方式。1912 年底,穆泰尔部落的贝都因人自愿放弃追逐水草的游牧生活,在嘎西姆地区的阿尔塔

① Al-Rasheed, Madawi. (2002). *A History of Saudi Arabia*. p. 52. New York: Cambridge University Press.

② Vassiliev, Alexei. (2000). *The History of Saudi Arabia*. p. 30. New York: New York University Press.

维叶建立了第一个伊赫万定居点"希吉拉"。穆泰尔部落是阿拉伯半岛中部地区的一个最英勇和最强大的部落。阿尔塔维亚坐落在科威特到嘎西姆商路上的一个有丰富水源的河谷,具有良好的草场和茂盛的树林。瓦哈卜派欧莱玛阿卜杜勒·卡里姆·马吉勒在阿尔塔维叶定居,积极地向周围的贝都因人宣传瓦哈卜主义和伊赫万理论。穆泰尔部落的部分成员在酋长费萨尔·达维什的领导下,自愿变卖他们自己的部分骆驼和维持游牧生活所必需的生产生活资料,在阿尔塔维亚建造房屋,从事农业耕作,履行瓦哈卜派宗教功修并严格遵守《古兰经》的规定,同时还向沙特政府交纳"宰卡"。哈尔卜部落的一部分欧拉玛特人加入到穆泰尔部落的伊赫万运动中。欧拉马特人拥有手工业、建筑和农业技能,他们在建立定居点的过程中发挥了重要作用。欧拉马特人在定居点中挖掘了许多水井。阿尔塔维叶迅速发展成为一个有 10000 人定居的城镇。家族和部落相互帮助的传统关系成为伊赫万团结的基础。阿尔塔维叶是伊赫万运动建立的第一个农业定居区"希吉拉",定居在希吉拉中的贝都因人完成了"从不信的土地到信仰的土地的迁徙"。①希吉拉通过不同程度的强迫手段,在向周围的贝都因部落传播"纯净的"瓦哈卜主义一神论教义方面发挥了重要的作用。

阿尔塔维叶建立以后,许多希吉拉相继出现。伊赫万定居点作为瓦哈卜派的宗教据点和利雅得埃米尔国的兵源所在,通常建立在水源周围和适于发展农业的绿洲,平均人口为 1500 人。希吉拉的发展和壮大主要通过两种方式:一些部落因为自然环境造成的生活艰难和战争带来的经济压力而自愿采用定居的生活方式,建立农业垦殖区"希吉拉";另一些部落则是被阿卜杜勒·阿齐兹的军队打败后被迫转入定居生活,向国家交纳宗教税收"宰卡"。伊赫万运动的定居化最初主要通过自愿的方式进行,但 1918 年以后,强制实行伊赫万运动和定居化的情况则更加

---

①　Natasha, Alexander. (1999). *Saudi Arabia: Country Study Guide*. p. 156. Washington, D. C.: International Business Publications.

频繁。阿卜杜勒·阿齐兹请利雅得的欧莱玛颁布了一份费特瓦[1]，裁断"经营农业和手工业、商业完全符合伊斯兰教义的要求"[2]，于是，手工业和商业在定居区内发展起来。

为了促进伊赫万运动的发展，阿卜杜勒·阿齐兹亲自分配土地和用水，并向伊赫万提供建立定居区所需的资金、农作物种子、农业生产工具和建造清真寺、学校和定居点所需的物质资料。阿卜杜勒·阿齐兹以伊玛目的名义派遣众多的穆陶威前往伊赫万定居点宣传瓦哈卜派宗教思想，执行教法、仲裁纠纷。阿卜杜勒·阿齐兹还向较大的希吉拉派遣卡迪，这些卡迪通常是瓦哈卜家族的成员。基于有效统治的考虑，实施部落法律体制中的习惯法不利于公共秩序的稳定和安全。从1914年开始，沙特国家中央权力机构为贝都因人任命沙里亚卡迪，与习惯法法官并列，希望以此将贝都因人纳入沙里亚的轨道。穆陶威和卡迪都是向希吉拉的伊赫万灌输宗教信仰的工具和训练他们为沙特国家进行圣战的工具。1916年，阿卜杜勒·阿齐兹命令所有向他宣誓效忠的贝都因部落都必须放弃游牧的生活，加入伊赫万运动。希吉拉中的部落谢赫都必须到利雅得接受特殊的宗教教育，他们每年至少去拜见阿卜杜勒·阿齐兹一次，阿卜杜勒·阿齐兹向他们发放补助金。作为回报，他们必须尊沙特国家领袖阿卜杜勒·阿齐兹为伊玛目并宣誓支持瓦哈卜派正统信仰。[3] 1920年，阿拉伯半岛的伊赫万定居点共有52处。1923年，伊赫万定居点达到71处。1929年，伊赫万的定居点增至120处，其中包括阿纳宰部落的7处，沙马尔部落的16处，哈尔卜部落的22处，穆泰尔部落的12处，阿太白部落的15处，苏巴伊部落的3处，苏胡勒部落的3处，盖哈丹部落的8处，达瓦希尔部落的4处，哈里德部落的2处，阿季曼部落的14处，阿瓦兹姆部落的2处，哈吉尔部落的

---

① 费特瓦(Fatawa)，即依据伊斯兰教经典作出的决定。
② [苏]尼·伊·普罗申著，北京大学历史系翻译小组译：《沙特阿拉伯》，北京人民出版社1973年版，第41页。
③ Holden, David. (1982). *The House of Saud*. p. 69. London: Pan Books Ltd.

4处,穆拉部落的4处,希泰姆部落的3处,扎菲尔部落的1处。但是,即使是在伊赫万运动的最高潮时期,也只有1/10,或者最多1/5的游牧民定居在希吉拉中。[①]到1930年,伊赫万运动共使大约15万名贝都因人定居在200多个希吉拉中。[②] 伊赫万成员承认阿卜杜勒·阿齐兹为穆斯林共同体的伊玛目,接受利雅得欧莱玛作为神启法律的保护者和解释者。

移入定居点的伊赫万成员在告别游牧生活的同时,摒弃相互劫掠和血族仇杀的传统陋习,严格尊奉伊斯兰教法,恪守宗教功修,并向沙特政府缴纳天课。沙特国家废除了部落谢赫曾经享有的免交宰卡和向弱小的邻居征收保护税等传统特权。贝都因人传统上以劫掠为主的生计活动现在受到沙特国家的严厉打击,贝都因人只有两种选择,要么臣服于沙特国家的统治并定居在希吉拉中,要么离开纳季德埃米尔国而移居国外。定居在希吉拉中的伊赫万成员都是狂热的瓦哈卜派信徒,为了与其他穆斯林抑或是他们所认为的"多神教徒"相区别,他们披戴白色头巾,修剪胡须,身着及膝长衫,与城镇居民的过膝长袍有所区别。[③] 伊赫万运动禁止音乐,禁止饮用咖啡,禁止吸烟,禁止饮用所有的酒类,禁止穿着丝绸和其他华丽的服饰,禁止赌博和占卜。

三、沙特国家疆域的拓展

在阿卜杜勒·阿齐兹的支持下,一场以瓦哈卜派军事扩张为目的的伊赫万运动逐步展开。伊赫万运动崇尚圣战,瓦哈卜派宗教思想的传播无疑将导致狂热的宗教情感和激进的宗教实践。定居在希吉拉中的贝都因人都认为自己已经脱离了查希里叶时代愚昧无知的状态,接受了纯正的伊斯兰信仰。他们通过战胜非穆斯

---

① Vassiliev, Alexei. (2000). *The History of Saudi Arabia*. p. 228. New York: New York University Press.

② Abir, Mordechai. (1993). *Saudi Arabia: Government, Society, and the Gulf Crisis*. p. 4. London; New York: Routledge.

③ Holden, David. (1982). *The House of Saud*. p. 69. London: Pan Books Ltd.

林来表明他们的宗教热情,那些没有加入希吉拉的游牧人口和定居人口都被伊赫万视作非穆斯林。伊赫万的宗教激情源自崇拜安拉和为安拉在尘世中的代理人服务的宗教原则,向所有的非穆斯林发动圣战是伊赫万成员的神圣职责。伊赫万的宗教激情以世俗的战利品作为回报,但并不是通过以前的部落之间相互劫掠和抢劫商队之形式,而是通过与非瓦哈卜派的"异教徒"作战的方式。通过圣战获取战利品成为伊赫万获取财富的主要途径。希吉拉既是一个农业垦殖区,也是一个军屯组织。定居在希吉拉中的伊赫万成员闲时从事农业耕作,战时则开赴战场,组成了一支"在他们的领导人的指挥下,松散地组织起来的战斗集团"①。伊赫万定居点中区分为从事圣战的"贵族"部落和从事手工业、负责建造新的定居点等事务的"非贵族"部落。例如,在阿尔塔维叶定居点中,就分为阿拉伯半岛"最高贵"的部落之一哈尔卜部落成员,还有穆泰尔部落成员和"非贵族的"欧拉马特部落成员。②贵族部落成员多为贝都因人,非贵族部落成员则往往是农民、手工业者和小商人。非贵族部落成员处于从属的低下地位。手工业者和小商业者常常被视作非战斗人员的身份。希吉拉中的兵源分为三种,分别为常备军、预备役军人和民兵。民兵虽然通常留在希吉拉中,但是一旦欧莱玛宣布进入紧急状态,他们也会立即加入战斗。开赴战场时,伊赫万成员自带骆驼、武器和食物。只有纳季德中部的少数希吉拉能够享受国库军费提供的定期补助。

伊赫万运动是一场宗教复兴运动,是新兴的沙特伊斯兰国家的保护者,也是阿卜杜勒·阿齐兹征服当时沙特阿拉伯王国全部领土的主要推动力。伊赫万运动在传播"真正的宗教"的旗帜下,将对非瓦哈卜派信徒的劫掠合法化,进而将为中央集权而进行的战争神圣化。伊赫万成员是游牧民定居化的先锋,是信仰复兴运动的

---

① Kostiner, Joseph. (1993). *The Making of Saudi Arabia* (1916—1936): *From Chieftaincy to Monarchical State*. p. 42. New York: Oxford University Press.

② Vassiliev, Alexei. (2000). *The History of Saudi Arabia*. p. 229. New York: New York University Press.

鼓吹者,是扩张活动的煽动者。1913 年以前,阿卜杜勒·阿齐兹的军队主要由纳季德南部的城镇居民所组成。[①] 希吉拉发展起来以后,伊赫万成为一种致力于对异教徒圣战的部落军事力量。伊赫万军队在阿卜杜勒·阿齐兹的领导下,逐步占领了哈萨、杰贝勒沙马尔地区、锡尔汉谷地、阿西尔和希贾兹。

哈萨地区自 1871 年开始就处于奥斯曼帝国的控制之下,阿卜杜勒·阿齐兹试图借助英国的力量收复哈萨。1911 年,阿卜杜勒·阿齐兹与英国达成协议:哈萨是利雅得埃米尔的属地,阿卜杜勒·阿齐兹承认利雅得埃米尔国是英国的保护国,承认英国有权在阿拉伯半岛开采矿产资源。1913 年 5 月,沙特军队先后攻占胡富夫、乌凯尔和卡提夫三个奥斯曼帝国的军事重镇,哈萨地区重新成为阿卜杜勒·阿齐兹的领地,沙特政权在阿拉伯半岛中部和东部地区的地位得到确立。

1914 年,奥斯曼帝国与利雅得埃米尔国签署协议:奥斯曼帝国承认沙特家族在纳季德的统治权;阿卜杜勒·阿齐兹接受纳季德总督的称号,并在形式上臣服于奥斯曼苏丹;阿卜杜勒·阿齐兹承诺不与其他国家建立同盟,不允许其他国家的军队进入纳季德。一战爆发初期,阿拉伯半岛上的几个主要政权的立场完全不同:哈伊勒的拉希德埃米尔支持奥斯曼帝国,希贾兹的谢里夫和科威特的谢赫支持英国,纳季德则是奥斯曼帝国与英国争夺的主要对象。1915 年,利雅得埃米尔国与英国签订《盖提夫协议》。根据协议,英国承认纳季德、哈萨、盖提夫、朱拜勒一带是利雅得埃米尔国的辖地,赠送阿卜杜勒·阿齐兹 1000 支步枪和 2 万英镑,每月给予阿卜杜勒·阿齐兹 5000 英镑的补助金;阿卜杜勒·阿齐兹承诺不与其他国家建立联盟,不允许其他国家的军队进入自己的属地,保证不侵扰处于英国保护下的科威特、巴林、卡塔尔和阿曼。[②]

---

① Al-Rasheed, Madawi. (2002). *A History of Saudi Arabia*. p. 59. New York: Cambridge University Press.

② Al-Rasheed, Madawi. (2002). *A History of Saudi Arabia*. p. 41. New York: Cambridge University Press.

一战结束后,英国成为影响阿拉伯半岛的主要外部势力,阿拉伯半岛形成希贾兹、纳季德、杰贝勒沙马尔、阿西尔和也门五大政治区域。英国奉行的政策,是通过分而治之的方式控制整个阿拉伯半岛。在阿拉伯半岛内部,利雅得的埃米尔与麦加的谢里夫之间的矛盾冲突日益加剧,纳季德与希贾兹之间的图拉巴成为双方争夺的焦点。自 1918 年起,伊赫万成员追随阿卜杜勒·阿齐兹,成为沙特家族对外征服的核心军事力量。以纯净伊斯兰教的名义,伊赫万成员通过他们的残暴行动和狂热情绪加强了阿卜杜勒·阿齐兹军队的战斗能力。伊赫万军队既能机动地在半岛驰骋,当需要时又能在特定区域定居,他们高涨的瓦哈卜主义宗教热情使他们成为一支战无不胜、攻无不克的军队。伊赫万运动的兴起,改变了纳季德政权与拉希德政权及希贾兹政权之间军事力量的对比。沙特家族、瓦哈卜派与伊赫万三位一体,构成阿卜杜勒·阿齐兹角逐权力和拓展疆域的有力工具。[①]

1919 年 5 月,麦加的谢里夫侯赛因之子阿卜杜拉率军占领图拉巴绿洲,旋即败于沙特的瓦哈卜派军队。1921 年 8 月,阿卜杜勒·阿齐兹率领伊赫万军队占领哈伊勒,拉希德人投降,杰贝勒沙马尔地区归属沙特国家,纳季德苏丹国成为阿拉伯半岛最重要的政治力量。随后,纳季德苏丹国将攻击的目标指向阿西尔和希贾兹。阿卜杜勒·阿齐兹派遣欧莱玛到阿西尔地区宣传瓦哈卜派宗教思想,该地区的许多部落向阿卜杜勒·阿齐兹宣誓效忠。1922 年,纳季德苏丹国的军队进入阿西尔,占领首府艾布哈。纳季德苏丹国向北的扩张与英国的利益相冲突,并最终导致纳季德苏丹国与英国关系的恶化,英国终止了向纳季德支付补贴。于是,纳季德苏丹国财政吃紧,急需开辟新的财源,进而觊觎麦加的朝觐税和吉达的贸易税。1924年,希贾兹的侯赛因在麦加自称哈里发,遭到伊斯兰世界的普遍抵制。同年 8 月,纳季德苏丹国的 4000 名伊赫万战士攻入希贾兹,占领塔伊夫。10 月,麦加的谢里夫侯赛因被迫宣布退位,逃往塞浦路斯,其子阿里即位。纳季德苏丹国的军队占领

---

① 哈全安著:《中东国家的现代化历程》,人民出版社 2006 年版,第 377 页。

麦加,随后又占领了麦地那,阿卜杜勒·阿齐兹征服了阿拉伯半岛西部的希贾兹地区。

伊赫万运动是沙特国家历史上一次重要的瓦哈卜派宗教政治运动。沙特国家建立初期,纳季德的贝都因人部落接受瓦哈卜派宗教信仰,改变以前的游牧生产生活方式,迁徙并定居在具有军事、农业和传教等多种功能的希吉拉中。定居在希吉拉中的伊赫万成员对瓦哈卜派伊斯兰教的严格遵守有助于阿卜杜勒·阿齐兹重建沙特国家。伊赫万运动在阿卜杜勒·阿齐兹的征服运动中具有重要的地位。贝都因人坚强的天性与极高的圣战热情相结合,为阿卜杜勒·阿齐兹的政权提供了必要的军事支持,成为阿卜杜勒·阿齐兹扩大沙特国家疆域的主要军事力量。1926年,沙特国家共有约 100 个伊赫万定居点,能够提供 50000 至 60000 名士兵,这是一支巨大的战斗力量。"伊赫万成为阿拉伯半岛的'白色恐怖'……阿卜杜勒·阿齐兹依靠伊赫万的支持,在 20 世纪 20 年代早期镇压了最强大的贝都因部落的反抗,在阿拉伯半岛建立了前所未有的统治秩序。"[1]

伴随着领土扩张,沙特国家开始了构建国家制度和整合社会的历史进程。阿卜杜勒·阿齐兹在建立和统一国家的过程中,大力倡导瓦哈卜派伊斯兰教教义,致力于削弱和瓦解部落势力对沙特国家的制约和影响。在瓦哈卜家族宗教权威的帮助下,阿卜杜勒·阿齐兹竭力倡导建立希吉拉和开展伊赫万运动。希吉拉的定居化政策有利于游牧部落从游牧迁徙转入农耕定居生活。伊赫万运动的目标是重建一种可以对抗部落认同的广泛的宗教认同,以兄弟会的宗教理念来促进沙特国家内部的稳定,并指引各部落联合起来对抗外部势力。伊赫万运动是一场瓦哈卜派宗教复兴运动,以复兴瓦哈卜派"纯正"的伊斯兰信仰在阿拉伯半岛的统治地位为主要的宗教政治理想。伊赫万运动通过游牧部落的定居与圣战相结合,形成一种强大的宗教政治力量。瓦哈卜派伊斯兰教和伊赫万运动对顺从安拉和顺从伊玛目

---

[1]　Vassiliev, Alexei. (2000). *The History of Saudi Arabia*. p. 229. New York: New York University Press.

以及严格恪守宗教功修的信仰原则之强调,成为阿卜杜勒·阿齐兹驾驭贝都因部落和控制民众进而强化国家权力的重要工具。阿卜杜勒·阿齐兹和欧莱玛希望利用瓦哈卜派伊斯兰教恪守宗教戒律的特点,来约束贝都因人的自由散漫和叛服无常。

伊赫万运动还促进了沙特国家军队的建立。在 1920—1921 年,一支以希吉拉的伊赫万和利雅得的城镇居民为基础的专业军队已经形成。① 另外,阿卜杜勒·阿齐兹还通过征收天课和战利品的 1/5 作为国家税收来行使国家权力。1925 年,阿布杜勒·阿齐兹颁布法令,规定拥有骆驼 5 头、羊 40 头或牛 30 头以上的贝都因人都必须缴纳天课;农民中耕种自然灌溉的土地者须缴纳收成的 10%,耕种人工灌溉的土地者须缴纳收成的 5%;商人缴纳收入的 2.5%。② 沙特家族还向什叶派以及包括基督徒和犹太人在内的非穆斯林征收人头税。适当的税收既意味着部落对沙特家族统治的承认,也是部落服从国家权力的象征。沙特国家开拓疆域的时期,婚姻纽带、对阿布杜勒·阿齐兹个人权威的服从,以及瓦哈卜派伊斯兰复兴运动的热情构成沙特国家权力和社会凝聚力的主要基础,沙特国家开始从部落政体向君主政体转化。瓦哈卜派伊斯兰教强调圣战的重要性,主张用"圣战"争取阿拉伯半岛的统一,并以政治、宗教权力和物质报酬的形式允诺给沙特家族在瓦哈卜教义的指导下进行领土扩张的巨大收获,为中央集权国家的建立和统一提供了一种独特的原动力。

伊赫万运动呈现出的重要特征是对瓦哈卜派伊斯兰教的狂热信仰和贝都因人部落体制的历史延续。在阿卜杜勒·阿齐兹扩大国家疆域的进程达到一定阶段的时候,伊赫万运动的历史特性与阿卜杜勒·阿齐兹的政治目标产生了激烈的冲突。

---

① Kostiner, Joseph. (1993). *The Making of Saudi Arabia* (1916—1936): *From Chieftaincy to Monarchical State*. p. 70. New York: Oxford University Press.

② Vassiliev, Alexei. (2000). *The History of Saudi Arabia*. p. 304. New York: New York University Press.

伊赫万运动的显著特征是对瓦哈卜派伊斯兰教的狂热信仰,圣战是伊赫万运动宗教狂热的外在形式。伊赫万运动通过对瓦哈卜派伊斯兰教的狂热信仰和坚决执行对"异教徒"的圣战,为沙特国家提供了最强大的军事力量,成为沙特国家疆域不断扩大的最主要推动力。定居在希吉拉中的伊赫万成员认为只有他们自己信仰的瓦哈卜派伊斯兰教才是纯正的伊斯兰教,并且热衷于发动对异教徒的圣战来表明他们的宗教热情。伊赫万运动将所有的非瓦哈卜派穆斯林都视作异教徒,并将其视为他们发动圣战的对象。在通常的情况下,新皈依的教徒比传统的信徒更为狂热和极端。伊赫万运动的宗教狂热还导致残忍的行为。刚皈依瓦哈卜派伊斯兰教的伊赫万成员严格进行每日 5 次的礼拜,逃避礼拜的人会遭受鞭笞。他们严格禁止所有的音乐,严格禁止吸烟,并且威胁将处死没有得到统治者亲自保护的基督徒。

　　伊赫万运动的宗教狂热和漫无止境的圣战要求违背了阿卜杜勒·阿齐兹利用瓦哈卜派作为官方意识形态教化贝都因人的初衷。阿布杜勒·阿齐兹对派往最大的伊赫万希吉拉阿尔塔维叶的宗教学者发布命令:"在宗教事务方面指导贝都因人,解决他们的法律问题,禁止他们的宗教狂热,宗教狂热是违反宗教基本原则的。"[1]伊赫万信仰的狂热性质和毫不妥协的圣战激情在伊赫万运动发展初期就已经构成一种对沙特国家的潜在威胁。1914 年 10 月,基于伊赫万运动宗教狂热的发展特点,阿卜杜勒·阿齐兹不得不要求欧莱玛颁布一份特殊的费特瓦,以呼吁宽容为主题,指责伊赫万的狭隘和偏执,以及缺乏容忍的极端行为,其目的是抑制伊赫万的宗教激情。欧莱玛在费特瓦中确认:强迫其他人披戴头巾和放弃以前的生活方式并加入伊赫万的行为是违背沙里亚的,因为安拉及其使者并没有提出这种要

---

　　① Heper, Metin & Israeli, Raphael. (1984). *Islam and Politics in the Modern Middle East*. p. 46. London & Sydney: Croom Helm Ltd.

求。① 然而,这份费特瓦的影响力十分有限。一年以后,阿卜杜勒·阿齐兹认为负责向贝都因人传播瓦哈卜派信仰的穆陶威过于富有宗教激情,于是派遣有经验的欧莱玛到希吉拉中去抑制伊赫万的宗教狂热。

随着沙特国家疆域的不断扩大,伊赫万军队的圣战行动必然与阿拉伯半岛上其他的政治势力产生冲突。基于当时阿拉伯半岛上复杂的政治形势和沙特国家自身的实力,阿卜杜勒·阿齐兹采用实用主义原则遏制伊赫万军队高涨的圣战激情。1918 年,伊赫万成员开始攻击阿卜杜勒·阿齐兹对英国人和希贾兹统治者谢里夫·侯赛因的宽容态度。伊赫万运动成为一种令阿卜杜勒·阿齐兹烦恼的宗教政治势力。对于新征服的希贾兹地区,阿卜杜勒·阿齐兹希望沿用以前的管理体制,而伊赫万则决心纯净希贾兹地区的“邪恶”,甚至摧毁他们认为与伊斯兰教不相容的圣地。伊赫万破坏了有纪念意义的先知出生地和阿布·伯克尔在麦加的住宅,希贾兹的所有圣墓都在征服的过程中惨遭破坏。

瓦哈卜派伊斯兰教自产生以来,都主要服务于沙特国家中贵族阶层的利益,但瓦哈卜主义同时也包含着公平对待社会底层民众的要求。伊赫万的行为似乎是狂热、放纵和野蛮的,但这实际上是阿拉伯半岛普通民众为瓦哈卜派伊斯兰教所宣扬的朴素的生活方式而奋斗的一种表现。他们是在用他们特殊的方式实践瓦哈卜派伊斯兰教所宣扬的“人人平等”的理想。伊赫万运动虽然改变了贝都因人的生活方式,但却未能改变传统的部落社会体制和思想意识。伊赫万成员的理想是传统社会体制的一种反映,部落民众试图通过伊赫万运动和发起圣战来宣称他们以前在阿拉伯半岛社会中的主宰者地位。阿卜杜勒·阿齐兹则试图利用伊赫万运动来削弱部落势力的传统权力和地位。因此,伊赫万的宗教政治志向和实践与沙特家族所代表的封建贵族阶层利益产生了极大的冲突。

伊赫万运动的许多禁令都具有平等主义的性质,可以视为一种社会中较低的

---

① Vassiliev, Alexei. (2000). *The History of Saudi Arabia*. p. 230. New York: New York University Press.

阶层对统治阶级奢侈行为的抗议。伊赫万将未加入该运动的游牧人口、绿洲居民和城镇居民全部视作多神教徒。阿卜杜勒·阿齐兹利用伊赫万运动为其政治目标服务,但却尽力回避伊赫万运动极端倾向的要求。因为伊赫万的贝都因人出身及其平等主义的倾向,阿卜杜勒·阿齐兹从一开始就不信任伊赫万成员,也不给予伊赫万成员重要的领导权力和地位。伊赫万的平等主义倾向混合了对宗教的狂热信仰和贝都因人的传统习俗。尽管伊赫万受到宗教戒律的约束和宗教热情的激励,但他们还是表现出了一种典型的贝都因人对希贾兹城镇居民的敌对情绪。贝都因人认为希贾兹城镇居民的许多行为都违反了"纯净的"伊斯兰教。伊赫万占领塔伊夫和麦加以后,砸碎城镇居民家中的镜子,将其门窗的木框付之一炬。[1] 这种行为表现了一种游牧人口对城镇居民"奢侈"行为的蔑视和厌恶。

1918 年,在巩固伊赫万运动的早期阶段,阿布杜勒·阿齐兹就向欧莱玛咨询处理贝都因人和城镇居民之间紧张关系的宗教意见。欧莱玛颁布费特瓦,要求遵循瓦哈卜教义,所有的穆斯林之间都要互相容忍;没有统治者或者沙里亚卡迪的允许,任何人都无权强迫他人定居在希吉拉中,不管是贝都因人还是城镇居民。根据这份费特瓦,伊玛目阿布杜勒·阿齐兹和欧莱玛共同宣布,所有穆斯林的信仰都是同等的,不管是贝都因人还是城镇居民;不同分支之间可能存在区别,就像不同的逊尼派教法学派之间也存在区别一样;所有的穆斯林享有一个共同的根。[2] 1924 年底,阿卜杜勒·阿齐兹不得不要求瓦哈卜派欧莱玛发布新的费特瓦,强调阿卜杜勒·阿齐兹作为伊玛目,具有对圣战的绝对领导权,同时援引"信仰不能强迫"的启示和相关的伊斯兰教法,要求伊赫万宽恕尚未加入伊赫万运动的游牧民和定居民。

伊赫万运动反映了阿拉伯半岛部落社会的历史延续。在形式上,定居在希吉

---

① Vassiliev, Alexei. (2000). *The History of Saudi Arabia*. p. 270. New York: New York University Press.

② Heper, Metin & Israeli, Raphael. (1984). *Islam and Politics in the Modern Middle East*. p. 48. London & Sydney: Croom Helm Ltd.

拉中的伊赫万成员需要放弃部落生活方式的习惯和义务,转而履行瓦哈卜派的宗教义务和责任。阿卜杜勒·阿齐兹希望利用希吉拉作为一个控制贝都因人的工具,进而使贝都因人传统上对部落的效忠转变为对瓦哈卜派宗教和沙特国家的效忠。然而,这个要求在实践中并没有得到遵守,希吉拉主要建立在贝都因人部落联系的基础之上。伊赫万运动与部落体制结合成整体,未能改变沙特国家的酋长国性质。许多伊赫万成员都没有放弃传统的部落主义,他们的目标主要服务于扩张的动机而不是作为一个巩固国家的基础。伊赫万定居点实质上成为规模最大的贝都因人聚居地和部落领导人的大本营。穆泰尔部落的领导人费萨尔·达维什定居在阿尔塔维叶,阿太白部落领导人伊本·比贾德定居在噶特噶特,哈尔卜部落的领导人伊本·努海特定居在杜赫纳,沙马尔部落的领导人伊本·吉布里勒和伊本·舒纳伊安定居在阿吉法尔。部落领导人在希吉拉中不仅掌握着传统的管理权力,而且在实际上控制着伊赫万的军事领导权。随着伊赫万征服运动的节节胜利,主要的伊赫万领导人对阿卜杜勒·阿齐兹日益增长的权力感到不满,进而产生了离心倾向。伊赫万领导人希望真正地成为所征服地区的管理者和地方首领,而阿卜杜勒·阿齐兹则拒绝与他们分享征服所得的政治报酬。阿卜杜勒·阿齐兹希望通过伊赫万运动来剥夺部落领导人传统领导权的尝试失败。伊赫万运动成为沙特国家集权化发展的最大阻碍。

在征服希贾兹的过程中,阿卜杜勒·阿齐兹与伊赫万军队在诸多问题上产生冲突。阿卜杜勒·阿齐兹与伊赫万之间最重要的分歧是新征服的希贾兹地区的领导权问题。1925年9月,沙特政府规定在麦加禁止携带武器,其目的是限制伊赫万成员对抗沙特政权的能力。占领麦加以后,伊赫万运动领袖人物哈立德·本·鲁瓦伊成为麦加的统治者。1925年12月,阿卜杜勒·阿齐兹解除了哈立德·本·鲁瓦伊的职务。这一举措表明阿卜杜勒·阿齐兹决定将伊赫万领导人排除在统治希贾兹的重要职位之外。阿卜杜勒·阿齐兹的集权化措施引起了伊赫万领导人的仇恨,成为日后伊赫万叛乱的重要根源。

希贾兹圣地的征服,使沙特国家获得了一年一度朝觐的巨额收入。阿卜杜勒·阿齐兹害怕伊赫万发起攻击穆斯林朝圣者的行动,于是采取措施将伊赫万的视线和精力导向征服吉达和阿卡巴湾之间的城镇。但是很快整个希贾兹地区就已经完全被强大的伊赫万军队所征服,伊赫万变得无所事事。阿卜杜勒·阿齐兹不愿发起进一步的圣战,于是阿卜杜勒·阿齐兹与伊赫万军队的冲突开始变得尖锐。1926 年的朝圣时节,伊赫万军队与埃及的朝圣队伍发生武装冲突。起因是埃及的朝圣队伍大张旗鼓地奏着乐曲,带着装饰华丽的驼轿前往麦加。① 音乐和华丽的丝绸装饰都被伊赫万运动视作违反瓦哈卜派原则的、应该受到严厉打击的事物。在这次武装冲突中,共有 25 名伊赫万成员死亡,许多人受伤。阿卜杜勒·阿齐兹扣留了埃及长官,但并没有将其严惩。伊赫万成员严厉指责阿卜杜勒·阿齐兹对埃及多神教徒的宽恕。后来伊赫万叛军的首领费萨尔·达维什和苏尔坦·本·比贾德都认为这次事件是伊赫万与阿卜杜勒·阿齐兹冲突的重要起点。为了安抚伊赫万军队,巩固他自己的权威,阿卜杜勒·阿齐兹开始执行严格的瓦哈卜派教规。逃避礼拜的人将被处以罚金和 1～10 天的监禁;饮酒的人将被处以罚金和 1 个月的监禁,如若再犯,就将处以两年的监禁。②

　　阿卜杜勒·阿齐兹在严格执行瓦哈卜派原则的同时,开始抑制伊赫万的行动。阿卜杜勒·阿齐兹宣布,参与传播"有害的思想"、"错误的思想"和"危险的传闻"的聚会人,以及参与反政府聚会的人,都将判处 2～5 年的监禁或者被逐出希贾兹王国。甚至是以慈善为目的的集会,也必须经过官方的批准才能召开。③ 为了表示他对纯净宗教的关心,同时也为了控制伊赫万的宗教热情,阿卜杜勒·阿齐兹在1926 年夏季建立了"扬善惩恶委员会"。"扬善惩恶委员会"替代了伊赫万监管宗

①　Holden, David. (1982). *The House of Saud*. p. 88. London：Pan Books Ltd.

②　Vassiliev, Alexei. (2000). *The History of Saudi Arabia*. p. 270. New York：New York University Press.

③　Vassiliev, Alexei. (2000). *The History of Saudi Arabia*. p. 271. New York：New York University Press.

教规章制度遵守情况的职责。然而,伊赫万战士无视阿卜杜勒·阿齐兹的禁令,不仅在希贾兹地区肆意劫掠,还屡屡袭击前往麦加的朝觐者。阿卜杜勒·阿齐兹考虑到希贾兹地区已经不再需要伊赫万的军事力量,于是就采取措施将伊赫万军事力量移出敏感的希贾兹地区。伊赫万军队回到纳季德以后,失去了劫掠的机会,不满情绪日益增加。

四、沙特阿拉伯王国的诞生

早期沙特国家即德拉伊叶埃米尔国和利雅得埃米尔国的统治,属于传统范畴的历史现象。游牧及绿洲农业的经济生活、血缘群体的社会机构、瓦哈卜派宗教思想的传播、纳季德人的圣战、贡赋和天课的岁入形式、教俗合一的政治制度,构成早期沙特国家的基本特征。[1] 1902 年沙特家族政权的重新崛起,实为德拉伊叶埃米尔国和利雅得埃米尔国的逻辑延伸。阿卜杜勒·阿齐兹在夺取利雅得和复兴沙特家族政权的时期,沿袭早期沙特国家的政治传统,采用埃米尔的称谓。奥斯曼帝国称阿卜杜勒·阿齐兹为帕夏,英国人则称阿卜杜勒·阿齐兹为谢赫。1902 年阿卜杜勒·阿齐兹建立的利雅得沙特国家在很长时期内未能改变阿拉伯半岛典型的埃米尔国结构,瓦哈卜派埃米尔国构成沙特阿拉伯王国的历史形态。

1921 年初,阿卜杜勒·阿齐兹召集纳季德的谢赫和欧莱玛,宣布放弃"利雅得埃米尔"的称谓,采用"纳季德及归属地区苏丹"的称号。1926 年 1 月,阿卜杜勒·阿齐兹在麦加被拥戴为"希贾兹的国王",进而改称"希贾兹国王和纳季德及归属地区苏丹"。[2] 1926 年 7 月,在麦加召开的"全穆斯林代表大会"再次确认了沙特家族政权对希贾兹地区的统治,现今沙特阿拉伯王国疆域的主要部分都已经并入沙特国家,阿卜杜勒·阿齐兹致力于重建沙特国家的斗争取得了决定性胜利。

---

①　哈全安著:《中东国家的现代化进程》,人民出版社 2006 年版,第 379 页。
②　Vassiliev, Alexei. (2000). *The History of Saudi Arabia*. p. 265. New York: New York University Press.

由于伊赫万运动宗教狂热和部落体制的主要特征，伊赫万运动具有明显的双重倾向：它既是沙特国家对外扩张的主要力量，也是沙特国家建立集权政治的巨大障碍。伊赫万运动的激进主义倾向和部落分权倾向导致伊赫万运动与阿卜杜勒·阿齐兹中央集权化的统治模式从紧密合作逐渐走向分歧和斗争。

征服希贾兹地区以后，伊赫万运动逐渐进入失控状态，伊赫万军队成为沙特政权难以驾驭的潜在威胁和沙特国家集权政治的首要障碍，双方的矛盾骤然加剧。当阿卜杜勒·阿齐兹确立他在阿拉伯半岛的政权和地位以后，他开始将伊赫万组织及其军事力量视为对其统治的一种威胁。特别是当阿卜杜勒·阿齐兹出于地区和国际关系的考虑，想要停止圣战和承认穆斯林国家之间的边界时，伊赫万军队与阿卜杜勒·阿齐兹产生了较大的冲突。1925 年，英国与阿卜杜勒·阿齐兹签署条约，划定纳季德苏丹国与英国保护下的约旦、科威特、伊拉克之间的边界，规定游牧部落未经允许不得跨越边界，贝都因人的传统利益因此受到严重损害。[1] 在饲养骆驼的危机加深和绿洲农业欠发展的状态下，伊赫万将以传播神圣信仰为口号的劫掠行为视作一种对抗贫穷和饥饿的自然补救办法。沙特国家边界的划定剥夺了伊赫万军队劫掠战利品的财源。阿卜杜勒·阿齐兹禁止伊赫万破坏希贾兹和劫掠科威特、伊拉克和外约旦边境地区的政策剥夺了伊赫万通过掠夺"异教徒"而获得改善伊赫万自身物质条件的机会。停止圣战意味着伊赫万军队的主要财源——战利品之丧失，同时意味着伊赫万领导人对沙特国家政治影响力的极大削弱。伊赫万军队公开指出阿卜杜勒·阿齐兹对什叶派穆斯林采取相对宽容的政策背离了瓦哈卜派宗教原则。伊赫万认为阿卜杜勒·阿齐兹的实用主义和审慎政策是一种软弱的表现和对宗教信仰的松弛。伊赫万领导人对沙特国家的官方宗教信仰提出质疑，实质上则是对阿卜杜勒·阿齐兹的宗教政治合法性提出挑战。

1926 年初，伊赫万反对派领袖人物费萨尔·达维什、宰丹·本·西沙莱恩和

---

① Al-Rasheed, Madawi. (2002). *A History of Saudi Arabia*. p. 47. New York: Cambridge University Press.

苏尔坦·本·比贾德在阿太白部落的定居点噶特噶特会面,准备了一系列要向阿卜杜勒·阿齐兹提出的要求。他们认为阿卜杜勒·阿齐兹在希贾兹地区的统治偏离了虔敬安拉的正确道路,同时他们对自己失去权力和无所作为的状态感到十分不满。1926 年底,伊赫万在阿尔塔维叶集会,费萨尔·达维什、宰丹·本·西沙莱恩和苏尔坦·本·比贾德在集会上正式提出了对阿卜杜勒·阿齐兹的控罪书。控罪书公开指责阿卜杜勒·阿齐兹的诸多罪状,其中包括:埃及—伊赫万事件以后,亲王沙特到埃及访问;亲王费萨尔 1926 年 8 月访问伦敦,与英国谈判;向伊斯兰教的土地引进电报、电话和汽车;对纳季德的穆斯林强征不合乎沙里亚的税收;允许外约旦和伊拉克的"异教徒"部落在穆斯林的土地上放牧;承认外约旦的埃米尔国和阻止伊赫万军队攻击伊拉克;容忍哈萨和卡提夫的什叶派维持原有信仰。①伊赫万的控罪书将阿卜杜勒·阿齐兹的外交事务视作与异教徒政权勾结的行为,将运输和通讯工具的引进视作违反瓦哈卜派教义的革新,并对沙特国家发展中的中央税收体制提出抗议。伊赫万还批评阿卜杜勒·阿齐兹对待什叶派的政策,认为阿卜杜勒·阿齐兹要么应该让什叶派皈依伊斯兰教,要么就应该屠杀他们。伊赫万领导人对阿卜杜勒·阿齐兹的诸多政策提出批评,质疑了阿卜杜勒·阿齐兹的宗教政治合法性。

为了防止不满的情绪扩散到其他伊赫万领袖,进而阻止伊赫万的不满情绪转变为公开的叛乱,1927 年 1 月,阿卜杜勒·阿齐兹被迫在利雅得召集一次有 3000 名伊赫万成员参加的会议,与会成员还包括利雅得的显要人士和欧莱玛。阿卜杜勒·阿齐兹在会上宣布他是沙里亚的忠实仆人。利雅得欧莱玛在伊赫万会议上负责裁决伊赫万对阿卜杜勒·阿齐兹提出的批评。② 1927 年 2 月,15 名利雅得的欧莱玛共同签署了一份费特瓦,专门解决控罪书中伊赫万领导所提出的问题。欧莱

---

① Heper, Metin & Israeli, Raphael. (1984). *Islam and Politics in the Modern Middle East.* p. 46. London & Sydney: Croom Helm Ltd.
② Holden, David. (1982). *The House of Saud.* p. 91. London: Pan Books Ltd.

玛的一系列号召实际上是倾向于同意伊赫万的要求：立即废除在希贾兹实行的奥斯曼的法律和完全恢复沙里亚的统治；立即摧毁某些圣墓，因为它们是偶像崇拜的现象；禁止埃及朝圣者携带装饰华丽的驼轿进入麦加，除非他们抛弃武器和其他异教的标志；命令来自哈萨和卡提夫的什叶派异端接受瓦哈卜派教义，建议伊玛目摧毁哈姆扎清真寺并迫使什叶派皈依伊斯兰教，或者就将什叶派驱逐出沙特国家；派遣宗教宣传员和宗教学者到接受了瓦哈卜派教义的贝都因人和村民中；禁止伊拉克的什叶派部落在瓦哈卜派王国的疆域中放牧；废除非沙里亚的税收，已经征收的非沙里亚税收也应该退还。[1]　虽然这份费特瓦的确包含许多对伊赫万的重要让步，但欧莱玛在总体上仍然支持国王。欧莱玛在费特瓦中明确否定阿卜杜勒·阿齐兹有任何违背伊斯兰教的行为[2]。欧莱玛拒绝伊赫万提出的对引进电报的指责，表示对电报的问题持中立态度，认为宗教文献中并没有提到有关引进电报的问题。同时，欧莱玛并不接受伊赫万领袖提出的最主要的要求，即继续向王国之外的异教徒发动圣战。欧莱玛指出，圣战的领导权属于国王，发动圣战的决定权应该留给伊玛目谨慎行事。欧莱玛明确宣布，只有伊玛目才能宣布圣战。欧莱玛还强调，征收不合法的税收不足以成为破坏穆斯林之间团结的理由。欧莱玛明确表示，穆斯林共同体的伊玛目有权自由地征收伊斯兰税收，即使阿布杜勒·阿齐兹不废除非法的税收，也绝不允许任何人发动叛变。[3]　阿卜杜勒·阿齐兹在伊赫万会议上同意减少税收，但仍坚持要引进无线电广播和汽车。阿卜杜勒·阿齐兹还说服与会人员承认他是"希贾兹和纳季德及其归属地区的国王"。正是因为欧莱玛对伊赫万的妥协态度和阿卜杜勒·阿齐兹采取的妥协政策，才避免了一次伊赫万的公开

①　Vassiliev, Alexei. (2000). *The History of Saudi Arabia*. p. 274. New York: New York University Press.

②　Al-Rasheed, Madawi. (2002). *A History of Saudi Arabia*. p. 67. New York: Cambridge University Press.

③　Heper, Metin & Israeli, Raphael. (1984). *Islam and Politics in the Modern Middle East*. p. 47. London & Sydney: Croom Helm Ltd.

叛乱,在一定程度上挽救了阿卜杜勒·阿齐兹的王位。这次伊赫万会议以后,阿卜杜勒·阿齐兹的确被迫禁止埃及的驼轿进入圣地,还拆毁了什叶派的清真寺,甚至在短时间内终止了电报服务,其目的是安抚伊赫万的情绪和阻止不满情绪的蔓延。

1927年4月,阿卜杜勒·阿齐兹再次召集部落谢赫和伊赫万参加集会,有3000名伊赫万成员来到利雅得。反对阿卜杜勒·阿齐兹的阿太白部落首领苏尔坦·本·比贾德等人并没有到来。在这次会议上,阿卜杜勒·阿齐兹试图造成穆泰尔部落的分裂,孤立他的头号敌人费萨尔·达维什。但是实际上阿卜杜勒·阿齐兹当时处于十分危险的境地。1927年,阿卜杜勒·阿齐兹已经失去了对伊赫万军队的完全控制力。伊赫万军队在成功占领希贾兹以后,宣称阿卜杜勒·阿齐兹的胜利来源于伊赫万军队提供的强大军事力量。伊赫万战士认为他们是阿卜杜勒·阿齐兹军队的支柱,阿卜杜勒·阿齐兹无权惩罚他们。同时,反对沙特家族的活动并不仅限于伊赫万部落。1927年夏,试图在利雅得谋杀亲王沙特和在哈萨谋杀阿卜杜拉·本·吉鲁维的阴谋败露。阿卜杜勒·阿齐兹的兄弟穆罕默德和阿卜杜拉·本·吉鲁维的儿子也在阴谋者之列。

阿卜杜勒·阿齐兹虽然面临伊赫万挑战的严峻形势,但他努力获取利雅得欧莱玛的支持,并且在外交方面获得了一定的成果。尽管阿卜杜勒·阿齐兹的统治权力受到挑战,但英国仍将他视作阿拉伯半岛上真正的政治力量并愿意与他合作。1927年5月20日,英国首相克莱顿与阿卜杜勒·阿齐兹签订《吉达条约》,承诺英国和沙特国家之间要保持7年的友好关系。《吉达条约》废除了双方1915年签订的《盖提夫协议》,承认阿卜杜勒·阿齐兹占有地区的“完全和绝对的独立”,但是阿卜杜勒·阿齐兹承认英国与海湾国家和亚丁保护国的特殊关系。[①] 这份条约是沙特国家外交的重大胜利,标志着新兴沙特国家的正式独立。阿卜杜勒·阿齐兹解除了外部的忧患,因此可以集中力量对付国内骚动不安的伊赫万势力。

---

① Vassiliev, Alexei. (2000). *The History of Saudi Arabia*. p. 275. New York: New York University Press.

反对阿卜杜勒·阿齐兹的主要伊赫万领导人包括费萨尔·达维什、宰丹·本·西沙莱恩和苏尔坦·本·比贾德。其中最重要的伊赫万领袖人物是费萨尔·达维什，他是穆泰尔部落的酋长，是一位卓越的伊赫万战士。穆泰尔部落在历史上就是沙特家族的敌人。第一沙特国时期，穆泰尔部落曾经率先接受埃及军队的突松帕夏，并且帮助突松进攻嘎西姆。穆泰尔部落还在攻占德拉伊叶的战斗中支持易卜拉欣帕夏并为其军队效力。阿卜杜勒·阿齐兹攻占利雅得之前，穆泰尔部落还是拉希德人的盟友。穆泰尔部落归顺阿卜杜勒·阿齐兹的政权之后，费萨尔·达维什曾是阿卜杜勒·阿齐兹的好友和最优秀的指挥官。在他的领导下，穆泰尔部落在阿尔塔维叶建立了伊赫万运动的第一个希吉拉。阿卜杜勒·阿齐兹为费萨尔·达维什建立的阿尔塔维叶希吉拉提供了所有的必需品，从井绳到武器，甚至包括费萨尔·达维什妻子儿女的衣物。然而，1925 年晚期，在伊赫万军队攻占吉达以后，阿卜杜勒·阿齐兹没有任命费萨尔·达维什担任麦地那的长官，这违背了费萨尔·达维什的愿望。费萨尔·达维什撤退到他在阿尔塔维叶的司令部，与阿卜杜勒·阿齐兹结下不共戴天之仇。伊赫万反对派的另一名领袖是宰丹·本·西沙莱恩，他是阿季曼部落的谢赫。阿季曼部落以前与沙特家族长期为敌，伊赫万运动发起很久以后，阿季曼部落才被迫加入了伊赫万运动。此外，苏尔坦·本·比贾德也是一名主要的伊赫万反对派领袖，他是阿太白部落的谢赫。阿太白部落是阿拉伯半岛中部势力的和人数均占据第二位的部落，仅次于阿纳宰部落。后来，阿纳宰部落拉瓦拉支系的谢赫也加入了反对阿卜杜勒·阿齐兹的叛乱。于是，利雅得以东、以北、以西和西南的部落都反对中央政权。但是，除了其拉瓦拉支系以外，最强大的阿纳宰部落并没有加入反对派的行列。哈尔卜和沙马尔部落的多数人口也没有参加反对阿卜杜勒·阿齐兹的活动。[①]

　　伊赫万势力与沙特国家中央权力的分歧最终升级为武装斗争。伊赫万军队无

---

　　① Vassiliev, Alexei. (2000). *The History of Saudi Arabia*. p. 273. New York: New York University Press.

视阿卜杜勒·阿齐兹的禁令,深入约旦、科威特和伊拉克边境劫掠财物,甚至与英国保护下的诸多地区发生冲突。1927 年 9 月,当英国试图在伊拉克边境的布萨亚修筑一个新的警察岗哨时,伊赫万抓住机会,宣称英国的岗哨是一个攻击沙特国家的基地。阿卜杜勒·阿齐兹在伊赫万的压力下,向英国提出抗议,要求拆毁这个要塞,但是英国政府无视沙特人的抗议。费萨尔·达维什认为伊拉克事件是一次孤立阿卜杜勒·阿齐兹和进攻"异教徒"的良好机会。于是,1927 年 11 月 6 日晚,一群穆泰尔部落的伊赫万战士向布萨亚要塞发起攻击。除一名伊拉克警察得以逃生以外,其余所有的警察都被穆泰尔部落的伊赫万战士杀死。① 费萨尔·达维什领导的伊赫万军队还沿着伊拉克的边境进行一系列凶残的劫掠。英国出动飞机干预,在伊拉克边境轰炸贝都因人。12 月初,400 名穆泰尔部落成员又对科威特边境发动猛烈袭击。阿卜杜勒·阿齐兹几乎无力阻止伊赫万的军事行动,因为许多贝都因人都赞同伊赫万的劫掠行动,憎恨英国人,并对阿卜杜勒·阿齐兹约束他们的自由感到十分愤怒。阿卜杜勒·阿齐兹告知伊拉克和科威特政府,说这些攻击行动都是贝都因人违背他的命令而私自进行的。12 月 16 日,英国在布萨亚重建要塞,并派遣一支伊拉克军队在此驻扎。英国还出动飞机频繁地攻击伊赫万成员。许多主张和平的非伊赫万贝都因部落成员在这些炸弹攻击中无辜丧生。伊赫万军队的劫掠行动一直持续到 1928 年 2 月。②

1928 年 4 月初,一次新的伊赫万会议在布莱达召开。费萨尔·达维什和苏尔坦·本·比贾德没有来到布莱达,阿卜杜勒·阿齐兹也拒绝到沙漠中去与他们见面。阿卜杜勒·阿齐兹向伊赫万允诺,他将与英国协商,抗议英国修建布萨亚要塞。但阿卜杜勒·阿齐兹与英国的协商并没有取得成功的结果。与此同时,伊赫万的主要领导人正在密谋瓜分沙特国家。费萨尔·达维什计划成为纳季德的统治

---

① Holden, David. (1982). *The House of Saud*. p. 92. London: Pan Books Ltd.
② Vassiliev, Alexei. (2000). *The History of Saudi Arabia*. p. 275. New York: New York University Press.

者,苏尔坦·本·比贾德想要统治希贾兹,宰丹·本·西沙莱恩想要获得哈萨的统治权。伊赫万领导人还允诺沙马尔部落的一个支系领导人尼达·本·努海尔担任哈伊尔的统治者,条件是只要他加入伊赫万叛乱。但尼达·本·努海尔保持了对阿卜杜勒·阿齐兹的忠诚。[①] 伊赫万反对派领袖宣称他们才是信仰的真正拥护者,并且指责阿卜杜勒·阿齐兹偏离了伊斯兰教的真正道路,指责阿卜杜勒·阿齐兹与英国的异教徒相勾结。1928 年的放牧时节,内战成为不可避免的态势。三个伊赫万领导人决定攻击伊拉克,实际上则是反对阿卜杜勒·阿齐兹的统治,只是以攻击伊拉克来掩盖其公开反叛的行为。伊赫万领导人还希望通过在伊拉克的军事胜利争取到其他部落的支持。苏尔坦·本·比贾德率领伊赫万军队劫掠伊拉克边境的朱麦玛村庄,屠杀该地区的商人,其中包括许多来自纳季德的商人,然后还攻击沙马尔部落。伊赫万的行为引起了最大的部落阿纳宰部落和希贾兹的哈尔卜部落的对抗。阿卜杜勒·阿齐兹获得了纳季德的贝都因人和定居民的支持。费萨尔·达维什比苏尔坦·本·比贾德更狡猾,他只攻击伊拉克人,保持对国王忠诚的姿态,并没有公开破坏与国王的关系。

阿卜杜勒·阿齐兹认识到他即将失去对伊赫万军队的控制,沙特国家面临着分裂和灭亡的危险。1928 年 11 月,阿卜杜勒·阿齐兹在利雅得主持召开了一次新的会议。这次会议由城市人口和伊赫万成员共同参加,与会者主要包括伊赫万领导人、部落谢赫、城市贵族和欧莱玛共 800 余人。伊赫万反对派首领费萨尔·达维什、苏尔坦·本·比贾德和宰丹·本·西沙莱恩缺席会议。阿卜杜勒·阿齐兹在会上发表长篇演讲,历数他自己的功业,包括仅带领 40 人就攻占了利雅得,以及后来统一阿拉伯半岛和缔造和平的英雄事迹。阿卜杜勒·阿齐兹详述了与英国谈判的细节,提出费萨尔·达维什的劫掠行动是导致英国强硬态度的主要原因。阿卜杜勒·阿齐兹要求欧莱玛和穆陶威"澄清领导人和追随者之间的关系,以及两者之

---

① Vassiliev, Alexei. (2000). *The History of Saudi Arabia*. p. 277. New York: New York University Press.

间相互的义务"。阿卜杜勒·阿齐兹援引著名的瓦哈卜派宗教信条,强调顺从穆斯林共同体领袖的原则。最后,阿卜杜勒·阿齐兹提出,如果欧莱玛和贵族不满意他的统治方式,他愿意退位,并要求与会者选举另外一名沙特家族成员担任国王。① 阿卜杜勒·阿齐兹还允诺,他会支持与会成员选举的新国王。阿卜杜勒·阿齐兹煽情的演讲和退位的姿态影响了与会成员,特别是纳季德的城镇和绿洲人口,他们在传统上就是沙特家族的支持者。于是,与会成员承诺支持阿卜杜勒·阿齐兹,反对三名主要的伊赫万叛军领袖。这次重要的会议对沙特国家的历史产生了重要影响。在这次会议上,欧莱玛再次集中讨论了有关引进电报的问题,最终的裁决是"《古兰经》和'圣训'并没有提到电报是非法的"。这次会议的另一个更重要的议题是伊赫万叛乱。欧莱玛宣称伊赫万领导误入歧途,脱离了穆斯林共同体"温麦"的共同意见,应该受到攻击直至他们返归正道。② 欧莱玛将费萨尔·达维什列为篡权者,并且裁定消灭篡权者是符合伊斯兰法律的。最后,欧莱玛还重新向阿卜杜勒·阿齐兹宣誓效忠,进一步确认了宗教界权威与阿卜杜勒·阿齐兹的教俗联盟,巩固了阿卜杜勒·阿齐兹对穆斯林共同体的领导地位,阿卜杜勒·阿齐兹权力的宗教政治合法性得到维护。此后,阿卜杜勒·阿齐兹在欧莱玛的全力支持下,展开了平息伊赫万叛乱的行动。

1929 年 2 月,苏尔坦·本·比贾德带领 3000 人到达伊拉克的边境,准备发起对伊拉克的袭击。苏尔坦·本·比贾德听闻英国将出动飞机阻止伊赫万的行动,遂转而劫掠定居在哈萨地区的纳季德部落。③ 这是一次非常错误的行动,伊赫万运动因此失去了原有的宗教合法性,成为反对沙特国家的公开叛乱。伊赫万军队一直坚持对异教徒的攻击是瓦哈卜派伊斯兰教所提倡的行动,然而攻击沙特国内

① Al-Rasheed, Madawi. (2002). *A History of Saudi Arabia*. p. 67. New York: New York: Cambridge University Press.

② Al-Rasheed, Madawi. (2002). *A History of Saudi Arabia*. p. 68. New York: New York: Cambridge University Press.

③ Holden, David. (1982). *The House of Saud*. p. 93. London: Pan Books Ltd.

的瓦哈卜派信徒则是对瓦哈卜派原则的亵渎,因此苏尔坦·本·比贾德的行动导致伊赫万运动的声望受到极大的伤害。沙特民众对伊赫万运动的态度发生转变,原来支持和同情伊赫万运动的民众也逐渐对伊赫万运动产生了反感。纳季德的农民和商人都因为伊赫万贝都因人的屠杀行为而感到十分不安全,因而坚定支持阿卜杜勒·阿齐兹的平叛行动。

　　1929 年 3 月初,阿卜杜勒·阿齐兹集合了一支主要由纳季德地区的城镇居民所组成的军队,正式发起了对伊赫万叛军的战争。绿洲和城镇的人口需要沙特政权保护他们的利益免遭游牧势力的侵害,因此来自绿洲和城镇地区的贵族和民众大都支持阿卜杜勒·阿齐兹,主张镇压伊赫万势力。追随阿卜杜勒·阿齐兹的主要部落势力有:阿卜杜勒·拉赫曼·本·鲁巴因领导的一部分阿太白部落成员、穆泰尔部落的米沙里·本·布萨伊斯、希泰姆部落的杜莱姆·本·巴拉克、哈尔卜部落的大部分成员、几乎所有的纳季德沙马尔部落成员、扎菲尔部落的大部分成员、来自希贾兹的阿纳宰部落的一部分成员,以及乌勒德·苏莱曼、法齐尔及其他的部落。[①] 伊赫万首领费萨尔·达维什和苏尔坦·本·比贾德将他们的军队集结在斯比拉的水源附近。双方进行了一段时间的协商和谈判。1929 年 3 月 31 日,斯比拉战役正式开始。伊赫万军队战败,费萨尔·达维什身负重伤逃回阿尔塔维叶。费萨尔·达维什派遣他的女眷恳求阿卜杜勒·阿齐兹饶恕他的性命。国王阿卜杜勒·阿齐兹听闻费萨尔·达维什身负重伤之后,原谅了费萨尔·达维什,并且忽略了费萨尔·达维什对他的威胁。苏尔坦·本·比贾德战败以后回到噶特噶特,国王敦促苏尔坦·本·比贾德及参与反叛的部落领导人投降。苏尔坦·本·比贾德和其他反叛的部落领导人向国王投降之后,被监禁在哈萨,并最终死于该地。阿卜杜勒·阿齐兹命令将噶特噶特希吉拉的所有武器充公,并且摧毁了这个希吉拉。第一次伊赫万叛乱结束。

---

　　① Vassiliev, Alexei. (2000). *The History of Saudi Arabia*. p. 278. New York: New York University Press.

费萨尔·达维什伤势痊愈以后,计划再次向伊拉克发起攻击。另外,尽管阿季曼部落首领宰丹·本·西沙莱恩并没有参与第一次伊赫万叛乱,但阿卜杜拉·本·吉鲁维认为其早期参与反叛的行为应该受到惩罚,于是派自己的儿子法赫德带兵杀死了宰丹·本·西沙莱恩及其5名随从。阿季曼部落的伊赫万战士得知宰丹·本·西沙莱恩的死讯后,愤怒地杀死了法赫德。宰丹·伊本·西沙莱恩的亲属纳伊夫·本·西沙莱恩加入了反叛的行列。由于害怕遭到阿卜杜拉·本·吉鲁维丧子的报复,纳伊夫·本·西沙莱恩带领阿季曼部落成员逃往北方。费萨尔·达维什决定再次反叛,他加入到阿季曼部落的行列中。阿季曼部落在1929年7月中旬拦截了利雅得通往胡富夫的道路。参加反叛的阿太白部落成员切断了希贾兹与纳季德之间的所有联系。阿季曼部落对阿瓦兹部落发动攻击,沙特国家的内战再起。希贾兹地区频繁发生谋杀税务人员和攻击商队的事件,纳季德和哈萨地区也不再安全。1929年,200辆汽车用于攻击伊赫万叛军。9月,阿卜杜勒·阿齐兹决定对伊赫万叛军发起最后的攻击。他要求卡提夫、哈萨、嘎西姆和哈伊尔地区的埃米尔提供兵力、金钱和武器,并且广泛动员城市居民和纳季德地区的贝都因人,同时还得到了没有加入反叛行列的希吉拉的帮助。9月,费萨尔·达维什的军队遭受重挫。伊本·穆萨伊德带领的沙特军队战胜了穆泰尔部落的伊赫万军队,费萨尔·达维什的儿子欧扎伊兹以及穆泰尔部落的精锐力量在战争中丧生。几天后,支持伊赫万叛乱的阿太白部落成员被该部落中忠于阿卜杜勒·阿齐兹的成员所击败。沙特军队最终驱散了伊赫万叛军,伊赫万叛乱成功平息。

费萨尔·达维什于1929年10月逃到科威特。伊赫万叛军向伊拉克、巴林等地逃窜。英国出动部队阻止伊赫万军队进入科威特和伊拉克等地,伊赫万军队只能回到纳季德。1929年10月,阿卜杜勒·阿齐兹宣布,没收所有叛军的财产、骆驼、马匹和武器;所有与叛军有联系但是没有直接参与叛乱的人,将被没收用作骑乘的骆驼、马匹和武器;没收的物品和牲畜将分发给为国王作战的士兵。参与叛乱的希吉拉中的居民将被驱逐出希吉拉,并且剥夺他们再次聚集的权利。① 1929 年 12 月,阿卜杜勒·阿齐兹组织了由阿里德、瓦沙姆、嘎西姆的城镇居民以及穆泰尔、阿太白、哈尔卜、苏拜、卡坦和达瓦斯尔部落中忠于国家的人口组成的军队,发起了追击费萨尔·达维什的行动。伊赫万军队在多场小规模的战斗中都战败。1929 年 12 月底,费萨尔·达维什写信给阿卜杜勒·阿齐兹,要求得到宽恕。阿卜杜勒·阿齐兹回答说不可饶恕。不久,费萨尔·达维什的军队在纳季德、伊拉克和科威特交界的地区遭到阿卜杜勒·阿齐兹军队和英国军队的合力攻击。阿卜杜勒·阿齐兹军队的数量数倍于叛军,并且拥有装甲车辆。哈尔卜部落击败了穆泰尔部落,穆泰尔部落的残余力量逃到科威特。费萨尔·达维什于 1920 年 1 月初也逃到科威特境内。阿卜杜勒·阿齐兹向英国提出抗议,抗议英国在科威特、伊拉克和外约旦地区为伊赫万军队提供避难之处。随后英国向阿卜杜勒·阿齐兹保证,将叛军驱逐出这些地区。1930 年 1 月 10 日,费萨尔·达维什及其他的伊赫万领袖向英国投降。阿卜杜勒·阿齐兹通过与英国的协商,成功地将三名叛军首领引渡回国。费萨尔·达维什否认他自己犯有任何罪行,阿卜杜勒·阿齐兹将他关押在利雅得。1931 年 10 月 3 日,费萨尔·达维什去世,临死之前还发誓要反对阿卜杜勒·阿齐兹。其他的叛军首领后来也都在狱中死亡。此后,伊赫万军队并入国民卫队,伊赫万运动结束。曾经为沙特国家的建立和扩张立下汗马功劳,同时又曾对沙特政权构成严重威胁的伊赫万运动最终以悲剧性的结果退出沙特国家的历史舞台。

伊赫万叛乱是从挑战阿卜杜勒·阿齐兹的禁令,劫掠享有英国军事保护的国家之行动演变而成,并在 1929 年的斯巴拉战争中达到顶峰。伊赫万运动反对所有的新事物,反抗当时占优势地位的政治权力,但却没有明显地提出它所支持的事物和社会政治目标。由于伊赫万运动的贝都因性质和生活方式,这场运动几乎与城

---

① Vassiliev, Alexei. (2000). *The History of Saudi Arabia.* p. 280. New York: New York University Press.

市社会隔绝。伊赫万运动获取宗教信仰和指导的主要来源是在官方宗教政治权力结构中处于从属地位且教育水平较为低下的穆陶威,其意识形态的来源与沙特国家的官方宗教政治意识形态具有一定的差异。这场运动没有形成一个明显的领导权,在关键的问题上也不具有明晰的立场。这场运动还包含着一些内在的矛盾和困惑,例如伊赫万运动严格遵从并竭力传播的瓦哈卜派伊斯兰教教义中包含着顺从伊玛目抑或国家首领的规定,但是伊赫万领导人又试图否定伊玛目的部分特殊政策。由于这场运动与社会发展方向的差异,它对沙特社会历史发展的影响力有限。

伊赫万叛乱严重危及了阿卜杜勒·阿齐兹的王位,沙特政权差点就被一个部落联盟的政权所取代。但是最终,阿卜杜勒·阿齐兹在官方宗教势力的支持下以铁腕手段镇压了伊赫万的两次叛乱,消灭了顽抗分子,解散了伊赫万军事组织。费萨尔·达维什这个最著名的贝都因人领袖的去世,标志着一个贝都因人时代的结束。部落势力和地方分裂主义势力受到极大打击,传统的部落组织失去了挑战沙特家族政权和中央集权封建国家的能力。战胜伊赫万叛乱后,宗教形式的部落民主制让位于封建国家中央集权的国家机器,部落领导人的权力逐步缩小。沙特家族的政权得到巩固,国家军队和中央集权的行政机构逐步建立。一些传统上就与沙特家族具有良好关系的"贵族部落"没有参与叛乱,并且为国王镇压伊赫万叛军提供了忠诚的武装力量。这些部落势力通过联姻等手段,逐渐成为沙特家族政权的重要基础。

通过大约30年的努力,阿卜杜勒·阿齐兹终于统一了沙特国家,并且获得国际社会的承认。1932年9月23日,阿卜杜勒·阿齐兹发布国王令,以"沙特阿拉伯王国"的名义统一各地。阿卜杜勒·阿齐兹正式采用沙特国王的称谓,并将沙特国家正式命名为"沙特阿拉伯王国"。1933年,阿卜杜勒·阿齐兹指定其次子沙特作为沙特阿拉伯王国的王储。① 国名和统治者称谓的变化意味着沙特阿拉伯诸多区域的初步整合。

第二节　国家权力的强化

一、君主制度的建立

沙特阿拉伯是一个君主政体的国家,其君主制历经战后民族民主主义浪潮而继续维持,并且区别于世界上诸多不具有实权的议会君主制国家。沙特阿拉伯的君主制度及其相关的王位继承制度和王室协商制度构成了沙特阿拉伯君主政治的完整形态,体现了沙特阿拉伯教俗合一的宗教政治传统。沙特家族内部围绕最高统治权力的争夺和妥协也体现了沙特阿拉伯家族政治和宗教政治的基本原则。

沙特国家在历史上经历了埃米尔国和短暂的苏丹国时期,分别实行埃米尔制和苏丹制,其社会根源皆是部族传统的广泛存在和中央集权政治的缺乏。阿布杜勒·阿齐兹统治时期,沙特政权经历了从传统的埃米尔制向君主制的演变,君主制度的强化则是沙特阿拉伯克服血缘传统、部落结构和地域差异的政治手段。1926年8月31日,阿卜杜勒·阿齐兹发布《希贾兹王国约法》,规定"希贾兹是设有咨议机构的伊斯兰君主制国家。希贾兹王国的最高权力属于阿布杜勒·阿齐兹·伊本·沙特国王陛下"。② 这是沙特国家较早规定国家政体的法律文件。1932年9月18日,阿卜杜勒·阿齐兹国王颁布第2716号国王敕令:"希贾兹、纳季德王国及

---

① 注:阿卜杜勒·阿齐兹的长子图尔基死于1919年。Huyette, Summer Scott. (1985). *Political Adaptation in Saudi Arabia*：*a Study of the Council of Ministers*. p. 57. Boulder：Westview Press.

② Vassiliev, Alexei. (2000). *The History of Saudi Arabia*. p. 295. New York：New York University Press.

其归属地区改名为'沙特阿拉伯王国',我的称号为'沙特阿拉伯王国国王'。"①这一敕令标志着沙特阿拉伯君主制度的正式建立。君主制的建立是沙特国家克服地方离心倾向和中央集权政治发展的逻辑结果。沙特阿拉伯王国的建立和君主制度的确立意味着沙特国家统治区域和传统部族社会的初步整合。

沙特阿拉伯实行教俗合一的君主制度,国王身兼宗教的和世俗的领导职务。由于沙特阿拉伯诸多部族集团仍然存在,国王还是各部落酋长的领袖。沙特国王集宗教领袖、政治领袖和部落领袖职务于一身。国王是穆斯林共同体的宗教领袖,是瓦哈卜派伊斯兰教教长。沙特国王既是国家元首,又是全国武装力量的总司令和最高法官,在一般情况下还兼任大臣会议(内阁)的首相。国王的权力在理论上只受沙里亚的约束,他既行使王国最高的行政权,又行使王国最高的司法权,同时还拥有沙里亚以外的立法权。国王作为全国武装力量的总司令,任命所有上校以上的军事长官。国王作为最高法官,掌握着最高上诉法院的权力,具有赦免权。国王通常以首相的身份任命所有的内阁大臣和其他高级政府官员以及各省省长。国王还对大臣会议上做出的决议有最终裁决的权力,并以王室法令的形式公布这些决议使之具有法律效应。所有沙里亚以外的立法都以王室法令或各部法令的形式颁布,国王颁布的一切王室法令在沙特阿拉伯王国都具有法律效力,各部法令必须经过国王的审核和批准才能颁布。在对外关系上,沙特阿拉伯所有的驻外使节都由国王任命,所有的外交人员都由国王授权。② 同时,沙特阿拉伯王国国王还是国家重大的部落联盟的最高酋长。③

沙特阿拉伯国王的实际权力因客观的社会政治环境和国王个人的权威和能力

---

① Beling, Willard A. (1980). *King Faisal and the Modernisation of Saudi Arabia*. p. 30. London: Croom Helm.

② Natasha, Alexander. (1999). *Saudi Arabia: Country Study Guide*. pp. 81-82. Washington, D. C.: International Business Publications.

③ Kelidar, Abbas. (1978). The Problem of Succession in Saudi Arabia. *Asian Affairs*, Feb, Vol. 9, Issue 1, p. 23.

差异而有所不同。当国王的权威能够压制所有制约王权的因素时,君主的权力就高于一切,反之王权则会受到各种因素的制约。沙特阿拉伯建立之初,由于部族传统的延续和国家综合国力的相对弱小,国王阿布杜勒·阿齐兹的实际权力受到国内的部落势力和国外帝国主义国家的制约。国王阿布杜勒·阿齐兹利用自身的威望和能力,使中央政府逐步取得了对抗地方部落离心倾向的胜利,沙特阿拉伯的中央集权取得长足进步,沙特君主的权力也相应地不断发展。沙特阿拉伯军王虽然具有控制国家各个方面的巨大权力,但其政治制度并非"绝对君主制"①或者"独裁主义制度"②。君主的权力不但在理论上受到沙里亚的制约,而且在现实上受到家族因素和宗教因素的制约。

沙特阿拉伯并没有像大多数君主专制国家那样采用王位的长子继承制度,而是实行王储制度,即现任执政者在世时听取主要王族成员的意见后挑选他的继承人并立为王储,国王死后王储立即继位。沙特阿拉伯的王位继承人仅限于国王阿卜杜勒·阿齐兹的儿子和他的后裔。③ 国王挑选王位继承人要经过欧莱玛和沙特王族的同意。选择王储的原则是高贵的品质、仲裁的能力、一定的成就和较强的领导能力④,而非完全依照年龄大小的顺序。1933 年,阿卜杜勒·阿齐兹挑选他的儿子沙特为王储,并召集协商会议和咨询会议通过这一决定。协商会议和咨询会议在亲王费萨尔的主持下举行联席会议,按照国王的意愿确立了"穆斯林哈里发和国王们奉行的关于确立符合法律条件的人为王储的制度"⑤。国王阿卜杜勒·阿齐兹挑选沙特为他的王储成为一个宪法性的先例,即现任国王在世时,而且在执政的

---

① Niblock, Tim. (1982). *State, Society and Economy in Saudi Arabia*. p. 107. London: Croom Helm.

② Kelidar, Abbas. (1978). The Problem of Succession in Saudi Arabia. *Asian Affairs*, Feb, Vol. 9, Issue 1, p. 23.

③ [叙]莫尼尔·阿吉列尼著,何义译:《费萨尔传》,商务印书馆 1977 年版,第 315 页。

④ Helms, Christine Moss. (1981). *The Cohesion of Saudi Arabia: Evolution of Political Identity*. p. 57. London: Croom Helm.

⑤ [叙]莫尼尔·阿吉列尼著,何义译:《费萨尔传》,商务印书馆 1977 年版,第 317 页。

初期,就必须挑选他的王储。后来这一先例成为沙特阿拉伯的继承制原则。国王沙特 1953 年继位后立其弟费萨尔为王储;费萨尔 1964 年继位后,在 1965 年 3 月立其弟哈立德为王储;哈立德 1975 年继位后又立其弟法赫德为王储。迄今为止,沙特阿拉伯王位继承除第一次是父死子继以外,其余都是兄终弟及。

二、政府体系的构建

阿卜杜勒·阿齐兹建立沙特国家并陆续扩大疆域时,国家的主要地区希贾兹和纳季德之间存在着明显的地区差异。希贾兹是伊斯兰教的摇篮,长期处于奥斯曼帝国的统治之下,具有定居文明的历史传统。希贾兹地区的麦加和麦地那作为伊斯兰教的两座圣城,与世界各地穆斯林的朝觐活动相联系,与外部世界的交往十分密切。希贾兹的吉达还是红海沿岸最重要的港口城市。大量的朝觐收入为希贾兹地区提供了强大的经济基础,希贾兹地区的经济呈现出相对富庶的状态。希贾兹地区深受奥斯曼帝国正统信仰和官方意识形态的影响,尊奉沙斐仪派教法,强调不同教派的兼容并蓄,具有宽容的宗教倾向。与希贾兹地区不同的是,纳季德位于阿拉伯半岛的内陆地区,是阿拉伯半岛最闭塞的区域,与外部世界相对隔绝,社会组织和人口构成颇显单一。纳季德的大部分居民都是游牧的贝都因人,游牧经济占据主导地位,血缘部落传统根深蒂固,经济水平十分低下,物质生活十分贫乏。纳季德地区长期沿袭阿拉伯半岛传统的社会组织和政治结构,贝都因人从属于各自的部落,部落首领由部落成员推举产生,部落传统的延续构成中央集权的阻碍,父死子继的权力传承习俗尚不存在。① 纳季德地区还是瓦哈卜派的故乡和沙特国家的发源地,瓦哈卜派意识形态长期占据统治地位,排斥其他诸多教法学派,宗教生活具有极端的倾向。受历史、经济、文化等各方面的影响,在阿卜杜勒·阿齐兹统治时期,沙特国家主要地区的政府体制各不相同。"希贾兹与纳季德只是分享共

---

① Huyette, Summer Scott. (1985). *Political Adaptation in Saudi Arabia : a Study of the Council of Ministers*. p. 49. Boulder: Westview Press.

同的王权,就法律和司法体系而言,是两个完全不同的独立国家。"①为了维持对辽阔疆域的统治,阿卜杜勒·阿齐兹对各地区采取因地制宜的统治方法。"国王在沙漠地区通过部落谢赫统治着贝都因人,谢赫采用传统的方式由部落成员推举产生。国王在城镇和乡村通过地方长官统治着定居的臣民,地方长官由国王直接任命。"②

早在1924年征服麦加以后,基于麦加重要的宗教政治地位和影响,阿卜杜勒·阿齐兹明确规定麦加享有自治的权力,保留麦加原有的地方政权机构,实行希贾兹与纳季德分治的政策。麦加地方委员会由选举产生,其成员共25名,包括麦加的欧莱玛、商人和贵族,分别代表着不同的利益集团。麦加协商会议由费萨尔亲王领导,其主要活动包括:审查麦加的司法体制、发布有关朝觐和瓦克夫方面的规章制度、监管宗教教育、颁布商业法律和建立一个司法委员会来根据伊斯兰法律和部落法规解决争端。③ 同时,麦地那、吉达、塔伊夫和延布等地区也享有一定程度的自治权力。1925年吞并吉达以后,教育委员会取代了麦加地方委员会。教育委员会仍由费萨尔亲王领导,包括3名由国王阿卜杜勒·阿齐兹指定的成员和8名由希贾兹地区的主要利益集团通过非公开性选举产生的代表。国王阿卜杜勒·阿齐兹授权教育委员会帮助费萨尔亲王管理希贾兹地区。

1926年,阿卜杜勒·阿齐兹以王室敕令的形式颁布了《希贾兹王国约法》:"希贾兹王国应当被视作具有明确边界线的整体,不能以任何方式加以分割。希贾兹应当是设有咨议机构的君主国和伊斯兰国家,自主处理其内外事务……圣城麦加是希贾兹王国的首都……希贾兹王国的最高权力属于阿卜杜勒·阿齐兹·伊本·沙

① Vassiliev, Alexei. (2000). *The History of Saudi Arabia*. p. 293. New York: New York University Press.

② Howarth, David. (1964). *The Desert King: a Life of Ibn Saud*. pp. 115-116. London: Collins.

③ Al-Yassini, Ayman. (1985). *Religion and State in the Kingdom of Saudi Arabia*. p. 64. Boulder: Westview Press.

特国王陛下。"①《希贾兹王国约法》是沙特国家的第一部基本法,它以法律形式确定了希贾兹地区与纳季德地区的分治政策。根据《希贾兹王国约法》,希贾兹国王阿卜杜勒·阿齐兹任命他的儿子费萨尔为希贾兹总督。同时,费萨尔亲王代表国王在麦加主持咨询会议,咨询会议的成员由选举产生改为国王任命。麦加咨询会议由国王指定的欧莱玛、权贵和商人代表所组成②,其职责是向总督提出有关立法、预算、特许权和公共事务等方面的建议③。实际上,希贾兹咨询会议只有"批准财政预算和代表公众意见的权力"④,政府的实权掌握在国王的代表费萨尔手中。希贾兹咨询会议通过授予代表权的方式,将希贾兹主要的权力集团纳入沙特家族的控制之下。欧莱玛集团因其宗教权威和宗教政治权力,是希贾兹咨询会议最重要的组成部分。欧莱玛集团在咨询会议中的地位和权力,是希贾兹王国教俗合一政治体制的集中表现。希贾兹咨询会议是沙特政府内阁的最初形态。

与纳季德地区相比,希贾兹地区的政府体系相对成熟。1931 年,希贾兹地区代表会议正式成立,其职责是掌管该地区的行政事务。代表会议由 4 名成员组成:希贾兹总督费萨尔任代表会议主席,其余 3 名分别为外交事务代表、协商会议副主席和财政事务代表。⑤ 国王任命的希贾兹地区代表会议主席费萨尔亲王是希贾兹政府的最高领导,直接对国王负责。1932 年起,希贾兹总督费萨尔亲王代表国王阿卜杜勒·阿齐兹,负责管理希贾兹地区的司法、朝觐、宗教、财政和外交事务。同一时期,纳季德地区唯一比较重要的领导机构是沙特王室会议,它为所有有关部落

① Vassiliev, Alexei. (2000). *The History of Saudi Arabia*. p. 295. New York: New York University Press.

② Beling, Willard A. (1980). *King Faisal and the Modernisation of Saudi Arabia*. p. 28. London: Croom Helm.

③ Kostiner, Joseph. (1993). *The Making of Saudi Arabia* (1916—1936): *From Chieftaincy to Monarchical State*. p. 101. New York: Oxford University Press.

④ Champion, Daryl. (2003). *The Paradoxical Kingdom: Saudi Arabia and the Momentum of Reform*. pp. 47-48. London: Hurst & Co.

⑤ Al-Farsy, Fouad. (1999). *Modernity and Tradition: The Saudi Equation*. p. 48. St Peter Port: Knight Communication.

财富、法律争论和社会契约等方面的重要决策提供了商议和讨论的场所。国王阿卜杜勒·阿齐兹集政府首脑、法官、将军于一身。沙特家族和其他重要家族的领导，以及纳季德地区的欧莱玛权威都在王室会议中参与纳季德地区重大事务的商议。国王在征求其亲属的建议后，在王室会议上与部落和宗教领导人达成公议，以此决定纳季德地区的各项重要事务。

　　沙特阿拉伯王国建立时，沙特国家的领土已经获得公认，一个超越部落势力的中央权力已经形成，不同社会集团间的广泛融合已经达成。这些政治特征意味着沙特国家开始从酋长国向君主制国家演变。然而，沙特阿拉伯王国建立之初仍实行家长式管理体制，缺乏一套合理的官僚政治体系，没有统一的中央政府机构。沙特家族政治统治的方式是传统的部落惯例和新建的政府机构的混合体。教俗合一的政治体制是沙特国家政治统治的主要特征，建立在部落社会基础之上的家族政治则是沙特国家政治统治的核心内容。纳季德及其归并地区与希贾兹地区除个别部门具有全王国的性质以外，基本上分为两套并行的政府体系。国王阿卜杜勒·阿齐兹曾经试图统一王国的行政体制，但收效甚微。1927 年，国王阿卜杜勒·阿齐兹建立"调查和改革委员会"，其职责是审查政府的组织结构。阿卜杜勒·阿齐兹委托"调查和改革委员会"统一王国的行政管理体制，并组建一个国家咨询委员会来负责具体的执行。国家咨询委员会由国王指定的 8 名成员组成，他们分别来自希贾兹和纳季德的不同地区。阿卜杜勒·阿齐兹授权国家咨询委员会规划社会经济政策、管理政府部门的花费，该委员会还具有一定的立法权力。① 然而，国家咨询委员会的实际权力非常有限。20 世纪 30 年代，利雅得的王室会议既是沙特阿拉伯王国的中央政府，也是纳季德的地方政府。国王主持利雅得的王室会议，每天召开两次，其主要成员包括沙特家族成员以及瓦哈卜派欧莱玛和部落谢赫。王室会议下设 16 个"迪万"（府）和"舒尔贝"（部），分别掌管除希贾兹地区以外的所有地

---

① Al-Yassini, Ayman. (1985). *Religion and State in the Kingdom of Saudi Arabia.* p. 25. Boulder: Westview Press.

区的各项国家事务。希贾兹则以代表会议下设的 6 个基本的部,分管沙里亚事务、内政、外交、财政、国民教育和军事。① 第 2716 号王室法令承认了沙特阿拉伯王国政府机构不统一的现状:"目前希贾兹、纳季德及其归属地区的政府构成维持现状,直至王国新的统一的政府机构形成。"②后来,国王阿卜杜勒·阿齐兹采取了一系列旨在加强中央集权的措施,改革并统一了国家行政、司法与税收制度,新的官僚政治结构逐步建立。国王阿卜杜勒·阿齐兹通过把希贾兹政府机构职能扩展到纳季德、新建管理整个王国事务的行政部门,以及将希贾兹和纳季德的相关部门合并等方法,建立了一批统一的王国政府机构。1932 年,沙特阿拉伯王国设立财政部,统一掌管全国的财政税收。自 1934 年起,沙特阿拉伯王国开始制定财政预算,国家收入来源依次为朝觐税、石油公司交纳的油田使用费、金矿收入和天课,主要用于王室开支,军事开支和行政开支。③ 40 年代,王室会议下属的机构不断增加,权限逐渐扩大,利雅得随之成为沙特阿拉伯王国的政治中心。希贾兹地区的外交部和财政部的职能扩展到整个王国,1944 年王国设立国防部。从 1950 年到 1953 年,王国的内政、交通、卫生、教育、农业、商业各部陆续成立。至 1953 年底,沙特阿拉伯王国的政府机构已经基本建立。国王阿卜杜勒·阿齐兹指派沙特家族成员担任新建国家政府机构的领导职务,欧莱玛宗教权威和部落领袖也参与到国家政府机构中,而对外事务、财政和地方总督等关键职位完全掌握在沙特家族成员手中。通过沙特阿拉伯王国政府体系的构建,沙特家族完全控制了国家各个方面的统治权力,沙特家族的集权成为沙特阿拉伯王国中央集权的具体表现形式。

阿卜杜勒·阿齐兹时代,沙特阿拉伯王国政治生活的突出现象是地方离心倾

---

① 北京大学亚非研究所西亚研究室编著:《石油王国沙特阿拉伯》,北京大学出版社 1985 年版,第 26 页。

② Huyette, Summer Scott. (1985). *Political Adaptation in Saudi Arabia: a Study of the Council of Ministers*. p. 57. Boulder: Westview Press.

③ Vassiliev, Alexei. (2000). *The History of Saudi Arabia*. p. 305. New York: New York University Press.

向与中央集权的此消彼长。君主制度的确立和国家政府体系的构建,成为沙特阿拉伯王国克服地方离心倾向和强化中央集权的重要手段。经济的发展和财富的增长则是沙特王室强化君主制度和完善官僚机构的物质基础。由于经济和社会的发展,国家事务日趋复杂,王国原有的政府体系已不适应新的情况。国王阿卜杜勒·阿齐兹在临终前颁布了成立沙特阿拉伯王国中央政府"大臣会议"的法令,开启了沙特政府政治的新纪元。1953 年 10 月,阿卜杜勒·阿齐兹颁布的王室法令规定了大臣会议的最初形态和目的,以及人员组成、权限范围、运作程序和组织机构。大臣会议"由王室法令任命的负责管理国家各部事务的大臣组成,负责管理国家的一切事务,包括外交和内政,做出符合国家利益的决定"。[1] 该王室法令指定王储沙特为大臣会议主席,授予他监督和管理所有政府部门的权力。这份王室法令还规定,国王任命大臣会议的主要成员,决定出席大臣会议的人选;大臣会议负责制定和执行国家政策,批准国际条约,任免政府官吏;大臣会议成员对国王负责;大臣会议的决议须经国王批准后方可生效,国王有权否决大臣会议的决议。[2] 利雅得的大臣会议作为沙特阿拉伯王国的内阁政府,不同于希贾兹地区的协商会议,处于国王的直接控制之下。沙特国家的政府体制向正式的官僚政府形式发展,所有的政府部门第一次加入到一个统一的政治实体中,希贾兹已有的协商会议和代表会议也并入大臣会议。从希贾兹地方政权机构的延续到利雅得大臣会议的组建,标志着沙特阿拉伯王国君主制度的确立。政府体系的构建和官僚机构的完善,构成沙特阿拉伯王国君主制度的政治工具。

沙特阿拉伯王国建立之初,由于国民教育水平和文化素质的低下,沙特国内能够充任政府官员的人才非常缺乏,不得不依赖外国专家协助沙特政府管理。国王

---

① Huyette, Summer Scott. (1985). *Political Adaptation in Saudi Arabia: a Study of the Council of Ministers*. p. 65. Boulder: Westview Press.

② Al-Farsy, Fouad. (1999). *Modernity and Tradition: The Saudi Equation*. pp. 49-50. St Peter Port: Knight Communication.

阿卜杜勒·阿齐兹建国时,聘请黎巴嫩人福阿德·哈姆扎、埃及人哈菲兹·瓦赫巴、叙利亚人尤素夫·亚辛和哈立德·哈其姆以及拉萨德·法兰等人,陆续建立了外交部和财政部。[1] 国王身边还有许多来自其他国家的幕僚,包括伊拉克人阿卜杜勒·拉赫曼和拉希德·法鲁恩,以及英国人约翰·菲尔比等。[2] 沙特家族还任命希贾兹地区忠实于沙特家族的贤能人士担任政府的重要职务。

沙特阿拉伯王国明确强调教俗合一的政治原则和国王与国家的一致性,或者说"朕即国家"的政治原则。大臣会议的所有成员必须以安拉的名义宣誓效忠伊斯兰教信仰,宣誓效忠国王和国家。[3] 大臣会议集立法、司法和行政三种权力于一体,兼有议会、最高法院和内阁政府三重职能,负责制定除伊斯兰教法之外的其他法律,同时行使司法权力和履行政府职责。从希贾兹地方政府机构的延续到利雅得中央内阁政府的建立,构成国王阿卜杜勒·阿齐兹时代沙特阿拉伯政治生活的核心内容。1953 年,国王阿卜杜勒·阿齐兹的逝世,标志着沙特阿拉伯历史上个人统治时代的结束。

第三节　国王阿卜杜勒·阿齐兹时代的统治模式

一、家族政治的统治模式

家族政治是指带有家族色彩的政治现象,即国家的政治制度与政治实践具有浓厚的家族色彩,政治生活以家族关系作为主要的纽带。家族政治是部落制度国

---

① ［日］田村秀治编,陈生保等译:《伊斯兰盟主——沙特阿拉伯》,上海译文出版社 1981 年版,第 148—149 页。

② Rezas, A. (1984). *The Political Economy of Saudi Arabia*. p. 16. Washington D. C.: University of Washington Press.

③ Vassiliev, Alexei. (2000). *The History of Saudi Arabia*. p. 445. New York: New York University Press.

家化的核心。沙特阿拉伯的家族政治主要包含具有浓厚家族色彩的国家政治制度和国家政治生活两个层面。家族政治制度主要包括由沙特家族王位继承制度和王室协商制度结合而成的君主政治制度、以沙特家族控制大臣会议和地方政府为核心的政府政治制度,以及由瓦哈卜家族为代表的欧莱玛集团控制沙特阿拉伯的宗教权力和教育、司法等领域。家族政治生活则是家族政治制度在国家政治生活中的具体实践,其核心是瓦哈卜家族与沙特家族的联合协作、沙特家族内部的权力分配以及沙特家族对王国主要政治权力的垄断。

国王阿卜杜勒·阿齐兹时代的沙特阿拉伯,沿袭传统的经济活动和社会组织,畜牧业和绿洲农业构成基本的经济部门,贝都因人数量众多,血缘群体广泛存在,地域关系与血缘关系错综交织。地域关系无疑是沙特阿拉伯赖以存在的社会基础,血缘关系延续的结果则是沙特阿拉伯浓厚的血缘政治色彩。沙特阿拉伯王国的统治模式延续沙特酋长国时期的历史传统,高度发展的家族政治是沙特阿拉伯王国政治统治的主要特色。新兴的沙特王国犹如规模庞大的部落联盟,国王阿卜杜勒·阿齐兹俨然成为凌驾于社会之上的家族首领。阿卜杜勒·阿齐兹在利雅得重建沙特政权以后,沙特国家的统治结合了部落联盟的惯例和行政机构的发展。阿卜杜勒·阿齐兹作为沙特国家最高统治者埃米尔,是部族间的仲裁人和部落联盟的酋长,同时也是沙特政府的最高统帅,除了部落政治和家族政治对他的约束之外,没有成文的宪法限制他的权力,也没有议会妨碍他的行动自由。国家财政与沙特统治者的私人金库之间没有区别,它既不受公共预算的控制,也不受制于长期的计划。阿卜杜勒·阿齐兹根据个人能力和对他的忠诚度来任命他的堂兄弟和侄子担任城市和省区的统治者。沙特家族成员广泛充任沙特国家的行政人员和地方长官。于是,阿卜杜拉·本·杰鲁维统治哈萨;阿卜杜勒·阿齐兹·本·穆萨伊德统治布赖达;沙特·阿尔法统治嘎西木。①

---

① Kostiner, Joseph. (1993). *The Making of Saudi Arabia* (1916—1936): *From Chieftaincy to Monarchical State*. p. 73. New York: Oxford University Press.

瓦哈卜家族与沙特家族的联盟是沙特国家家族政治确立的重要途径。瓦哈卜家族和沙特家族分别掌握国家的教权和俗权,是沙特国家的历史传统和重要的政治原则。瓦哈卜家族与沙特家族采用联姻的方式巩固两者之间的教俗联盟,两个家族在数代人中缔结了数百次婚姻。1902年阿卜杜勒·阿齐兹征服利雅得之后,邀请瓦哈卜家族宗教权威阿卜杜拉·伊本·穆罕默德·伊本·阿卜杜勒·拉提夫领导国家的宗教活动。为了表示沙特家族和瓦哈卜家族联盟的永存,阿卜杜勒·阿齐兹与瓦哈卜家族联姻,娶伊本·瓦哈卜的孙子谢赫阿卜杜拉·伊本·穆罕默德·伊本·阿卜杜勒·拉提夫的女儿塔尔法为妻。[①] 这次联姻是加强沙特家族政治统治权与瓦哈卜家族宗教势力联盟的重要策略。瓦哈卜家族在沙特国家中一直享有巨大的宗教威望,该家族中产生了许多著名的宗教学者。沙特家族和瓦哈卜家族的联盟有效地将部落对国家的政治忠诚转变为宗教顺从。瓦哈卜家族支持沙特家族的统治,并将沙特家族政权的生存与他们自己的命运相联系。瓦哈卜家族利用他们的宗教权威,着力证明沙特家族及其统治政策的合理性,将沙特家族的统治与瓦哈卜主义等同起来。瓦哈卜家族通过撰写宣传瓦哈卜教义的著作和文章,以及担任被征服地区的法官和管理者等方式,与沙特家族政权建立了密切的联系。沙特家族和瓦哈卜家族的关系通过联姻获得巩固,瓦哈卜家族因其享有的宗教权威地位获得特惠待遇。沙特阿拉伯王国建立以后,阿卜杜勒·阿齐兹沿袭沙特国家的历史传统,利用瓦哈卜家族为代表的宗教权威来加强他的宗教政治合法性和实践他的政治目标。沙特家族继续维持与瓦哈卜家族的历史性联盟,但同时又逐渐削弱瓦哈卜家族特殊的宗教政治地位和权威,阻止瓦哈卜家族构成独立的权力中心,以维持沙特家族至高无上的地位和权力。

阿拉伯半岛上其他在阿卜杜勒·阿齐兹统一王国的过程中帮助过他的重要家族也都跻身沙特国家贵族之列。据说阿卜杜拉·本·杰鲁维曾两次救过阿卜杜

---

① Al-Yassini, Ayman. (1985). *Religion and State in the Kingdom of Saudi Arabia*. p. 43. Boulder: Westview Press.

勒·阿齐兹的命,后来,杰鲁维家族在王国的统治集团中就占据了关键性的地位。[①]
阿卜杜勒·阿齐兹在沙特家族和瓦哈卜家族的联合统治之外,将具有重大势力和
影响力的家族纳入国家统治阶级,扩大了沙特国家家族政治统治的社会基础。在
各大家族间适当分权的政治策略结束了阿拉伯半岛长期盛行的部落争斗的社会状
况,有利于沙特国家疆域拓展和政治统一的历史进程。

　　沙特家族在部落政治的基础上不断加强沙特家族的政治统治,并逐步建立了
沙特家族领导之下的家族合作政治体制,阿拉伯半岛传统上居于重要地位的家族
成为沙特家族的盟友和合作伙伴。由于缺乏完善的政府机构和官僚体系,加之原
始民主制的政治习俗根深蒂固,诸多部族谢赫具有举足轻重的影响,部族群体构成
地方行政区划的基本框架。姻亲关系作为血缘政治的逻辑延伸,具有特定的历史
内涵。沙特家族借助联姻的形式,与诸多部族建立政治联盟,进而实现国家权力与
部族社会的密切结合。广泛的姻亲关系,使得沙特家族规模庞大。国王阿卜杜
勒·阿齐兹曾与 30 多个部族联姻,生有男性子嗣 40 余人。[②]

　　沙特国家起源于部落传统深厚的阿拉伯半岛,素有家族集体决策的历史传统。
阿卜杜勒·阿齐兹建立沙特阿拉伯王国之后,坚持与沙特家族的重要成员和瓦哈
卜派欧莱玛、部落酋长共商国是。由于阿卜杜勒·阿齐兹的个人魅力和卓越才能,
国家大权主要集中在国王一人之手。50 年代初,由于阿卜杜勒·阿齐兹的健康状
况急剧恶化,沙特阿拉伯王国实际上由一个沙特家族主要成员组成的摄政会议统
治。[③] 沙特阿拉伯王国家族政治协商制度和协商机构从此开始了一个逐步发展的
过程。

　　① Abir, Mordechai. (1993). *Saudi Arabia：Government，Society，and the Gulf Crisis*. p. 3.
London；New York：Routledge.
　　② Kelidar, Abbas. (1978). The Problem of Succession in Saudi Arabia. *Asian Affairs*，Feb，
Vol. 9，Issue 1，p. 24.
　　③ Abir，Mordechai. (1993). *Saudi Arabia：Government，Society，and the Gulf Crisis*. p. 33.
London；New York：Routledge.

二、宗教政治的统治模式

教俗合一是伊斯兰世界重要的历史传统和政治形态,是宗教政治的基本政治制度和核心政治形态。教俗合一是宗教权力与世俗权力合而为一的政治形态,其基本特点包括:宗教领袖和国家元首同为一人,最高宗教权力和最高世俗权力由同一人执掌;国家法律以宗教教义为依据,宗教教义是处理一切民间事务的准则;民众受狂热和专一的宗教感情所支配。教俗合一制度是宗教和政治结合最密切的形式。教俗合一政治制度在中世纪的拜占庭、俄国和伊斯兰世界等国家和地区广泛实行。沙特阿拉伯王国至今仍然延续伊斯兰世界的历史传统,实行典型的教俗合一政治制度,这符合政治统治的需要。沙特家族为了维护和加强自己的世俗权力和政治统治,需要利用宗教权力为国家政策提供宗教政治合法性并有效地驾驭民众,而以瓦哈卜家族为代表的欧莱玛集团为了维护自己的宗教权力并扩大在王国政治和社会中的影响,则需要与沙特家族联合。

沙特王国起源于瓦哈卜派宗教思想的传播和圣战的实践。瓦哈卜派伊斯兰教作为一种意识形态,是阿拉伯半岛深刻的宗教危机的产物,是经济和社会政治因素的逻辑结果。瓦哈卜派伊斯兰教将沙特国家的穆斯林联合在一个统一的教派之下,是阿拉伯半岛中央集权化的意识形态武器。瓦哈卜派伊斯兰教顺应了阿拉伯半岛的社会环境和历史发展潮流,推动了沙特阿拉伯王国的建立和发展。在宗教气氛浓厚的阿拉伯半岛,"神"是权力的源泉,"一神"则是要消灭多个权力中心,建立统一的国家。瓦哈卜派伊斯兰教恪守"唯安拉独尊"的一神论教义,通过复兴一个顺从安拉的穆斯林共同体的观念,有助于建立一种宗教认同的观念来替代原有的血亲和部落认同的观念,为国家的建立和统一提供意识形态的基础。根据瓦哈卜派教义,"每个穆斯林在自己的一生中都必须对一个穆斯林统治者表达一个效忠的誓言,以确保自己死后能得到救赎"①。这个理论为沙特家族统治地位的确立提供了群众基础。瓦哈卜派教义规定了穆斯林须定期交纳宗教税"宰卡"的义务,这种宗教义务不仅象征着政治顺从,而且为沙特国家的存在和发展提供了必要的物质基础。瓦哈卜派教义进一步论述,"统治者被赋予了来自人民的效忠后,只要他根据安拉的法律领导穆斯林社团,穆斯林社会就成为安拉的法律的活的化身,合法的统治者的责任就是确保人们熟知并遵从安拉的法律"②。这一原则要求以《古兰经》和"圣训"立教,以罕百里学派的学说治国,确保沙特国家教俗合一的性质。

早期沙特国家和阿卜杜勒·阿齐兹建国之初都以瓦哈卜派伊斯兰教教义为立国之本,以宗教立国和治国的宗教政治统治模式适应了阿拉伯半岛的社会环境和历史潮流,为沙特阿拉伯王国政治制度的发展指引了方向。沙特阿拉伯王国作为德拉伊叶埃米尔国和利雅得埃米尔国的逻辑延伸,长期奉行宗教立国和宗教治国的政治原则。早在1926年占领麦加以后,阿卜杜勒·阿齐兹就宣布瓦哈卜派伊斯兰教作为包括希贾兹和纳季德诸地在内的沙特阿拉伯国家的官方信仰。瓦哈卜派信仰和伊斯兰教法,构成了沙特家族统治权力的理论基础。阿卜杜勒·阿齐兹既是沙特阿拉伯王国的国王,也是瓦哈卜派伊斯兰教教长"伊玛目",兼有世俗和宗教的双重权力。与此同时,宗教学者欧莱玛作为经训的诠释者和教法的执行者,构成联系国家与民众的中介和纽带,具有广泛的政治影响。瓦哈卜派的宗教政治学说,无疑是沙特阿拉伯王国驾驭社会和控制民众的意识形态工具。瓦哈卜派教法极力强调信仰至上的宗教原则,排斥和否定部落习惯法和血族仇杀的传统习俗,成为沙特阿拉伯王国约束部族势力进而实现社会整合的政治工具。③ 沙特阿拉伯王国采用教俗合一的政治制度,政治生活具有浓厚的宗教色彩。沙特阿拉伯王国官方宗教政治的原则遵循18世纪沙特国家建立以来的历史传统,并在此基础上发展出一

---

①② Natasha, Alexander. (1999). *Saudi Arabia: Country Study Guide*. p. 153. Washington, D. C.: International Business Publications.

③ 哈全安著:《中东国家的现代化历程》,人民出版社2006年版,第383—384页。

整套官方宗教政治的制度和实践。官方宗教政治思想与沙特阿拉伯王国政治统治原则相结合,构成沙特阿拉伯王国教俗合一政治制度的重要基础。

捍卫沙里亚的神圣地位是伊斯兰国家的根本目的。正统伊斯兰教的政治理论认为,安拉是温麦的主宰和世人的君王,而沙里亚是安拉意志的体现和安拉规定的法度,是先于国家的秩序和尽善尽美的制度,芸芸众生只有遵循沙里亚的义务,绝无更改沙里亚的权利。既然沙里亚是“安拉的法度”,而捍卫沙里亚规定的神圣秩序是国家的目的所在,那么国家无疑是合理的,国家的存在则是不可或缺的。[①] 沙特阿拉伯王国尊奉正统伊斯兰教作为官方的意识形态,逊尼派的罕百里教法构成官方法律制度的基础,沙特王室敕令以及其他的法律法规则是伊斯兰教法的补充内容。沙特阿拉伯王国捍卫伊斯兰法律的最高地位,伊斯兰信仰及其法律是政治、思想、社会的明确纲领。伊斯兰教是沙特阿拉伯王国的国教,瓦哈卜派伊斯兰教是国家的主体意识形态和行为标准。沙特阿拉伯王国的经济原则、政治制度和社会法规都严格按照瓦哈卜派伊斯兰教教义制定和实施。沙特阿拉伯王国长期都以《古兰经》和“圣训”作为王国的宪法,伊斯兰教法“沙里亚”是政府和国家事务的唯一章程和最终的仲裁标准。[②] 早在沙特阿拉伯王国建立时,阿卜杜勒·阿齐兹就明确宣布:“为崇高的安拉工作,遵从安拉的法律,遵循安拉的指示,是阿卜杜勒·阿齐兹的建国原则;服从安拉,接受安拉的命令和指示是最受重视的头等大事。”[③]国王费萨尔曾经对西方记者说:“我认为王国的宪法是世界上最古老的宪法,已经有一千三百多年的历史了,这就是:‘仁慈的《古兰经》’。”[④]90 年代颁布新的成文宪法之后,《古兰经》和“圣训”仍是国家不可动摇之根本大法,是国家制定一切法律法规的主要依据。1992 年国王法赫德颁布的《政府基本法》明确规定:“伊

① 哈全安:《中东国家的现代化历程》,人民出版社 2006 年版,第 9 页。
② Najem, Tom Pierre & Hetherington, Martin. (2003). *Good Governance in the Middle East Oil Monarchies*. p. 40. London; New York: Routledge Curzon.
③ 钱学文著:《当代沙特阿拉伯王国社会与文化》,上海外语教育出版社 2003 年版,第 53 页。
④ [叙]莫尼尔·阿吉列尼著,何义译:《费萨尔传》,商务印书馆 1977 年版,第 301 页。

斯兰教是沙特阿拉伯的官方信仰,《古兰经》和'圣训'是沙特阿拉伯的永久性宪法。沙特阿拉伯王国政府的权力来自神圣的《古兰经》和'圣训',王国所有法律都根源于《古兰经》和'圣训'。"①根据《政府基本法》,沙特国家的根本职责是保护私有财产、捍卫伊斯兰教信仰、执行伊斯兰教法和保障沙里亚赋予的公民权利,国王拥有最高的司法权和行政权。

保卫伊斯兰教发源地和两座圣城的安全,维护伊斯兰教法的神圣地位,是沙特国王的主要职责。1926 年 7 月,在麦加召开的"全穆斯林代表大会"上,阿卜杜勒·阿齐兹被各国的穆斯林代表推举为"圣地护主",获得了极高的宗教地位和权威。沙特统治者向来以伊斯兰教的捍卫者和圣城的保护者自居,甚至以全体穆斯林的宗教领袖自居。国王阿卜杜勒·阿齐兹采用"圣地护主"的称号,国王法赫德则以"两圣寺的仆人"取代了"陛下"称号。②沙特国王和沙特政权因此获得了宗教政治合法性。

伊斯兰教和沙特家族政权都注重领袖人物的"合法性"塑造。早期沙特国家的统治者通过支持瓦哈卜派伊斯兰教的传播而获得了极大的威望和荣耀,现代沙特阿拉伯国王则是通过伊斯兰教两大圣地"护主"的地位而获得伊斯兰合法性。沙特家族的首脑均以虔诚的瓦哈卜派信徒著称,并且试图通过克里斯玛式的政治魅力获得宗教和个人的"合法性"。沙特家族聘用欧莱玛依据《古兰经》和"圣训"阐述的宗教原则参与制定统治政策和进行神学宣传,以示其权利的合法与地位的神圣,为沙特王权披上神圣的外衣。信奉瓦哈卜派伊斯兰教的沙特国民通常将对宗教的忠诚化作对沙特政权的忠诚。君主集权借助于教俗合一的政治形式而日臻完善。沙特政府授意官方欧莱玛宣传沙特家族的宗教政治合法性,宣称沙特家族是伊斯兰教的捍卫者、沙里亚的执行者、圣城的监护者和国家财富的管理者。

---

①　Kechichian, Joseph. (2001). *Succession in Saudi Arabia*. p. 210. New York: Palgrave.

②　Abir, Mordechai. (1988). *Saudi Arabia in the Oil Era: Regime and Elites: Conflict and Collaboration*. p. 193. London: Croom Helm.

沙特阿拉伯王国官方宗教政治的主体是沙特国内数量庞大的以宗教为职业的穆斯林神职人员队伍。由于资历和影响的不同,沙特阿拉伯王国的穆斯林神职人员分为不同的阶层和群体。"欧莱玛"是沙特阿拉伯王国宗教界上层神职人员的广义称谓,它泛指那些由于个人操守和学识而得到民众、特别是统治当局尊重和认可的伊斯兰教神学家和教法学家。[①] 欧莱玛包括解释伊斯兰教法和发布宗教法令的"穆夫提"、审理穆斯林诉讼的法官"卡迪"、伊斯兰教法理学家"夫克哈"、宗教教师"穆达里斯"、领导穆斯林聚礼和宣讲教义的"伊玛目"等在宗教机构和清真寺任职的宗教学者。[②] 欧莱玛阶层在沙特阿拉伯王国社会结构中具有相对独立的地位,他们既是沙特阿拉伯王国伊斯兰法律的制订者和解释者,又是法律的仲裁人和执行人,他们对王国的宗教、司法和教育等领域具有巨大的影响。司法部、高等教育部、朝觐事务和宗教基金部,以及一些与宗教事务有关的实体,传统上都由欧莱玛担任领导。欧莱玛是沙特阿拉伯各级学校的校长,宗教学校是欧莱玛传播宗教及其社会和政治价值观的最重要工具。高等教育体制受到瓦哈卜家族和欧莱玛的监管,也是欧莱玛向沙特社会灌输宗教政治学说的工具。欧莱玛在利雅得、麦加和其他城市建立学会和研究院来研究伊斯兰教和法律,并担任负责人和教师。欧莱玛还负责管理朝觐和宗教资产,甚至负责管理王族的宗教基金和祭品。[③] 欧莱玛群体的领导阶层是对沙特阿拉伯影响最大的宗教政治力量。利雅得欧莱玛在他们的同僚中享有显著的地位,这主要归因于他们居住在王国首都,有便利的条件接近王国的统治者。在不同的时期,欧莱玛领导的数量并不相同。1918 年,欧莱玛领导由"利雅得的 6 人、嘎西姆的 3 人、哈萨的大约 3 人和纳季德其他地区的各 1 人,总

---

① Ayman Al-Yassini. (1985). *Religion and State in the Kingdom of Saudi Arabia*, p. 42. Boulder: Westview Press.

② Mordechai Abir. (1993). *Saudi Arabia: Government, Society, and the Gulf Crisis*, p. 9. London; New York: Routledge.

③ Metin Heper and Raphael Israeli. (1984). *Islam and Politics in the Modern Middle East*, p. 31. London: Croom Helm.

共约 20 多人组成".[1] 后来逐渐发展了一个由 10～15 名纳季德和希贾兹的欧莱玛组成的非正式领导机构,以利雅得的大穆夫提为最高领导。

沙特国家欧莱玛和王族之间的合作关系以伊本·泰米叶的政治学说为理论基础。伊本·泰米叶提出,宗教和国家是不能区别地联系在一起,如果宗教和权力分离,国家就会陷入混乱:没有强制性的国家权力,宗教就处于危险之中,没有沙里亚,国家就变成一个暴君的组织。换言之,理想的穆斯林国家需要欧莱玛和统治者之间的紧密合作,欧莱玛掌管宗教法律,统治者通过掌管政治权力来实施宗教法律。当统治者在有关法律的解释方面有疑问时,就需要与欧莱玛商议。1744 年瓦哈卜派伊斯兰教的创立者伊本·瓦哈卜和沙特家族统治者穆罕默德·伊本·沙特通过盟誓,建立了教俗合一的沙特国家。瓦哈卜家族与沙特家族的联盟是教俗合一宗教政治的集中体现。欧莱玛和沙特家族之间的这种合作关系在第一和第二沙特国家中延续,并在沙特阿拉伯王国发展成为一种制度化和机构化的教俗合一政治体制。

教俗合一政治制度的首要象征是沙特王权通过欧莱玛的效忠而获得宗教政治合法性。沙特统治者占领了新的疆域或者沙特王位继承人正式即位时,欧莱玛都要向他宣誓效忠,以表示沙特家族统治者集王国的宗教权力和世俗权力于一身。1925 年阿布杜勒·阿齐兹占领吉达以后,吉达的显要人士和欧莱玛与麦加的欧莱玛共同商议,决定"依照《古兰经》和'圣训',以及先知同伴、正直的先辈和四大正统学派领袖的实践",效忠阿卜杜勒·阿齐兹。[2] 1928 年阿卜杜勒·拉赫曼逝世,阿卜杜勒·阿齐兹继任瓦哈卜派伊斯兰教教长,身兼埃米尔和教长双重职务,再次确立了沙特国家统治者兼任国家最高宗教领袖的政治制度。沙特阿拉伯王国的欧莱

---

① H. St. John Philby. (1923). *The Heart of Arabia*, vol. 1, p. 297. New York: G. P. Putnam's Sons.

② Heper, Metin & Israeli, Raphael. (1984). *Islam and Politics in the Modern Middle East*. p. 52. London & Sydney: Croom Helm Ltd.

玛同样也在国王沙特、费萨尔、哈立德、法赫德和阿卜杜勒位时向他们宣誓效忠。沙特家族则在礼仪方面给予欧莱玛相当的尊敬,并且通过与欧莱玛协商的制度使欧莱玛具有参与政策制定和决策的权力。每周周一和特别的节日,国王和王族的重要成员都要在王宫与欧莱玛和部落领导会面,就王国出现的问题进行讨论并形成一致意见。① 国王和亲王还不时地到欧莱玛的家中拜访,以示对欧莱玛的尊敬。沙特领导人还常常就国家的重要事务与欧莱玛商议。1910 年,阿布杜勒·阿齐兹就是否要为伊赫万建立希吉拉的问题与欧莱玛商谈。1923 年,阿卜杜勒·阿齐兹关于是否要占领麦加的问题,向欧莱玛寻求建议。当时麦加的统治者侯赛因·本·阿里禁止纳季德人到麦加去朝觐,沙特的欧莱玛裁决朝觐是伊斯兰教的一项基本义务而必须履行,无论是通过和平还是武力的方式进入麦加,因此参与讨论的阿卜杜勒·阿齐兹、欧莱玛和部落领袖共同表决发动占领麦加的战争。② 部落传统的私人政见表达和家族共同决定方式是沙特王族与欧莱玛之间政治合作的真实方式。通过沙特家族与欧莱玛之间的协商传统和协商制度,欧莱玛成为沙特阿拉伯王国举足轻重的政治势力。

伊赫万运动是阿卜杜勒·阿齐兹建立沙特国家以来的第一次重要的宗教政治实践,它的发展历程和命运为沙特国家官方宗教政治提供了一定的发展模式。欧莱玛是伊赫万运动的倡导人和精神领袖。伊赫万运动起源于欧莱玛及其下属穆陶威的瓦哈卜派宗教宣传,符合贝都因人的经济和社会需要,构成阿卜杜勒·阿齐兹恢复对阿拉伯半岛诸多贝都因人部落的统治权力之政治计划的一个重要组成部分。在伊赫万运动发展的历程中,阿卜杜勒·阿齐兹多次利用欧莱玛颁布费特瓦的宗教政治功能,为他的政治目标服务。正是在沙特官方宗教势力的大力支持下,

① Bligh, Alexander. (1985). The Saudi Religious Elite (Ulama) as Participant in the Political System of the Kingdom. *International Journal of Middle East Studies*, Vol. 17, No. 1, Feb. , p. 42.

② Heper, Metin & Israeli, Raphael. (1984). *Islam and Politics in the Modern Middle East*. p. 52. London & Sydney: Croom Helm Ltd.

阿卜杜勒·阿齐兹才最终获得了对伊赫万叛乱的胜利。在伊赫万运动的历史进程中,阿卜杜勒·阿齐兹更加认识到欧莱玛对国家政治的重大影响,官方宗教政治逐步获得了在沙特国家政治统治中的重要地位。阿卜杜勒·阿齐兹宣布沙特阿拉伯王国的宗教问题只能由欧莱玛决定,禁止召开没有事先得到国王同意的任何目的的会议。[1]国王和欧莱玛在伊赫万运动中发展了亲密的合作关系,欧莱玛通过为沙特家族的统治政策提供宗教政治合法性而分享国家的政治权力。欧莱玛对自身的这种政治权力和地位感到满意,时常与阿卜杜勒·阿齐兹合作,对抗极端主义倾向的伊赫万势力。

伊赫万运动对沙特阿拉伯王国官方宗教政治的性质和基调产生重大影响。瓦哈卜派伊斯兰教在沙特国家建立和扩张的时期曾经是一种革命的意识形态,具有一定的激进倾向。随着沙特阿拉伯王国的建立和伊赫万叛乱的结束,官方瓦哈卜派意识形态逐渐转化为保守的意识形态,倡导温和倾向的宗教政治原则。官方瓦哈卜派欧莱玛转而强调伊斯兰教的温和性,强调伊斯兰教反对任何形式的宗教狂热。官方瓦哈卜派欧莱玛甚至断言,拒绝适度享受生活的人是有罪的。反政府行为的破坏性和非法性也是官方瓦哈卜派欧莱玛强调的重点。官方瓦哈卜派欧莱玛宣传沙特家族的虔诚,并且强调伊斯兰教是依靠沙特家族才取得胜利,只要统治者仍然实行沙里亚,反叛行为就是禁止的。官方瓦哈卜派欧莱玛反复重申伊斯兰教的温和性质和沙特家族的虔诚,并且在电视和广播节目中宣传伊斯兰教和物质福利的相容性。谢赫阿里·特恩塔维还在每周的电视节目中向沙特民众灌输如下思想:"狂热分子留长胡须,拒绝就业,将所有时间都用于礼拜和斋戒,以虔诚的穆斯林自居。这不是伊斯兰教,而是对教士的模仿。穆斯林应该通过合法的收入享受舒适的物质生活。穆斯林应当结婚,并且努力工作,也可以到国外去旅行。穆斯林

_____

[1]　Fandy, Mamoun. (1999). *Saudi Arabia and the Politics of Dissent.* p. 47. London: Macmillan Press.

应当礼拜和斋戒,诵读《古兰经》,遵循沙里亚的规定。这是先知指引的道路。"①

伊赫万运动的政治命运对欧莱玛在沙特国家中的角色和地位产生重大影响。1928 年的利雅得会议确定了 1927 年以来就逐渐形成的沙特国家欧莱玛的地位。从此以后,欧莱玛的权力限制在对有关伊斯兰宗教仪式和技术革新的事务发表意见。欧莱玛丧失了他们曾经享有的有限自主权,他们成为领取薪水的公务员,其地位、收入和总体的活动都受到国家规章和目标的管理。欧莱玛接受了在新王国中的这种有限的权力,以及从属于沙特家族政治领导的地位。欧莱玛成为沙特国家的辩护人,其主要的职责是为政治领袖的决策提供伊斯兰合法性的支持和维护国家的公共道德。欧莱玛在国家政治结构中的实际利益和控制权力逐渐减少。尽管欧莱玛继续享有沙特家族政治权威对他们形式上的尊敬,但欧莱玛在政治决策进程中的地位开始走上边缘化的道路。"领导最知道"的政治原则成为官方宗教势力的座右铭。② 受这种信念的影响,沙特国家的欧莱玛从此以后不再关注阿卜杜勒·阿齐兹的对外政策,默许了沙特阿拉伯王国君主制和世袭统治原则的建立,甚至对阿卜杜勒·阿齐兹执行的违背沙里亚的新法律和法规也视而不见。伊赫万运动终止以后的很长一段时间,除了向统治者个人提出一些批评意见之外,欧莱玛几乎不参与其他任何的政治活动。这些批评意见中最重要是由谢赫阿卜·阿齐兹·伊本·巴兹、谢赫阿卜杜·拉赫曼·萨迪和谢赫萨阿德·伊本·阿提克提出的批评。这些批评意见提到的主要问题是与非穆斯林的关系和一些诸如财富分配不均的内政问题。国家政治决策和政治权力的相关领域成为欧莱玛不再涉入的禁区。阿卜杜勒·阿齐兹则采取避免与欧莱玛产生分歧和公开对抗的方式,对宗教权威保持形式上的尊敬。沙特国家教俗合一的政治体制发展到了新的阶段。

---

① Al-Yassini, Ayman. (1985). *Religion and State in the Kingdom of Saudi Arabia*. p. 128. Boulder: Westview Press.

② Movement for Islamic Reform in Arabia. Social Transformation and Political Explosion. *History of Dissent: The Story of Islamic Dissent in Arabia*, chap. 1, http://www.miraserve.com/chap2.html.

沙特政权着力鼓吹顺从国家领导人的政治原则。国王阿卜杜勒·阿齐兹崇尚中世纪宗教思想家的理论，即国家有两种权威人士：一种是沙里亚的监护人欧莱玛，一种是埃米尔；埃米尔享有实行法律所必需的政治权力。根据这种理论，臣民应当绝对地、无条件地顺从埃米尔。埃米尔负责监督所有的穆斯林正确地履行宗教义务、负责执行法庭审判、从事慈善工作、监督经济活动、确保共同体的安全和公共服务的正常运转，以及在沙里亚的框架下颁布社会和经济的规定以保障个人的权利。埃米尔应当与欧莱玛协商，但他也有权自主做出决定。埃米尔的行为必须符合由欧莱玛所解释的《古兰经》和"圣训"的规定。[1] 这种宗教政治理论虽然承认欧莱玛的宗教权力，但实际上确立了埃米尔的最高地位和权力，确立了教俗合一体制中俗权凌驾于教权之上的政治原则。阿卜杜勒·阿齐兹还向沙特民众灌输"领导人最懂得国家利益"的观念，并且这个观念由于其无限扩展和推论而极大地提高了沙特家族的领导地位。"领导人最懂得国家利益"的观念可以引申为政治领导人有权拒绝执行《古兰经》和"圣训"明确规定的和公认的伊斯兰禁令，其借口是这些有关公共利益的事务应该留给伊玛目或统治者决定。[2] "领导人最懂得国家利益"的观念与顺从领导人的原则相结合，决定了教俗合一宗教政治原则中俗权的领导地位，赋予了沙特家族垄断国家权力的合法性。"领导人最懂得"的概念逐渐成为一种社会规范和社会契约，沙特家族领导人的主张因此具有了无可争议的约束力。关于阿布杜勒·阿齐兹禁止入侵英国保护下的科威特的决定，欧莱玛主动将是否要宣布圣战的问题交给了伊玛目阿卜杜勒·阿齐兹独自考虑，因为"按照伊斯兰教义，伊玛目的职责就是考虑什么是对伊斯兰教和穆斯林最有利的"。

　　沙特阿拉伯王国的宗教权力由欧莱玛具体负责实施。欧莱玛最重要的职责是

---

[1]　Vassiliev, Alexei. (2000). *The History of Saudi Arabia*. p. 290. New York: New York University Press.

[2]　Movement for Islamic Reform in Arabia. Social Transformation and Political Explosion. *History of Dissent: The Story of Islamic Dissent in Arabia*, chap. 2, http://www.miraserve.com/chap2.html.

代表国王行使宗教权力,负责诠释信仰和执行教法。欧莱玛的权利和威望主要集中在他们发布神学解释和伊斯兰法律意见"费特瓦"方面。沙特统治者需要向欧莱玛寻求对其政治命令的认可,每份王室法令或者大臣会议制定的法规都需要欧莱玛发布费特瓦证明其符合沙里亚的规定。阿卜杜勒·阿齐兹占领希贾兹以后,希贾兹的欧莱玛领袖就颁布费特瓦,批准阿卜杜勒·阿齐兹对圣地的占领和要求所有的穆斯林服从新的统治者。[①] 沙特阿拉伯王国在很长时期内并没有成文的宪法条文,也没有关于王位继承的基本法律规定,这些事务都由欧莱玛根据符合沙里亚的习惯和传统来发布费特瓦以示法律上的确认,费特瓦制度因此具有不可或缺的重要性。特别是在紧要和危机的情况下,欧莱玛发布关于政治问题的费特瓦显示了他们的宗教政治权力和他们对王国事务的政治参与权力。欧莱玛通过研究《古兰经》和"圣训",以及先知的生活,从中找到对特殊的法律问题和政治事务的解释和解决办法,从而实现他们相对于王国政治领导权的咨询权力和地位。通过颁布费特瓦,欧莱玛也对个人信仰、公民的日常行为规范、社会的文化态度和社会的道德价值等多方面起到决定性的作用。按照伊斯兰教的传统,颁布"费特瓦"的权力通常由穆夫提掌握。穆夫提在多数情况下是基于个人的学术威望而非任命产生,因此,费特瓦的裁断不可避免地与沙特政治统治者的愿望产生冲突。欧莱玛在经济收入等方面对沙特政府的依赖决定了沙特欧莱玛依附于沙特政府的非独立地位。在欧莱玛和沙特家族意见不一致的情况下,通常都是欧莱玛屈从于沙特国王或者沙特家族的意愿。"在宗教事务方面,阿卜杜勒·阿齐兹顺从欧莱玛的意愿。但是当欧莱玛给予阿卜杜勒·阿齐兹政治或者军事事务方面的建议时,如果阿卜杜勒·阿齐兹不同意,他就会让他们回到书本中去。"[②]1927 年 2 月 11 日,欧莱玛颁布费特瓦,提出"希贾兹地区存在的所有奥斯曼法律都应该立即废除,只能实行

① Al-Yassini, Ayman. (1985). *Religion and State in the Kingdom of Saudi Arabia*. p. 49. Boulder: Westview Press.

② Armstrong, H. C. (1934). *Lord of Arabia*. p. 214. London: Arthur Barker Ltd.

纯粹的沙里亚法律"。然而欧莱玛的费特瓦未能影响阿卜杜勒·阿齐兹维持奥斯曼世俗法律的决定,阿卜杜勒·阿齐兹绝不允许欧莱玛影响他实施改革的政治目标。4个月后,阿卜杜勒·阿齐兹颁布王室法令批准希贾兹现存的法律体系。这份王室法令向希贾兹总督费萨尔亲王下达命令:"奥斯曼法律的统治仍然有效。我们不会将其撤销,也不会颁布其他的法律将之取代。"①1930年,欧莱玛颁布一份费特瓦,抗议教育指导委员会制定的总课程中包括了外语、地理和绘画。但是阿卜杜勒·阿齐兹已经决定在现存的宗教学科上,建立一个现代的教育体制。阿卜杜勒·阿齐兹告知欧莱玛,伊斯兰教主张信徒接受知识,同时他要求教育指导委员会主席哈菲兹·瓦赫巴在总课程中包含所有这三项科目。②沙特王族尽量避免与欧莱玛的公开对抗,而主要通过劝说的方式向欧莱玛贯彻沙特家族的意志。20世纪30年代,欧莱玛强烈反对引进电报和无线电广播,此事最终以妥协的方式解决,即广播只能用来播报有关《古兰经》的新闻和朗诵。国王费萨尔时期,沙特阿拉伯的现代化项目包括引进电视播放系统。欧莱玛论证了上演人体形象是不道德的,后来国王费萨尔向欧莱玛论证了电视能在教授和实践伊斯兰教中发挥积极作用,欧莱玛权衡之后表示赞成电视播放系统的引进。③

　　沙特阿拉伯王国穆斯林神职人员的另一个主要的阶层和群体是穆陶威。穆陶威是沙特阿拉伯王国穆斯林神职人员的下层群体,其最初的身份是接受阿卜杜勒·阿齐兹和欧莱玛的派遣,到伊赫万定居点希吉拉中传播瓦哈卜派教义的宗教教师。他们是阿卜杜勒·阿齐兹向希吉拉的伊赫万成员灌输瓦哈卜派信仰和训练伊赫万为沙特国家进行圣战的重要工具。后来,穆陶威主要负责官方宗教机构"扬

　　① Al-Yassini, Ayman. (1985). *Religion and State in the Kingdom of Saudi Arabia*. p. 74. Boulder: Westview Press.
　　② Al-Yassini, Ayman. (1985). *Religion and State in the Kingdom of Saudi Arabia*. p. 50. Boulder: Westview Press.
　　③ Bligh, Alexander. (1985). The Saudi Religious Elite (Ulama) as Participant in the Political System of the Kingdom. *International Journal of Middle East Studies*, Vol. 17, No. 1, Feb., p. 42.

善惩恶委员会"的大部分基层工作。穆陶威人数众多,遍布城乡的各个角落,他们既是宗教习俗的教导者,又是地方世俗事务的管理者,素有"宗教警察"之称。他们沿街巡视,负责监督市场秩序,督促人们按时礼拜和斋戒,并且有权惩处违反瓦哈卜派戒规的人。违反瓦哈卜派戒规的人,轻者遭到囚禁或当众鞭笞,重者将被没收其住宅和全部家产。穆陶威还负责监视经常发生违反瓦哈卜派戒律事件的地点,取缔娱乐设施和娱乐场所,取缔丧葬仪式和各种庆典中的异端行为。穆陶威还在男女之间设置隔离区,禁止人们吸烟和饮酒,禁止男性穿着丝绸服饰和佩戴饰物,禁止制造和出售乐器,禁止绘制和出售有人物和动物形象的绘画作品等。① 穆陶威还负责在书店中查抄所有有悖于逊尼派和瓦哈卜派伊斯兰教教义的著作。穆陶威的资历和地位与欧莱玛大相径庭,他们大多出身寒微,一般识字不多,其中相当一部分是上了年纪的文盲。进入穆陶威行列不需要接受任何专业上的训练,虔诚和严守戒规是成为穆陶威的必要条件。穆陶威通过规范沙特社会的公共道德和强制穆斯林遵守伊斯兰教教义,对维护社会治安、捍卫沙特王权作出了巨大的贡献。穆陶威依附于沙特阿拉伯王国的宗教机构,受命于官方欧莱玛,是沙特家族政治统治和官方欧莱玛管理国家宗教事务的工具。

沙特阿拉伯王国官方宗教政治的重要表现是神职人员和宗教机构对沙特政权的依附,其中经济的依附性是神职人员非独立性的根本原因。欧莱玛对国家财政支持的依赖源于瓦哈卜派宗教原则,瓦哈卜派禁止欧莱玛接受赠与和捐赠或是以瓦克夫的收入为生。② 阿卜杜勒·阿齐兹重建沙特国家之后,瓦哈卜派欧莱玛的生计完全依赖国家的财政补贴,沙特政府定期向他们提供实物和薪金,只有希贾兹地区的一部分地位稍低的欧莱玛还必须依靠捐赠、朝圣贡品和宗教基金维持生活。

---

① Al-Yassini, Ayman. (1985). *Religion and State in the Kingdom of Saudi Arabia*. p. 69. Boulder: Westview Press.

② Al-Yassini, Ayman. (1985). *Religion and State in the Kingdom of Saudi Arabia*. p. 48. Boulder: Westview Press.

获得王国的定期补贴是欧莱玛尊贵身份的标志,享有此殊荣的都是在王国具有较高地位和宗教权威的教界上层人士,他们对王国财政补贴的依赖决定了他们相对于沙特政权的依附地位,高额的津贴换取了他们用自身的宗教权威为沙特家族的统治服务。政府行政改革之后,欧莱玛成为由国家支付薪水的公职人员,其生存依赖于国家,其活动主要取决于国家的政治需要。有些欧莱玛在宗教公职之外,还经营着其他独立的事业,甚至还有欧莱玛因为大规模的商业活动而变得十分富有。经济上的富有通常能够提升欧莱玛的社会威望和政治地位。沙特王国也有很少一部分欧莱玛根据中世纪的神圣传统,宁愿保持经济上的独立性,甚至不惜以农业为生。他们不与政府和政治权威接触,而将大部分的时间用于教育工作。他们还拒绝担任卡迪,唯恐被迫滥用伊斯兰教和法律。① 沙特王国的穆陶威以政府提供的薪金为生计,他们完全听命于"扬善惩恶委员会",忠实地执行监督沙特国民行为的任务,没有任何自主的宗教权力。

　　沙特阿拉伯王国官方宗教政治的发展实质上经历了教界成员影响力降低和独立性下降的历史过程。伊赫万叛乱得到了一些著名的欧莱玛和许多穆陶威的支持,伊赫万运动的失败剥夺了欧莱玛主动干预国家事务的权力和军事力量,侵蚀了他们的政治权威,欧莱玛的权力急剧下降。20 世纪 30 年代最终镇压伊赫万叛乱的必然结果,是宗教集团势力范围的缩小和欧莱玛影响的全面降低,而沙特王族成为国家权力的中心。1930 年之后,尽管国王阿卜杜勒·阿齐兹仍然在国内事务的重大问题上与欧莱玛商议,但他在有关王国统一和发展的根本问题上,常常忽略欧莱玛的反对意见。② 欧莱玛并不会轻易接受他们权力下降的现实,他们激烈地反抗君主的"革新",例如占领希贾兹后引进的汽车、电话、电报和无线电广播。阿卜杜

---

　　① Heper, Metin & Israeli, Raphael. (1984). *Islam and Politics in the Modern Middle East*. pp. 31-32. London & Sydney: Croom Helm Ltd.

　　② Abir, Mordechai. (1988). *Saudi Arabia in the Oil Era: Regime and Elites: Conflict and Collaboration*. p. 29. London: Croom Helm.

勒·阿齐兹毫不犹豫地否决了欧莱玛的反对意见。一些激烈反对国王政策的狂热的纳季德宗教学者被迫隐退到他们自己的家乡和乡村,而其他的欧莱玛尽管在言辞上猛烈抨击阿卜杜勒·阿齐兹,最终还是接受了他的统治。

阿卜杜勒·阿齐兹时代,神职人员官僚化和宗教机构并入国家行政体系的历史进程启动。当沙特国家的疆域拓展接近完成时,欧莱玛在一定程度上失去了他们曾经享有的有限的自主权。国王阿卜杜勒·阿齐兹统一沙特阿拉伯王国之后,立即着手建立王国的行政机构来提高政府的效能。复合行政机构的建立和完善,导致沙特阿拉伯王国教权和俗权的传统关系发生根本性变化,沙特政府控制原来由宗教势力掌管的广泛领域逐渐成为统治的惯例。欧莱玛领导人由国王指定产生,欧莱玛成为领取国家薪水的公务员,他们的地位、收入和活动都受到国家规章和政治目标的支配。[①]欧莱玛由此丧失了许多传统的权力和地位,他们可以向政府活动和政策施加压力,但再也不是一个自治的权力中心。国家利用宗教和宗教当权派为沙特家族的统治提供宗教政治合法性的源泉,这一举措成为沙特阿拉伯王国教俗合一政治制度的主要特征和惯例,欧莱玛影响政府政策和活动的传统职责已经减小。20世纪50年代以来,只要欧莱玛仍然享有较高的社会地位并对沙特阿拉伯王国的日常生活具有一定的控制力,他们大都在某种程度上接受了他们在"沙特家族—欧莱玛传统联盟"中的从属地位。

沙特阿拉伯王国的宗教机构是王国政治体系的一个有机组成部分,是国家行政机构的有益补充。阿卜杜勒·阿齐兹建立沙特国家的初期,希贾兹地区和纳季德地区不仅在经济和社会方面,而且在政治和宗教方面也存在着诸多差异。希贾兹地区长期以来深受奥斯曼帝国正统信仰和官方意识形态的影响,尊奉沙斐仪教法学派,同时允许各个教派的共同发展,实行宗教宽容的原则。纳季德地区是沙特家族政权和瓦哈卜派伊斯兰教运动的发源地,罕百里教法学派长期占据统治地位,

---

① Al-Yassini, Ayman. (1985). *Religion and State in the Kingdom of Saudi Arabia*. p. 67. Boulder: Westview Press.

并排斥其他诸多教法学派,宗教政治具有极端的倾向。按照伊斯兰教的传统,各个地区的欧莱玛分别掌管该地区的宗教、司法和教育领域,清真寺是欧莱玛行使权力的主要场所,地方法律事务和教育事务则是欧莱玛传统宗教权力的重要势力范围。

伊赫万叛乱结束以后,沙特国家表现出控制宗教信仰的强烈倾向,瓦哈卜派伊斯兰教走上制度化的发展道路。阿卜杜勒·阿齐兹宣称,只有少数由国家提名的宗教学者才有权给予宗教意见和颁布费特瓦。这些受到政府指派的宗教学者成为官方宗教政治的核心势力。阿卜杜勒·阿齐兹还规定,没有获得利雅得欧莱玛支持的学者就不允许讲道或者解释经文。获得沙特官方支持的宗教学者有:阿卜杜拉·伊本·阿卜杜·拉提夫·谢赫、萨阿德·伊本·阿提克、穆罕默德·伊本·阿卜杜·拉提夫·谢赫、阿卜杜拉·安加利、阿卜杜拉·伊本·苏莱姆、阿卜杜·拉赫曼·伊本·萨利姆。这些官方宗教学者构成了一个最忠诚于沙特家族的欧莱玛核心集团。国王阿卜杜勒·阿齐兹的决定,受到以利雅得欧莱玛为基础的忠诚于沙特家族的欧莱玛的大力支持。

随着沙特阿拉伯王国行政机构的发展,一些原来具有相对独立性的宗教机构逐步并入国家行政体系。为了更好地服务于的内外政策,王国又新建了一些以服务于政治为目的的宗教机构,因其不同的地位和权力分为不同的类别。沙特阿拉伯王国的宗教机构都直接由国家出资创建或接受国家大量的财政资助和支持,其主要的使命是:对内捍卫瓦哈卜派伊斯兰教正统信仰,为沙特家族的统治提供宗教政治合法性;对外传播伊斯兰教,扩大沙特阿拉伯王国在国际社会的影响,维护沙特阿拉伯王国在伊斯兰世界的重要地位。

沙特阿拉伯王国的宗教权威机构直接服务于沙特阿拉伯王国的统治集团,其主要的使命是在总体上指导和捍卫伊斯兰传统的纯洁性,遏制各种背离伊斯兰教基本原则的"异端"倾向,保持和维系沙特阿拉伯王国"纯正的"伊斯兰特征,为沙特政权提供宗教咨询,赋予沙特王权宗教政治合法性。沙特阿拉伯王国宗教权威机构的主要任务是颁布费特瓦,为沙特阿拉伯王国的统治政策提供宗教法律说明。

沙特阿拉伯王国建立初期,王国最重要的欧莱玛机构是一个由 10～15 名纳季德和希贾兹的宗教法官组成的非正式组织,以利雅得的大穆夫提为最高领导。这15 名欧莱玛包括最高的宗教领导和一个大约由 10 名欧莱玛组成的单独组织,他们的主要职责是在利雅得帮助国王统治国家。① 1953 年,沙特阿拉伯王国“宗教—法律意见发布和宗教事务监督协会”建立,由谢赫穆罕默德·本·易卜拉欣·谢赫担任主席。“宗教—法律意见发布和宗教事务监督协会”主要处理宗教仪式、神权问题、妇女的地位和个人事务等方面的问题。

　　沙特阿拉伯王国的第二类宗教组织主要面向王国广大的穆斯林民众,其宗旨是用《古兰经》和伊斯兰法规指导、监督和规范穆斯林的伦理道德观念和行为方式,使他们成为恪守伊斯兰教教规的虔诚信徒和顺从沙特家族政权的驯服臣民。这类宗教组织中影响最大的是“扬善惩恶委员会”和“宗教研究、教法宣传和指导委员会”。

　　沙特国家建立初期,游牧民构成沙特人口的主体。游牧社会的历史传统和游牧民逐水草而居的生活方式,导致游牧人口普遍具有不服从管束和本部落利益至上的狭隘观念,这种弊端严重影响了新兴沙特国家的安定和团结,阻碍了沙特国家中央集权的建立。为了克服游牧人口思想和行为的离心倾向和建立有效的政治权力结构,阿卜杜勒·阿齐兹复兴了瓦哈卜派伊斯兰教作为官方意识形态,并通过弘扬瓦哈卜派的一整套戒律来规范人们的行为举止,以维护国家的秩序。1903 年,谢赫阿卜杜勒·阿齐兹·伊本·阿卜杜勒·拉提夫·谢赫在利雅得强制执行瓦哈卜派原则。当沙特国家领域扩大到整个纳季德和哈萨时,国王阿卜杜勒·阿齐兹正式建立了多个强制推行瓦哈卜派原则的机构。这些机构由谢赫阿卜杜勒·阿齐兹·伊本·阿卜杜勒·拉提夫·谢赫领导,其重要成员包括谢赫阿卜杜勒·拉赫曼·伊本·伊沙克·谢赫、谢赫欧马尔·伊本·哈桑·谢赫和谢赫阿卜杜勒·拉提夫·谢赫。国王阿卜杜勒·阿齐兹授权这些机构逮捕、审判和监禁违反瓦哈卜

　　① Bligh, Alexander. (1985). The Saudi Religious Elite (Ulama) as Participant in the Political System of the Kingdom. *International Journal of Middle East Studies*, Vol. 17, No. 1, Feb., p. 38.

派教义的人。这种机构在利雅得等城镇中建立了许多分站,每个分站由一名主管和一名警官领导,并下属许多具体执行任务的人员"穆陶威"。每个分站的主管通常也由一名瓦哈卜家族成员担任。这些机构的所有关键事务都由其总管决定,委员会的总管则直接接受国王的指示。

　　1926年夏,阿卜杜勒·阿齐兹在麦加和麦地那自古存在的非正式机构"市场监督处"的基础上,在希贾兹建立了"扬善惩恶委员会"。国王阿卜杜勒·阿齐兹委任总卡迪阿卜杜勒·阿拉·布莱伊德负责希贾兹"扬善惩恶委员会"的组建工作,总卡迪阿卜杜勒·阿拉·布莱伊德又授权谢赫阿卜杜勒·阿拉·沙伊比具体领导在希贾兹各地建立分站的工作。尽管谢赫阿卜杜勒·阿拉·沙伊比是希贾兹地区扬善惩恶委员会的领导人,但该组织最初在希贾兹地区的建立实际上依赖于希贾兹总督费萨尔亲王的大力支持,费萨尔亲王则直接对国王阿卜杜勒·阿齐兹负责。国王阿卜杜勒·阿齐兹将"扬善惩恶委员会"作为一种控制沙特社会的机构,但许多"扬善惩恶委员会"的成员则将他们自己视为瓦哈卜派教义的监护人,而无视于国王对该组织的控制权力,时而反对国王的政策。1929年夏,阿卜杜勒·阿齐兹在利雅得建立"扬善惩恶委员会"的理事会。1930年,阿卜杜勒·阿齐兹颁布王室法令,将"扬善惩恶委员会"并入警察机关的总理事会,并且解除了该委员会的逮捕权,规定国王是"扬善惩恶委员会"总管和警察机关总管的仲裁人。这份王室法令规定了"扬善惩恶委员会"在沙特行政管理结构中的地位及其职能的性质。[①]"扬善惩恶委员会"最初建立的目的是强制执行瓦哈卜派教义和宗教戒律,控制沙特民众的社会行为,其主要职责是制定社会道德、日常生活和行为的标准,负责监督宗教法律的实施,强制穆斯林遵守伊斯兰教的各项要求并服从瓦哈卜派的训诫,管理

---

①　Al-Yassini, Ayman. (1985). *Religion and State in the Kingdom of Saudi Arabia*. pp. 69-70. Boulder: Westview Press.

道德事务,监督穆斯林履行宗教义务,稽查违反沙里亚的行为。[①]"扬善惩恶委员会"建立时即颁布公告,要求穆斯林恪守伊斯兰法规,公平买卖,禁止哄抬物价,禁止吸食麻醉剂和传播"异端邪说",严格履行穆斯林的宗教功课,按时礼拜等;对于屡犯禁令、劫掠商旅者,要依照伊斯兰教法严加惩处,或断手,或断足,或终身监禁,或处以极刑。[②]"扬善惩恶委员会"的基层组织深入到沙特民众的日常生活中,对沙特民众的各方面行为进行监督和管理。通过"扬善惩恶委员会"强迫执行瓦哈卜派原则和暴力镇压等手段,阿卜杜勒·阿齐兹在较大程度上控制了沙特民众的行为,在沙特阿拉伯初步建立起安定的社会秩序,由此巩固了他的统治权力。

"扬善惩恶委员会"逐步发展成为一个管理制度比较健全的半司法性宗教组织,属于国家行政机构的范畴。"扬善惩恶委员会"在沙特阿拉伯王国建立了地方分会、省级委员会、大穆夫提和首席卡迪、国王层层从属的管理制度[③],凡是委员会的重大问题,都须得到国王的指示。"扬善惩恶委员会"在沙特全国各地共有大小分会2000多个,每个分会的成员人数少则几人,多则几十人不等,其成员主要是一些公共的雇员和自愿者。"扬善惩恶委员会"的势力和控制范围延伸到了沙特阿拉伯的各个角落,有利于王权的巩固和国家的统一。"扬善惩恶委员会"是沙特阿拉伯王国官方瓦哈卜派的重要机构,长期由瓦哈卜家族成员控制,是欧莱玛影响沙特社会的主要工具,通过强制国民恪守伊斯兰教教义和瓦哈卜派戒规来控制国民的行为,遏制外来文化和思想意识在王国的传播。

沙特政府通过欧莱玛阶层及其不同层次的宗教机构,自上而下地建立了一个庞大而完整的宗教政治网络。欧莱玛还按照沙特国家的历史传统和瓦哈卜派宗教原则,控制沙特阿拉伯王国的司法和教育等社会政治领域。然而,沙特阿拉伯王国

---

① Kostiner, Joseph. (1993). *The Making of Saudi Arabia* (1916—1936): *From Chieftaincy to Monarchical State*. p. 110. New York: Oxford University Press.

② 王铁铮、林松业编:《中东国家通史:沙特阿拉伯卷》,商务印书馆2000年版,第118—119页。

③ Vassiliev, Alexei. (2000). *The History of Saudi Arabia*. p. 440. New York: New York University Press.

政府行政机构完善的必然结果是行政机构权限在社会领域的扩大和宗教势力控制领域的缩小。1924 年建立的麦加地方委员会就包含了审查麦加的司法体制、发布有关朝觐和瓦克夫方面的规章制度和监管宗教教育等职能，传统上由欧莱玛独立控制的司法、朝觐和宗教领域，现在受到费萨尔亲王领导的国家行政机构的监管。虽然欧莱玛在该委员会中拥有代表席位，但仅限于 2 名，因此该委员会的职能极大地限制了欧莱玛的活动和影响。

欧莱玛掌管国家司法体系是沙特国家重要的宗教历史传统。沙特国家建立之初，存在三种截然不同的法律体系：第一种是在希贾兹地区实行的奥斯曼传统的法律体系，其中哈奈斐和沙斐仪教法学派占据统治地位；第二种是纳季德地区的法律体系，最严格的罕百里教法学派占据统治地位。纳季德的每一个地方长官都由一名卡迪协助解决法律争端；第三种法律体系是部落法体系，由部落领导担任仲裁人，解决法律争端，部落领导仲裁的依据是部落传统和习惯法。1927 年，阿卜杜勒·阿齐兹颁布王室法令，批准希贾兹地区现存的法律体系继续有效，这一时期沙特国家的法律体制呈现多种教法学派并存的局面，而不仅限于罕百里教法学派。1929 年沙特国家统一之后，阿卜杜勒·阿齐兹再次重申这一原则："我们并不局限于一种教法学派而排斥其他法律体系。在缺乏法律依据的情况下，我们采用伊玛目艾哈迈德·伊本·罕百里的教法学意见。"通过维持奥斯曼法律和指示欧莱玛不仅限于罕百里教法学派的教法学说明，阿卜杜勒·阿齐兹表示出法律体系要适应不断变革的环境的意愿。沙特阿拉伯王国正式成立之后，国王阿卜杜勒·阿齐兹多次修改国家的法律制度，最终确立了坚持以罕百里教法学派为基础，同时参考和利用其他教法学派法律意见的法律制度。

沙特阿拉伯国家行政管理体系的发展涉及所有领域的政府活动，也包括司法领域。伴随着司法体系从简单到复杂的发展进程，欧莱玛在司法体系中的传统地位逐渐丧失。1927 年，阿卜杜勒·阿齐兹颁布法令，鼓励沙特民众直接向他提出法律诉讼。他鼓励民众向放置在麦加和利雅得政府大门口的"投诉箱"中投放诉讼申请,而国王将亲自审理"投诉箱"中的诉讼案件。阿卜杜勒·阿齐兹的"投诉箱"体制使国王成为司法体制的最高仲裁人,凌驾于司法体制传统的领导欧莱玛之上。1932年,另一份王室法令宣布,公民可以通过四种方式表达他们的冤屈和对个人或者政府部门的不满。1933年,阿卜杜勒·阿齐兹颁布王室法令,启动了沙特阿拉伯王国司法体制组织结构的改革,将法院体系分为普通法庭、沙里亚法庭和司法监督委员会三个等级。其中司法监督委员会由一名主席、一名副主席和三名成员组成,他们都由国王从欧莱玛中挑选并任命。司法监督委员会负责监督法庭的工作,有权批准或者推翻沙里亚法庭的判决,并且有权为沙里亚法庭管辖权限之外的事件提供法律意见。三级法院体系的范围局限于麦加、吉达和麦地那。纳季德继续由单一的法官掌握所有的司法案件。

石油经济的发展导致许多法律案件超出了沙里亚法庭能够处理的范围,国王阿卜杜勒·阿齐兹将特定范围的司法权力委托给一些委员会、调查团和特别法庭,这些机构最初都具有一些特殊的性质,与王国的司法体系相区别。许多这种法律实体,特别是"冤情委员会"和"商业审理委员会",都有非常广泛的权力。它们与沙里亚司法体制同时运作,其表面的目的是作为沙里亚司法体制的增补,实际上却限制了沙里亚司法体制。这些实体不受沙里亚的限制,它们有权自主做出司法判决或者根据西方法律和国际法律作出判决。这类机构的负责人和职员都是接受世俗教育的人士,他们几乎没有沙里亚法律的专业背景。后来这类机构中的冤情调查委员会、商业纠纷调查团、作假案例中央委员会等都获得了永久的地位,它们合并到司法体系中,成为司法体系的一个组成部分,替代了官方欧莱玛的一些司法权力。① 20世纪50年代,沙特阿拉伯王国的司法体系变得高度复杂。从国外引进许多世俗法律之后,欧莱玛的司法权力仅限于解释沙里亚民事法律和刑事法律。由政府和国王制定的行政法规不断增加,它们都具有法律效力,实际上削弱了沙里亚

---

① Al-Yassini, Ayman. (1985). *Religion and State in the Kingdom of Saudi Arabia*. pp.75-77. Boulder: Westview Press.

的实际效力。法律法规方面的重要改革是在商业和财政法律方面,社会法律和有关劳动关系的法律已经制定,而且商业法、劳工法和国际法大都是由受世俗教育的人士来阐释。1952年的王室法令明确划分了法官的类别,增加了法院体系的复杂性。许多准司法的实体逐步建立,表面上是作为沙里亚法律体系的增补,但实际上限制了沙里亚法律体系的权力。这些委员会掌控着一些法律权力,特别是关于商业和劳动争议等方面,根据伊斯兰教、西方法律或者国际法律做出判决。①

　　沙特国家建立之初,教育领域处于欧莱玛的控制之下。20世纪初的阿拉伯半岛,宗教教育在教育领域占据主导地位,宗教学校是国家最基本的教育形式,主要讲授《古兰经》、"圣训"、伊斯兰教法及相关宗教知识,培养宗教法官"卡迪"是宗教学校的主要目标。希贾兹地区在20世纪初已经存在少量的世俗学校,但是1938年以前,纳季德地区并没有开展世俗教育。②1952年,沙特阿拉伯的初等学校每周授课28节,其中宗教课程占80%,世俗课程包括地理、绘图和外语。③1953年,沙特政府成立教育部,由亲王法赫德领导,取代希贾兹的教育董事会。世俗教育在沙特阿拉伯王国的蓬勃兴起,使欧莱玛在基础教育领域的地位和权力不断丧失。宗教势力仍然主导着沙特阿拉伯王国的初级教育,但是世俗教育的发展使宗教势力丧失了对中级教育或者更高级教育的控制,宗教学科在总课程中的比例不断下降。1949年和1952年,教育董事会在麦加创办沙里亚学院和师范学院,开设宗教课程与世俗课程,开沙特阿拉伯王国高等教育之先河。随后,瓦哈卜派的大穆夫提在利雅得创办伊斯兰法学院和阿拉伯语言学院,不仅讲授宗教课程,而且增设世俗课

　　① Teitelbaum, Joshua. (2000). *Holier than Thou: Saudi Arabia's Islamic Opposition*. p. 18. Washington Institute for Near East Policy.
　　② Al-Yassini, Ayman. (1985). *Religion and State in the Kingdom of Saudi Arabia*. p. 61. Boulder: Westview Press.
　　③ Vassiliev, Alexei. (2000). *The History of Saudi Arabia*. p. 310. New York: New York University Press.

程,旨在抗衡教育董事会,维持瓦哈卜派欧莱玛在教育领域的垄断地位。① 欧莱玛集团一直掌握着对沙特阿拉伯王国宗教学院和研究机构的领导权,并以这些学院和机构作为扩大宗教势力影响的重要基地。然而,宗教学院的经费主要来自王国的财政拨款,实际上宗教学院和研究机构在一定程度上成为服从沙特政府领导的教育机构,并以扩大官方瓦哈卜派意识形态和向全世界提供伊斯兰教育和研究为主要的办学目的。

---

① Abir, Mordechai. (1988). *Saudi Arabia in the Oil Era: Regime and Elites; Conflict and Collaboration*. p. 36. London: Croom Helm.

第三章

石油时代经济社会秩序的变动

第一节　石油时代的经济繁荣

一、石油的勘探与开采

20世纪,沙特阿拉伯经历了从游牧农业国家向石油工业国家的转变。20世纪初的纳季德以游牧经济为主,氏族部落是纳季德地区传统的社会组织形式,占国家总人口 60% 以上的游牧民逐水草而居。1913年起在阿卜杜勒·阿齐兹引导下建立的农业开垦区"希吉拉",打破了氏族部落的界限,由执行利雅得咨询会议行政命令的埃米尔管理。[①] 获得土地的定居民成为国家土地所有制下的农民,耕种国有土地,向国家纳税,在一定程度上获得了支配生产的自主权,摆脱了对传统氏族部落的依附,形成自主经营的小农阶层。阿卜杜勒·阿齐兹还请欧莱玛裁断"经营农业和手工业、商业完全符合伊斯兰教义的要求"[②],手工业和商业在定居区内发展

---

① Al-Yassini, Ayman. (1985). *Religion and State in the Kingdom of Saudi Arabia*. p. 53. Boulder: Westview Press.

② [苏]尼·伊·普罗申著,北京大学历史系翻译小组译:《沙特阿拉伯》,北京人民出版社 1973 年版,第 41 页。

起来。希贾兹地区并入沙特国家之后,朝觐业成为国家收入的主要来源①。朝觐业的兴盛促进了希贾兹地区工商业和服务业的发展以及城市化进程。1926 年政府开办第一个汽车运营处运送朝觐者,以汽车运输为主的经济实体迅速发展。汽车运输促进了全国各港口、城镇和居民的客货流动,统一的国内市场开始形成。汽车运输业的发展打击了从事以畜力为主的传统运输业的游牧民,以游牧业为主的传统社会经济基础遭到破坏,商品经济开始在沙特阿拉伯境内出现。

早在 1923 年,一家英国公司以每年支付 2000 英镑作为条件,获准在哈萨 3 万平方公里的范围内勘探矿产和开采石油,然而一无所获,两年后中止勘探。20 世纪 30 年代初的世界性经济危机猛烈冲击了作为沙特政府主要财源的朝觐业,朝觐人数的锐减使沙特国家经济状况迅速恶化。沙特政府不得不广开渠道,寻找财源。1930 年,阿卜杜勒·阿齐兹邀请美国商人查尔斯·克雷恩派遣技术人员到哈萨地区勘探水源和矿产资源②。1932 年,美国工程师卡尔·推切尔在沙特阿拉伯东部地区宰赫兰附近发现石油。1933 年,沙特王国与美国加州美孚石油公司签署关于勘探和开采石油的协议。该协议规定,美国加州美孚石油公司拥有在沙特阿拉伯东部约 100 万平方公里范围内的油田勘探权和石油开采权,期限 60 年,美方在协议生效之后向沙特政府提供 5 万英镑的贷款,每年向沙特政府支付 5000 英镑的租金③。随后,美国加州美孚石油公司成立加利福尼亚—阿拉伯标准石油公司,负责沙特阿拉伯境内的油田勘探和石油开采。1938 年,达曼油田开始产油。1939 年,沙特阿拉伯开始出口石油④。同年,美国加利福尼亚标准石油公司获得沙特阿拉伯境内另外 20 万平方公里范围内的油田勘探权和石油开采权。1944 年,加利福尼

① Beling, Willard A. (1980). *King Faisal and the Modernisation of Saudi Arabia*. p. 76. London: Croom Helm.

② Al-Farsy, Fouad. (1999). *Modernity and Tradition: The Saudi Equation*. pp. 105-106. St Peter Port: Knight Communication.

③ Knauerhase,Ramon. (1975). *The Saudi Arabian Economy*. p. 161. New York: Praeger.

④ Al-Rasheed, Madawi. (2002). *A History of Saudi Arabia*. p. 93. New York: Cambridge University Press.

亚—阿拉伯标准石油公司改称阿拉伯美国石油公司,经营哈萨地区的四大油田,即达曼油田、阿布·哈兹里叶油田、阿布·盖伊格油田和盖提夫油田。同时沙特政府也与国外其他石油公司签署协议,进一步开发沙特阿拉伯的产油地区。1948 年,阿拉伯美国石油公司与新泽西标准石油公司及摩比尔石油公司合并,共同经营沙特阿拉伯境内的石油开采和销售,旨在对抗英国伊朗石油公司和荷兰壳牌石油公司。1949 年,沙特政府与美国太平洋西部石油公司签署协议,开发沙特阿拉伯与科威特之间的所谓中立地带。1951 年,阿拉伯美国石油公司在海湾大陆架发现世界上最大的近海油田塞法尼耶油田和最大的陆地油田加沃尔油田。[1] 阿卜杜勒·阿齐兹旨在开辟财源和强化封建统治的措施客观上促进了沙特阿拉伯经济和社会的进步,沙特阿拉伯开始了工业化进程。石油经济导致的自然经济的衰落和市场经济的发端标志着沙特阿拉伯现代化进程的启动。

　　1938 年,沙特阿拉伯的石油年产量为 50 万桶。[2] 二战期间,由于局势动荡,沙特阿拉伯的石油产量增长缓慢。二战结束后,世界经济复苏,石油在国际市场上供不应求,沙特阿拉伯的石油产量急剧攀升,从 1945 年的 2130 万桶增至 1948 年的1.429 亿桶和 1952 年的 3.019 亿桶。伴随着石油经济的迅速发展,沙特阿拉伯进入经济转型时期,封闭的农牧经济逐步向开放的石油经济转变。20 世纪 60—70 年代是沙特阿拉伯石油生产的高峰时期,石油年产量从 1962 年的 59980 万桶上升至1974 年的 309510 万桶。[3] 进入 80 年代以后,沙特阿拉伯的石油生产处于低谷状态,1983—1989 年的石油年产量始终不足 20 亿桶,1985 年的石油年产量只有 11亿桶。[4]

---

①　Knauerhase,Ramon. (1975). *The Saudi Arabian Economy*. pp. 163-164. New York：Praeger.

②　Wynbrandt,James. (2004). *A Brief History of Saudi Arabia*. p. 198. New York：Check-mark Books.

③　Vassiliev, Alexei. (2000). *The History of Saudi Arabia*. p. 401. Ramon. New York：New York University Press.

④　Wilson,P. W. & Graham, D. F. (1994). *Saudi Arabia：The Coming Storm*. p. 207. New York：M. E. Sharpe.

二战结束后,沙特阿拉伯的石油产量迅猛增加。然而,根据战前签署的租让制协议,阿拉伯美国石油公司向沙特政府支付的油田使用费仅为每吨 1.7 美元。1948 年,双方签署新的协议,油田使用费增至每吨 2.4 美元。极度丰厚的利润流入阿拉伯美国石油公司的手中,沙特政府从租让石油开采权中所得到的回报微乎其微。自 40 年代末开始,沙特政府效法委内瑞拉的模式,力图提高在石油开采方面与外国石油公司的分成比率。1950 年,沙特政府颁布法令,实行五五分成制的原则,要求在其境内开采石油的外国公司支付全部利润的二分之一作为所得税。1950—1957 年间,沙特政府根据五五分成制而获得的石油收入增长一倍。尽管如此,石油收入的分配仍然明显不利于沙特政府。阿拉伯美国石油公司在沙特阿拉伯开采石油的成本,是在美国开采石油的成本的十分之一,在委内瑞拉开采石油的成本的五分之一。① 1957 年,沙特政府与日本的阿拉伯石油公司签署协议,采用合营制的方式,该石油公司向沙特政府支付 56％的利润和 20％的油田使用费。1960年,石油输出国组织成立,制定统一的石油政策,进而逐步收回石油公司控制的定价权和定产权。

1962 年,沙特政府成立石油部。1962 年 11 月,沙特政府建立石油和矿业总公司,负责石油和矿产资源的开采、提炼、运输和销售,以石油工业为主的国营经济迅速发展,国家资本主义占主导地位的资本主义经济基础逐步建立。同时,沙特政府开始了石油国有化进程。70 年代,沙特政府采取参股和赎买的方式,逐步收回石油资源的主权。1972 年,沙特阿拉伯、卡塔尔、科威特、阿联酋、伊拉克 5 个波斯湾主权国家与西方石油公司签署纽约参股总协议。根据该协议,沙特政府自 1973 年起在阿拉伯美国石油公司中参股 25％,1978 年以后逐年增股 5％,1982 年达到51％的控制股权。1974 年,沙特阿拉伯政府与阿拉伯美国石油公司签署新的协定,沙特政府向石油公司支付 5 亿美元作为赔偿,换取该公司 60％的股份。1976

---

① Vassiliev, Alexei. (2000). *The History of Saudi Arabia*. p. 332. New York: New York University Press.

年,沙特政府与阿拉伯美国石油公司达成协议,收购该石油公司的全部股份。1980年,沙特政府最终收回了由阿美石油公司控制长达半个世纪的石油主权,沙特阿拉伯的石油国有化最终完成。1986年,阿拉伯美国石油公司结束在美国注册的历史,正式成为在沙特阿拉伯注册的石油公司。[①]

早期沙特国家的岁入主要来自战利品的劫掠和天课的征纳。希贾兹征服以后,朝觐税和贸易税以及天课和人丁税构成沙特国家岁入的基本来源,朝觐经济对于沙特政府的财政状况具有举足轻重的影响。1932年,沙特阿拉伯的岁入总额为1200万里亚尔,其中60%来自于朝觐税。[②] 自20世纪30年代起,油田的发现和石油的开采,导致沙特阿拉伯岁入结构的明显变化。油田的租让和石油公司的利润分享成为沙特阿拉伯的首要岁入来源,石油产量的提高与沙特阿拉伯的岁入增长呈同步状态。相比之下,朝觐经济在沙特阿拉伯财政岁入中所占的比例不断下降。

二战结束以后,沙特阿拉伯的石油产量逐年提高,沙特阿拉伯的财政岁入随之急剧上升,而石油收入在沙特阿拉伯的财政岁入中占有压倒优势的地位。沙特阿拉伯的石油收入,从1950年的5600万美元攀升到1955年的2.9亿美元[③],1960年增至3.3亿美元;1974年,沙特阿拉伯的石油收入达到225亿美元。[④] 1981年,由于国际石油价格和沙特石油产量居高,沙特阿拉伯的石油收入达到顶点,将近1110亿美元。从1974年的石油繁荣到1997年的24年间,沙特出口石油获得的年平均收入为441.6亿美元。[⑤] 石油经济与国际环境之间的联系十分密切,第四次中东战

---

① Al-Rasheed, Madawi. (2002). *A History of Saudi Arabia*. p. 112. New York: Cambridge University Press.

② Al-Yassini, Ayman. (1985). *Religion and State in the Kingdom of Saudi Arabia*. p. 62. Boulder: Westview Press.

③ Champion, Daryl. (2003). *The Paradoxical Kingdom: Saudi Arabia and the Momentum of Reform*. p. 83. London: Hurst & Co.

④ Mackey, S. (1987). *The Saudis: Inside the Desert Kingdom*. pp. 6-7. Boston: Houghton Mifflin.

⑤ Champion, Daryl. (2003). *The Paradoxical Kingdom: Saudi Arabia and the Momentum of Reform*. p. 80. London: Hurst & Co.

争成为沙特阿拉伯石油经济发展的转折点。1973 年 7 月,石油输出国组织决定提高石油价格的 12%。1973 年 10 月,10 个阿拉伯产油国在科威特召开会议,决定削减月产量 5%,并且提高石油价格的 17%,对美国实行石油禁运,直至中东冲突得到解决。① 此后,国际市场的石油价格持续上升,沙特阿拉伯的石油收入则从 1973 年的 43 亿美元增至 1974 年的 226 亿美元,1980 年达到 849 亿美元。②

　　二战以来,伴随着石油经济的迅速发展,沙特阿拉伯进入经济转型时期,封闭的农牧经济逐步向开放的石油经济转变。20 世纪 60 和 70 年代是沙特阿拉伯石油生产和经济社会现代化发展的繁荣时期。石油开采和石油经济的迅速发展促使沙特阿拉伯经历了从封闭性的传统农牧社会向开放性的现代工业社会过渡的深刻历史变革。石油工业的发展和石油主权的收回使国家资本主义成为沙特占主导地位的经济形态。石油出口获得的巨额资金以及沙特阿拉伯进入世界市场体系,给沙特阿拉伯的经济和社会带来了翻天覆地的影响。

　　沙特阿拉伯具有极其丰富的石油资源。2000 年,沙特阿拉伯已探明的石油储藏量为 2600 亿桶,约占世界石油储藏量的四分之一。③ 石油的开采和石油经济的急速发展促使沙特阿拉伯逐渐告别传统社会,石油经济成为推动沙特阿拉伯现代化进程的重要杠杆。随着石油资源的开发与利用,沙特阿拉伯摆脱了长期以来的贫困状态,社会风貌焕然一新。然而,沙特阿拉伯的经济严重依赖于石油生产。原油销售约占沙特王国 GDP 的 35%,石油收入构成了沙特政府约 90% 的出口收入和 75% 的预算收入。石油经济的消长造成沙特财政收入的大幅度波动。80 年代初,国际市场石油价格急剧下跌,沙特政府大幅削减石油产量。1981—1986 年,沙

----

① Vassiliev, Alexei. (2000). *The History of Saudi Arabia*. p. 393. New York: New York University Press.

② Wilson, P. W. & Graham, D. F. (1994). *Saudi Arabia: The Coming Storm*. p. 177. New York: M. E. Sharpe.

③ Cordesman, A. H. (2003). *Saudi Arabia Enters the Twenty-First Century*. p. 12. Connecticut.

特阿拉伯的石油日产量由 980 万桶下降至 500 万桶,年石油收入亦由 1018 亿美元下降为 135 亿美元。石油产量的下降和石油出口的减少,导致沙特阿拉伯国民经济的严重萎缩。1982—1986 年,沙特阿拉伯的财政收入减少 32％。[①] 沙特阿拉伯的国内生产总值,1982 年突破 4000 亿里亚尔;1986 年则下降为 2710 亿里亚尔。[②] 90 年代上半期,国际市场石油价格趋于平稳,沙特阿拉伯的石油产量逐步回升。1996 年和 1997 年石油价格的强劲改善了沙特阿拉伯的经济困境,然而 1998 年石油价格的崩溃使沙特政府又再一次面临严重的财政危机。1999—2001 年因为石油价格的强劲,沙特阿拉伯重新出现财政的平稳状态。

二、非石油工业的建立

沙特阿拉伯的经济生活,明显受制于自然环境,严重依赖于自然资源。在前石油时代,畜牧业构成沙特阿拉伯最重要的生产部门,绿洲农业次之。与畜牧业及绿洲农业相比,传统手工业规模甚小。进入石油时代以后,石油生产的规模迅速扩大,诸多现代工业部门随之兴起。

石油时代,石油工业无疑是沙特阿拉伯最重要的现代工业部门。然而,在石油资源国有化之前,沙特阿拉伯境内的石油公司长期处于外国资本的控制之下,聘请外籍管理人员,雇用外籍劳动力以及哈萨地区的什叶派穆斯林,采用西方企业的经营模式,俨然是国中之国。"直至 70 年代,石油是沙特阿拉伯经济的基础和唯一采用现代技术装备的发达部门。然而,石油开采几乎完全处于外国资本特别是美国资本的控制之下,属于相对孤立的经济部门,并未构成国民经济的有机组成

---

①　Long,D. E. (1997). *The Kingdom of Saudi Arabia*. p. 72. Gainesville: University Press of Florida.

②　Al-Rasheed, Madawi. (2002). *A History of Saudi Arabia*. p. 149. New York: Cambridge University Press.

部分。"①

尽管如此,石油工业的发展毕竟带动了诸多产业部门的相应发展。沙特阿拉伯石油出口和生活用品进口的增加打击了传统手工业,现代石油工业的兴起又为沙特阿拉伯的制造业提供了发展机会。阿美石油公司为了集中力量攫取高额利润,把利润相对较少的附属工业交给沙特本地企业主。② 自 20 世纪 50 年代开始,一批由沙特承包商经营的工业企业兴起于东部的哈萨油田区,它们主要为石油工业提供工程建筑、运输、维修、建材、食品等劳务和产品。东部油田区沙特承包商经营的企业,1944 年只有 2 家,1947 年增至 107 家,1955 年超过 200 家。③ 沙特人经营的各类商行和店铺也纷纷开张,1957 年,达曼和胡巴尔两地沙特人开办的工商企业就达 1143 家。④ 日渐增多的承包商雇佣数以千计的工人,与外国石油公司合作,参与建设穿越阿拉伯半岛的石油管道、公路、铁路、宰赫兰机场、达曼港口以及石油公司的住宅、学校和医院。

20 世纪 60 年代,沙特阿拉伯的现代工业进一步发展,石油化学工业的发展构成沙特阿拉伯工业化的主要内容。1960 年,沙特政府开始与外国石油公司探讨在石油化学工业领域的合作。1962 年,沙特政府颁布保护和发展工业的法令,取消对于机器设备和工业原材料以及半成品的进口关税。同年,沙特政府成立石油与矿产开发总公司,负责发展石油化学工业。该公司从阿拉伯美国石油公司赎买吉达炼油厂,并且与其他外国公司合作建设化工厂和冶炼厂,生产肥料、农药、塑料和冶金制品。1963 年,沙特阿拉伯的商业部改称商业与工业部,统一管理国内工业生产。1965 年,成立与西方合资经营的沙特阿拉伯化肥公司。1975 年国王哈立德

---

① Vassiliev, Alexei. (2000). *The History of Saudi Arabia*. p. 409. New York: New York University Press.

② Donald, M. Moliver. (1980). *The Economy of Saudi Arabia*. p. 60. New York: Praeger.

③ Vassiliev, Alexei. (2000). *The History of Saudi Arabia*. p. 405. New York: New York University Press.

④ [苏]尼·伊·普罗申著,北京大学历史系翻译小组译:《沙特阿拉伯》,北京人民出版社 1973 年版,第 370 页。

（1975—1982 在位）即位后，沙特政府加快发展石油化学工业的步伐，国家对发展石油化学工业的支持力度明显加大。1976 年，沙特政府成立基础工业公司，生产乙烯、甲醇和尿素。1979 年，尿素产量达到近 30 万吨，出口国际市场。进入 80 年代，东部港口城市朱拜勒和西部港口城市延布成为沙特阿拉伯最重要的工业中心。朱拜勒工业区位于达曼以北 80 公里处，占地面积 1030 平方公里，人口超过 4 万，包括 900 家大中型企业，生产钢铁、肥料、塑料等工业产品。延布工业区位于吉达以北 350 公里处，规模较小，占地面积 150 平方公里，人口近 2 万，包括 5 家大型石油化工企业。[1] 朱拜勒和延布于 1986 年建成投产的石油化工企业，年产尿素 50 万吨、甲醇 125 万吨、乙烯 160 万吨、聚乙烯 86 万吨。[2]

费萨尔（1964—1975 在位）当政期间，沙特阿拉伯在非石油领域的现代产业，主要是建材制造业和食品加工业。[3] 吉达是希贾兹最大的工业城市，20 世纪 60 年代末生产饮料、纸张、建筑材料、日用化学品等。1971 年，沙特阿拉伯共有非石油工业企业近 200 家，大都规模较小，企业平均资本为 110 万里亚尔。只有水泥业达到一定的规模，产量从 1957 年的 3 万吨增至 1972 年的 91 万吨[4]。70 年代初，吉达的水泥厂雇佣工人近千名。非石油企业的存在和发展，严重依赖于政府的财政补贴、原料的进口和外籍劳动力的使用。原材料价格昂贵、交通不便、市场有限、技术落后和国内熟练劳动力缺乏，制约着沙特阿拉伯非石油工业的发展。所谓的工业化进程，对于沙特阿拉伯人口分布和职业结构的变化影响甚微。费萨尔时代沙特阿拉伯经济多样化程度仍然很低，国家收入主要依赖石油及相关产品出口，1975

①　Masood，R.（1984）．*Industrialization in Oil-Based Economies*．p. 112．New Delhi：ABC Pub. House.

②　张俊彦主编：《中东国家经济发展战略研究》，北京大学出版社 1985 年版，第 158 页。

③　Wilson，P. W. & Graham，D. F.（1994）．*Saudi Arabia：The Coming Storm*．p. 216．New York：M. E. Sharpe.

④　Vassiliev，Alexei.（2000）．*The History of Saudi Arabia*．p. 406．New York：New York University Press.

年度石油部门占国民生产总值的 86.6%[①],制造业大多属于手工作坊性质,95% 的工厂雇佣少于 5 人,大部分仍从事食品制造和纺织手工业。[②] 国王哈立德时期石油化学工业中心的发展,带动了非石油领域现代工业的发展。朱拜勒工业区和延布工业区的工业原料和燃料来自石油和天然气,工业和生活用水则来自海水淡化。朱拜勒的海水淡化项目日产淡水 2000 亿加仑,延布的海水淡化项目日产饮用水 2500 万加仑。[③]

1974 年,沙特政府的下属机构沙特工业发展基金会成立,其主要职能是向国家支持的工业项目提供贷款。1974—1984 年,沙特工业发展基金会共计向约 800 个工业项目提供贷款,其中仅电力企业的贷款投资达到 360 亿里亚尔。[④] 1960 年,沙特阿拉伯共有制造业企业 880 家,从业者 5500 人,平均每家企业雇用从业者 7 人,大都属于手工生产。1979 年,沙特阿拉伯共有制造业企业 900 家,工人 4.8 万人,平均每家企业 53 名工人,个别大型企业达到数千人[⑤]。1982—1992 年,食品加工业企业从 280 家增至 300 家,工人从 1.6 万人增至 2.2 万人;纺织和服装加工业企业从 29 家增至 52 家,工人从 2900 人增至 4700 人;皮革加工业企业从 7 家增至 77 家,工人从 500 人增至 5800 人;木材加工业企业从 60 家增至 130 家,工人从 3700 人增至 9000 人;造纸及印刷出版业企业从 110 家增至 300 家,工人从 5200 人增至 3.4 万人;化工企业从 250 家增至 390 家,工人从 1.8 万人增至 3.1 万人;陶瓷业企业从 6 家增至 11 家,工人从 1400 人增至 3400 人;建材业企业从 464 家增至 542 家,工人从 3.1 万人增至 3.6 人;其他制造业企业从 19 家增至 21 家,工人从 700 人增至

① [日]田村秀治编,陈生保等译:《伊斯兰盟主——沙特阿拉伯》,上海译文出版社 1981 年版,第 315 页。

② Looney, R. E. (1982). *Saudi Arabia's Development Potential:Application of an Growth Model*. p. 169. Lexington, Mass:Lexington Books.

③ Niblock,Tim. (1982). *State, Society and Economy in Saudi Arabia*. p. 240. London:Croom Helm.

④ Al-Farsy, Fouad. (1999). *Modernity and Tradition:The Saudi Equation*. p. 172. St Peter Port:Knight Communication.

⑤ 张俊彦主编:《中东国家经济发展战略研究》,北京大学出版社 1985 年版,第 160 页。

1900 人;制造业企业总数从 1740 家增至 1870 家,工人从 11 万人增至 15 万人。1992年,沙特阿拉伯的非石油领域工业企业超过 2000 家,雇用劳动力 17.5 万人[1]。

石油经济时代,石油工业长期构成沙特阿拉伯经济生活的首要基础,决定着沙特阿拉伯在国际舞台上的重要地位。然而,沙特政府的工业发展计划,旨在强化制造业,实现工业结构的多元化,减少国民经济对于石油生产的依赖。在沙特阿拉伯的国内生产总值中,石油生产所占的比例无疑呈下降的趋势,非石油领域的经济部门所占的比例逐年上升。1970 年,石油工业产值为 90 亿里亚尔,占国内生产总值的 54.3%,非石油经济部门产值为 76 亿里亚尔,占国内生产总值的 45.7%。1990年,石油工业产值增至 907 亿里亚尔,在国内生产总值中所占的比例下降为29.8%,非石油经济部门产值增至 2133 亿里亚尔,在国内生产总值中所占的比例上升为 70.2%。[2] 尽管如此,沙特阿拉伯的工业化程度长期落后于其他诸多的阿拉伯国家。20 世纪 60 年代后期,沙特阿拉伯的制造业产值只占国内生产总值的2%。1989 年,沙特阿拉伯的制造业产值占国内生产总值的 8.4%,低于巴林的10.8%、科威特的 14.5%、约旦的 12.1%、北也门的 13.8%、阿联酋的 8.5%、南也门的 10.9%,仅略高于阿曼的 4.3%。阿拉伯世界工业化程度最高的国家是摩洛哥,制造业在国内生产总值中所占的比例达到 26%。[3] 由于国内制造业的欠发达状态,沙特阿拉伯的工业品长期依赖外国进口,美国、日本、英国、德国、意大利和法国的工业品充斥着沙特阿拉伯的国内市场。

三、农业的进步

沙特阿拉伯 80% 的土地属于称作米里的国有土地,游牧部落则是国有土地的

① Long,D. E. (1997). *The Kingdom of Saudi Arabia*. p. 89. Gainesville: University Press of Florida.

② Al-Farsy, Fouad. (1999). *Modernity and Tradition: The Saudi Equation*. p. 137. St Peter Port: Knight Communication.

③ Wilson,P. W. & Graham, D. F. (1994). *Saudi Arabia: The Coming Storm*. p. 221. New York: M. E. Sharpe.

主要使用者。游牧部落成员共同使用的牧场称作迪拉;每个部落拥有自己的迪拉,有时则移入其他部落的迪拉。农业区域的氏族公有地称作穆沙阿,属于氏族成员的共同财产,约占全部耕地的六分之一,主要分布在纳季德和东部省。国家赏赐的土地称作伊克塔;伊克塔的领有者常以分成制的形式出租他人,甚至可以出售、转让或馈赠,但是伊克塔的国有性质不可改变。私人所有的土地称作穆勒克,主要分布在阿西尔等农业发达的地区。宗教地产称作瓦克夫,不得转让或出售,亦不得被政府没收。1956 年,瓦克夫在阿西尔占耕地的 5%,在希贾兹占耕地的 10%,在纳季德占耕地的 15%[①]。长期以来的人口高死亡率,以及氏族部落之共同继承和内婚制的传统习俗,阻止着地产的分割和地权的转移。

　　沙特阿拉伯长期保留封建农业的经济模式,租佃关系广泛存在。20 世纪 60 年代,超过 60%的耕地处于出租的状态。在阿西尔和希贾兹,出租的耕地约占耕地总面积的 70%~80%。伊克塔、穆沙阿、穆勒克和瓦克夫均可出租,租佃期限通常为 5 年。耕地的出租主要采用实物分成制的形式。在大多数情况下,分成制的原则是:地主提供土地、水源和种子,有时亦提供住所。在一些地区存在如下的规定:如果佃户整年耕作,使用自己的牲畜、肥料和农具,自己提供食物和住所,需要缴纳谷物收成的 50%或椰枣收成的 75%;如果佃户一无所有而只能提供劳动力,需要缴纳谷物收成的 80%或椰枣所构成的 95%。一般情况下,地主的份额取决于土地的肥沃程度、水源的状况和所处的位置。如果产量歉收,佃户需要向地主借贷和寻求帮助,进而依附于地主。[②]

　　由于沙特阿拉伯的特定自然环境,水源具有特殊的意义。通常的情况下,土地的使用权并不包括水源的使用权,后者可以买卖、租用和继承。因此,佃户需要为使用水源支付另外的费用。只有在阿西尔和希贾兹,地权与水权处于合一的状态。在定居地区,用水的规定相当复杂,包括轮换用水和限时用水,涉及灌溉季节的长度和用水的数量,水源的分配由专人负责。地产主有权在私人地产上打井;如在国

　　①②Vassiliev, Alexei. (2000). *The History of Saudi Arabia*. p.414. New York: New York University Press.

有土地上打井取水,则需要官方允许;牧场的水源属于部落共有。

由于恶劣的地理环境和自然条件,沙特国家的农业一直处于极低的发展水平。游牧业和绿洲农业构成了几个世纪以来沙特国家的主要经济活动。石油经济发展之后,沙特阿拉伯的农业在巨额石油资金的帮助下获得了现代农业的某些基本要素,哈尔杰等农业示范区的农业生产广泛应用现代农业技术和机械化生产,农业产品直接面向国内市场,农业生产向商品化方向发展。国王费萨尔时期,政府加大对农业的投入,兴建各种基础设施,并以各种补贴和贷款等财政手段帮助振兴农业。费萨尔主持的哈萨农业发展规划共投资 2.6 亿里亚尔,约有 5 万农户受益。此外,费萨尔于 1968 年底颁布分配闲置土地的法令,向缺地农户分配 5～10 公顷的份地,向农业公司分配 400 公顷的土地。费萨尔的土地政策旨在建立一个由中农和富农构成的广泛阶层,促使国家农业转入资本主义经济发展轨道,政府以雄厚的国家财政收入为后台,鼓励和促进国家发展所需的农业商品生产的发展。[①]

然而,沙特阿拉伯土地贫瘠,水源匮乏,不利于农业的发展。20 世纪 70 年代初,全国可耕地 52.5 万公顷,约占国土面积的 0.2%～0.3%,其中自然灌溉的耕地 40.4 万公顷,人工灌溉的耕地 12.1 万公顷。[②] 在阿西尔和希贾兹南部,农业生产主要依靠自然灌溉,而在其他地区,农业生产则大都需要人工灌溉。[③] 阿西尔的主要农作物是高粱、小麦和苜蓿,嘎希姆和利雅得的主要农作物是小麦、果蔬和椰枣,东部省的主要农作物是果蔬。[④] 70 年代初,沙特阿拉伯共有地产约 7 万处,其中 3.3 万处面积不足 0.5 公顷,占地产总数的 47%;1.4 万处地产面积为 0.5～1 公顷,占地产总数的 19%;超过 10 公顷的大地产约 5000 处,占地产总数的 7%。耕地

① Al-Farsy, Fouad. (1982). *Saudi Arabia: A Case Study in Development*. p. 142. Kegan Paul International.

② Looney, R. E. (1990). *Economic Development in Saudi Arabia*. p. 86. Connecticut.

③ Knauerhase, R. (1975). *The Saudi Arabian Economy*. p. 111. New York: M. E. Sharpe.

④ Johany, A. D. (1986). *The Saudi Arabian Economy*. pp. 111-112. Baltimore: Johns Hopkins University Press; London: Cromm Helm.

不足 1 公顷的农户占全部农户的 67％,收入微薄,生活艰辛,大都需要依靠租种他人土地维持生活。耕地 2～5 公顷的中等农户占全部农户的 11％,年收入为3000～5000 里亚尔,足以维持相对稳定的家庭生活,却不足以更新经营方式和购置现代化农具。耕地超过 5 公顷的大地产主约占全部农户的 10％,而大地产的总面积则占全部耕地的 60％。大地产主多为王室成员、教俗贵族、商人和官吏,居住于城市,沿袭传统的分成制经营模式,将土地交由佃户耕种,收取地租,用于购置房宅和消费品,投资生产领域、采用集约的经营方式和现代生产技术者为数甚少。1968—1985 年,沙特政府实行无偿分配国有荒地的经济政策,无偿分配国有荒地共计 71 万公顷,分配的对象包括个体农民、农场和农业公司。沙特政府曾经在塔伊夫、麦地那和布赖代等地建立农业合作组织,负责发放农业贷款,提供种子、农具和化肥以及储存和出售农产品。然而,农业合作组织在沙特阿拉伯并未得到推广。在阿西尔、希贾兹和东部省等人口相对稠密的地区以及纳季德,农民大都处于自耕状态。在嘎希姆和舍迈尔山区,普遍使用农业雇工。在纳季德,土地往往由妇女耕种,男子则主要从事贸易、建筑和游牧活动。沙特阿拉伯的人均国内生产总值,1964 年为 460 美元,1974 年达到 1300 美元;相比之下,农民的人均生产总值,1964年为 80 美元,1974 年为 105 美元,增长甚微,农产品的二分之一需要进口。[1]

70 年代,沙特政府实行农业补贴政策和无息农业贷款政策,农业生产出现较大的发展。自 1973 年起,沙特政府实行农产品价格补贴政策,即低价供应包括种子、化肥、农药、农业机械在内的农业生产资料和高价收购农产品。1973—1986年,沙特政府共计发放农业补贴 191 亿里亚尔,其中小麦补贴数量最大,达到 91 亿里亚尔,占农业补贴总额的 47％。另据统计,1970—1997 年,农业补贴占政府发放财政补贴的 55％。[2] 另一方面,沙特政府提供无息农业贷款,其中短期贷款为 1

① Vassiliev, Alexei. (2000). *The History of Saudi Arabia*. pp. 415-416, p. 420. New York: New York University Press.

② Cordesman, A. H. (2003). *Saudi Arabia Enters the Twenty-First Century*. p. 303. Connecticut.

年,中期贷款为 10 年,另以优惠条件提供 25 年的长期贷款。1975—1986 年,发放短期和中期无息农业贷款共计 205 亿里亚尔,其中中期贷款 201 亿里亚尔,占贷款总额的 98%,贷款对象主要是种植小麦的农场。沙特政府实行的农业补贴政策和无息农业贷款政策,旨在鼓励农业领域的私人投资、推广农业机械、扩大耕地面积和提高粮食产量,进而改变乡村人口的流向和缓解城市面临的压力,改善国内劳动力的就业状况,促进经济结构的多元化。自 70 年代中期开始,沙特阿拉伯的农业生产出现较大的发展。1970 年,农业劳动力占全部劳动力的 40%;1985 年,农业劳动力占全部劳动力的比例下降为 14%。与此同时,农业生产的年增长率,1970—1975 年为 3.6%,1975—1980 年为 5.4%,1980—1985 年达到 8.7%。沙特阿拉伯的耕地面积,1986 年达到 570 万公顷,1990 年增至 740 万公顷。农作物的单位面积产量明显提高,其中小麦的公顷产量从 1975 年的 1.3 吨增至 1985 年的 3.6 吨,机械化农场的小麦公顷产量达到 4.3 吨。[①]

经过几任国王的努力,农业生产逐渐纳入市场经济的体系,大型农场遍布乡村,农业生产的机械化程度明显提高。农作物产量稳步上升,部分产品甚至出口国外。80 年代中叶,农场总数达到 1500 个农场,主要分布在哈拉德、哈伊勒、瓦迪达瓦希尔、嘎希姆、泰布克和东部地区。[②] 沙特阿拉伯的小麦产量 1978 年为 3300 吨,1982 年为 24 万吨,1984 年增至 134 万吨,1988 年达到 330 万吨。[③] 1990 年,沙特阿拉伯的小麦产量为 370 万吨,椰枣产量为 54 万吨。[④] 1970—1989 年,沙特阿拉

①　北京外国语大学亚非学院编:《亚非研究》,第 2 辑,时事出版社 2008 年版,第 167—168 页,第 170 页,第 172 页。

②　A Al-Farsy, Fouad. (1999). *Modernity and Tradition: The Saudi Equation*. p. 189. St Peter Port: Knight Communication.

③　Wilson, P. W. & Graham, D. F. (1994). *Saudi Arabia: The Coming Storm*. p. 223. New York: M. E. Sharpe.

④　Al-Farsy, Fouad. (1999). *Modernity and Tradition: The Saudi Equation*. p. 192. St Peter Port: Knight Communication.

伯蔬菜和水果的年产量,亦从 70 万吨增至 260 万吨。[①] 农业产值在国内生产总值中所占的比例,1985 年为 3.3%,1990 年增至 6.6%。沙特阿拉伯国内每年消费的谷物约 100 万吨,其余出口国外。1991 年,沙特阿拉伯已经成为世界第六大小麦出口国。[②] 然而,沙特阿拉伯的农业经济十分脆弱,对政府财政补贴有极大的依赖性。农业的发展以巨额的政府投资为前提。由于沙特阿拉伯的谷物生产需要国家投入大量资金,成本昂贵,每吨的成本相当于进口小麦的 5~6 倍,因此谷物出口导致国家严重的经济损失。[③] 进入 90 年代,政府限制农业补助金的发放,谷物产量呈下降趋势。1992—1996 年,小麦播种面积从 91 万公顷下降为 27 万公顷,小麦年产量从 400 万吨下降为 120 万吨。[④] 由于土地贫瘠和水源匮乏,沙特阿拉伯的农业发展一直滞后于王国整体的经济发展水平。

第二节　经济社会发展计划的实施

一、五年计划的实施与福利性的社会政策

沙特阿拉伯的财政部成立于 1932 年。然而,沙特阿拉伯财政制度长期处于十分落后的状态,实物交易构成基本的贸易形式,货币体系混乱,沙特政府发行的里亚尔与各种外国货币充斥于流通领域。二战结束以后,石油产量的提高和石油收入的急剧增长,促使沙特政府建立相应的财政金融体系。1951 年,沙特政府与美

---

① Vassiliev, Alexei. (2000). *The History of Saudi Arabia*. pp. 455-456. New York: New York University Press.

② Wilson, P. W. & Graham, D. F. (1994). *Saudi Arabia: The Coming Storm*. p. 223. New York: M. E. Sharpe.

③ Vassiliev, Alexei. (2000). *The History of Saudi Arabia*. p. 456. New York: New York University Press.

④ Cordesman, A. H. (2003). *Saudi Arabia Enters the Twenty-First Century*. pp. 303-304. Connecticut.

国签署协议,启动财政金融改革的进程,逐渐形成预算程序和关税体系。1952 年,沙特政府成立货币署,作为国家的中央银行。货币署的总部位于吉达,在麦加、麦地那和达曼设有分支机构,相继聘用美国人和巴基斯坦人主持,负责稳定货币汇率和支持财政预算以及规范商业银行和保障国家资金储备。货币署实施货币改革,发行新式铸币里亚尔,含金 0.2 克,与原有银币的比价为 1∶40,与美元的比价为3.75∶1。1961 年,货币署正式发行纸币。[①] 1957 年,沙特阿拉伯加入国际货币基金组织。60 年代中叶,沙特阿拉伯成立吉达国家商业银行、利雅得银行和农业信贷银行,金融体系逐渐完善。

石油工业占主导地位的国家资本主义经济增强了国家对经济的宏观调控。国王费萨尔时期制定了国家经济发展战略,即以石油工业带动整个国民经济的发展,逐步实现国民经济多样化,促进沙特阿拉伯社会经济的持续增长。政府承担有关民生的最基本的工业发展,并且大力支持私营企业参与工业或其他与经济多样化有关的投资。[②] 自 60 年代起,沙特政府的财政支出结构逐渐发生变化,用于经济和社会发展的财政支出比例呈上升趋势。政府还进行税制改革,发行本国货币沙特里亚尔。费萨尔还建立中央计划厅,逐步完善中央计划机构的建制和工作体系。1961 年,沙特政府成立最高计划委员会,负责起草经济发展计划和监督经济项目的执行情况。1965 年,最高计划委员会改称中央计划委员会。

20 世纪 60 年代,沙特政府开始在运输、卫生、教育、农业、贝都因人定居化以及水力灌溉方面制定相应的财政预算。在联合国专家的帮助下,沙特政府开始制定和实施五年发展计划。第一个五年计划(1970—1974 年)的预算投资为 92 亿美元,用于基础设施诸如铁路、公路、机场、港口、电力和通讯设施的建设以及公共福利事

---

① Vassiliev, Alexei. (2000). *The History of Saudi Arabia*. p. 403. New York: New York University Press.

② Looney, R. E. (1982). *Saudi Arabia's Development Potential: Application of an Growth Model*. pp. 163-164. Lexington Books.

业的支出。1970 年开始的第一个五年计划奠定了沙特现代工业的基础,国家新建了 260 多家工厂,采矿业年平均增长率为 23.1％,制造业年平均增长率为 14％,建筑业年平均增长率为 10.4％。① 第二个五年计划(1975—1979 年)的预算投资为 1490 亿美元,用于发展建筑业、电力、钢铁和制造业,建立西部工业中心延布和东部工业中心朱拜勒,扩大耕地面积,增加农作物产量,加速城市化进程,改善社会福利,实行免费医疗、教育和补贴住房。第三个五年计划(1980—1984 年)的预算投资为 2500 亿美元,后改为 1800 亿美元,其中用于教育、卫生和住房补贴的财政支出占预算总额的 15％。第四个五年计划(1985—1989 年)的预算投资为 1400 亿美元,强调调整经济结构,减少对于石油生产的过度依赖,发展制造业,提高经济自给的程度,鼓励私人投资国有项目的建设。第五个五年计划(1990—1994 年)的预算投资为 1000 亿美元,明显增加公共福利的支出,着重扩大社会服务,同时进一步调整经济结构,支持非石油经济的发展,扩大私人投资的领域和私人经济的成分,缩小各地区之间的差距;根据该计划,石油和天然气的产值在国内生产总值中所占的比例将下降至 20％,非石油领域工业企业的产值在国内生产总值中所占比例将上升为 43％。

在沙特阿拉伯的政府财政预算中,用于国防和安全领域的支出始终占据重要的地位。1967 年以前,国防和安全领域的财政支出占预算总额的三分之一。1967 年以后,国防和安全领域的财政支出增至预算总额的五分之二。沙特政府的军费开支在财政预算中所占的比例远远高于包括美国在内的所有北约国家,而仅次于与以色列处于战争状态的中东诸国。另一方面,自 60 年代末开始,沙特王室将大量资金存入美国和欧洲银行。据统计,沙特王室成员存入美国和欧洲银行的资金,

---

① [日]田村秀治编,陈生保等译:《伊斯兰盟主——沙特阿拉伯》,上海译文出版社 1981 年版,第 304 页。

1969 年为 8 亿美元,1973 年为 48 亿美元,1976 年达到 496 亿美元。[1]

国王沙特(1953—1964 年在位)在 1953 年即位时声称:"先父在位时致力于疆域的拓展,本人即位以后将致力于改善民众的福利、教育和医疗条件。"国王沙特当政期间,财政支出开始呈福利化的倾向,基础设施和社会保障的资金投入逐渐增加。1955 年,沙特政府投资兴建自利雅得经麦地那至吉达的铁路。1956 年,沙特政府投资改建希贾兹铁路。1955 年,建成自吉达经麦加、塔伊夫、利雅得、哈萨至达曼的公路,公路总里程由 300 公里增至数千公里,医院、学校和港口的建设速度亦明显加快。[2]

70 年代的石油经济繁荣为沙特家族的政治统治提供了必要的物质保障。巨额额度石油收入成为当代沙特阿拉伯官僚机构和国家机构发展的基础。国家行政体系的主要职能是负责在整个沙特社会中分发石油"租金",沙特阿拉伯的社会经济呈现出典型的食利国特色。沙特政府依靠石油经济的繁荣实行福利性的社会政策。沙特国家以发展现代基础设施和补助金的形式,将巨额的石油收入分发给民众。广泛的福利性社会措施包括提供免费教育和设备特别先进的免费医疗、补贴公共设施(包括水、电和煤气)以及汽油、补贴主要的食物如面包、稻米和糖、为国家的大部分繁重体力劳动输入外籍劳工,以及免收公民个人所得税。[3] 发展免费医疗和免费教育,发放住房补贴和生活必需品的价格补贴。沙特家族的福利政策旨在减少沙特民众的不满,维护社会稳定和沙特家族的统治,是沙特家族争取民众支持和缓解社会矛盾的重要手段。进入 80 年代之后,国际市场的石油价格急剧下跌,沙特政府随之大幅度削减石油产量。1981—1986 年,沙特阿拉伯的石油日产

---

①　Vassiliev, Alexei. (2000). *The History of Saudi Arabia*. p. 404. New York: New York University Press.

②　Wilson, P. W. & Graham, D. F. (1994). *Saudi Arabia: The Coming Storm*. p. 175. New York: M. E. Sharpe.

③　Champion, Daryl. (2003). *The Paradoxical Kingdom: Saudi Arabia and the Momentum of Reform*. p. 81. London: Hurst & Co.

量由 980 万桶下降至 500 万桶,①石油收入也由 1080 亿美元下降为 180 亿美元。②石油产量的下降和石油出口的减少导致沙特阿拉伯经济萧条,无力维持高额的财政预算,政府投资急剧压缩,政府建设项目暂停或取消,国民经济萎缩,失业率居高不下,福利性财政支出也明显减少,普通民众的生活日益艰难。沙特家族垄断国家的权力和财富,王族成员在经商和经营企业方面享有国家的各种优惠,他们在控制和支配国家资本主义经济的同时,建立起庞大的家族资本和垄断资本。沙特社会贫富分化不断加剧,不满情绪在诸多社会群体中蔓延,政治形势日趋严峻。90 年代开始的第五个五年计划,其预算投资明显增加公共福利的支出,着重扩大社会服务,缩小各地区之间的差距。福利性财政支出的增长和福利化的财政政策,成为沙特家族争取民众支持和稳定社会的重要手段。

二、贝都因人的定居化举措

沙特阿拉伯现代化进程的突出现象,是传统游牧经济的衰落和游牧民的定居化趋势。20 世纪初,纳季德地区的总人口为 210 万,其中贝都因人占 62%,定居者占 38%③。沙特政府最早采取的定居化政策是开展伊赫万运动和建立军事农业村庄"希吉拉",军事扩张和掠夺战利品构成促使贝都因人告别游牧生活的基本手段。伊赫万运动和不断发展的希吉拉在 20 年代末使约 20 万游牧民转入定居,至 1930 年,希吉拉的数量超过 200 处,定居在希吉拉中的贝都因人约 15 万。④ 1925 年,沙特王室颁布法令,废除部落对于其活动区域内之生活资源即牧场和水源的传统独

---

① Long,D. E. (1997). *The Kingdom of Saudi Arabia*. p. 72. Gainesville: University Press of Florida.

② Abir, Mordechai. (1993). *Saudi Arabia: Government, Society, and the Gulf Crisis*. p. 22. London; New York: Routledge.

③ [苏]尼·伊·普罗申著,北京大学历史系翻译小组译:《沙特阿拉伯》,北京人民出版社 1973 年版,第 6—7 页。

④ Vassiliev, Alexei. (2000). *The History of Saudi Arabia*. p. 228. New York: New York University Press.

占权,旨在建立国家对于部落社会的直接控制。①1932 年,包括纳季德和希贾兹在内的沙特王国总人口为 520 万,其中游牧人口占 58%,定居人口占 42%。②

沙特王国建立后,国家机构的完善和政府职能的强化迫使游牧群体逐渐放弃对于定居人口的劫掠,伊斯兰教法的广泛推行亦成为国家秩序否定部落传统的重要手段。阿卜杜勒·阿齐兹用瓦哈卜戒律作为沙特国民的行为规范并设立公共道德委员会监督伊斯兰教法的执行,对违犯禁令、劫掠商旅的部落实施集体灭绝政策。通过宗教传播和暴力镇压等手段,初步建立起正常的社会秩序,减少了游牧部落对定居人口的劫掠现象。阿卜杜勒·阿齐兹不顾保守势力的强烈反对,大批引进无线电通讯和广播设施。沙特阿拉伯交通和通讯网的形成,冲击了游牧社会的封闭状态,加强了沙特社会的地域联系。

现代石油工业经济和农业经济市场化的发展导致沙特阿拉伯传统游牧经济的衰落,游牧人口的定居化趋势成为沙特阿拉伯现代化进程中的突出现象。石油工业的兴起对沙特社会的游牧人口产生了极大的影响。自 20 世纪 30 年代起,石油公司首先雇用贝都因人充当向导和汽车司机,继而雇用贝都因人充当非熟练工人。驾驶汽车是贝都因人向往的职业,汽车运输的出现开始排斥作为阿拉伯半岛传统交通工具的"沙漠之舟",骆驼的经济价值急剧下降。③ 不仅如此,石油公司在油田附近钻探水井,吸引贝都因人聚集于水井的周围,直至促使贝都因人放弃游牧生活而转入定居,房屋、清真寺、学校和商店随之出现于贝都因人在油田附近的营地。

直到二战结束之前,牧养骆驼是贝都因人的基本经济活动,沙漠深处则是牧养骆驼的主要空间,至于羊群的牧养则意味着力量的软弱和地位的低下。二战结束

① Niblock,Tim. (1982). *State, Society and Economy in Saudi Arabia*. p.192. London: Croom Helm.

② Akkad,A. A. (1983). *Development of Indigenous Manpower in Saudi Arabia*. p.111. Colorado.

③ Johany,A. D. (1986). *The Saudi Arabian Economy*. p.109. Baltimore: Johns Hopkins University Press; London: Cromm Helm.

以后,石油财富的膨胀和国内市场对于农牧产品需求的急剧扩大,打破了贝都因人封闭的经济活动和生活方式,促使贝都因人卷入商品经济的潮流。自 50 年代起,羊的市场需求不断扩大,许多贝都因人放弃牧养骆驼而饲养羊群,转入半游牧的畜牧业,牧养羊群的贝都因人走向定居世界的边缘地带。50 年代末 60 年代初,严重的干旱导致牧场萎缩,牲畜数量锐减,游牧经济遭受重创,贝都因人的绝对数量和相对数量均明显下降。60 年代中叶,纯粹牧养骆驼的贝都因人只有 20 万~30 万。① 60 年代末,牧养羊群取代牧养骆驼,成为贝都因人财富和力量的象征。羊群牧养规模的扩大导致游牧部落的裂变。牧养骆驼的贝都因人依然在沙漠深处追逐水草,牧养羊群的贝都因人则走向定居世界的边缘地带,进而形成新的社会组合。从牧养骆驼向牧养羊群的过渡,改变了游牧群体的分布范围,加速了贝都因人的定居化进程,部落内部的血缘关系随之削弱。

自 60 年代起,沙特政府采取新的定居化政策。1968 年,沙特政府颁布土地改革法令,政府将小块土地分给贝都因人家庭作为耕地,贝都因人耕种土地三年之后即可获得该土地的所有权,并可进入流通领域。1968 年法律可谓前述之 1925 年法律的延续,旨在否定部落土地所有权和扩大私人土地所有权,加速土地的私有化和市场化进程,推动贝都因人的定居化进程,进而削弱传统部落组织的社会影响。政府还向贝都因人提供补助金和工作,以获得贝都因人对沙特政府的忠诚。② 在哈伊勒地区,政府向舍迈尔部落成员分配的小块地产约为 20 英亩,由银行向农民提供贷款,用于购置必要的农业生产资料。③ 与此同时,沙特政府在瓦迪希尔罕、哈拉德和加卜林等地实施大农业项目,采用新的农业技术和农业机械,吸引贝都因人

---

① Vassiliev, Alexei. (2000). *The History of Saudi Arabia*. p. 421. New York: New York University Press.

② Wilson, P. W. & Graham, D. F. (1994). *Saudi Arabia: The Coming Storm*. p. 30. New York: M. E. Sharpe.

③ Niblock, Tim. (1982). *State, Society and Economy in Saudi Arabia*. p. 194. London: Croom Helm.

弃牧从耕。1965年,沙特阿拉伯的定居人口数量已经超过游牧人口,游牧人口约占总人口的30%。其中,在最重要的游牧地区纳季德,贝都因人约占人口总数的50%,而在定居生活相对发达的希贾兹,贝都因人仅占人口总数的20%。[①]

70年代,由于沙特阿拉伯物价的提高以及骆驼和其他家畜商业价值的降低,许多贝都因人放弃了传统的游牧业。越来越多的贝都因人走出沙漠深处,移入定居世界的边缘,徘徊于游牧与定居之间,处于半游牧状态。在城市和绿洲的周围,贝都因人的住所日渐增多。石油经济的繁荣和城市化的发展加速了游牧群体的定居化进程。许多贝都因人告别游牧生活,接受定居的生活方式,在城市找到了新的生存空间。现代产业的兴起,特别是石油开采规模的扩大,吸引着大批的贝都因人。许多贝都因男子到城市中去工作,他们主要充当军人、警察、政府雇员和卡车司机。[②] 城市中相对良好的物质环境和丰厚的收入,吸引贝都因人离开沙漠和放弃游牧活动,转而定居城市,游牧群体的定居化进程进一步加快,进而与传统的社会组织分道扬镳。80年代中期,贝都因人仅占全部人口的5%,定居者和半定居者占全部人口的95%,超过50%的人口居住在沙特阿拉伯的主要城市。[③]

沙特政府长期以来向诸多游牧部落发放补助金,换取贝都因人的支持。随着石油收入的增长,沙特政府发放补助金的范围逐渐扩大。50年代,沙特政府发放补助金的对象仅仅局限于部落贵族。60年代初,超过50万贝都因人成为补助金的发放对象。60年代后期至70年代,补助金的发放范围进一步扩大。[④] 补助金的发放强化了政府对于贝都因人的控制,导致游牧部落对于政府的进一步依赖。如同

---

① Vassiliev, Alexei. (2000). *The History of Saudi Arabia*. p. 421. New York: New York University Press.

② Natasha, Alexander. (1999). *Saudi Arabia: Country Study Guide*. p. 77. Washington, D. C.: International Business Publications.

③ Abir, Mordechai. (1988). *Saudi Arabia in the Oil Era: Regime and Elites; Conflict and Collaboration*. p. xviii. London: Croom Helm.

④ Vassiliev, Alexei. (2000). *The History of Saudi Arabia*. p. 424. New York: New York University Press.

麦地那哈里发时代年金的发放构成贝都因人从游牧走向定居的中间环节一样,沙特政府发放的补助金削弱了贝都因人对于传统游牧经济的依赖,进而加速了贝都因人定居化的过程。贝都因人不断离开沙漠牧场,移入城市,享受现代的生活方式,部落成员之间的血缘联系随之淡化。在某种意义上可以说,石油经济的发展,通过补助金发放的形式,深刻改变着贝都因人的生活方式。随着经济活动的变化和游牧部落的裂变以及国家机构的完善和政府职能的强化,游牧人口逐渐从依附于传统的部落组织转向直接隶属于沙特政府,传统的部落社会秩序趋于瓦解,游牧人口的思想观念亦发生相应的变化。尽管如此,贝都因人的部落传统并未完全消失,其社会影响依然存在。社会成员的家族背景仍然是其社会地位的决定因素。贝都因人离开沙漠牧场移入城市以后,依然维持着家族的纽带,按照家族的形式聚居一处,依托传统的血缘关系寻求互助。公共活动无疑是属于男人的特权,女性就业者寥寥无几;然而,妇女在家族的内部事务方面具有举足轻重的地位。社会成员的家族义务,往往被视作高于公共义务抑或国家义务。血缘关系的排斥和否定,则是沙特阿拉伯现代化进程的重要内容和区别于其他中东国家的明显特征。

第三节 社会生活的进步与社会结构的变革

一、人口流向的改变与城市化进程

城市化进程无疑是国家现代化进程的重要组成部分。沙特阿拉伯的城市化进程根源于石油经济的发展、传统经济社会秩序的瓦解和人口流向的改变。人口的增长、工业化的长足发展与沙特阿拉伯城市化进程表现为同步的状态。劳动力分布领域的改变是沙特阿拉伯城市化进程的重要基础。现代工业的兴起、政府职能的完善和贝都因人的定居化,导致沙特阿拉伯人从业结构的相应变化,传统经济部门农业和畜牧业人口呈下降趋势,城市人口逐渐增长。1956 年,沙特阿拉伯总人口约为 450 万,其中农牧业人口占 78％,而城市人口仅占 22％。自 60 年代开始,沙特阿拉伯的城市化进程逐渐加快。1960—1985 年,农牧业劳动力在全部劳动力中所占的比例从 71％下降为 48％,非农牧业劳动力在全部劳动力中所占的比例从 29％上升为 52％。①

城市化进程的重要标志是城市人口的增长。石油工业的发展促进了大批城市的建立,传统农牧经济的崩溃使大批劳动力从乡村移入城市。沙特阿拉伯的城市人口主要分布在三大区域,一是包括吉达、麦加、麦地那和塔伊夫在内的西部城市群;二是包括达曼、胡巴尔和盖提夫在内的东部城市群;三是中部的首都利雅得。② 沙特阿拉伯王国的首都利雅得,20 世纪 40 年代约有人口 3 万,1974 年增至 67 万,1986 年达到 131 万,增幅为 95％。沙特阿拉伯西部最大的港口城市吉达,20 世纪 40 年代约有人口 3 万,1974 年增至 57 万,1986 年达到 103 万,增幅为 82％。希贾兹的宗教圣城麦加,20 世纪 40 年代约有人口 8 万,1974 年增至 37 万,1986 年达到 67 万,增幅为 82％。希贾兹的另一宗教圣城麦地那,20 世纪 40 年代约有人口 2 万,1974 年增至 20 万,1986 年达到 36 万,增幅为 82％。希贾兹的著名旅游城市塔伊夫,20 世纪 40 年代约有人口 5 千,1974 年增至 28 万,1986 年达到 51 万,增幅为 82％。东方省的首府胡富夫,20 世纪 40 年代约有人口 3 万,1974 年增至 24 万,1986 年达到 35 万。新兴的石油工业城市达曼和卡提夫从 40 年代的小村庄分别发展到 74 年的 13 万人和 9 万人,86 年人口分别达到 26 万和 18 万,增幅为 103％。③ 80 年代初,北部城市布赖代和哈伊勒的人口分别达到 18 万和 9 万,阿西尔地区的主要城市纳季兰人口达到 6 万。④ 包括达曼、宰赫兰和盖提夫在内的波斯湾沿岸新

① Vassiliev, Alexei. (2000). *The History of Saudi Arabia*. p. 421, 458. New York: New York University Press.
② Roberts, M. H. P. (1979). *An Urban Profile of the Middle East*. p. 102. London.
③ Al-Ankary, K. M. (1989). *Urban and Rural Profile in Saudi Arabia*. p. 4. Berlin.
④ Vassiliev, Alexei. (2000). *The History of Saudi Arabia*. p. 459. New York University Press.

兴石油工业城市区,1965 年约有人口 9 万,1986 年人口增至 65 万。①

城市化进程的另一重要标志,是城乡人口比例的变化。城市人口在沙特阿拉伯总人口中所占的比例,1950 年为 10%,1963 年增至 15%,1974 年达到 45%;1985 年,沙特阿拉伯的总人口为 1100 万,其中城市人口占 75%。9 个最大城市的人口占沙特阿拉伯总人口的 31%,拥有全国工业企业的 96%。② 1995 年,沙特阿拉伯总人口 1490 万,79%生活在城市,21%生活在 100 万人口以上的大城市;2000 年,沙特阿拉伯总人口 2200 万,86%生活在城市,25%生活在 100 万人口以上的大城市。③

在传统的城市,封建性质的庇护关系和根深蒂固的血缘关系广泛存在,居住的区域和住所的格局具有浓厚的家族色彩。家族首领与同一家族的成员通常聚居一处。房屋的上层是妇女和儿童的住所,下层是男人的活动空间。社会活动是男人的特权,妇女的活动空间受到严格的限制。相比之下,在 70 年代以后的城市,居住区域的家族色彩明显淡化。新城区不断扩大,新式的别墅取代传统的家族式住所。然而,城市居民在就业层面依旧沿袭家族的传统,浓厚的家族色彩构成沙特阿拉伯经济生活的突出特征。

伴随着沙特阿拉伯城市化进程的发展和人口流向的改变,非农牧业的从业人口呈上升趋势,包括政府机构和军队在内的国家公职成为吸引沙特阿拉伯人从业的主要领域,而现代产业诸如石油业和制造业领域的从业者人数有限。女性从业的主要领域是医院、幼儿园和女子学校,但寥寥无几。70 年代中期开始,沙特政府采取多项措施,鼓励沙特阿拉伯人加入现代经济建设的行列,然而效果甚微。传统社会结构的延续和政府的福利化政策,无疑影响沙特阿拉伯人的劳动力流向。本

---

① Al-Ankary,K. M. (1989). *Urban and Rural Profile in Saudi Arabia*. p. 8. Berlin.

② Al-Ankary,K. M. (1989). *Urban and Rural Profile in Saudi Arabia*. p. 8, 10. Berlin.

③ Cordesman, A. H. (2003). *Saudi Arabia Enters the Twenty-First Century*. p. 232. Connecticut.

土劳动力资源的严重匮乏与劳动力结构的外籍化,构成石油时代沙特阿拉伯经济社会领域的突出现象。

　　人口流向的改变和外来移民的进入,构成沙特阿拉伯城市人口急剧增长的首要因素。70 年代初,东部重要石油城市达曼和胡拜尔的新增人口中,90％以上系外来移民;首都利雅得以及西部重要城市塔伊夫和吉达的新增人口中,80％以上系外来移民;希贾兹的宗教圣城麦加和麦地那的新增人口中,50％以上亦属外来移民①。贝都因人的定居化和外籍劳动力的广泛使用,构成沙特阿拉伯城市外来移民的主要来源。外来移民的大量涌入,导致城市人口由单一构成转变为多元构成,进而对城市的经济社会生活产生深刻的影响。

二、教育的进步

　　沙特阿拉伯经济现代化发展促进了社会的进步。沙特阿拉伯社会发展的一个重要方面是世俗教育领域的发展和人口素质的提高。在 20 世纪初的阿拉伯半岛,宗教教育占主导地位,宗教学校构成基本的教育形式。学校教育主要讲授《古兰经》、“圣训”、伊斯兰教法,以及相关宗教知识,卡迪的培养则是宗教学校的主要目的。1926 年,阿卜杜勒·阿齐兹委派埃及人哈菲兹·瓦赫巴主持希贾兹地区的教育董事会,聘请埃及教师授课,开设现代世俗教育的课程,于是,世俗教育正式纳入沙特阿拉伯的发展计划。② 希贾兹教育理事会开设了第一所中级学校,并将现代教育科目引入学校的公共课程之中,世俗教育初露端倪。1946 年之后,沙特阿拉伯石油的商业性开采促进了教育的发展,阿布杜勒·阿齐兹雇佣了许多埃及和其他阿拉伯国家的教师,并派遣一些沙特人到埃及学习。阿美石油公司实施的旨在提高其雇员技能的教育计划客观上促进了沙特阿拉伯教育的发展。一些阿美石油公司的沙特雇员被公司送往贝鲁特的美国大学学习,后来又被送往美国。阿美石

---

①　Blake,G. H. & Lawless,R. I. (1980). *The Changing Middle East City*. p.59. London.

②　Al-Ankary,K. M. (1989). *Urban and Rural Profile in Saudi Arabia*. pp.4-10. Berlin.

油公司还为其雇员的孩子和东方省的其他孩子提供现代教育。① 1950 年,沙特阿拉伯共有 50 所乡村学校、90 所初等学校和 10 所中等学校,各类学生总计 15600 人。1952 年,沙特学生总数达到 55000 人。初等学校每周授课 28 节,其中宗教课程占 80%,世俗课程包括地理、绘图和外语。②

1953 年,沙特政府成立教育部,取代希贾兹的教育董事会。1954 年,沙特政府引进现代教育模式,实行六年制初等教育和六年制中等教育。国王沙特统治时期,所有教育级别的学校和学生数量都增长到以前的 3 至 4 倍。此外,国王沙特还于 1957 年建立第一所世俗大学。

自 60 年代起,国王费萨尔采取财政预算向教育领域倾斜的措施,沙特阿拉伯王国用于教育的公共经费大量增加。教育经费在一五计划财政分配中共计 7,378,000,000 里亚尔,仅次于军事、行政和邮电运输,居第 4 位,是工业经费的 7 倍左右。③ 国内的世俗教育迅速扩大,聘用外籍教师和讲授现代课程的世俗学校明显增多。60 年代初,沙特政府聘用的外籍教师约 2000 人。至 70 年代初,外籍教师的人数增长了 10 倍。教师、学生以及毕业生的数量迅速增加,技术教育、高等教育和女子教育也迅猛发展。1969 年,王国各类学校共计 3100 所;1983 年,各类学校超过 1.4 万所。④ 1970 年,各类学校在校学生总数约 55 万人。1989 年,沙特王国共有各类学校 16797 所⑤,学生总数达 265 万人⑥。1992 年,各类学校在校学生

① Abir, Mordechai. (1993). *Saudi Arabia: Government, Society, and the Gulf Crisis*. p. 15. London; New York: Routledge.

② Vassiliev, Alexei. (2000). *The History of Saudi Arabia*. p. 310. New York: New York University Press.

③ [日]田村秀治编,陈生保等译:《伊斯兰盟主——沙特阿拉伯》,上海译文出版社 1981 年版,第 305 页。

④ Askari, H. (1990). *Saudi Arabia's Economy: Oil and the Search for Economic Development*. p. 159. London.

⑤ Vassiliev, Alexei. (2000). *The History of Saudi Arabia*. p. 462. New York: New York University Press

⑥ Abir, Mordechai. (1993). *Saudi Arabia: Government, Society, and the Gulf Crisis*. p. 17. London; New York: Routledge.

总数增至 290 万人[①],2000 年达 480 万人,其中,中等学校学生人数从 8 万增至 180 万,高等学校学生人数从 7000 人增至 39 万人。各级、各种学校广泛建立,王国的高等教育得到很大的发展。阿卜杜勒·阿齐兹国王大学、石油和矿业大学、费萨尔国王大学相继建立。国家还投放大量资金派遣学生到美国和英国大学学习。到 70 年代中期,沙特 20% 的人口正在教育体系下的各级学校接受教育,约 25000 学生正就读于各个高等院校,另有超过 5000 人正在国外学习。[②]

1949 年和 1952 年,教育董事会在麦加创办伊斯兰学院和师范学院,首开沙特阿拉伯高等教育的先河,同时开设宗教课程与世俗课程。瓦哈卜派的大穆夫提随后在利雅得创办伊斯兰法学院和阿拉伯语言学院,不仅讲授宗教课程,而且增设世俗课程,旨在抗衡教育董事会,维持在教育领域的垄断地位。[③] 1961 年,沙特政府与瓦哈卜派欧莱玛以及埃及的伊斯兰原教旨主义者共同创办麦地那伊斯兰大学,这是一所国际性的穆斯林研究伊斯兰教和阿拉伯语的机构。麦地那伊斯兰大学 90% 的教师和绝大部分学生来自其他穆斯林国家。70 年代开始,麦地那伊斯兰大学成为伊斯兰复兴运动的重要阵地。1979 年,麦地那伊斯兰大学共有学生 380 人。1974 年,瓦哈卜派欧莱玛在利雅得创办伊玛目穆罕默德·伊本·沙特伊斯兰大学,这所大学成为纳季德地区瓦哈卜派保守势力的主要阵地。伊玛目穆罕默德·伊本·沙特伊斯兰大学的伊斯兰法律高等学院旨在为沙里亚法庭训练卡迪,伊斯兰宣传高等学院则主要负责训练伊斯兰教的宣传人员。1980 年,伊玛目穆罕默德·伊本·沙特伊斯兰大学在阿西尔的阿布哈增设分校。1985 年,伊玛目穆罕默德·伊本·沙特伊斯兰大学的学生总数约 9000 人,其中 20% 来自国外,该校设

---

① Champion, Daryl. (2003). *The Paradoxical Kingdom*: *Saudi Arabia and the Momentum of Reform*. p. 113. London: Hurst & Co.

② Abir, Mordechai. (1988). *Saudi Arabia in the Oil Era*: *Regime and Elites*: *Conflict and Collaboration*. p. 122. London: Croom Helm.

③ Abir, Mordechai. (1988). *Saudi Arabia in the Oil Era*: *Regime and Elites*: *Conflict and Collaboration*. p. 36. London: Croom Helm.

立的初级学校和中等学校另有学生 15000 人。① 1980 年,沙特阿拉伯王国在麦加建立乌姆·库拉大学,主要培养法官、伊玛目和教师。该大学主要面向希贾兹地区的土著人口,与麦地那伊斯兰大学的国际性形成很大区别。1983 年,乌姆·库拉大学有学生 6000 人,其中四分之一来自国外。另外,国王阿卜杜勒·阿齐兹大学也包含位于麦加的沙里亚和伊斯兰研究学院。

50 年代以来,沙特阿拉伯的世俗高等教育发展迅速。1957 年,国王沙特创办利雅得大学,引进埃及的教学模式,聘用埃及教师,讲授世俗课程。1958 年,利雅得大学仅有 21 名学生,1975 年增至 5600 人。1980 年,利雅得大学改称沙特国王大学。1967 年,国王阿卜杜勒·阿齐兹大学建立,校区位于吉达和麦加。1974 年,国王费萨尔大学建立,校区位于胡富夫和达曼,主要面向东部地区的农民和游牧人口以及朱拜勒工业区的人口,设立农学、医学和兽医等专业,学生人数由 1980 年的 1430 人增至 1985 年的超过 5000 人。② 1975 年,石油矿产大学建立,其前身是阿拉伯美国石油公司于 1963 年在宰赫兰创办的石油矿产学院。石油矿产大学采用美国的教育模式,主要聘用美国教师,使用英语授课,其学生人数由 1974 年的 1000 人增至 1985 年 6000 人。③ 石油矿产大学是沙特阿拉伯最典型的高等世俗学校,约占半数的学生来自哈萨的什叶派穆斯林。除了石油矿产大学之外,沙特阿拉伯的世俗大学仍然提供沙里亚和宗教研究的学位,但是其强调办学目的主要是发展适应石油时代经济社会发展所需要的人力资源。沙特政府还资助 13000 名学生到美国的大学学习,他们学习的主要专业是计算机科学、工程学、营养学和公安技术

---

① Abir, Mordechai. (1988). *Saudi Arabia in the Oil Era : Regime and Elites ; Conflict and Collaboration*. p. 43. London : Croom Helm.
② 哈全安著:《中东国家的现代化历程》,人民出版社 2006 年版,第 410 页。
③ Abir, Mordechai. (1988). *Saudi Arabia in the Oil Era : Regime and Elites ; Conflict and Collaboration*. pp. 42-47. London : Croom Helm.

等。[1] 1972—1980 年，沙特阿拉伯的大学在校学生总数从 9500 人增至 4.8 万人。[2] 1990 年，沙特阿拉伯的大学在校学生总数超过 10 万人。阿布杜勒·阿齐兹的大多数孙子和侄子都接受了世俗教育，费萨尔的 8 个儿子中有 7 个都曾到国外留学，其他的名门望族也都尽力提高后代的教育水平。1980 年，有 16 个内阁大臣以及 2000 多个政府技术官僚拥有博士或硕士学位。[3] 教育的发展改变了传统的价值观念，为沙特阿拉伯提供了一批熟练和半熟练的劳动力，客观上推动了沙特阿拉伯工业化和城市化进程。教育的发展还促进了统治阶级的知识化，增强了其对现代化的适应性。

沙特阿拉伯的学校教育最初仅限于男性的范围。国王沙特当政期间，女性的受教育权逐渐得到社会的承认。60 年代以前，沙特阿拉伯的女子教育属于私人性质，只在吉达、麦地那、麦加和利雅得等大城市存在。富有的家庭雇佣私人家庭教师为女孩提供基础教育。一些女性教师开办了私人性质的女子教育机构，主要教授《古兰经》和简单的数学计算。1956 年，第一所女子学校创办于布赖代[4]。希贾兹地区也存在一些私人性质的更世俗的女子基础学校。1959 年，沙特政府承认女子具有接受正式教育的权力，沙特王族发表演讲说政府要开办女子学校，由大穆夫提领导的委员会所控制。1960 年，费萨尔以首相的身份首先倡导在整个沙特阿拉伯发展公共的女子教育，这一重要的改革导致王国的一些地区发生暴动，费萨尔果断地以铁腕将其镇压。费萨尔创办女性教育董事会，由利雅得的大穆夫提负责监管。国王费萨尔建立女子教育局，将它们的发展和管理委托给欧莱玛长老。女子教育局实际上具有相当于部级机构的地位，由一名拥有部长级权力和地位的欧莱

① Al-Yassini, Ayman. (1985). *Religion and State in the Kingdom of Saudi Arabia*. p. 112. Boulder: Westview Press.

② Rezas, A. (1984). The Political Economy of Saudi Arabia. p. 48. Washington.

③ Abir, Mordechai. (1993). *Saudi Arabia: Government, Society, and the Gulf Crisis*. p. 90. London; New York: Routledge.

④ Masood, R. (1984). *Industrialization in Oil-Based Economies*. p. 62. New Delhi.

玛长老所领导。费萨尔时期沙特阿拉伯发展起一定规模的国立女子教育,1960 年女学生不超过 2500 人,1968 年已达到 10 万人,8 年之中增加了 40 倍。[①] 70 年代以后,女子学校遍布各地,女性学生人数明显增多。进入 80 年代,女性学生在人数方面与男性学生逐渐持平。1969 年,各类学校 3100 所,其中男性学校占 85%,女性学校占 15%[②]。1989 年,沙特阿拉伯共有各类学校 1.7 万所,其中男性学校占 54%,女子学校占 46%[③]。沙特阿拉伯的高等女子教育在 80 年代最终建立。1983 年,国王沙特大学建立女子分校。由于女性大学教师的缺乏,高等女子教育的方式主要是男性教师通过录像进行授课。沙特阿拉伯的女子学校不同于男性学校,处于宗教机构和欧莱玛的监管之下,主要开设宗教课程。2002 年女子中学失火后,王储阿卜杜拉才取消了瓦哈卜派欧莱玛掌管女子教育的权力,将女子教育交由国家直接管理。[④] 沙特阿拉伯女子学校的学生在就业方面亦受到严格的限制,主要任职于女子学校和女子医院,就业程度远远低于男性[⑤]。

沙特阿拉伯教育领域的发展卓有成效。前石油时代,男性适龄儿童入学率为 61%,女性适龄儿童入学率为 39%;1990 年,男性适龄儿童入学率上升为 80%,女性适龄儿童入学率上升为 48%。1970—1999 年,男性中学毕业生由 2400 人增至 6.9 万人,女性中学毕业生由 370 人增至 9.8 万人,男性大学毕业生由 800 人增至 2.1 万人,女性大学毕业生由 13 人增至 2.2 万人。1980 年,成年男性的文盲率为 33%,成年女性的文盲率为 67%;2000 年,成年男性的文盲率下降为 17%,成年女

---

① [叙]莫尼尔·阿吉列尼著,何义译:《费萨尔传》,商务印书馆 1977 年版,第 61 页。

② Askari, H. (1990). *Saudi Arabia's Economy: Oil and the Search for Economic Development*. p. 166. London.

③ Vassiliev, Alexei. (2000). *The History of Saudi Arabia*. p. 462. New York: New York University Press.

④ Schwartz, Stephen. (2004). *The Two Faces of Islam: The House of Sa'ud From Tradition to Terror*. p. 265. New York.

⑤ Abir, Mordechai. (1988). *Saudi Arabia in the Oil Era: Regime and Elites; Conflict and Collaboration*. p. 37. London: Croom Helm.

性的文盲率下降为 33％。①

三、新兴的社会阶层

石油工业崛起之前,沙特阿拉伯是一个典型的传统游牧国家。广袤沙漠中的游牧业与零星绿洲中的种植业是沙特阿拉伯主要的经济成分。沙特阿拉伯建立初期,血缘联系的广泛存在与血族传统的根深蒂固明显制约着社会成员的分化和裂变,贝都因人、农民与城市居民的相互依存构成社会结构的基本模式,经济活动与生活方式的差异则是构成区分不同社会阶层的首要标志。沙特阿拉伯传统的社会结构建立在自给自足的小农经济和带有原始遗风的部落社会基础之上,沙特阿拉伯最大的社会群体是游牧民和一部分从事农业耕作的定居农民。沙特阿拉伯的统治阶层包括沙特家族及其盟友谢赫家族,以及沙特阿拉伯境内主要的部落酋长。沙特阿拉伯的另一社会群体是分散在波斯湾和红海沿岸地区的旧式小商人和小手工作坊的经营者,他们从事的经济活动是游牧经济基础的有限补充,他们在经济和政治上的影响微乎其微。两个人数较少的社会阶层居于沙特社会的上下两头,与人数众多的农牧民阶层组成了一个菱形的社会结构。这一社会结构体现了沙特单一农牧社会的特征。

自 30 年代末开始,油田的勘探和石油的开采导致沙特阿拉伯经济活动与生活方式的深刻变化。石油工业的发展,吸引来自不同血缘群体的阿拉伯人告别传统的经济活动和生活方式,走出沙漠牧场和定居绿洲,聚居于油田的所在地,进而融入崭新的地域社会。石油工业崛起之后,传统农牧业的主导地位迅速被石油经济所取代。石油工业的兴起以及中小工业企业发展使沙特阿拉伯的传统社会经济结构发生了根本性变革。② 沙特社会原有的各阶层发生分化和重组,沙特阿拉伯的

---

① Cordesman, A. H. (2003). *Saudi Arabia Enters the Twenty-First Century*. p. 232. Connecticut.

② Mallakh, Ragaei EL. (1982). *Saudi Arabia：Energy，Developmental Planning，and indus-
trialization*. p. 98. Lexington Books.

社会结构向多元化方向发展。

　　沙特阿拉伯现代化进程的突出现象,在于石油资源的国有化和石油作为首要财富的国家所有制,石油生产长期采用国有的经营模式。沙特家族沿袭阿拉伯人的传统习俗,援引伊斯兰教关于财产支配权的相关规定,将急剧增长的石油财富据为己有。沙特家族对于国家权力的垄断无疑是沙特阿拉伯石油资源国家所有制的前提条件,而通过国家所有制的形式支配丰厚的石油收入则是沙特家族垄断国家权力和控制民众的物质基础。石油工业及其相关产业的不断发展和国家资本主义经济的建立,造就了一批在国家经济和政治领域都居于主导地位的大资产阶级。这一阶层的主体是沙特家族成员及其旁系亲属,以及一些与王室沾亲带故的名门望族。这一阶层人数虽少,但却掌握着王国大部分的财富,并且具有浓厚的官商一体的传统色彩。石油工业长足发展的经济现代化初期阶段,沙特阿拉伯的私人经济相对软弱,进而形成民众对于国家和政府的严重依赖。私人资本由于在国内无利可图,大量流入海外市场。

　　石油的发现和生产促使沙特阿拉伯从传统农牧国家向现代工业国家。费萨尔时期石油工业经济基础的形成和国家资本主义经济的初步建立,为王国整体经济的发展提供了必要的条件。石油工业的巨额收入作为财政预算的来源,有计划地投放到国家现代化建设中,雄厚的资金克服了历史地理条件的不足,最大限度地促进了工农业的现代化和国内市场体系的形成。国家巨大的投入在基础设施建设方面成果显著,为经济的进一步发展提供了可能;巨额石油资金换来的外国先进科技和设备投入到生产中,促进了现代工农业的形成和发展,现代化的农业区和重工业在国内逐步建立,它们为整个沙特阿拉伯的工农业发展提供了模范和技术支持,国民经济多样化的目标由此启动。自70年代以来,沙特政府积极推行进口替代的经济战略,同时实行优惠政策,鼓励私人投资工业和基础建设。支持和保护私人经济的发展,成为沙特政府的基本经济政策。1972年和1978年政府颁布法令规定,沙特阿拉伯境内的外国企业必须与沙特人合资经营。沙特阿拉伯的经济结构出现从国有资本主义经济向自由资本主义经济转变的趋势,民间资本的力量逐渐扩大。尽管如此,民间资本仍然以中介性的商业、金融业和地产开发作为重点,投资技术密集型和资本密集型企业的沙特资本家为数尚少。1985 年,国王法赫德在 900 人参加的沙特阿拉伯商人大会上宣布新的经济政策,进一步鼓励发展非石油领域的经济部门,同时采取多项保护性措施支持私人资本和民间经济的发展。自 70 年代以来,沙特政府发展民间资本的经济政策旨在调整产业结构,建立多元化的国民经济体系,减少国家对石油收入的依赖。此后,沙特阿拉伯的私人资本逐渐回流。在政府资金的支持下,国民资本逐渐发展和壮大。1975 年,沙特阿拉伯共有私人企业 1181 家,其中包括 958 家沙特阿拉伯人的独资企业,资产总额为 22 亿里亚尔。1986 年,沙特阿拉伯的私人企业增至 7000 家,其中包括 5406 家沙特阿拉伯人的独资企业,资产总额达到 681 亿里亚尔。[1] 1989 年,从海外市场流入国内的私人资本增至 82 亿美元。1991 年,从海外市场流入国内的私人资本达到 141 亿美元。与此同时,沙特阿拉伯的私人经济呈现增长趋势。1992 年,私人企业的产值在沙特国民生产总值中所占的比例达 35%,1995 年增至 48%。[2] 另据统计,2000 年,沙特阿拉伯非石油领域的生产总值共计 3704 亿里亚尔,其中私人企业产值为 2637 亿里亚尔,国有企业产值为 1067 亿里亚尔[3]。尽管沙特政府依旧垄断石油生产和控制国家的经济命脉,私人经济无疑已成为沙特阿拉伯经济的重要力量。

民间资本的发展和私人经济的壮大导致沙特社会结构的变革。民众自身经济力量的发展导致民众政治力量的崛起。沙特社会结构演变呈现出前所未有的趋势,具有一定经济实力的中产阶级迅速崛起。20 世纪后期,中产阶级开始登上沙

① Vassiliev, Alexei. (2000). *The History of Saudi Arabia*. p. 455. New York: New York University Press.

② Long, D. E. (1997). *The Kingdom of Saudi Arabia*. p. 89. Gainesville: University Press of Florida.

③ Ramady, M. A. (2005). *The Saudi Arabian Economy: Policies, Achievements and Challenges*. p. 28. New York.

特阿拉伯的历史舞台,成为区别于传统教俗贵族的新兴社会力量。New York:社会经济和现代教育的发展造就了一批具有较高文化水平,有一定商业和管理技能的中产阶级。这个阶层主要是富有的希贾兹、纳季德商人和贵族的后代,他们到西方留学归国或从国内大学毕业之后,成为军政部门的中高级官员、工商企业的经理人、工程技术人员、教师、医生和律师等等。70 年代以来,沙特政府积极调整产业结构,鼓励私人投资,扶植民营经济,现代工商业者人数呈上升趋势。与此同时,政府雇员由 1970 年的 12 万人增至 1980 年的 30 万人,成为中产阶级的重要组成部分。[①] 伴随着现代教育的发展,每年约有数以万计的青年学生毕业于名目繁多的高等学校,中产阶级的规模不断扩大。60—70 年代,中产阶级主要来自开放程度较高的希贾兹和东部省。进入 80 年代以后,越来越多的纳季德人亦加入中产阶级的行列。80 年代初,沙特阿拉伯的中产阶级大约有几十万。[②] 80 年代中叶,政府雇员 20 万人,工商业者联合会(前身是希贾兹商会)成员 10 万人,构成所谓中产阶级的重要来源。随着社会经济的发展,其人数处于不断上升的趋势。这一社会阶层具有较高的教育水平,其大部分成员都曾接受西方大学或者沙特国内大学的教育,掌握了现代科学技术和先进的管理经验。中产阶级大都与现代经济相联系,是沙特阿拉伯最具现代性的社会阶层。中产阶级凭借自身掌握的文化知识和科学技术,而非依赖家族背景和血缘关系获得社会地位。社会和经济发展为他们提供了机遇。沙特阿拉伯的中产阶级主要包括在沙特军政部门任职的中高级官员,活跃在工商企业和经济部门的商人、企业家、经理人和工程技术人员,以及分布在文化教育、医疗卫生、司法和其他专业技术部门的各类知识分子。中产阶级在沙特社会的各个领域,特别是经济领域发挥了举足轻重的作用,国家经济的正常运作在很大

---

① Wilson,P. W. & Graham,D. F. (1994). *Saudi Arabia*:*The Coming Storm*. p. 24. New York: M. E. Sharpe.

② Abir, Mordechai. (1993). *Saudi Arabia*:*Government*,*Society*,*and the Gulf Crisis*. p. 93. London;New York:Routledge.

程度上由他们来维持。然而,沙特阿拉伯的中产阶级在经济和社会地位逐步提高的同时却缺乏相应的政治地位。沙特家族对国家政治权力的垄断剥夺了中产阶级参政议政的空间。中产阶级成员在政府各部门并不具有决策的权力,而只是作为沙特家族官僚政治的工具。

　　所谓沙特阿拉伯的中产阶级,实际上是一个成分复杂的社会群体。因其复杂的阶级成分和不同的经济、社会和政治地位,中产阶级成员的政治立场和价值取向也不尽相同。中产阶级上层大都与沙特政府及王室成员联系密切,甚至通过联姻的方式与沙特家族融为一体,地位显赫,在沙特政府中担任高级职位,在进出口贸易、建设项目承包以及房地产、金融业和服务业中独占鳌头。他们与沙特家族在诸多方面具有共同利益,构成沙特家族政权的重要社会基础,政治立场相对保守。然而,绝大多数中产阶级缺乏王室支持的政治背景,在沙特阿拉伯现代化过程中受益有限,无缘分享国家权力,长期处于政治舞台的边缘地带。中产阶级政治参与的要求受到沙特家族的忽视和压制,因此对沙特家族政治的不满情绪日益强烈。中产阶级下层则在王国政府中担任较低的职位,在经济领域中的活动受到沙特家族经济的压迫和排挤。他们对沙特家族政治和沙特家族成员个人行为的批评越来越强烈,他们构成了沙特阿拉伯宗教政治反对派的中坚力量。社会成分的复杂与社会地位的明显差异,加剧了中产阶级的政治脆弱性。

　　伴随着石油经济的发展和工业化的长足进步,现代产业工人悄然崛起,成为区别于传统社会成分的崭新社会阶层。新近城市化的贝都因人和传统的绿洲居民组成了这一社会阶层的主体。他们依靠出卖劳动力换取生计,有时也靠政府的补贴艰难度日。这一社会阶层文化水平普遍较低,在沙特阿拉伯总人口中占据最大比例。40 年代,石油公司雇用约 1 万名沙特阿拉伯人,主要是非熟练工人。50 年代,石油公司的沙特阿拉伯人中约三分之二成为熟练工人或半熟练工人,其中 44 人在公司担任重要职位,3000 人进入管理层。1964 年,在石油公司的 1.3 万名长期雇员中,沙特阿拉伯人占 80%。1970 年,在石油公司的 1 万名长期雇员中,沙特阿拉伯人占 83%。许多沙特阿拉伯人成为工程技术人员。1952 年,在石油公司的沙特阿拉伯人中,非熟练工人的比例占 96.9%,熟练工人的比例占 3%,工程技术人员和管理人员的比例仅占 0.1%。1974 年,在石油公司的沙特阿拉伯人中,非熟练工人的比例下降为 26.1%,熟练工人的比例上升至 59.4%,工程技术人员和管理人员的比例达到 14.5%[①]。70 年代以来,沙特政府致力于推动非石油领域的工业化进程,冶金、电力和制造业企业的生产规模明显扩大,从业人数呈明显上升的趋势。

外籍劳工处于沙特阿拉伯社会构成的边缘地带,因此构成沙特社会结构的最底层群体。50—60 年代,沙特阿拉伯的外籍劳动力主要是来自也门、阿曼、巴勒斯坦和埃及的阿拉伯移民,其中来自也门的移民人数有百万之众。自 70 年代开始,外籍劳动力的来源出现变化,来自阿拉伯世界的移民比例逐渐下降,来自南亚和东南亚以及欧洲的移民人数呈上升趋势。70 年代初,外籍移民在麦加、麦地那和塔伊夫占 15%～20%,在利雅得占 23%,在吉达占 35%。70 年代中叶,在获得合法身份的外籍移民中,阿拉伯移民占 75%,包括南亚和东南亚在内的其他亚非国家移民占 23%,欧洲移民占 2%。[②] 1975 年,沙特阿拉伯人在全部农业劳动力中占 91%,在储运业劳动力中占 70%,在石油工业劳动力中占 57%,而在制造业劳动力中仅占 19%,在建筑业劳动力中仅占 15%。[③] 1975—1985 年,沙特阿拉伯的劳动力总数由 175 万人增至 270 万人,其中本土劳动力由 102 万人增至 140 万人,而外籍劳动力由 73 万人增至 130 万人,外籍劳动力的增长幅度远远超过本土劳动力的增长幅度。[④] 1997 年,沙特阿拉伯境内的外籍劳动力约为 900 万人,占私人企业劳

① Vassiliev, Alexei. (2000). *The History of Saudi Arabia*. p. 425. New York: New York University Press.

② Vassiliev, Alexei. (2000). *The History of Saudi Arabia*. p. 458. New York: New York University Press.

③ Al-Yassini, Ayman. (1985). *Religion and State in the Kingdom of Saudi Arabia*. p. 116. Boulder: Westview Press.

④ Niblock, Tim. (1982). *State, Society and Economy in Saudi Arabia*. p. 211. London: Croom Helm.

动力人数的十分之九。① 外籍劳动力在沙特阿拉伯经济中的特殊地位,构成沙特阿拉伯现代化区别于其他国家的明显特征。外籍劳动力人数的增长,一方面反映了沙特阿拉伯现代经济的发展,另一方面反映了沙特阿拉伯国内人口与经济构成的二元状态。80－90年代,沙特阿拉伯国内人口的失业率急剧上升。沙特阿拉伯国内人口出生率和增长率的居高不下固然是导致失业率急剧上升的内在因素,而外籍劳动力的大量流入亦是影响沙特阿拉伯国内人口就业形势的重要外在因素。

石油经济的繁荣给统治阶层带来巨额财富的同时,以石油工人为主体的工人阶级与农牧民、城市贫民等社会下层人民却过着相对贫困的生活。1947年,沙特政府颁布劳动法,用于规范雇工人数超过10人的企业。根据该劳动法,工人每天工作不得超过8小时,每周工作不得超过6天,另外每年享受10天公假和5天带薪病假,禁止雇用10岁以下的童工,工人的日工资不得低于5里亚尔,雇主可以随意解雇工人而无需任何理由。随着工人数量的增多和雇佣关系的扩大,劳资双方不断发生劳动纠纷。1950年,沙特政府在财政部设劳动署。1961年,沙特政府设劳动与社会事务部。负责解决劳动纠纷的仲裁委员会由两名成员组成,分别由雇主和政府指定,却无工人的代表,如果仲裁委员会的两名成员意见不一,则由沙特政府指定最高仲裁者仲裁。然而,1947年颁布的劳动法并未赋予工人组织工会的权利,1956年颁布的相关法令则明确禁止工人的罢工活动。1969年,沙特政府颁布新劳动法。新劳动法禁止男女工人一同工作,雇工年龄不得低于13岁,实行免费医疗和工伤赔偿,建立国家保险制度。新劳动法还规定,雇工人数超过100人的企业中,沙特阿拉伯人必须达到75％的比例,其工资总额不得少于全部工资的51％。② 新劳动法的局限性十分明显;绝大多数沙特阿拉伯人受雇于不足10人的

---

① Champion, Daryl. (2003). *The Paradoxical Kingdom*:*Saudi Arabia and the Momentum of Reform*. p.196. London:Hurst & Co.

② Vassiliev, Alexei. (2000). *The History of Saudi Arabia*. pp.430-432. New York:New York University Press.

企业,因此不受新劳动法约束。在很大程度上,新劳动法只是一纸空文,并无实际意义。此外,新劳动法依旧禁止工人组织工会和举行罢工。总体上看,70年代中期以后沙特阿拉伯社会结构呈现出不利于社会政治稳定的金字塔型结构,而且这一结构的发展趋势仍在不断增强。

第四章

国王沙特和费萨尔时代的政治现代化进程

第一节　世俗色彩的民众运动

一、石油工人运动

二战以后,沙特阿拉伯的石油工业迅速发展,石油产量急剧攀升,财政收入稳步增长。石油收入为沙特阿拉伯经济和社会的现代化提供了基本的物质保障。石油经济导致的自然经济的衰退和市场经济的发端标志着沙特阿拉伯现代化进程的启动。沙特阿拉伯源源不断的石油收入和现代工业经济的发展导致沙特社会出现了明显的两级分化。一方面,沙特王室对王国财政收入的垄断,使沙特家族及其同盟瓦哈卜家族将巨额的石油收入据为己有,迅速发展成为沙特社会最富有的阶层;另一方面,石油经济繁荣给统治阶层带来巨额财富的同时,包括以什叶派石油工人和外籍劳工为主体的社会下层民众却依然在贫困线上挣扎。同时,随着国家的现代化发展,不具有王族和贵族背景的沙特中产阶级也逐渐产生。战后沙特阿拉伯王国经济结构和社会结构开始发生巨大变革,产业工人和中产阶级成为两个新兴的社会阶层。不同社会阶层之间的利益激烈碰撞,国内社会矛盾日益尖锐。在沙特阿拉伯现代化进程初期,有5个群体构成了民间政治反对派的社会基础,它们分别是什叶派和阿美石油公司劳工、希贾兹城市中的中等阶层、纳季德北部和东方省的某些部落民和定居民、阿西尔的一些部落，以及接受过国外训练并同埃及或其他阿拉伯国家军人联系密切的沙特军官。

处于沙特社会最底层的是阿美石油公司雇佣的石油工人，因与阿美石油公司美国管理人员和技术人员生存环境差异悬殊，而产生了强烈的不满情绪。阿美石油公司的裁员行动，以及不断上涨的生活花费，给东方省的石油工人带来了巨大的痛苦。1953年6月末，宰赫兰油田的石油工人自发成立了沙特阿拉伯有史以来第一个工人组织"工人委员会"。该组织宣布代表6500名阿美石油公司的工人，向阿美石油公司管理部门和沙特政府递交了一份请愿书，要求阿美石油公司增加石油工人的薪水、取消种族歧视、改善工人的劳动环境和生活环境，同时要求沙特政府批准工人成立工会的权利。① 沙特政府断然否决了工人的正当要求，将工会的发言人监禁。沙特王室还建立一个专门的委员会来调查工人要求建立工会的原因。沙特政府监禁工人领袖的行为，导致工人从最初的要求建立工会发展成为一次工人反抗运动。1953年10月，王储沙特在东方省考察时，所有重要油田的约13000名什叶派石油工人举行示威运动，抗议他们的贫困待遇，进而导致阿美公司石油工人的第一次总罢工。② 这次罢工大约有两万名石油工人参加。沙特政府立即派遣安全部队进驻东方省，王储沙特命令工人回到工作岗位，否则就将他们开除。许多拒绝停止罢工的工人被沙特政府逮捕。第一次石油工人总罢工的主要目的是争取改善石油工人的工作和生活条件，同时也蕴含着仇视和反对美国石油垄断资本主义殖民剥削的民族主义倾向。"工人委员会"的诞生，标志着石油工人开始登上沙特阿拉伯的政治舞台，成为不可忽视的民众政治力量。阿美石油公司迫于压力，立即进行社会经济方面的改革，主要包括修建工人的住房，增加日工资的最低标准，改进工人的晋升规则，恢复发放食品和衣物补贴，为工人的孩子建立第一所学校，

---

① Abir, Mordechai. (1993). *Saudi Arabia: Government, Society, and the Gulf Crisis*. p. 33. London; New York: Routledge.

② Kechichian, Joseph. (2001). *Succession in Saudi Arabia*. p. 98. New York: Palgrave.

缩短每周的工作时间。阿美石油公司还建立了一个"交流委员会",作为工人和资方的沟通平台。由于沙特政府逮捕了工人领袖,这次罢工就从一次纯粹的产业纠纷发展成为一种对现存政治秩序的挑战。沙特继任国王之后,为了缓解国内矛盾,巩固他的权力和统治,立即颁布一项王室法令,承诺给阿美石油公司工人增加20％的工资,并且答应了石油工人的部分经济性要求。① 然而,沙特政府拒绝承认工会的合法地位。沙特王室致力于维护其自身的根本利益和维持与美国的特殊关系,与阿美石油公司联手严密防范工人罢工。阿美石油公司联合沙特政府迫害对他们有威胁的石油工人,两者的联合导致1955年希贾兹和东方省骚乱的扩大,而且民间政治反对派在反对美国和西方的同时也将反对的目标朝向了沙特政权。

1956年爆发的第二次中东战争,导致诸多阿拉伯国家掀起新的民族主义浪潮,进而波及沙特阿拉伯。埃及总统纳赛尔访问沙特阿拉伯之后,沙特的民族主义者要求沙特国王仿效埃及将苏伊士运河国有化的方式,将阿美石油公司国有化。提出这种要求的主要是沙特阿拉伯东方省的什叶派人口。当国王沙特访问宰赫兰的美国空军基地时,沙特的民族主义者组织了一次示威运动,要求不再延续6月到期的美国使用宰赫兰空军基地的协定,同时要求将阿美石油公司收归沙特民族所有。1956年6月9日,国王沙特视察宰赫兰油田,阿美石油公司的工人举行示威运动。参加示威游行的工人高呼反对帝国主义的口号,要求沙特政府关闭沙特阿拉伯境内的美军基地、承认工会的合法地位、增加工人的工资、缩短工人的劳动时间、保障工人的权利、消除种族歧视。沙特政府断然否决了示威运动的合理要求,并立即采取镇压措施。6月11日,国王沙特颁布法令,禁止工人举行示威和成立工会,并且大肆搜捕和迫害示威运动参与者。在这种形势下,阿美公司石油工人于7月17日举行第二次总罢工。这是一次政治性的罢工,其反对的目标是西方殖民主义和沙特政权。它要求制定宪法和实行宪政,允许政党和民众团体的合法存在和活

---

① Abir, Mordechai. (1988). *Saudi Arabia in the Oil Era: Regime and Elites: Conflict and Collaboration*. p. 73. London: Croom Helm.

动,承认工人成立工会的合法权利,取消禁止罢工和示威运动的王室法令,收回宰赫兰空军基地,禁止阿美石油公司干预国家内政,释放被捕工人等。沙特军警迅速镇压了这次罢工运动,沙特政权颁布新的王室法令,严格禁止各种形式的罢工和示威运动,石油工人的政治性要求完全被沙特政权否决。① 1957 年,国王沙特访问美国,他同意将宰赫兰空军基地的租借期再延长 5 年,以换取来自美国的军事和经济援助。② 国王沙特的行为导致沙特社会中反对沙特王族的情绪日益高涨。接下来的 20 年中,阿美石油公司在一定程度上成为沙特阿拉伯民间政治反对派从事反政府和反美活动的中心之一。

50 年代的两次声势浩大的石油工人总罢工揭开了沙特阿拉伯现代化进程中现代模式民众运动的序幕。1953 年的罢工,主要局限于经济层面和福利性的要求。1956 年的罢工运动中,石油工人的要求开始从经济层面延伸到政治层面,具有浓厚的阿拉伯民族主义色彩和民众政治参与的初步倾向。然而,由于石油经济的外向性,大多数石油工人的外籍性和其他工人的什叶派少数派身份,石油工人运动在政治生活具有浓厚宗教性的沙特阿拉伯缺乏广泛的社会基础,工人运动对沙特社会的影响有限。

1961 年 1 月,国王沙特在视察东方省时,民族主义者又组织了一次示威运动。同年春天,经济危机和不断增长的失业率激化了国内矛盾,民族主义者的游行示威遍及全国。1964 年,左翼组织除了策划爆炸事件和在各省分发反政府的传单之外,还在哈萨地区的石油工人中煽动叛乱。石油矿产学院建立之后,很快就成为另一个民间政治反对派活动的中心。1969 年和 1970 年,在邻近国家民族主义反对派的影响下,沙特阿拉伯出现了新一轮的反政府活动。受到国外民族主义者支持的

---

① Abir, Mordechai. (1993). *Saudi Arabia: Government, Society, and the Gulf Crisis*. p. 37. London; New York: Routledge.

② Fandy, Mamoun. (1999). *Saudi Arabia and the Politics of Dissent*. p. 44. London: Macmillan Press.

沙特反对派组织策划了多起爆炸事件和推翻沙特政府的政变。

二、世俗色彩的民间政治组织

沙特阿拉伯民间政治反对派的另一种活动形式是组建秘密的反政府组织。伴随着国家权力的强化和政府体系的构建,希贾兹的自治地位逐渐丧失。希贾兹的知识分子希望改变由纳季德人支配国家权力的现状,或者至少是分享国家的政治权力。20世纪50年代,希贾兹地区中等阶层知识分子控制了一些具有民族主义倾向的报刊和杂志,还成立了许多秘密的民族主义组织,其中最重要的是"自由沙特人"。希贾兹中等阶层领导的反对派要求建立一个宪政主义的议会制政权和加速沙特阿拉伯的现代化步伐。然而,尽管希贾兹反对派拥有许多支持者,但其成员仅限于为数不多的希贾兹城市中等阶层知识分子,其在沙特阿拉伯的政治影响力有限。

50年代,沙特阿拉伯其他地区也陆续建立了许多民间的反对派和反政府组织。1953年底,一个激进的反政府组织"民族改革阵线"成立,它的创始人是第一次石油工人总罢工的领导人和一些纳季德知识分子,其成员还包括一些受过教育的沙特军人和希贾兹人。"民族改革阵线"具有社会主义和世俗主义的倾向,它反对帝国主义和西方石油公司对沙特阿拉伯的控制和束缚,强调沙特阿拉伯的民族独立和国家主权,要求进行社会和政治的改革。"民族改革阵线"主张制定宪法,实行以政党政治和选举政治为基础的宪政制度,保障新闻自由和结社自由,保障民众的权利,发展民族经济,要求废除奴隶制和沙特王国的官方宗教机构"劝善戒恶委员会",同时要求加强与其他阿拉伯国家及社会主义国家的广泛合作。[1] 1954年和1955年,"民族改革阵线"加强其在阿美石油公司劳工中和沙特军队中的活动,随后沙特政府宣布取缔"民族改革阵线",其领导人陆续被捕入狱,一些领导人被迫逃

---

① Vassiliev, Alexei. (2000). *The History of Saudi Arabia*. p. 339. New York: New York University Press.

往埃及、叙利亚和黎巴嫩。尽管深受沙特当局的迫害,"民族改革阵线"仍在沙特国内外秘密开展活动,并于 1957 年更名为"民族解放阵线"。它反对帝国主义和犹太复国主义,主张废除与西方国家缔结的军事条约、关闭外国军事基地、实行民主政治、保障民众的基本权利、发展公有制经济、实现石油开采的国有化、扩大与苏联及其他社会主义国家的交往。① "民族解放阵线"植根于沙特阿拉伯的石油工人、武装部队和纳季德人之中,其激进倾向对沙特政权的威胁很大,是沙特安全部门的主要攻击目标。② 60 年代,沙特"民族解放阵线"的左倾色彩更加强烈,在意识形态方面与马克思主义的"南也门民族解放阵线"和"巴勒斯坦解放阵线"相近。沙特"民族解放阵线"的主流是阿拉伯民族主义者和左翼分子,它经历了无数次的分裂和重组,在 70 年代分裂成"沙特阿拉伯共产党"和其他一些较小的左翼组织。"沙特阿拉伯共产党"强调政治民主、信仰自由和司法公正,是沙特阿拉伯政坛的左翼派别。

另一个非常重要的民间政治反对派是"阿拉伯半岛之子联盟",由"工人委员会"的成员纳斯尔·赛义德在大马士革建立。该组织深受纳赛尔主义的影响,与埃及政府联系密切。它是一个泛阿拉伯主义组织,鼓吹阿拉伯民族主义和阿拉伯民族的统一是解决社会问题的根本办法。1958 年,该组织的领导人纳斯尔·赛义德发表《致国王沙特的公开信》,要求进行宪法改革和建立一个由选举产生的议会,呼吁沙特政府承认民众结社和罢工的权利,保障民众的新闻自由和言论自由,释放政治犯,反对歧视什叶派穆斯林,要求废除奴隶制,以及关闭宰赫兰的美国军事基地。③ 后来,纳斯尔·赛义德移居开罗,通过无线电广播和宣传手册号召沙特民众推翻沙特家族的政权。1961 年以后,"阿拉伯半岛之子联盟"改称"阿拉伯半岛人

---

① Al-Yassini, Ayman. (1985). *Religion and State in the Kingdom of Saudi Arabia*. p. 122. Boulder: Westview Press.

② Abir, Mordechai. (1988). *Saudi Arabia in the Oil Era: Regime and Elites; Conflict and Collaboration*. p. 73. London: Croom Helm.

③ Fandy, Mamoun. (1999). *Saudi Arabia and the Politics of Dissent*. p. 45. London: Macmillan Press.

民联盟",60年代曾宣称对多起暴力活动负责。"阿拉伯半岛人民联盟"的支持者仅限于阿美石油公司劳工和杰贝勒·沙马尔人,但它对居住在沙特阿拉伯的也门人和其他外籍阿拉伯人有非常重要的影响。

另一个更加积极活动并构建了良好组织的反对派是"复兴党沙特支部"。它成立于1958年,其支持者主要来自希贾兹和阿西尔的城市人口,以及在国外留学的沙特学生。1963年,"复兴党沙特支部"成为沙特阿拉伯最大的反对派组织。60年代中期,叙利亚复兴党和伊拉克复兴党分裂以后,"复兴党沙特支部"的许多成员离开了该组织,余下的成员则追随伊拉克复兴党的路线。自1978年以来,该组织通过出版杂志、手册和著作来批评沙特家族。

60年代,沙特阿拉伯的反对派阵营还出现了"阿拉伯民族主义者"的分支"人民民主阵线"和"民族革命组织",它们在沙特阿拉伯人中的支持者很少,主要在沙特阿拉伯的外籍劳工中发展。[1] 后来,沙特的纳赛尔主义者和左翼组织还与叛逃到开罗的"自由亲王"共同组建"阿拉伯民族解放阵线",以它的名义在埃及、叙利亚和也门的无线电广播中号召沙特人民推翻他们"腐败的"和"反动的"政权。1970年,一个更加激进的沙特反对派组织"大众民主党"建立,其成员包括许多马克思主义者和阿拉伯民族主义者。"大众民主党"主张马克思主义的经济政策,主张以武力解放阿拉伯半岛和整个阿拉伯世界。1971年,"大众民主党"中分裂出了另一个反对派组织"大众斗争阵线"。这一时期,其他的民间政治反对派还有规模较小的"自由纳季德人"、"劳工社会党"、"阿拉伯民族主义党"和"沙特民主党"。上述这些沙特阿拉伯民间政治组织在不同程度上具有纳赛尔主义的政治色彩,体现了这一时期纳赛尔主义在中东地区的巨大政治影响。然而,所有这些反对派组织的力量都是非常弱小的,它们的成员大都是在美国和阿拉伯国家中的沙特学生。这些组织之间的意识形态存在巨大的差异,难以形成统一的反对派联盟。另外,这些组织

---

[1] Abir, Mordechai. (1993). *Saudi Arabia: Government, Society, and the Gulf Crisis*. p. 36. London; New York: Routledge.

大都主张废除君主制,要求引进各种各样的社会主义统治秩序。这种具有世俗倾向的民众政治运动与沙特阿拉伯传统社会结构和宗教政治环境差异太大,因此它们很难得到沙特民众的广泛支持,长期处于沙特阿拉伯政治舞台的边缘地带。

　　战后中东国家普遍存在不满现状的民族主义军官发动的对国家政权的严重挑战。20 世纪 50 年代,沙特阿拉伯王国的武装力量还处于萌芽状态,国家正规军缺乏威望,并且受到部落军队国民卫队的牵制和抗衡。希贾兹知识分子尽管受到怀疑和歧视,仍然在国家正规军中担任了重要职位。沙特国王邀请埃及军官协助训练的新军,促进了纳赛尔主义在沙特军队中的传播。加之沙特"民族改革阵线"秘密地在军队中开展宣传和活动,1954 年,沙特阿拉伯的军队中出现了名为"自由军官运动"的政治反对派。"自由军官运动"曾策划对国王沙特、王储费萨尔和多名内阁成员的暗杀行动,试图建立一个类似于埃及纳赛尔统治下的政府。① 1955 年春,该组织的成员被捕,其领导人被沙特政府以阴谋颠覆政权的罪名处死。然而,沙特阿拉伯的军队中仍然存在"自由军官运动"的成员,他们在随后的几年中继续开展反对国王的活动。1957 年,沙特阿拉伯空军中的数名"自由军官运动"成员驾驶飞机逃往埃及。1958 年 7 月 14 日伊拉克革命发生以后,沙特阿拉伯的一些空军飞行员因为一次密谋暗杀国王沙特的行动而被捕。在 1957—1959 年,政府时常以颠覆政权和军事叛变的名义逮捕和处决军队成员。1960 年 3 月 20 日,沙特王室颁布法令,禁止国防军"表示政见、从事政治活动或参加有政治学说和政治倾向的团体与组织"。1962 年,6 名军官因为与开罗的"自由亲王"派别联系而被沙特政府监禁。1963 年,9 名沙特飞行员叛逃到埃及。1969 年,一些希贾兹军官尝试发动一次政变,事件败露以后,100 余名军人被捕。② 直到纳赛尔和沙特阿拉伯王国修好之后,

　　① Fandy, Mamoun. (1999). *Saudi Arabia and the Politics of Dissent*. p. 46. London: Macmillan Press.

　　② Al-Yassini, Ayman. (1985). *Religion and State in the Kingdom of Saudi Arabia*. p. 120. Boulder: Westview Press.

军队中还出现了有高级军官和将军参与的多起以推翻沙特政权为目的的活动,数百名军官参与其中。① 沙特政府在 1969 年逮捕了 63 名密谋反对政府的军官和平民,此后,沙特军队中对王族的威胁有所减轻。然而,1977 年仍然发生了一次军官密谋的政变,叛变的军官在计划暴露以后逃往利比亚。为了避免军队中潜在的威胁,沙特家族采取了双重政策。国民卫队与武装部队分离,由王储阿卜杜拉直接掌管。国民卫队因此成为一种与正规军相互牵制的军事力量。沙特政府还大幅度提高军人的薪水和补助,以此来安抚军队中的不满情绪。

沙特国王统治的失误和王族内部的权力斗争给沙特阿拉伯民间政治反对派及其活动创造了发展的良机。各种反对沙特家族专制统治的思潮和运动遍布全国各个地区和不同的社会群体。希贾兹地区主要流行的是具有泛阿拉伯主义倾向的民族主义思潮;纳季德北部、阿西尔和哈萨地区主要流行的是社会主义甚至马克思主义倾向的反对派别;军队中则存在着纳赛尔主义的反对组织。国王沙特采取严厉镇压民族主义者和激进政治反对派的措施,于 1954 年初颁布王室法令禁止罢工和示威运动,还建立了一个"广播、新闻和出版最高委员会",加强对媒体的控制。② 1961 年,国王沙特颁布了严厉的《国家安全法》,规定任何针对王族或国家政权的敌对行为,包括叛国、颠覆政权、在军队中煽动不满情绪的行为,都将处以死刑或是判处 25 年的监禁,该法令还规定禁止信仰伊斯兰教以外的其他任何宗教,禁止建立政党。③ 国王沙特还调遣精锐的突击队和国民卫队联合驻扎在东方省,以防范罢工和暴乱。王国安全机构大肆搜捕哈萨和希贾兹地区的"共产主义者"和激进民族主义者。由于沙特王室内部的派系斗争和王国安全机构的弱小,国王沙特镇压

① Abir, Mordechai. (1988). *Saudi Arabia in the Oil Era: Regime and Elites; Conflict and Collaboration*. p. 77. London: Croom Helm.

② Abir, Mordechai. (1993). *Saudi Arabia: Government, Society, and the Gulf Crisis*. p. 36. London; New York: Routledge.

③ Abir, Mordechai. (1988). *Saudi Arabia in the Oil Era: Regime and Elites; Conflict and Collaboration*. p. 86. London: Croom Helm.

民间政治反对派的措施成效不大。

费萨尔继任国王之后,对反对派采取分化瓦解和打击镇压的双重政策。温和的政治反对派成员主要是希贾兹地区的中等阶层人士,他们普遍接受过良好的教育,希望加快国家现代化的步伐,进行政治民主化的变革。费萨尔国王对他们采取安抚性的措施,将他们安排到政府各级部门中任职,既发挥了他们的专长和才干,又化解了他们对沙特政府的不满情绪。另外,费萨尔国王还采取了一些安抚中下层民众的政策,并于1969年颁布了更有益于工人的劳工条例,以减少石油工人对国家政权的不满。激进的政治反对派成员主要来自纳季德和哈萨地区,他们主要来自历史上就一直与沙特家族为敌的家族和社会下层民众,他们主张彻底推翻沙特家族的政权。国王费萨尔对激进的反对派采取绝不姑息的高压政策,沙特政府在阿西尔地区和东方省的知识分子、外籍劳工和石油工人中进行广泛的搜捕,反对派别一经发现立即取缔,其成员遭到长期的监禁和折磨。在1969年和1970年的反政府浪潮中,沙特当局镇压了4个很大程度上互不相干的反对派组织,数千人被政府拘留和审讯,其中大约有2000人被监禁。① 费萨尔的铁腕统治使沙特阿拉伯民间政治反对派遭遇了极大的打击,在随后数年中,民间政治反对派只能以规模很小的左倾或马克思主义组织的形式,诸如"沙特共产党"、"阿拉伯半岛社会主义工人党"、"民主青年联盟"和"社会复兴党",秘密地存在于东方省、希贾兹和阿西尔地区,它们再也无力发动对沙特政权有威胁的反对活动。

50年代至70年代初是沙特阿拉伯现代化进程中民间政治反对派蓬勃兴起的重要阶段。这一阶段沙特阿拉伯民间政治反对派的兴起与同一时期王国外部特定的政治环境密切相关。石油经济的发展打破了阿拉伯半岛数百年来相对闭塞的状态,沙特国家与中东其他国家的交往日渐增多。战后初期正是中东地区民族主义运动高涨、纳赛尔主义大获全胜的时期,民族主义、纳赛尔主义成为中东诸国的主

① Abir, Mordechai. (1993). *Saudi Arabia: Government, Society, and the Gulf Crisis*. p. 56. London; New York: Routledge.

流意识形态。随着外籍移民不断涌入,现代政治思潮在沙特阿拉伯初露端倪。这一时期参与民间政治反对派的主要社会群体是沙特阿拉伯石油工业中的外籍劳工和沙特阿拉伯石油工人的主体什叶派穆斯林。在中东反帝反殖民族主义运动的影响下,在外籍劳工的宣传和影响下,沙特阿拉伯的什叶派尝试将他们的思想与阿拉伯民族主义相联系,来反对沙特家族的统治。沙特阿拉伯民间政治运动的形式从最初要求改善工作和生活条件的工人罢工发展到组建具有世俗倾向的政治反对派别。这些民间政治反对派的纲领和要求已经具有民族主义、宪政主义和社会主义的要素,它们的蓬勃兴起标志着沙特阿拉伯现代政治思潮和运动的发端。

第二节　自由亲王运动

一、"自由亲王"派别的形成

20世纪50—60年代,沙特阿拉伯国内形成了许多具有自由主义倾向的政治团体,王室内部也出现了一个自由主义倾向的改良派系,这个派系以亲王塔拉勒·本·阿卜杜勒·阿齐兹为首,主要包括一些年轻的亲王,他们通常被称作"自由亲王"。阿卜杜勒·阿齐兹的儿子塔拉勒亲王在王位继承顺序中排行第十二位,是一名年轻有为的沙特王族成员。亲王塔拉勒因为继承其母亲的遗产以及他自己享有的年金而富有,并且思想比较开放,见多识广,是沙特家族中最早具有企业家头脑的成员。亲王塔拉勒并不拘泥于常规,曾经与黎巴嫩政治家和首相里亚德·索勒赫的女儿结婚。亲王塔拉勒还是阿卜杜勒·阿齐兹的儿子中才智和能力较为突出的。他19岁就担任王族的审计员,22岁就成为沙特阿拉伯的第一任信息部长。然而,由于亲王塔拉勒与沙特军队中自1955年开始形成的持不同政见的群体有一定的联系,他被免去信息部长的职务,改派到欧洲担任沙特阿拉伯驻法国和西班牙的大使。1957年,亲王塔拉勒回到沙特阿拉伯,开始表现出宪政和政府代议制的激进思想倾向，并且影响了沙特家族中的一些年轻的亲王，包括纳瓦夫·本·阿卜杜勒·阿齐兹、白德尔·本·阿卜杜勒·阿齐兹、法瓦兹·本·阿卜杜勒·阿齐兹、阿卜杜勒·穆赫辛·本·阿卜杜勒·阿齐兹和马吉德·本·阿卜杜勒·阿齐兹。

"自由亲王"在沙特阿拉伯的中等阶层民众中找到了支持者。这些支持者主要是一些具有外国教育背景的知识分子、专业人士、管理人员和商人。"自由亲王"的支持者主要是希贾兹人，他们的社会地位长期以来都受到纳季德人的压制。"自由亲王"也在沙特阿拉伯的军官群体中得到了一些秘密的支持。沙特阿拉伯的中等阶层长期以来被排除在统治权力之外，因此在"自由亲王"宪政和代议制的改革要求中找到了接近王国政治权力的途径。"自由亲王"在民众中的支持者中最突出的是阿卜杜拉·塔里其，他是石油和矿产资源局局长。阿卜杜拉·塔里其在美国接受了高等教育，是"石油输出国家组织"的第二创建者，并且因为维护石油生产国家的权利而著名。

1958年沙特阿拉伯发生政治危机时，"自由亲王"成为独立于沙特派和费萨尔派的政治派系。"自由亲王"崇尚纳赛尔主义，与埃及政府关系密切，具有激进的政治倾向。"自由亲王"主张在维持沙特王权和伊斯兰国体特征的前提下，召开由选举产生的国民议会并制定宪法，建立最高法院和最高计划委员会，使沙特阿拉伯王国逐步成为一个立宪君主制国家。[1] 在国王沙特与王储费萨尔角逐权力的过程中，塔拉勒为首的"自由亲王"一度支持费萨尔出任首相，以期获得个人政治地位的提升。国王沙特将权力移交给王储费萨尔之后不久，阿卜杜拉·塔里其激动地对外宣称："我们沙特阿拉伯刚向宪政迈出了重要的一步，这个国家实际上将成为一个立宪君主国。"[2]然而，王储费萨尔并不打算进行立宪君主制改革。而且，费萨尔也没有提拔阿卜杜拉·塔里其，仍然将重要的石油和矿产资源部门作为财政部的

① Vassiliev, Alexei. (2000). *The History of Saudi Arabia*. p. 357. New York: New York University Press.

② Holden, David. (1982). *The House of Saud*. p. 210. London: Pan Books Ltd.

一个下属单位,由费萨尔亲自掌控财政部的大权。1959 年底,费萨尔公布的下一年财政预算没有满足"自由亲王"要求发展的项目,"自由亲王"对费萨尔的批评开始增多。"自由亲王"逐步认识到,恢复国王沙特的无能统治和罢黜费萨尔可能更有利于实现他们的改革目标。已经失去实权的国王沙特及其儿子们也打算利用"自由亲王"及其支持者来帮助他们重新获得权力和威望。

　　1958—1960 年费萨尔主持大臣会议期间,国王沙特虽然失去了管理国家政务的权力,但他一直在暗中准备东山再起。国王沙特多次巡视沙特阿拉伯各地,一方面是为了显示他作为国王的身份和地位,另一方面则是为了暗中培育支持他的社会政治势力。国王沙特慷慨地向贝都因部落贵族赠送礼物,为穷人支付无力偿还的债务,会见欧莱玛并捐资修缮和建造清真寺。国王沙特还向阿卜杜勒·阿齐兹的诸多王子明确承诺,凡未担任国家公职者,已婚王子的年金数额为 1000 万里亚尔,未婚王子的年金数额为 200 万里亚尔,其他王室成员也将获得数额可观的年金。[①] 国王沙特还亲自参加朝觐时节克尔白的清洁仪式。国王沙特的上述举措,旨在笼络各种政治势力,削弱费萨尔的政治影响。通过一系列慷慨和虔诚的举动,国王沙特的声望得到很大提高,沙特阿拉伯的媒体和麦加广播电台高度赞扬"宗教的护主和崇高戒律的首要拥护者"国王沙特的高尚品德和行为。[②] 国王沙特和"自由亲王"在慈善行为方面具有相似的地方。亲王纳瓦夫也曾放弃了部分收入和一些资产,沙特阿拉伯的媒体曾经赞扬亲王纳瓦夫的善行,一家报纸还说"纳瓦夫肯定能因为他的善举而进入天堂"。[③] 亲王塔拉勒在利雅得捐建了一所医院和一座车载的移动诊所,他在受过教育的城市民众中获得了很高的威望,塑造了积极而现代的形象。

　　① 　Vassiliev, Alexei. (2000). *The History of Saudi Arabia*. p. 357. New York: New York University Press.

　　② 　Holden, David. (1982). *The House of Saud*. p. 211. London: Pan Books Ltd.

　　③ 　Holden, David. (1982). *The House of Saud*. pp. 211-212. London: Pan Books Ltd.

二、"自由亲王"的政治实践

1960 年初,费萨尔废除了新闻审查制度以后,媒体就开始传播立宪改革的思想。1960 年 5 月,亲王纳瓦夫在访问开罗时谈到:"沙特阿拉伯存在一种在沙特阿拉伯历史上第一次建立一个立宪议会、起草国家第一部宪法、建立一个最高法庭和一个最高计划委员会的趋势。"[①]1960 年 6 月,以塔拉勒为首的"自由亲王"发表声明,主张改革传统的政治体制,建立选举产生的立法机构和制定宪法,同时还要求加快社会改革的步伐,实行保护人权的措施。费萨尔否决了"自由亲王"的立宪改革计划。[②] 塔拉勒为首的"自由亲王"则公开批评费萨尔立场保守,进而与费萨尔分道扬镳。同时,国王沙特却一直努力与"自由亲王"协调和联合。1960 年夏,国王沙特提到要建立省级议会,其成员一半由任命产生,一半由选举产生,省级议会的代表将组成一个中央议会,其职责是向大臣会议提出建议和批准国家预算。[③]1960 年 8 月底 9 月初,"自由亲王"向国王沙特提交了一份宪法草案。虽然国王沙特以该宪法草案存在激进主义倾向为由,拒绝了这份草案,但国王沙特仍努力维持与"自由亲王"的联系。

国王沙特的力量逐步壮大以后,向王储费萨尔提出挑战。1960 年 5 月,王储费萨尔计划到欧洲治病,于是打算安排亲王法赫德担任代理首相。国王沙特拒绝批准这一任命。沙特家族内部出现分歧,一些亲王支持王储费萨尔,另一些亲王包括塔拉勒、纳瓦夫,则支持国王沙特。在这种形势下,王储费萨尔不敢离开沙特阿拉伯。11 月,国王沙特向王储费萨尔提出要求:费萨尔必须通知国王出席所有的政府会议;如果没有国王的批准,费萨尔不能任命地区、城镇和村庄的埃米尔和法官;

① Vassiliev, Alexei. (2000). *The History of Saudi Arabia*. p. 357. New York: New York University Press.

② Fandy, Mamoun. (1999). *Saudi Arabia and the Politics of Dissent*. p. 44. London: Macmillan Press.

③ Holden, David. (1982). *The House of Saud*. p. 212. London: Pan Books Ltd.

预算必须在国王同意以后才能公布;增加国王沙特的年金。12 月 18 日,国王沙特拒绝在费萨尔提交的新一年财政预算报告上签字,理由是没有列出预算的细节。由于受到不甘心失去权力的国王沙特以及一些保守派亲王和部落首领的合力排挤,王储费萨尔当即退出政坛并且拒绝与国王沙特交谈。12 月 21 日,国王沙特重新兼任首相,并宣布成立由他领导的新一届大臣会议。新一届大臣会议下设 11 个部,其中 5 个部由沙特王室成员出任部长,另外 6 个部由非王室成员出任部长,其中 5 名非王室成员的部长是温和的民族主义者,另一名非王室成员的部长是一名希贾兹背景的商人。国王沙特的儿子穆罕默德·本·沙特担任国防部长,3 名"自由亲王"塔拉勒、阿卜杜勒·穆赫辛和白德尔分别担任财政和国民经济部部长、内政部部长和信息部部长,阿卜杜拉·塔里其被提升为新建的石油和矿产资源部部长,一个职业外交官易卜拉欣·苏瓦伊勒被任命为外交部长。"自由亲王"法瓦兹成为利雅得省长。纳瓦夫谢绝了国内事务部长的职位,保持了一定程度上的中立。不久后,纳瓦夫被任命为王室迪万的领导人。这届大臣会议在沙特阿拉伯的历史上第一次将部长的多数职位交给了非沙特王室成员。新一届大臣会议并不包括任何沙特王室的重要人物,支持费萨尔的王室成员均被排斥在大臣会议之外。① 新一届大臣会议违背了沙特阿拉伯家族政治的原则。塔拉勒为首的自由亲王成为活跃于沙特阿拉伯政治舞台的新兴势力。他们试图依靠国王沙特的支持,推行社会改革和民主政治,实行宪政。

"自由亲王"及其支持者提出了一份宪法草案。这份宪法草案沿袭宗教政治传统,规定沙特阿拉伯是大阿拉伯民族范围内的一个领土不可分割的伊斯兰教主权国家,伊斯兰教是沙特阿拉伯的国教,沙里亚是国家立法的基本源泉;国家实行立宪君主制,限制国王的权力,扩大大臣会议的权限;沙特王位的继承人应从先王阿卜杜勒·阿齐兹的家族成员中遴选;国家保护私人财产所有权,实行社会平等,赋

---

① Abir, Mordechai. (1988). *Saudi Arabia in the Oil Era: Regime and Elites; Conflict and Collaboration*. p. 85. London: Croom Helm.

予民众言论自由和结社自由。根据塔拉勒等人拟定的宪法草案,国民议会即将成立。国民议会由 120 名议员组成,其中 40 名议员是亲王和内阁部长,通过任命产生,另外 80 名议员由选举产生;国民议会拥有广泛的权力,负责制定法律和监督内阁;国王有权解散国民议会,但必须在三个月内选举新的议会。[①]

新内阁刚成立不久,塔拉勒亲王就同国王沙特在财政和立宪等问题上发生严重分歧。亲王塔拉勒作为财政和国民经济部部长以及最高计划委员会主席,主张继续整顿财政和实行严格计划的经济政策。而国王沙特则大规模地投资公共建设,并且减免了地产税收。1960 年 12 月 24 日,麦加广播电台宣布"自由亲王"制定的宪法草案已经由国王提交给大臣会议。第二天,麦加广播电台又否认了这次报道。三天以后,广播和出版部门的负责人否认曾经做过任何有关宪法草案的报道。国王沙特对新一届大臣会议讲话时也没有提到任何关于立宪改革的问题。塔拉勒感到国王背叛了立宪改革运动,但他仍然没有放弃。

沙特王室内部的权力争夺成为沙特阿拉伯王国 1961 年政治生活的主要特征。国王沙特不愿与民众分享政治权力,拒绝民众的政治参与。同时,沙特王族中保守的亲王和高级军官与官方宗教权威联合,反对"自由亲王"的改革措施。1961 年 2月,"自由亲王"再次提出立宪的问题。国王沙特明知欧莱玛反对立宪,却仍将立宪的问题提交给官方欧莱玛裁决。瓦哈卜派官方欧莱玛严厉批评塔拉勒等人拟定的宪法草案与伊斯兰教法不符。国王沙特随之宣布,《古兰经》是沙特阿拉伯王国的宪法,同时也是沙特政治原则和社会法则的唯一源泉。1961 年 3 月,国王沙特颁布《国家安全法》,明令禁止改变国家的政治制度和背叛国王,禁止组建政党,禁止宣传非伊斯兰教的意识形态和散布不满言论,违者将处以死刑或者 25 年的监禁。[②]

① Wilson,P. W. & Graham,D. F. (1994). *Saudi Arabia: The Coming Storm.* pp. 50-51. New York.

② Abir, Mordechai. (1988). *Saudi Arabia in the Oil Era: Regime and Elites; Conflict and Collaboration.* p. 86. London: Croom Helm.

沙特阿拉伯的大穆夫提穆罕默德·伊本·易卜拉欣·谢赫抨击塔拉勒提出的《劳工法》违反了伊斯兰教的精神。国王沙特为了讨好官方宗教政治权威，也反对塔拉勒的改革意见。

国王沙特反对塔拉勒将利雅得的私营企业国有化的改革建议，王储费萨尔的支持者也利用这一机会打击塔拉勒及"自由亲王"的势力，在沙特阿拉伯的商业群体中散布塔拉勒打算将所有工商业公司国有化的传闻。国王沙特想要与王储费萨尔势力妥协，于是决定牺牲塔拉勒及"自由亲王"势力。自由亲王与国王沙特的矛盾逐渐激化，亲王塔拉勒离开沙特阿拉伯前往欧洲。1961 年 8 月 14 日，亲王塔拉勒在贝鲁特向新闻界发表了一份特别声明，宣布他的政治改革计划，并且说大臣会议会将其政治改革计划付诸实践。亲王塔拉勒还公开提到沙特家族内部的意见不合，承认他与王储费萨尔在政府体制方面的意见相左。塔拉勒还说沙特政府正着手终止美国租借宰赫兰空军基地的条约。塔拉勒还指责国王沙特的独断专行。①亲王塔拉勒的声明违反了沙特家族的许多行为规则，在阿拉伯世界引起了轰动。他公开传播沙特王族成员纠纷和越权的行为引起了沙特家族的愤怒。亲王阿卜杜拉·本·阿卜杜勒·阿齐兹召开新闻发布会，严厉批评亲王塔拉勒起草宪法的提议，并且强调沙特阿拉伯已经拥有一部安拉赐予的、而非人造的宪法。国王沙特发电报训斥亲王塔拉勒，并要求他立即回国。塔拉勒拒绝道歉，并且威胁说如果国王沙特不履行立宪和建立代议制政府的允诺，他就不再参与大臣会议。1961 年 9 月 11 日，国王沙特颁布王室法令，宣布将亲王塔拉勒、阿卜杜勒·穆赫辛和白德尔清除出内阁。9 月 16 日，国王沙特任命持中立倾向的"自由亲王"纳瓦夫·本·阿卜杜勒·阿齐兹为财政和国民经济部部长，国王沙特的儿子们填充了其他空缺的部长职位。

亲王塔拉勒继续呼吁在沙里亚框架内对王国的政治体制进行改革，同时他还

---

① Yizraeli, Sarah. (1997). *The Remaking of Saudi Arabia: the Struggle between King Sa'ud and Crown Prince Faysal*, 1953—1962. p. 92. Tel Aviv University.

要求将另外一些法律法规引入沙里亚以规范新的社会现象。塔拉勒要求打开"创制"之门,因此沙特社会中的新群体才能根据他们的利益重新解释沙里亚,为他们的要求找到法律依据。塔拉勒的要求在沙特阿拉伯国内没有找到支持者,于是塔拉勒将他的视线转移到国外。1962 年 7 月 23 日,亲王塔拉勒致电纳赛尔,向他祝贺埃及解放 7 周年。几周后,塔拉勒在贝鲁特宣布,他和阿卜杜勒·穆赫辛以及白德尔决定给予他们的妾和奴隶自由。"自由亲王"的一系列行动激怒了沙特统治者,沙特政府立即吊销了塔拉勒的护照,查封其财产。8 月 16 日,亲王塔拉勒在贝鲁特召开新闻发布会,批评沙特政权。他在发言中提出,他与国王沙特和王储费萨尔之间的冲突并非是因为个人的原因,而是关乎民主政体的问题。亲王塔拉勒提出,尽管沙特人口中文盲的比例很高,但他相信在沙特阿拉伯王国实行民主政体是可行的。塔拉勒明确宣布,他们的目标是在君主制的框架内建立一种立宪民主制度。① 四名沙特亲王公开表示对塔拉勒的支持,他们是阿卜杜勒·穆赫辛·本·阿卜杜勒·阿齐兹、白德尔·本·阿卜杜勒·阿齐兹、法瓦兹·本·阿卜杜勒·阿齐兹和萨阿德·本·法赫德。黎巴嫩政府害怕招致沙特政府的敌对,于是设法驱逐背叛沙特政府的"自由亲王"。8 月 19 日,塔拉勒及其"自由亲王"运动成员阿卜杜勒·穆赫辛、白德尔、纳瓦夫和法瓦兹离开沙特阿拉伯去往开罗。塔拉勒抵达开罗后,以"自由亲王"之名在开罗的"阿拉伯之声"电台广播他的声明。这份声明针砭沙特时弊,反对国王沙特的统治,具有一定的煽动性和激进倾向。

1962 年夏,亲王塔拉勒出版了一系列著作,论述他的宪政改革思想,并且宣称社会主义是伊斯兰教的主要原则。他在一部标题为《致同胞的信》的著作中公布了他提出的宪法草案,并详细论述了他的改革思想。亲王塔拉勒为沙特阿拉伯王国现存的政治体制设计了一种温和的宪政结构。塔拉勒的宪法草案强调,沙特阿拉伯的阿拉伯性质和穆斯林性质是王国历史传统的基本组成部分,国王作为绝对统

---

① Vassiliev, Alexei. (2000). *The History of Saudi Arabia*. p. 361. New York: New York University Press.

治者的地位必须在原则上得到坚持,但是王位只是政治体制的一个重要的组成部分,政治体制还包括一个内阁和一个拥有 120 名成员的国民议会。内阁和国民议会都从属与国王的统治,国王有权任免内阁部长,并且有权任命国民议会三分之一的成员。国民议会另外三分之二的成员由地区议会选举产生,选区的范围由国王决定。实际上,塔拉勒提倡的间接选举制度使国王能够在任何时间任何地方安插他的亲信。塔拉勒也没有明确内阁和国民议会之间的关系,国王实际上成为统治合法性的唯一来源。塔拉勒的宪法草案没有对王位继承做出规定,也没有规定公民的权力和沙特体制中公民个人的地位。塔拉勒还高举"社会主义"的旗帜,要求中央政府控制工业、矿产和油田,以及政府管理国家经济。塔拉勒还要求逐步减少王族的年金。[①]

　　1962 年 10 月 23 日,亲王塔拉勒宣布建立"阿拉伯解放阵线",继续倡导议会君主制框架下的民主政治和社会改革。塔拉勒公布"阿拉伯解放阵线"的计划是,在沙特阿拉伯建立一个民主政权,废除奴隶制,修改石油特许权协议,保护国家的利益,建立一个国有石油生产公司。塔拉勒还提倡阿拉伯民族建立联合反对帝国主义的条约和军事基地。"阿拉伯解放阵线"的领导团体包括沙特家族亲王塔拉勒、白德尔、萨阿德和法瓦兹,以及商人穆罕默德·阿赫马尔·易卜拉欣等。1962 年12 月,"阿拉伯解放阵线"与"国家解放阵线"合并,建立了"阿拉伯民族解放阵线",塔拉勒担任秘书长。"阿拉伯民族解放阵线"具有浓厚的纳赛尔主义色彩,通过黎巴嫩的报纸和杂志进行政治宣传,其核心主张是建立一种立宪制民主政府形式和由选举产生的政府机构;保障民众的思想自由、言论自由和集会自由;保障民众建立政治组织和商业联盟的权利;保障民众的罢工权利和示威权利;改组政府机构;发展教育,消除文盲,引进女子教育,实行男女平等的教育制度;促进国家的工业化,发展民族工业;实行土地改革,将未耕种的土地分配给农民,建立农业合作社;

---

　　① Bligh, Alexander. (1984). *From Prince to King: Royal Succession in the House of Saud in the Twentieth Century*. p. 74. New York: New York University Press.

发展医疗卫生事业,为所有的公民提供医疗设施;发展通讯事业;加强军队的实力,为军队提供现代武器;重新签订有利于沙特阿拉伯国家利益的石油协议,创办负责石油提炼和加工的国有石油公司;鼓励阿拉伯民族的统一,反对帝国主义的联盟和军事基地;实行积极和平和中立的外交政策,与所有国家建立外交关系和经济联系。① "阿拉伯民族解放阵线"甚至还通过境外的广播电台,号召沙特人推翻其"腐败"和"反动"的政权。②

1963 年 8 月,塔拉勒集团脱离"阿拉伯民族解放阵线",塔拉勒与埃及政府的关系逐渐恶化。当也门广播电台号召"杀死所有沙特王族成员"之后,塔拉勒和其他"自由亲王"开始努力缓和与国王沙特和王储费萨尔的关系,不再批评沙特阿拉伯王国的政治制度。费萨尔执掌国家最高权力以后,努力缩小和弥合同王室内部反对派的分歧,向塔拉勒发出各种和解的信号。1964 年 2 月,亲王塔拉勒承认他对沙特政府内外政策的所有批评都是完全错误的,他还表达了对费萨尔改革的赞赏。亲王塔拉勒和"自由亲王"陆续回到利雅得,"自由亲王"运动结束。后来,亲王塔拉勒弃政从商,成为沙特阿拉伯最富有的商人之一。

亲王塔拉勒领导的"自由亲王"运动表达了建立立宪君主制的愿望和由部分选举的方式产生国家议会的要求,具有自由主义和民族主义的双重倾向。"自由亲王"主要是由一些年轻的、母系家族并不显赫的沙特亲王所组成。"自由亲王"试图通过与国王沙特联合的手段来实施他们的政治计划,但国王沙特显然并不打算进行任何实质性的政治改革,更不愿意与年轻的亲王分享政治权力。还有一点至关重要的是,塔拉勒没有得到宗教领袖和部落首领的支持。塔拉勒的宪法和改革计划明确提出要坚持沙特国家的阿拉伯性质和穆斯林传统,但是并没有提出要保护

---

① Vassiliev, Alexei. (2000). *The History of Saudi Arabia*. p. 369. New York: New York University Press.

② Abir, Mordechai. (1993). *Saudi Arabia: Government, Society, and the Gulf Crisis*. p. 44. London: New York: Routledge.

宗教领袖和部落领导的权力和地位。"自由亲王"运动获得了具有国外大学教育背景的知识分子和部分军官的支持,但是这些社会势力在沙特阿拉伯的地位和影响都是十分有限的。实际上,"自由亲王"倡导政治改革的目标是在王族成员的更广大范围内分配国家权力,以及改变由出生顺序和年资决定在王族和政府中地位与权力的原则,而并非要削弱沙特王族的统治权力。塔拉勒为首的"自由亲王"属于沙特阿拉伯的自由派和宪政派,他们的政治命运说明初入现代化进程的沙特阿拉伯缺乏自由和宪政的社会基础,政治改革的客观条件尚不具备。

第三节　费萨尔改革

一、费萨尔改革的背景

石油时代沙特阿拉伯启动了现代化的历史进程,加强中央集权和促进社会整合成为沙特阿拉伯王国政治改革的首要历史任务。政府机构的完善和官僚政治的发展是强化君主制度和整合社会的重要手段。1953 年,国王阿卜杜勒·阿齐兹去世,其子沙特继任国王,费萨尔出任王储。1954 年 3 月,国王沙特召开了大臣会议第一次会议,并以政府公报的形式公布了大臣会议的规章制度和组成部分。"大臣会议的决定必须在国王批准之后方可生效"[1],国王对大臣会议的决议具有否决权。所有各部大臣既对国王负责,也对大臣会议负责,大臣会议下设秘书处、开支院、技术专家局和上诉法院等机构。5 个月后,国王沙特颁布王室法令任命王储费萨尔为大臣会议主席,并公布了第一届大臣会议成员名单。大臣会议的最初机构

---

① 　Umm al-Qura（Government Official Gazette）. Constitution of the Council of Ministers and Constitution of the Divisions of the Council of Ministers. No. 1508, 26th March, 1954 (21 Rajab, 1373 AH). Al-Farsy, Fouad. (1999). *Modernity and Tradition：The Saudi Equation*. p. 50. St Peter Port：Knight Communication.

包括始建于 1930 年的外交部、始建于 1932 年的财政部和始建于 1946 年的国防部。国王沙特当政期间,大臣会议增设内务部、教育部、农业部、交通部、商业与工业部、卫生部。沙特阿拉伯王国大臣会议的建立,标志着沙特阿拉伯王国中央集权的正式确立。

1954 年颁布的大臣会议法令规定的大臣会议职能极为有限,实际上,国王沙特并没有授予大臣会议实权,而仍然试图沿用传统的家长式统治方式随心所欲地治理国家。第一届大臣会议具有明显的权力二元性倾向,国王沙特与领导中央政府的王储费萨尔之间的权力争夺不可避免。国王沙特无视大臣会议的存在而独断专行,大臣会议的工作实难开展。他将自己的儿子安插到政府和军队的重要职位上,不但使渴望分享政治权利的中产阶级绝望,在王族内部也引起巨大不满。国王沙特试图与保守的部落势力再联合,这是一种逆时代潮流的反动行为。1956 年 7月,部分沙特王室成员向国王沙特递交请愿书,批评沙特政府实行的内外政策。1957 年费萨尔愤然辞去大臣会议主席的职务,前往美国治病,沙特阿拉伯王国在国王沙特的混乱统治下一度危机四伏。

国王沙特统治期间,沙特阿拉伯的石油产量逐年上升。沙特政府的财政收入从 1953 年的约 1 亿美元,增至 1960 年的 3 亿美元。然而,沙特阿拉伯石油产量的提高和政府财政收入的增长未能促进经济的发展和社会的进步。在国家社会经济经历巨大变革的时代,新国王沙特缺乏其父"克里斯玛"式宗教政治合法性及领导能力,他的统治充斥着奢侈、腐败和浪费,数百万资金被用于修建皇宫和各种形式的排场。① 国王沙特在利雅得和吉达修建两座耗资高达 5000 万美元的王宫,②巨额的石油收入也无法改变国家濒临崩溃和财政破产的境地。50 年代末期,沙特政

---

① Vincent, Sheean. (1975). *Faisal: the King and His Kingdom*. p. 114. University Press of Arabia.

② Niblock, Tim. (1982). *State, Society and Economy in Saudi Arabia*. pp. 95-96. London: Croom Helm.

府面临财政赤字和债台高筑的局面。1957 年底国家积欠内债 1800 多万美元,外债高达 1.2 亿美元。① 1958 年,沙特政府所欠的外债接近 5 亿美元。② 同时,沙特里亚尔与美元的汇率大幅下降,阿美石油公司和国际金融机构拒绝向沙特政府提供贷款,沙特阿拉伯的经济形势急剧恶化,爆发了财政危机,政府官员一连数月领不到工资。国王沙特既无力控制经济的无序和混乱,也无从改变社会不公及财富分配的不均,只是一味地对国民实施高压和专断政策,结果社会矛盾日益激化,人民大众与统治阶级激烈对抗。

1958 年,埃及总统纳赛尔揭发国王沙特破坏叙埃联合并试图暗杀叙埃两国总统。沙特政府的行为在阿拉伯世界引起强烈不满,国王沙特成为众矢之的。国王沙特在国家内外政策上的一系列失误造成王国的财政危机和政治危机,严重影响了沙特家族的整体形象和利益,甚至威胁了沙特家族政权的存在和稳固。面对内外危机的严峻形势,为了扭转被动局面,稳定沙特政局,维护沙特家族的长久统治,1958 年 3 月 24 日,先王阿卜杜勒·阿齐兹的兄弟,亲王阿卜杜拉·本·阿卜杜勒·拉赫曼召集众亲王到他的宅邸商议了 4 天,最后达成一项公议,要求国王沙特将所有权力以委托的形式移交给王储费萨尔。③ 王室协商机构"王室长老委员会"由此产生。

国王沙特迫于财政危机、政治危机和沙特家族成员的压力,不得不颁布王室敕令,宣布由王储费萨尔兼任首相并主持大臣会议,赋予大臣会议不受国王干预的政治权力。1958 年 5 月 12 日,沙特王室颁布法令修改大臣会议条例,扩大大臣会议主席和大臣会议的职权,并设立了大臣会议副主席的职位。王室法令规定王储兼

① Bligh, Alexander. (1984). *From Prince to King: Royal Succession in the House of Saud in the Twentieth Century*. p. 62. Boulder: New York University Press.

② Al-Rasheed, Madawi. (2002). *A History of Saudi Arabia*. p. 107. New York: Cambridge University Press.

③ Bligh, Alexander. (1984). *From Prince to King: Royal Succession in the House of Saud in the Twentieth Century*. p. 64. New York: New York University Press.

任大臣会议主席,主持大臣会议,决定大臣会议的人选,每个大臣就本部的工作对大臣会议主席负责,大臣会议主席就本人的工作和大臣会议的工作对国王负责,大臣会议主席可以要求国王免去任何大臣会议成员的职务。大臣会议负责制定国家的内外政策,包括财政、经济、教育、国防和所有公共事务方面的政策,并负责监督其执行。① 这份王室法令是沙特家族对国王沙特的统治不满和担忧的结果,它对大臣会议作出的修改实际上导致国王的地位相对下降。

为了摆脱沙特阿拉伯王国面临的内外危机,王储兼大臣会议首相费萨尔采取多项重要的改革措施。费萨尔实行政府机构改革,对 1954 年颁布的《沙特阿拉伯王国大臣会议条例》进行重大的修改和补充。政府机构改革强化了政府的职能,明确了政府各部门的责任和权限。费萨尔还立即着手进行财政改革,压缩政府的财政支出和建设投资,削减王室成员的俸禄,执行平衡的预算和付清债款。费萨尔还发布王室法令,规定沙特阿拉伯王国所有的政府收入都必须上交财政和国民经济部统一管理。1958 年 6 月,沙特政府与国际货币基金组织积极合作,制定了一项稳定财政的方案。费萨尔还采取包括统一外汇牌价等各种措施稳定沙特里亚尔的币值,调整里亚尔与美元的汇率。1959 年底,沙特货币的黄金保证率达到 100%,王国的财政状况有所改善。在对外关系方面,费萨尔与纳赛尔总统会谈,在一定程度上化解了矛盾和分歧,实现了两国关系的正常化。费萨尔还重申对阿拉伯联盟的支持,从而逐渐使沙特阿拉伯王国摆脱了在阿拉伯世界尴尬和孤立的境地。

二战以后,沙特阿拉伯的石油经济处于高速发展的时期。处于变动之中的经济社会环境与相对滞后的传统秩序之间的矛盾,蕴涵着深刻的政治危机。在家族政治的特定背景之下,沙特阿拉伯王国的政治矛盾集中表现为王室内部的权力角逐。大臣会议的权力和地位,以及国王与王储之间的权力分配,构成沙特王室内部权力角逐的核心内容。在国王沙特与王储费萨尔对抗的过程中,国王沙特努力争

① Huyette, Summer Scott. (1985). *Political Adaptation in Saudi Arabia: a Study of the Council of Ministers*. p. 69. New York: Westview Press.

取王族中的不同群体、王室以外的沙特技术官僚和部落谢赫的支持,而沙特王族的重要成员、官方欧莱玛权威人士和希贾兹地区有影响力的商人大都支持王储费萨尔反对国王沙特的行动。阿卜杜勒·阿齐兹的第三个儿子穆罕默德亲王和第七个儿子法赫德亲王是最先提出让国王沙特移交权力给王储费萨尔的王族核心人物,支持他们倡议的王族重要成员还有阿卜杜勒·阿齐兹的儿子哈立德亲王和阿卜杜拉亲王,以及法赫德的六个同胞兄弟。国王沙特被视作传统部落政治和保守势力的代表,王储费萨尔则被视作现代化和改革派政治势力的象征。然而,当许多沙特家族的亲王要求立宪运动时,王储费萨尔却是最坚决反对立宪改革的保守派势力。王储费萨尔虽然在经济和社会方面大力提倡现代化的改革,但他坚决反对改变沙特王国教俗合一的家族政治体制和削弱沙特王族的统治权力的行为。

1961 年 9 月,国王沙特将"自由亲王"逐出内阁,空缺的职位由国王沙特的儿子充任。新一届的大臣会议违背了沙特王室家族政治的传统和原则,国王沙特失败的统治引起了整个沙特家族的愤怒。国王沙特与"自由亲王"决裂以后,更是陷入孤立无援的境地,沙特国家再次面临内忧外患的危险境地。1961 年 11 月 21 日,国王沙特去往美国治病之前,颁布王室法令任命王储费萨尔为国王的副手和执行首相。1962 年 3 月,国王沙特的健康状况恶化。在王室长老委员会的调解下,国王沙特不得不放弃直接控制大臣会议的权力,仅仅保留首相的名分,前往欧洲养病。同时,王储费萨尔出任副首相兼外交部长,主持大臣会议,而大臣会议的组成人员仍由国王确定。

1962 年 10 月,王储费萨尔正式出任首相并任命了新一届内阁。1963 年 4 月,国王沙特自欧洲返回沙特阿拉伯。沙特家族的 69 名重要成员联合发布最后通牒,要求国王沙特在保留国王名分的条件下,将治理国家的所有实际权力移交给王储兼首相费萨尔。国王沙特认识到他在沙特家族中的孤立境地,只好离开沙特阿拉伯。随后,费萨尔解除了国王沙特的儿子们所担任的所有重要职务,任命沙特家族的核心成员担任所有重要的政府职位。费萨尔还将大多数王室卫队的成员调离首都利雅得。沙特家族同意国王沙特回归祖国,条件是国王沙特不得干预政府事务。

　　1963 年 9 月 13 日,国王沙特回到沙特阿拉伯。1964 年 3 月 22 日,国王沙特的儿子们联合发表文告,要求费萨尔将全部的职权归还给他们的父亲,他们还强调,国王沙特是穆斯林的伊玛目。费萨尔拒绝了国王沙特及其支持者的要求,并且调动国民卫队帮助维持局面。沙特家族的核心成员召集了一次众亲王与欧莱玛共同参加的会议,他们最初决定废黜国王沙特,但后来决定有条件地让国王沙特保留王位。3 月 25 日,沙特阿拉伯的大穆夫提劝说国王沙特接受王储费萨尔和沙特家族亲王的集体决定。国王沙特拒绝同意,并且试图调动王室卫队中忠诚于国王的势力发动政变。王储费萨尔命令国民卫队包围了王宫。两支军队的力量悬殊甚大,王室卫队投降。1964 年 3 月 29 日,以大穆夫提为首的 12 名官方欧莱玛颁布一份费特瓦,宣布以避免国内冲突为目的,通过一系列的协商,考虑到国王沙特的健康状况不能再胜任其职务,因此将其所有国内外事务的绝对权力移交给王储和副首相费萨尔;国王沙特将保留纯礼仪上的国家君主的头衔。① 68 位沙特王室成员共同签署声明,认可官方欧莱玛的费特瓦,要求费萨尔以王储兼首相的名义行使最高权力。3 月 30 日,大臣会议宣布将国王沙特的立法、行政和司法权力交给费萨尔,国王作为国家首脑和军队总司令的权力也一并移交。当天,费萨尔签署王室法令,批准大臣会议的决定并使其生效。

　　1964 年 10 月末,亲王穆罕默德·伊本·阿卜杜勒·阿齐兹召集王室长老委员会,起草王室法令,赋予王储费萨尔唯一的统治者地位,只是不采用国王的名号。在遭到国王沙特的反对之后,大约 100 名沙特家族的亲王和 65 名官方欧莱玛权威人士经过进一步的讨论和协商,决定正式废黜国王沙特,由王储费萨尔继承王

---

　　① Heper, Metin & Israeli, Raphael. (1984). *Islam and Politics in the Modern Middle East*. p. 49. London & Sydney: Croom Helm Ltd.

位。① 在沙特家族的威逼利诱之下,国王沙特同意退位。② 1964 年 11 月 2 日,费萨尔举行加冕礼成为国王。在宣誓就职的仪式上,费萨尔发誓要按照沙里亚和传统来统治国家。由大穆夫提领导的欧莱玛、王族、协商会议、大臣会议、来自王国各地的显要人士,以及国民卫队,都向费萨尔宣誓效忠。1965 年 1 月,前国王沙特在向沙里亚法庭上诉罢免事件失败之后,也宣誓效忠国王费萨尔。随后,前国王沙特离开沙特阿拉伯,居住在维也纳和巴黎等地,过着奢侈的生活。同年 3 月,亲王哈立德出任王储。

　　国王沙特与王储费萨尔权力斗争的时期,沙特阿拉伯王国家族政治协商制度和家族政治协商机构经历了一个逐步发展的过程。王室协商机构"王室长老委员会"由阿卜杜勒·阿齐兹的儿子和他在世的兄弟组成,具体的成员和人数不定,没有常设机构,也没有固定会期。它采用协商的方式和公议的形式,对国王废立、王储遴选、王室矛盾调解以及其他关系到家族、国家命运的重大决策起着关键性作用。沙特家族政治协商体制类似于一种贵族政体,家族成员根据其出身、资历和辈分在家族政治体系中居于不同的地位。尽管沙特家族有数千名成员,但最多只有100 人在最重要的问题上参与决策。1964 年 11 月 2 日,在王族将王权交给费萨尔的决议上签名的有 68 人,这大概表明了参与家族政治决策的主要家族领导的人数。③ 参与家族内部协商和决议的主要领导分别代表沙特家族诸多重要的分支和派系。50 年代和 60 年代,王族辈分较高的分支以阿卜杜勒·阿齐兹的三位在世的兄弟——阿卜杜拉、艾哈迈德和穆萨伊德为代表,他们是斡旋国王沙特与王储费萨尔事件的重要政治势力。沙特家族内部诸多分支的权力角逐,以及阿卜杜勒·阿

　　① Bligh, Alexander. (1984). *From Prince to King：Royal Succession in the House of Saud in the Twentieth Century*. p. 79. New York：New York University Press.
　　② Kelidar, Abbas. (1978). The Problem of Succession in Saudi Arabia. *Asian Affairs*, Feb, Vol. 9, Issue 1, pp. 24-25.
　　③ Vassiliev, Alexei. (2000). *The History of Saudi Arabia*. p. 438. New York：New York University Press.

齐兹直系成员的政治核心化与旁系成员的政治边缘化倾向,构成沙特阿拉伯政治生活的突出现象。

费萨尔继任国王,是瓦哈卜家族与沙特家族政治联盟的集中体现,是沙特阿拉伯王国教俗合一家族政治发展的重要里程碑。国王费萨尔是瓦哈卜家族与沙特家族联姻的结果,费萨尔的母亲特尔菲是瓦哈卜家族成员谢赫阿卜杜拉·本·阿卜杜勒·拉提夫的女儿。① 费萨尔的童年是在外祖父的家里度过。宗教世家的浓厚宗教氛围和宗教权威阿卜杜拉·伊本·阿卜杜勒·拉提夫的言传身教,赋予费萨尔虔诚而公正的特质,以及伊斯兰教和阿拉伯语方面的渊博学识。费萨尔以王储的身份,挽救沙特阿拉伯于经济和政治混乱之中。在官方宗教权威、沙特王族和大臣会议的共同支持下,费萨尔最终取代沙特,继任沙特阿拉伯国王。这是沙特阿拉伯教俗合一家族政治的集中体现,标志着沙特阿拉伯家族统治模式的正式确立。

官方宗教政治权威为沙特家族内部权力的更替提供了必要的宗教政治合法性。在国王沙特与王储费萨尔的权力斗争中,沙特家族核心成员多次就权力移交的问题与官方宗教权威商议。在此期间,沙特家族内部的权力斗争导致沙特阿拉伯的政治局面变得复杂而危险,瓦哈卜家族领导的官方宗教权威在一定程度上成为维护王国历史传统和政治体制的中流砥柱。面对"自由亲王"立宪改革的要求,官方宗教权威裁断其宪法草案与伊斯兰教法不符,否认了"自由亲王"宪法的宗教政治合法性。瓦哈卜家族领导人作为沙特家族重要的政治盟友,在沙特家族内部权力斗争中扮演了协调者和仲裁者的关键角色。沙特阿拉伯的大穆夫提,瓦哈卜家族成员谢赫穆罕默德·本·易卜拉欣·本·阿卜杜·拉提夫,接受沙特王室协商会议的委托,劝说国王沙特主动辞职。当国王沙特拒绝移交权力,一场沙特家族的内战迫在眉睫之时,沙特家族核心成员决定罢免国王。官方欧莱玛在罢免国王沙特的进程中扮演了一个重要角色,即为这场王位的更替提供沙里亚认可。以大

---

① [叙]莫尼尔·阿吉列尼著,何义译:《费萨尔传》,商务印书馆1977年版,第84页。

穆夫提为首的官方宗教权威颁布费特瓦,裁断权力移交的必要性和合理性,继而由沙特家族成员和大臣会议认可官方宗教权威的裁断。官方欧莱玛的费特瓦以及其他的宗教政治行动,例如对新国王费萨尔宣誓效忠的仪式,为沙特家族内部有序地移交权力提供了宗教政治合法性。尽管瓦哈卜家族领导的官方欧莱玛在这场沙特家族内部的权力斗争中发挥了重要的影响,但是直到1964年国王费萨尔即位,欧莱玛都没有发表任何有关沙特政治进程的意见。官方宗教权威关心的重点是在面临国王沙特统治无方和埃及总统纳赛尔颠覆活动的威胁下,保持沙特阿拉伯王国的伊斯兰体制和教俗合一的政治制度。因此,官方宗教政治势力是沙特阿拉伯王国反对政治威胁的统一战线之重要参与者,官方欧莱玛及其费特瓦实质上是沙特家族领导集团掩盖权力争端的重要工具。

二、费萨尔改革的内容

1962年11月,王储费萨尔宣布:"沙特阿拉伯的政府适应社会的进步而经历着逐渐完善的过程。国王的政府相信,目前需要依据《古兰经》和'圣训'的原则以及正统哈里发的实践,制定基本法,以规范国家的管理,规范政府的基本原则,规范统治者与被统治者之间的关系,规范国家的权力,保障民众的基本权利,诸如在伊斯兰教和公共政策的框架内的言论自由。"[1]1962年12月,费萨尔以大臣会议首相的名义颁布了一项名为"十点纲领"的改革计划。"十点纲领"阐述了基本的施政框架,承诺筹建国家协商会议,依据经训的教诲、沙里亚的原则和正统哈里发的传统制定"基本法",建立省区协商会议,完善地方政府机构,设立司法部,保障司法独立,完善司法体系,保障伊斯兰框架内的言论自由。[2]"十点纲领"无疑包含着宪政制度的基本要素,"十点纲领"的颁布标志着沙特阿拉伯现代化进程的缘起。"十点

① Wilson,P. W. & Graham,D. F. (1994). *Saudi Arabia：The Coming Storm*. p. 52. New York.
② Abir, Mordechai. (1988). *Saudi Arabia in the Oil Era：Regime and Elites；Conflict and Collaboration*. p. 94. London：Croom Helm.

纲领"对王国的发展具有重要的指导性意义,确定了王国经济、社会、政治等多方面的改革方向和道路。费萨尔时期,沙特阿拉伯正式启动了经济、社会和政治领域的现代化改革。

费萨尔经济改革的实质是建立国家资本主义经济,增强国家对经济的宏观调控。石油和矿业总公司于1962年11月由沙特政府建立,隶属于石油矿产部,负责石油和矿产资源的开采、提炼、运输和销售,以石油工业为主的国营经济迅速发展,国家资本主义占主导地位的现代经济基础逐渐确立。政府加大对农业的投入,兴建各种基础设施,通过补贴和贷款等财政手段帮助振兴农业。费萨尔主持的哈萨农业发展规划共投资2.6亿里亚尔,使约有五万农户受益。此外,费萨尔于1968年底颁布分配闲置土地的法令,向缺地农户分配5~10公顷的份地,各农业公司也得到400公顷的土地。费萨尔的土地政策旨在建立一个由中农和富农构成的广泛的社会阶层,促使国家农业转入资本主义的轨道。沙特政府以国家财政为后台,鼓励和促进国家发展所需的商品生产的发展。① 费萨尔时期国家对经济宏观调控的主要表现是制定了沙特阿拉伯经济发展战略,即以石油工业带动整个国家经济的发展,逐步实现经济多样化,促进沙特阿拉伯社会经济的持续增长。政府承担有关民生的最基本的工业发展,并且大力支持私营企业参与工业或其他与经济多样化有关的投资。② 费萨尔建立了现代意义上的国家预算制度,将王室开支与政府开支相分离,并将王室开支从占国家预算的15%以上大幅度削减到6%。③ 政府还进行税制改革,发行本国货币沙特里亚尔。财政部第一次成为超越王族需要的拥有

---

① Al-Farsy, Fouad. (1982). *Saudi Arabia: A Case Study in Development*. p. 142. Kegan Paul International.

② Looney, R. E. (1982). *Saudi Arabia's Development Potential: Application of an Growth Model*. p. 163, 164. Lexington Books.

③ [美]塞缪尔·亨廷顿著,张岱云等译:《变动社会的政治秩序》,上海译文出版社1989年版,第172页。

广泛职责的国家政府部门。① 费萨尔建立中央计划厅,逐步完善中央计划机构的建制和工作体系。王国经济发展步入有章可循的轨道,确保了社会经济的良性运作。在联合国专家的帮助下,沙特王国于 1970 年开始实施第一个五年计划。一五计划奠定了沙特现代工业的基础,国家新建了 260 多家工厂,采矿业年平均增长率为 23.1%,制造业年平均增长率为 14%,建筑业年平均增长率为 10.4%。② 工业化促进了城市化的发展,城市人口从 1950 年占总人口的 15.9% 猛增至 1970 年的 48.7%,在 1970 到 1975 年间,沙特的城市人口年平均增长率为 5.2%。③ 经过费萨尔改革,沙特阿拉伯现代资本主义经济长足发展,国家经济进入有计划的快速发展时期。

费萨尔的社会改革着力改变传统社会的人身依附状态,为现代资本主义经济的发展扫清障碍。改革的首要措施是彻底废除传统社会残余的奴隶制度。费萨尔的施政纲领提出:"政府认为现在是宣布从根本上取消奴隶制、解放所有奴隶的合适的时机;政府将对那些应予补贴的人给予补贴。"④沙特政府解放奴隶时主要采取赎买政策。1962 年底,沙特政府宣布废除奴隶制,由政府向释放奴隶者提供补偿,释放一名男奴获得 700 美元的补偿,释放一名女奴获得 1000 美元的补偿。截至 1963 年 7 月,通过政府补偿而获释的奴隶总数为 1682 人,沙特政府付出了 50 万美元的补偿金,另外有近 3 万名奴隶无偿获得自由。⑤ 获释奴隶的再就业由内务部和劳工部负责。⑥ 奴隶制的废除使奴隶摆脱了人身依附状态,促进了劳动力的自

① Bligh, Alexander. (1984). *From Prince to King: Royal Succession in the House of Saud in the Twentieth Century*. p. 83. New York: New York University Press.

② [日]田村秀治编,陈生保等译:《伊斯兰盟主——沙特阿拉伯》,上海译文出版社 1981 年版,第 304 页。

③ 英国《经济季评》(1987—1988 年),孙鲲主编:《沙特经济新貌》,时事出版社 1989 年版,第 219 页。

④ [叙]莫尼尔·阿吉列尼著,何义译:《费萨尔传》,商务印书馆 1977 年版,第 370 页。

⑤ Vassiliev, Alexei. (2000). *The History of Saudi Arabia*. p. 365. New York: New York University Press.

⑥ Vincent, Sheean. (1975). *Faisal: the King and His Kingdom*. p. 121. University Press of Arabia.

由化,为工业经济的发展补充了必要的劳动力。另外,王国成立劳工与社会事务部负责制订劳工政策,免费教育和医疗、降低食品价格、建立社会保险制度等工作也逐步展开。教育是费萨尔改革的战略重点之一,其主要措施是财政预算向教育领域的倾斜和各级各种学校的广泛建立。教育方面在一五计划财政分配中共计 73.78 亿里亚尔,仅次于军事行政和邮电运输而居第 4 位,是工业方面的近 7 倍。① 世俗教育发展迅速,阿卜杜勒·阿齐兹国王大学、石油和矿业大学、费萨尔国王大学相继建立。国家还投放大量资金派遣学生到美国和英国的大学学习。到 70 年代中期,沙特总人口的 20% 正在教育体系下的各级学校接受教育,约 2.5 万学生正就读于各个高等院校,另有超过 5000 人正在国外学习。② 费萨尔竭力劝说宗教界人士,终于在沙特阿拉伯内发展起一定规模的国立女子教育。1960 年女学生不超过 2500 人,1968 年已达到 10 万人,8 年之中增加了 40 倍。③ 费萨尔时期沙特阿拉伯确立了完整的教育体系,教育得到全方位的发展。教育的发展改变了传统的价值观念,为沙特阿拉伯提供了一批熟练和半熟练的劳动力,客观上推动了王国工业化和城市化进程。教育的发展还促进了统治阶级的知识化,增强了其对现代化的适应性。阿卜杜勒·阿齐兹的大多数孙子和侄子都接受了世俗教育,费萨尔的 8 个儿子中有 7 个都曾到国外留学④,其他名门望族和商业家族也尽力提高后代的受教育水平。一批获得博士学位的年轻人加入了欧莱玛的行列,改变了传统宗教势力因循守旧的局面,有利于宗教与政治在新的社会经济条件下更好地结合。

经济和社会的现代化为现代政治制度的建立提供了重要的物质条件和阶级基础。现代化进程中新旧势力的消长使沙特阿拉伯传统政治秩序趋于崩溃,日益复

---

① [日]田村秀治编,陈生保等译:《伊斯兰盟主——沙特阿拉伯》,上海译文出版社 1981 年版,第 305 页。

② Abir, Mordechai. (1988). *Saudi Arabia in the Oil Era:Regime and Elites;Conflict and Collaboration*. p. 122. London:Croom Helm.

③ [叙]莫尼尔·阿吉列尼著,何义译:《费萨尔传》,商务印书馆 1977 年版,第 61 页。

④ Al-Yassini, Ayman. (1985). *Religion and State in the Kingdom of Saudi Arabia*. p. 96. Boulder:Westview Press.

杂的国内外事务又对沙特传统的君主统治提出了新的挑战。费萨尔政治改革的目的是建立强有力的中央政权,以改变传统社会政治权力分散的状态,并建立能胜任王国社会经济现代化事务的政府体系。国王阿卜杜勒·阿齐兹和国王沙特时代,国王与大臣会议主席职位处于分离的状态,大臣会议主席由王储担任。国王与大臣会议主席的二元权力结构提供了沙特家族内部权力角逐的平台,大臣会议的职权抑或国王与王储之间的权力分配,构成王室内部权力角逐的核心内容。费萨尔曾以提高大臣会议地位的方式限制国王沙特的权力,当费萨尔继任国王之后,王权的强大需要使大臣会议完全成为隶属于君主的政治实体。1964 年费萨尔继任国王后,再次修改《大臣会议条例》,明确规定国王兼任大臣会议首相,大臣会议直接对国王负责。大臣会议法令规定:"内阁会议是国王主持下的立法机关,该会议在首相或副首相的主持下召开,做出的决定经由国王同意后方可正式成立;内阁的任免和辞职需以王室敕令的形式宣布生效,所有内阁成员向国王负责。"[1]大臣会议成为国王领导的正式机构并被授予广泛的政府权力。国王费萨尔统治时期,大臣会议发展成国王直接控制下的较为完备的中央政府机构。大臣会议在国王或大臣会议副主席的主持下举行会议,其决议经国王批准后生效。大臣会议成员的任命、罢免和辞职,都经国王颁布王室法令生效。大臣会议全体成员就其工作对国王负责。新条例规定大臣会议的职权有:制订内政、外交、财政、经济、教育、国防和一切社会事务的政策并监督其执行;享有制定规章的职权、行政的职权和管理的职权;有权决定一切财政事务和与国家各部及其他政府机构有关的一切问题并制订相关措施;批准国际条约和协定。[2]

为了适应石油经济和沙特社会发展的需要,60 年代初期,石油和矿产资源部、

---

① [日]田村秀治编,陈生保等译:《伊斯兰盟主——沙特阿拉伯》,上海译文出版社 1981 年版,第150 页。
② 北京大学亚非研究所西亚研究室编著:《石油王国沙特阿拉伯》,北京大学出版社 1985 年版,第29 页。

劳工和社会事务部、朝觐与瓦克夫事务部、通讯部陆续成立。费萨尔还在大臣会议中设立正式的部管理司法、教育和朝觐事务,传统上由欧莱玛管理的领域被纳入王国的政府机构,由此分散了浓缩于大穆夫提之手的欧莱玛集团的权力。① 1962 年,费萨尔的"十点纲领"要求保持司法独立并建立一个司法部②,这是王国司法体系结构调整的最重要步骤。1970 年,掌管全国司法的大穆夫提去世,国王费萨尔借机成立司法部,将司法权力纳入中央政府的控制之下。国王费萨尔颁布王室法令,宣布建立一个司法部和一个最高司法委员会。③ 于是,司法部获取了历来由大穆夫提独立掌握的最高司法权力,司法体系并入沙特阿拉伯王国中央政府的体系之内。国王任命一名宗教权威人士担任司法部长,取代瓦哈卜派欧莱玛的最高首领大穆夫提,成为掌管司法权力的最高长官。司法部长向大臣会议主席述职,大穆夫提传统上一直享有的解释沙里亚的独立权力被收归政府所有。司法部的成立,标志着沙特家族的统治权力在瓦哈卜派欧莱玛控制的传统领域得到广泛延伸。1975 年,公共工程与住房部、工业与能源部、邮电部、计划部、高等教育部、市政与乡村事务部建立。④

沙特阿拉伯王国成立以后很长时间内都没有划分行政省区,只是划分为希贾兹地区和纳季德及归属地区两大行政区域,下辖若干埃米尔区。1963 年,沙特阿拉伯王国大臣会议制订《各省条例》之后,全国才正式实行省区制度。《各省条例》规定,王国分为 5 个省,分别为纳季德省、哈萨省、希贾兹省、阿西尔省和北方边境省,省下面设州,州下面设区。中央集权的加强有利于实现新旧体制的转型和政府

① Abir, Mordechai. (1988). *Saudi Arabia in the Oil Era: Regime and Elites; Conflict and Collaboration.* p. 20. London: Croom Helm.

② Abir, Mordechai. (1993). *Saudi Arabia: Government, Society, and the Gulf Crisis.* p. 46. London; New York: Routledge.

③ Al-Yassini, Ayman. (1985). *Religion and State in the Kingdom of Saudi Arabia.* p. 76. Boulder: Westview Press.

④ Al-Yassini, Ayman. (1985). *Religion and State in the Kingdom of Saudi Arabia.* p. 66. Boulder: Westview Press.

权利运作方式的现代化变革。费萨尔致力于健全政府机构、强化政府职能,在沙特阿拉伯创立了一整套从中央到地方的各级各类政府机构,政府部级机构达到 20个,其他专门机构约有 70 个。① 王国的地方行政根据大臣会议制定的《各省条例》运作,省长由内政大臣提名,大臣会议主席推荐,王室任命,省长根据中央的政策进行管理。

军队、警察、情报系统是政府统治的主要工具,其控制权牢牢掌握在沙特家族手中。沙特阿拉伯的武装力量由国防军、国民卫队和边防、海防警卫队组成。沙特国王兼任全国武装部队的总司令,亲自掌握对高级军官的任免、部队调动和对外宣战的大权。国防军和国民卫队无疑是沙特阿拉伯君主政治的重要工具。沙特家族的两位亲王苏尔坦和特尔其分别任国防部正、副大臣,统领沙特阿拉伯的十几万国防军。国防军的职责是保护国家不受外部敌人的侵略。沙特阿拉伯国民卫队从1963 年以来就受亲王阿卜杜拉的领导,它的规模虽然小于国防军,但却是更重要的军事力量。国民卫队是机动部队,配备新式武器,领取高额军饷,主要驻扎在东部油田、希贾兹的两座圣城和北部边境,其主要职责是保卫油田和石油出口设备,同时为王室提供卫队,必要时作为国防军的补充力量。国民卫队大约由 20000 人所组成,采用一种部落组织结构。国防军的成员来自沙特阿拉伯的各个地区和各个阶层,国民卫队则主要由伊赫万战士和效忠于沙特家族的部族成员所组成。国防军和国民卫队的高级军官均为沙特王室成员。国防军和国民卫队之间军事权力的制衡可以防止王室政变的发生。1965 年,沙特阿拉伯的武装力量约 4 万人,其中国防军和国民卫队各 2 万人。1979 年,国防军增至 8 万人,国民卫队增至 4万人。②

---

①　Long,D. E. (1997). *The Kingdom of Saudi Arabia*. p. 48. Gainesville：University Press of Florida.

②　Vassiliev, Alexei. (2000). *The History of Saudi Arabia*. pp. 442-443. New York：New York University Press.

沙特家族从大臣会议建立之始就完全控制了王国的中央政府。沙特国王凌驾于中央政府之上,大臣会议主席由王储或者国王亲自担任。大臣会议决议须交国王批准并以王室法令的形式公布。国王对大臣会议决议有异议时,有权驳回大臣会议的决议,直至修改并符合国王的意志时方能通过。在本国官员中,沙特家族始终占据统治地位。20世纪50年代,大臣会议由9人组成,其中8人出自沙特家族。60年代以前,非王族人员只能在商业、卫生和交通等部门中获得一些下级职位。60年代,大臣会议中的非沙特家族成员逐渐增多。1962年,沙特国王任命5名沙特家族成员和6名非沙特家族成员组成大臣会议,但大臣会议中的关键职位仍由沙特家族成员把持,司法大臣、宗教大臣和教育大臣则来自宗教权威瓦哈卜家族。宗教权威担任这些相对重要的大臣职位,体现了沙特阿拉伯的官僚政治具有教俗合一的政治特征。1962年10月,费萨尔正式出任首相并任命了新一届内阁,阿卜杜勒·阿齐兹的胞弟穆赛义德亲王出任财政部长,阿卜杜勒·阿齐兹之子哈立德亲王、法赫德亲王和苏尔坦亲王分别出任副首相、内政部长和国防部长,阿卜杜勒·阿齐兹之子阿卜杜拉亲王掌管国民卫队,教育部和朝觐事务部由瓦哈卜家族成员担任部长。① 费萨尔的新一届内阁遵循教俗合一的历史传统和家族政治的原则,瓦哈卜家族成员和沙特家族成员联合执掌王国最高的教权和俗权。瓦哈卜家族和沙特家族以相对的权力分割和绝对的政治联合之形式,保证了沙特阿拉伯教俗合一的政治体制和沙特家族的核心地位。

　　沙特阿拉伯的君主政治根据君主个人的权威和能力而具有不同的内涵。国王沙特由于其个人能力不足和统治政策的失误,使国家面临各方面的危机。王储费萨尔力挽狂澜,获得了沙特家族和国内主要政治势力的认同,于是,国王沙特在任期间,君主与首相的职务分别由国王沙特和王储费萨尔担任,并通过王室法令将国王与首相职务的分离制度化。费萨尔继任国王之后,由于其个人的魅力和权威,以

---

① Abir, Mordechai. (1988). *Saudi Arabia in the Oil Era: Regime and Elites: Conflict and Collaboration*. p. 91. London: Croom Helm.

及沙特阿拉伯王国综合国力的发展,国王的权力达到顶峰。费萨尔完全控制了大臣会议,兼任国王和首相,并颁布一个王室法令,规定国王和首相职务合并,以确定国王既是国家首脑也是政府首脑。[①] 费萨尔还通过规定地方官员直接对国王负责来加强中央对行省的控制。

沙特阿拉伯的王位继承制度在不同时期有所调整和变动。国王沙特曾经试图建立直系继承制度未果,费萨尔继位后任命哈立德为王储,法赫德为第二继承人,实际上正式确立了兄终弟及的继承原则。沙特家族王位继承制度具体实施时,有许多并未成文的潜规则,构成了一个相对复杂的继承制度。在一般的情况下,王位继承人都是根据沙特家族成员的年资排位依次确定,只要王位候选人的身体健康并且具有相关的行政管理经历。但是如果长老级亲王通过讨论认为年资排位即将产生不适当的继承人,长老级亲王就将召开会议宣布继承规则有所变更。同时,王位继承人选择标准中的能力原则,并非一个可供衡量的客观因素,实质上为王族内部各个集团的权力角逐留下了一定的空间。1968 年以来,第二副首相的职位成为王位继承人资格的重要标志。

由于国王与王储的权力接近,两者的权力存在一定的消长关系。当王权过于强大时,王储的选择就有可能受到影响。如果年长者不适于或者本人不愿意担任国王,国王就可以另立其他适合的人为王储。国王费萨尔挑选王储时就越过年龄较大的穆罕默德,选择了年龄稍小的哈立德。国王费萨尔任命哈立德为王储时,哈立德已经年老并且体弱多病,而且哈立德并不十分热衷权力的争斗,对赛骆驼和猎鹰极为钟爱,而对沙特国家的权力中心并不熟悉。这个选择确保了费萨尔不会受到他的王储的挑战,同时意味着费萨尔统治时期的王储不能享有与费萨尔担任王储时同样的权力,这更有利于国家权力集中在国王费萨尔手中。一些敏感的特殊关系也有可能影响到王位继承人的选择。费萨尔成为国王以后,亲王穆罕默德是

① Al-Rasheed, Madawi. (2002). *A History of Saudi Arabia*. p. 122. New York: Cambridge University Press.

当时阿卜杜勒·阿齐兹在世的儿子中年龄最长的,但穆罕默德主动放弃了继承权的竞争,也可能是其要求继承权的资格被忽视,原因是他在沙特担任国王期间与沙特国王具有密切关系。

费萨尔时期政治改革的重要内容之一是宗教机构的行政化和欧莱玛的官僚化。传统上,大穆夫提是沙特国家欧莱玛的领袖,他掌管着官方宗教权威的传统势力范围,其权力和影响在王国中居于第二位,仅次于国王。为了削弱教界势力并将其合并到沙特行政机构中,费萨尔创建了许多非常重要的宗教机构,其中最重要的是"欧莱玛长老委员会"、"高级卡迪会议"、"科学研究、教法宣传和指导委员会"。1970年大穆夫提去世以后,这些机构取代大穆夫提享有的广泛权力。

国王费萨尔在政府宣言"十点计划"中提出,要建立一个由22名欧莱玛长老和法理学家组成的委员会,其职责是对时事性问题发表宗教—法律意见。1971年,费萨尔国王颁布王室法令,宣布建立"欧莱玛长老委员会",由17名沙特阿拉伯最杰出的宗教学者和神学家组成,由谢赫阿布杜勒·阿齐兹·本·阿布杜勒·阿拉·本·巴兹担任领导。① 国王费萨尔还从"欧莱玛长老委员会"的成员中挑选4名成员组成"宗教声明常务委员会",仍由谢赫阿布杜勒·阿齐兹·本·阿布杜勒·阿拉·本·巴兹担任主席。"欧莱玛长老委员会"行使国家的最高宗教权力,是官方瓦哈卜派的最高宗教机构,是沙特阿拉伯伊斯兰法的最高权威,具有很大的权力和影响。"欧莱玛长老委员会"的主要职责是研究沙里亚,实际上则负责批准王位的继承,制定王国的宗教政策和发布宗教法令,决定王国的宗教事务,监督沙特政府的施政举措。"欧莱玛长老委员会"实际上成为沙特国王和政府的专职顾问,它最主要的职责是在国王需要宗教权威的授权和赞同时,就某些有争议的涉及伊斯兰教教义的重大问题,为国王的政策颁布宗教政治裁断说明"费特瓦",给予国

---

① Heper, Metin & Israeli, Raphael. (1984). *Islam and Politics in the Modern Middle East.* p. 35. London & Sydney: Croom Helm Ltd.

王和沙特家族宗教政治合法性的支持。[1]"欧莱玛长老会议"失去了大穆夫提曾经享有的独立自主地位和个人权威。"欧莱玛长老委员会"是"第一个为国王将来需要的宗教认可和宗教支持服务的讨论会",它的设立"标志着沙特历史上瓦哈卜家族时代的结束"。[2] 最高宗教组织的成立促进了欧莱玛的官僚化,欧莱玛在王国的社会地位及干政功能相对下降。"宗教-法律意见发布和宗教事务监督协会"和"欧莱玛长老委员会"的建立,将颁布"费特瓦"的权力制度化和机构化。这两个机构的成员都由政府任命产生,传统上由穆夫提相对独立掌握的费特瓦颁布权力逐渐纳入沙特政府的控制之下。

　　"欧莱玛长老委员会"成立以后,费萨尔国王又发布诏令创建了"高级卡迪会议"。它集中了沙特国内最有影响的法官和法理学家,其中若干成员来自欧莱玛长老会议。它的主要职能是阐述和解释有关沙里亚的重大法学理论疑难问题,并对某些重大法律案件提供咨询和指导性意见等。高级卡迪会议在沙特阿拉伯王国具有最高的法律仲裁权。"欧莱玛长老委员会"和"高级卡迪会议"都是由国家承认的具有宗教权威的欧莱玛所组成。它们颁布的费特瓦以及对法学理论的注释和对法律事件的指导意见都是受命于国王和应沙特政府的要求而产生,它们的裁断主要是为了满足国王和沙特政府的政治需求,为政府政策提供宗教理论的保护和赋予沙特家族宗教政治合法性。

　　"宗教研究、教法宣传和指导委员会"是一个具有相对独立性的国家宗教机构。1971 年,沙特王室颁布的第 1/137 号王室法令规定:"宗教研究、教法宣传和指导委员会"的职责是"在沙里亚基础上,就国王提出的问题和委托的事务表达观点,就国家的宗教政策提出建议,颁布费特瓦来引导穆斯林的宗教信仰、礼拜和交往"。这份王室法令指定了 15 名重要的欧莱玛组成"宗教研究、教法宣传和指导委员会"。

① Wilson, P. W. & Graham, D. F. (1994). *Saudi Arabia: The Coming Storm*. p. 25. New York.
② Champion, Daryl. (2003). *The Paradoxical Kingdom: Saudi Arabia and the Momentum of Reform*. p. 59. London: Hurst & Co.

该委员会直接向担任首相的国王负责,其成员由国王任命,其活动和成员都由国王直接领导。"宗教研究、教法宣传和指导委员会"负责根据国王、政府部门和穆斯林公众提交给它的问题颁布费特瓦,它的主要任务还包括发行各种宗教书籍和资料,宣扬瓦哈卜派教义和原则,负责规划设计有关伊斯兰教和瓦哈卜派教义的研究课题,组织和举办培训教职人员的研讨会或学习班,以及应其他国家之邀,向国外派遣传教人员等。"宗教研究、教法宣传和指导委员会"出版了许多罕百里学派著名教法学家和瓦哈卜派创立者谢赫穆罕默德·本·阿卜杜勒·瓦哈卜的著作,以及与伊斯兰教和瓦哈卜派教义相关的出版物。沙特政府将这些宗教书籍和该委员会的相关宗教研究成果出版发行并分发到各地,以象征沙特阿拉伯的统治者是伊斯兰教的传播者。

费萨尔时期,沙特阿拉伯政府体制逐步发展和完善,商业部、内政部、卫生部、财政和国民经济部、农业部和司法部等部门分别接管了许多传统上属于"扬善惩恶委员会"的职责,穆陶威的活动范围和职权减小。1962年,国王费萨尔对"扬善惩恶委员会"进行改革,禁止穆陶威独立行使拘捕和惩罚违规者的职权,要求他们的处罚措施必须与国内警察合作执行。①

按照伊斯兰教的传统,朝觐和瓦克夫属于欧莱玛独立掌控的重要领域。1962年,"朝觐事务和宗教基金部"建立,负责管理朝觐事务和宗教财产,由一名宗教领导人终身负责。虽然"朝觐事务和宗教基金部"仍然属于欧莱玛掌握的势力范围,但是作为正式的大臣会议下属部门,其最高权力掌握在首相和国王的手中。沙特政府还通过增加政府部门参与宗教基金的管理,实际上削弱了欧莱玛和宗教基金之间的联系。1962年,沙里亚法庭管理规则第109号文规定,朝觐和宗教地产的收入上缴给"朝觐事务和宗教基金部",并由该部决定分配。大约有1/4的宗教收入

---

① Heper, Metin & Israeli, Raphael. (1984). *Islam and Politics in the Modern Middle East*. p. 36. London & Sydney: Croom Helm Ltd.

分给了穷人,剩下的上交给国库。① "朝觐事务和宗教基金部"作为大臣会议的下属单位,意味着沙特政府掌握了朝觐事务和宗教基金的最高控制权。

尽管费萨尔仍将原有的和新建的宗教机构以及司法部和教育部置于欧莱玛的管理之下,但这些欧莱玛都对国王负责,宗教机构实际上成为国家行政机构的一个组成部分。沙特阿拉伯欧莱玛传统上掌控的司法、教育和朝觐领域都由正式的国家机构管辖,管理这些领域的教职人员成为沙特阿拉伯的政府官员,其中居于重要领导地位的欧莱玛长老成为由国王指定的内阁成员。世俗法律的引进限制了欧莱玛执行司法权力的范围,世俗教育的开展则限制了欧莱玛对沙特阿拉伯教育事务的管理权力。国王费萨尔的虔诚与其高压政治、收买政策和精明的手段相结合,使他赢得了欧莱玛对宗教机构改革的默许。到70年代,多数欧莱玛都加入到王国的行政体系之中。② 沙特家族与欧莱玛集团既相互依赖和利用,又彼此争夺权势。在教俗合一的体制下,沙特家族与欧莱玛集团的权力对比从最开始的此消彼长发展成为现代俗权控制教权的局面。国王费萨尔统治时期,欧莱玛从属于沙特家族的教俗联盟形式最终确立。

三、改革的成就和影响

国王费萨尔适时的行之有效的改革促进了沙特阿拉伯从落后的农牧国家向现代石油工业国的转变。费萨尔时期现代石油经济基础的形成,为沙特阿拉伯整体经济的发展提供了基本的条件——资本和市场。石油工业的巨额收入作为财政预算的来源,有计划地投放到国家现代化建设中,雄厚的资金克服了历史地理条件的不足,最大限度地促进了工农业的现代化和国内市场体系的形成。国家巨大的投

① Heper, Metin & Israeli, Raphael. (1984). *Islam and Politics in the Modern Middle East.* p. 38. London & Sydney: Croom Helm Ltd.

② Abir, Mordechai. (1988). *Saudi Arabia in the Oil Era: Regime and Elites; Conflict and Collaboration.* p. 24. London: Croom Helm.

入在基础设施建设方面成果显著,为经济的进一步发展提供了可能;石油资金换来的外国先进科技和设备投入到生产中促进了现代工农业的形成和发展,现代化的农业区和重工业在国内逐步建立,为整个王国的工农业发展提供模范和技术支持,国民经济多样化目标启动。然而,由于地理环境的恶劣和经济基础的薄弱,沙特阿拉伯经济多样化程度仍然很低,国家收入主要依赖石油及相关产品出口,1975 年度石油部门占国民生产总值的 86.6%;①农产品自给率还很低,食品大量依赖进口;制造业大多属于手工作坊性质,95%的工厂雇佣少于 5 人,大部分仍是从事食品和纺织手工业。② 沙特阿拉伯以丰富的石油资源为资本,依赖外国技术迅速建立起高度发达的现代部门,由此形成了现代大农业、石油工业与小农经济、手工业和传统服务业对立的二元经济结构,现代资本主义发展的不充分给传统经济形态留下了一定的生存空间。现代农业区和重工业体系的发展依赖于外国的技术和设备,国家工业化还建立在引进外籍劳工的基础上。石油工业的生产主要面向国际市场,国内尚未建立替代进口的工业体系,因此,沙特阿拉伯的经济具有相当大的脆弱性。

尽管沙特阿拉伯经济发展仍存在着诸多缺陷,费萨尔的改革使其进入一个标志性的发展阶段,沙特阿拉伯的经济进入有计划有步骤的发展时期,一五计划为将来的发展指明了正确的道路。重工业基础在费萨尔时期的建立为沙特阿拉伯的现代化奠定了物质基础,巨额的石油收入成为沙特社会、政治发展的重要物质保障。国家对经济的宏观调控促进了现代化进程中强有力的经济中坚力量的形成,有利于社会政治变革的逐步展开。沙特阿拉伯全面的现代化进入一个实质性的阶段。

费萨尔改革以"科学地、文明地、社会地发展沙特社会"为目标,将"提高民族的

---

① 〔日〕田村秀治编,陈生保等译:《伊斯兰盟主——沙特阿拉伯》,上海译文出版社 1981 年版,第 315 页。

② Looney, R. E. (1982). *Saudi Arabia's Development Potential: Application of an Growth Model*. p. 169. Lexington Books.

社会水平"作为政府的重要职责。① 经济现代化的进展为社会进步提供了重要的物质保障。工业的发展给人民提供了更多的就业机会和物质报酬。国家依靠巨额的石油收入实施社会福利政策,大力投资医疗卫生部门和补贴食品进口,人民生活水平逐步提高。人口总数大大增加,1974 年达到 715 万,较 1962 年的 330 万翻了一番,年平均增长率达 3.0%。② 费萨尔实施高福利的社会政策,旨在减少民众的不满,维护社会稳定和沙特家族的统治。然而,石油经济的发展也加剧了沙特阿拉伯的社会分化和贫富差距。王族成员在经商和经营企业方面享有国家的各种优惠,他们在控制和支配国家资本主义经济的同时,又建立起庞大的家族资本主义,经济力量更加雄厚。许多名门望族通过与王室的密切关系也形成了巨额的垄断资本。沙特资本主义经济的这种官商一体,王商一体的趋势使王室成员及其支持者成为经济现代化的最大受益者,他们迅速成长为带有浓厚传统色彩的大资产阶级。而随着工业化浪潮涌入城市的大量农村劳动力,文化技术水平十分低下,多为非熟练工和半熟练工,再加上大量的外籍劳工,构成了城市的下层民众,经济收入很少,社会地位低下。沙特社会呈现出一种二元化的趋势,经济收入和生活水平的巨大差距成为沙特社会潜在的不稳定因素。60 年代后半期,麦加、利雅得和王国其他主要城市不时发生暴力事件,一些反政府组织也秘密活动;持激进倾向的中下层群众主张推翻现存制度,"建立一种能够代表和为人民利益讲话的国家制度"③。费萨尔严厉镇压了反政府活动,但他却无法改变沙特君主制度将要面临的危机。

　　伴随沙特阿拉伯的现代化进程,传统的家长式统治不再适应社会发展的需要,强有力的中央政府的领导是进行现代化的必要条件。绝对的集权和相对的分权是费萨尔政治改革的重要特点。费萨尔通过对国家行政体系的变革,将原来分散于

---

　　① [叙]莫尼尔·阿吉列尼著,何义译:《费萨尔传》,商务印书馆 1977 年版,第 364－367 页。

　　② 黄民兴著:《沙特阿拉伯——一个产油国人力资源的发展》,西北大学出版社 1998 年版,第 109－110 页。

　　③ 王铁铮、林松业著:《中东国家通史:沙特阿拉伯卷》,商务印书馆 2000 年版,第 209 页。

部落贵族和宗教势力的权力收归中央政府,同时又将一些管理事务交给新兴的社会阶层以满足他们的需要。沙特王国新型政府机构和现代行政机制逐步建立,国王作为政府首脑直接领导各种社会改革。沙特阿拉伯王国官僚政治发展的主要成果是国家政府机构的完善和中央集权的加强。实际上,沙特家族掌握着王国的决策和协商机构以及武装力量,宗教权威和部落领袖则是这些官僚机构的有益补充。沙特阿拉伯的官僚政治具有教俗合一的宗教政治色彩,从中央到地方的各级各类政府机构和国家机器都牢固地控制在沙特家族手中,宗教权威则以领导一些传统的部门和王国的协商机构,来为沙特阿拉伯的统治提供必要的宗教政治合法性。沙特阿拉伯的中央集权化政策削弱了传统上统治各个地区的部落领导的权力。伴随着政府机构和军事力量的现代化,大批接受了西方教育的王室技术官僚和年轻一代沙特家族成员取代原有部落势力的职位和权力,传统部落势力的地位逐渐丧失。部落贵族逐步退出政治舞台,成为资产阶级的一部分,其后代只是作为现代知识分子参与政府管理,失去了昔日可与王权分庭抗礼的地位。官僚政治的发展促进了沙特家族的权力垄断,沙特家族的核心地位是沙特阿拉伯政府体制和官僚政治的实质和重大特色。沙特阿拉伯政府政治与家族政治相互渗透和统一的结果则是沙特家族通过中央政府和地方政府控制了中央和地方的包括立法、司法、行政和军事等各级各类国家权力。

　　沙特阿拉伯统治阶级中最重要的组成部分是沙特家族,而瓦哈卜家族则是沙特家族的最重要的同盟和支持者。瓦哈卜家族与沙特家族的宗教政治联盟,构成沙特阿拉伯政治生活的突出现象。家族政治与宗教政治错综交织,构成沙特阿拉伯政治制度的明显特征。瓦哈卜家族利用自己的宗教威望和社会地位为沙特家族的统治服务,同时也以此维护该家族在国家中的显要社会地位和政治参与权力。瓦哈卜家族作为瓦哈卜派伊斯兰教的创始人穆罕默德·伊本·阿卜杜勒·瓦哈卜的后裔,是沙特阿拉伯享有特殊社会地位和权力的家族势力,是仅次于沙特家族的贵族集团,在教俗合一的宗教政治体制中占据特殊的地位。费萨尔时期,沙特阿拉伯瓦哈卜家族与沙特家族的力量对比出现了此消彼长的趋势。国王费萨尔利用大穆夫提去世的时机大力促进欧莱玛的官僚化，改变了教权与王权相对分离的局面。宗教作为意识形态成为沙特统治的工具，王权对教权的领导地位正式确立。① 1971年"欧莱玛长老委员会"的建立标志着瓦哈卜家族时代结束。"欧莱玛长老委员会"行使国家最高的宗教权力，是官方瓦哈卜派的最高宗教机构，是沙特阿拉伯伊斯兰法的最高权威。欧莱玛长老委员会主席阿布杜·阿齐兹·伊本·阿布杜·阿拉·伊本·巴兹的非瓦哈卜家族成员身份，是瓦哈卜家族政治势力衰落，沙特家族进一步控制王国宗教政治的重要标志。"欧莱玛长老委员会"共包含 17 名成员，只有易卜拉欣·伊本·穆罕默德·伊本·易卜拉欣·谢赫 1 人是瓦哈卜家族后裔。随后建立的"宗教声明常务委员会"也由非瓦哈卜家族成员阿布杜·阿齐兹·伊本·阿布杜·阿拉·伊本·巴兹担任主席。1971 年，沙特王室还指定 15 名重要的欧莱玛组成"宗教研究、教法宣传和指导委员会"，仍然由非瓦哈卜家族身份的阿布杜·阿齐兹·伊本·阿布杜·阿拉·伊本·巴兹担任最高领导。该委员会的 15 名成员中，仅有 1 人是瓦哈卜家族成员。② 瓦哈卜家族成员失去了对沙特阿拉伯最重要的宗教权威机构的控制权力，这实际上是沙特家族垄断王国的最高政治权力，排斥其他重要势力和权力集团的手段。瓦哈卜家族宗教权力和地位的逐渐削弱标志着官方宗教政治势力在沙特阿拉伯王国教俗合一政治体制中地位的重大下降。古老的瓦哈卜—沙特家族联盟的性质已经发生改变，沙特家族成为执掌国家教俗权力的最高领导，沙特家族集权地位得到极大的发展。虽然以瓦哈卜家族为首的欧莱玛权威人士继续担任沙特阿拉伯大臣会议的职位，但是有关政府政策和重要政治权力的职位都由沙特家族所垄断。欧莱玛作为内阁部长必须服从首相的领

---

① Al-Yassini, Ayman. (1985). *Religion and State in the Kingdom of Saudi Arabia*. p. 79. Boulder: Westview Press.

② Al-Yassini, Ayman. (1985). *Religion and State in the Kingdom of Saudi Arabia*. p. 71. Boulder: Westview Press.

导,官方宗教政治势力传统上相对独立的地位完全丧失。宗教机构并入王国的行政体制和欧莱玛的官僚化,标志着沙特阿拉伯官方宗教政治体制日臻成熟。

与沙特阿拉伯资本主义经济相联系的民族资产阶级、现代知识分子和技术官僚集团的成长是费萨尔政治改革的动力和必要条件,现代社会势力与王权的合作为君主政治注入了新的活力。沙特政府逐渐形成了选拔、录用、考核官员的一整套文官制度,行政运作日趋规范化。国王费萨尔的政治改革在一定程度上为国民提供了参政途径和机会,政治现代化进程迈出了重要的一步。但是,国王费萨尔吸收新兴阶层参与政治并不意味着从根本上改变沙特王国伊斯兰君主制,也丝毫没有削弱沙特的王权。国王直接掌握最高行政权和政府机构,意味着沙特王权的强化。国王费萨尔为改革确立了"体现伊斯兰教律的不朽的、伟大的目标",沙特王国仍然是典型的政教合一的伊斯兰国家。国王费萨尔政治改革的实质是通过改革官僚体系来维护沙特家族的长久统治。费萨尔削弱了传统政治势力却又没有完全与现代政治势力相结合,君主制失去了坚实的支持力量,随着经济社会现代化进程的进一步发展,沙特王国君主制潜藏着深刻的危机。

费萨尔改革根源于沙特阿拉伯现代化进程中诸多因素的矛盾运动,是沙特阿拉伯君主在经济、社会大变革时期主动采取的旨在维护沙特君主政治的现代化改革。国家加强对经济的宏观调控是保证现代化顺利进行的物质基础;社会福利政策的实施是稳定统治秩序的有力杠杆;教育的发展为国家从传统社会向现代社会过渡提供了文化保障;加强中央集权是传统政治统治向现代民主政治过渡的必要条件;吸收现代技术官僚集团参与政治事务是建立现代政治统治的有效手段。费萨尔改革是沙特阿拉伯有史以来第一次全面而系统的经济、社会和政治改革,适应了沙特阿拉伯社会发展的客观需要。费萨尔时期资本主义经济的发展和新旧社会势力的消长,为沙特阿拉伯现代化的进一步发展提供了有利的条件。费萨尔改革也为其继承者提供了现代政治的基本理念和可供参考的经验教训。尽管费萨尔改革遗留了许多传统的因素,但它开启了沙特阿拉伯现代化的新时代,成为沙特阿拉伯崛起于中东的新起点。

　　然而，费萨尔无意改革沙特阿拉伯的政治体制和实现民众参与政治，所谓的"十点纲领"只是其与国王沙特角逐权力的政治手段。1964 年 10 月费萨尔正式即位以后，沙特家族内部的权力角逐告一段落，政治改革的进程随之搁置，"十点纲领"中关于政治改革的诸项承诺未能兑现。国王费萨尔明确宣布，沙特阿拉伯的现行政治制度不可更改，沙特阿拉伯不需要新的宪法，因为《古兰经》是最好的宪法。费萨尔尽管在"十点纲领"中承诺保障民众的言论自由，却在即位后不久实行更加严格的新闻审查制度。与此同时，沙特政府不断强化安全机构，旨在遏制反对派政治势力。国民卫队作为沙特政府控制民众的主要安全力量，由亲王阿卜杜拉直接统领，规模明显扩大。国王费萨尔当政期间颁布新的反罢工法，将对煽动和组织罢工者的惩处由此前的监禁 3～5 年延长为监禁 10～15 年。[①] 20 世纪 60 年代，苏联在中东诸国影响的扩大、纳赛尔主义的风行和共和制革命的高潮，严重威胁沙特阿拉伯的君主制度，促使沙特政府走上亲美的道路。与美国的广泛合作以及寻求美国的保护成为沙特政府的基本外交政策。

　　沙特阿拉伯倡导宗教至上的意识形态，试图充当阿拉伯世界和伊斯兰世界的领导者。沙特政权奉行伊斯兰主义的政治原则，强调非世俗化的现代化道路抑或伊斯兰教框架内的现代化模式，大力弘扬伊斯兰教。20 世纪 60 年代，具有浓厚世俗色彩与共和制倾向的阿拉伯民族主义思潮风行一时，埃及的纳赛尔政权强调反对君主制的政治原则，试图输出共和革命，颠覆阿拉伯世界的君主政权。国王费萨尔借助沙特阿拉伯在伊斯兰世界的地位和影响，将伊斯兰教作为抵御各种激进思想入侵的意识形态工具。1961 年，埃及伊斯兰激进分子与沙特政府及瓦哈卜派欧莱玛共同创办麦地那伊斯兰大学，宣传伊斯兰主义的宗教政治思想，抗衡纳赛尔政权控制的爱资哈尔大学。1962 年，沙特政府资助创办非政府性的国际泛伊斯兰组

---

① Abir, Mordechai. (1988). *Saudi Arabia in the Oil Era*: *Regime and Elites*; *Conflict and Collaboration*. p. 97, 99. London: Croom Helm.

织"伊斯兰世界联盟",总部设在麦加,其宗旨是:"履行向全世界宣传伊斯兰教的义务,阐释伊斯兰教的教义和原则,以驳斥对伊斯兰教的各种歪曲,维护和增进穆斯林少数民族在宗教、教育、文化等方面的权利,协助世界各地穆斯林团体的宣教活动,促进他们的内部团结,支持建立在正义、平等基础上的国际和平、和谐和合作。"①泛伊斯兰主义成为沙特阿拉伯对外政策的基本原则。沙特阿拉伯巨额的石油收入是泛伊斯兰主义外交政策的重要保障。沙特阿拉伯以经济援助为主要手段,极力弘扬伊斯兰教,维护穆斯林国家的团结和共同利益,促进伊斯兰事业的发展。沙特阿拉伯泛伊斯兰主义外交政策是在伊斯兰教的旗帜之下,通过呼吁穆斯林的团结一致和支持伊斯兰主义运动,不断扩大沙特阿拉伯的影响,进而确立沙特阿拉伯在伊斯兰世界的盟主地位。

　　国王费萨尔当政期间,一方面致力于在经济社会层面推动沙特阿拉伯的现代化进程,另一方面不断强化沙特家族的权力垄断。沙特政府的诸多举措,与伊朗巴列维时代的白色革命以及埃及的纳赛尔主义有异曲同工之处。经济社会秩序的剧烈变化与政治制度的相对滞后之间的逆向运动,构成费萨尔时代沙特阿拉伯现代化进程的突出现象。自 20 世纪 70 年代开始,现代伊斯兰主义的兴起和民众政治运动的高涨,则是剧烈变动的经济社会秩序与相对滞后的政治制度尖锐对立的逻辑结果,集中体现了沙特阿拉伯深刻的政治危机。

---

① http://ks.cn.yahoo.com/question/1590000557447.html.

第五章

国王哈立德和法赫德时代的政治现代化进程

第一节　现代伊斯兰主义运动的兴起

一、现代伊斯兰主义运动兴起的历史背景

自从 20 世纪 30 年代初镇压伊赫万叛乱以后，沙特阿拉伯教俗合一的官方宗教政治进入新的发展阶段。沙特阿拉伯的官方宗教政治势力虽然反对国王阿卜杜勒·阿齐兹及其继承者背离瓦哈卜派伊斯兰教的各种革新，但他们在多数情况下选择顺从沙特家族统治者的决定。国王费萨尔统治时期，官方欧莱玛虽然享有很高的威望和宗教权力，但是官方欧莱玛在很大程度上失去了原有的独立自主权，成为沙特国家机构的一个组成部分。欧莱玛的官僚化决定了官方宗教政治势力依附于沙特家族统治者的地位。尽管有一些欧莱玛猛烈批评其他穆斯林统治者的现代化措施违背了伊斯兰教的原则，同时抵制外国的影响，然而他们极力避免直接批评沙特家族的统治政策。但是，沙特阿拉伯的现代化措施不可避免地与宗教政治传统产生冲突。20 世纪 60 年代初，关于在沙特阿拉伯安装电视播放系统的问题，费萨尔和王国的宗教政治势力发生冲突。与 20 世纪 30 年代反对无线电广播的结果一样，尽管欧莱玛论证了在电视中上演人体形象是不道德的，但是费萨尔还是在 1963 年颁布法令，批准在吉达、希贾兹和利雅得建造电视台。费萨尔颁布法令时

并没有与沙特欧莱玛商议,因此这项法令引起了欧莱玛的愤怒。王国的宗教政治势力在利雅得发起了一次游行示威运动,其中有许多官方欧莱玛参加。1965 年 9 月,利雅得的示威者试图袭击利雅得电视台,沙特阿拉伯的警察和军队向示威者开枪,杀死了一些示威者,其中有国王费萨尔的侄子哈立德·伊本·穆萨伊德·伊本·阿卜杜·阿齐兹。这次行动后来被阿拉伯世界的报纸描述为一次"失败的伊斯兰政变"。① 沙特阿拉伯王国的官方宗教政治权威并没有采取有效的行动,国王费萨尔说服欧莱玛理解电视在教授和实践伊斯兰教中的作用,官方宗教政治权威最终还是同意了国王费萨尔引进电视的决定。② 沙特阿拉伯在 1967 年建立了定期的电视节目播放系统。1975 年,正是哈立德·伊本·穆萨伊德·伊本·阿卜杜·阿齐兹的亲兄弟费萨尔·伊本·穆萨伊德·伊本·阿卜杜·阿齐兹暗杀了国王费萨尔。然而,暗杀国王费萨尔的行动也未能阻止沙特阿拉伯在费萨尔统治时期就已经开始的电视节目播放。

　　快速的现代化进程对相对封闭的沙特农牧社会产生了极大的影响。伴随着现代化出现的西方化对沙特社会传统的宗教政治意识和文化产生了巨大的冲击。许多外国人在王国的出现,以及西方人对王国石油工业的控制,加强了沙特阿拉伯社会传统上就存在的反西方的社会情绪。20 世纪 70 年代晚期,一些统治阶级的成员和部分接受了西方教育的知识分子开始倡议保护"沙特的生活方式",远离腐败的西方文化和价值观的影响,以维护国家的统一。"沙特的生活方式"是沙特阿拉伯国家建立以来的历史遗产和社会传统,主要包括前石油时代贫穷的阿拉伯社会习俗、部落—游牧民族的主要标志和瓦哈卜派禁欲主义和信仰。③ "沙特的生活方

---

　　① Bligh, Alexander. (1985). The Saudi Religious Elite (Ulama) as Participant in the Political System of the Kingdom. *International Journal of Middle East Studies*, Vol. 17, No. 1, Feb., p. 41.

　　② Kechichian, Joseph. (1986). The Role of the Ulama in the Politics of an Islamic State: The Case of Saudi Arabia. *International Journal of Middle East Studies*, Vol. 18, p. 57.

　　③ Abir, Mordechai. (1988). *Saudi Arabia in the Oil Era: Regime and Elites; Conflict and Collaboration*. pp. 148-149. London: Croom Helm.

式"实际上代表着沙特民族的独特性和国家的象征。法赫德领导时期,沙特阿拉伯经历了快速的发展和变革,加剧了纳季德地区原教旨主义者的不满情绪。沙特阿拉伯的宗教政治势力常常感觉到他们的权力和地位受到了有西方教育背景的技术官僚的威胁。1978年,内政部副部长阿哈马德亲王和信息部长穆罕默德·阿卜杜勒·亚马尼视察利雅得伊斯兰大学时,大约2000名学生和教职人员举行了一次抗议。他们批评沙特国家电视播放了反伊斯兰教和颠覆瓦哈卜派社会的节目。① 信息部长穆罕默德·阿卜杜勒·亚马尼宣称这些电视节目反映了现代社会的面貌,但他遭到麦地那伊斯兰大学校长和"宗教研究、教法宣传和指导委员会"主席阿布杜·阿齐兹·伊本·阿布杜·阿拉·伊本·巴兹的严厉训斥。同年,愤怒的欧莱玛强烈批评沙特阿拉伯的电视节目表达了"现代主义者"关于妇女地位的观点,并且指责这些"现代主义者"是反对伊斯兰教的人。阿布杜·阿齐兹·伊本·阿布杜·阿拉·伊本·巴兹还指责工业和电力部长加兹·哥赛比侮辱了伊斯兰教。

国王费萨尔统治时期,伴随着沙特阿拉伯城市化的迅猛发展,城市贫民的人数不断增加。这些城市贫民绝大多数都是伴随着沙特石油工业的发展和城市建设工程的发展而新近流入城市的农牧民,他们成为沙特阿拉伯下层民众的重要组成部分。这些城市贫民大都是文盲或者半文盲,但却是宗教信仰最为虔诚的贝都因人,其中包括一些伊赫万成员的后代。

一些新近移居城市的沙特青年人加入了麦地那伊斯兰大学。这个大学主要面向外国学生,录取学生的条件很低,同时具有最强烈的伊斯兰性质和宗教课程安排。麦地那伊斯兰大学中最强大的两种势力是外国的萨拉菲主义者和一些保守的瓦哈卜派欧莱玛。官方欧莱玛权力和地位的丧失使他们对沙特阿拉伯的现代化政策心怀不满,他们常常在宗教大学的讲台上发表谴责现代化和西方文化的言论。麦地那伊斯兰大学因此成为沙特新兴激进主义思潮的中心。这些伊斯兰激进分子

---

① Abir, Mordechai. (1988). *Saudi Arabia in the Oil Era*: *Regime and Elites*; *Conflict and Collaboration*. p. 149. London: Croom Helm.

否定沙特官方瓦哈卜派宗教解释,要求回归伊斯兰教的原初教义。沙特政府曾一度驱逐了麦地那伊斯兰大学的外国人,并且试图改造沙特学生的思想,但是国王费萨尔去世以后,这种激进主义势力再次兴起。伴随着 20 世纪 70 年代中期保守主义者不满情绪的迅速发展,沙特阿拉伯的许多宗教大学中普遍兴起了激进主义的思潮。麦地那伊斯兰大学、利雅得的伊玛目穆罕默德·本·沙特伊斯兰大学和麦加的神学院成为新兴激进主义运动的主要据点,甚至在世俗性质的利雅得国王沙特大学中也兴起了激进主义思潮和运动。

原教旨主义的概念源于西方基督教界,后来被广泛应用于世界上各种宗教中要求回归原初教义的宗教思潮和宗教政治运动,其中影响最大和最受关注的伊斯兰激进主义。伊斯兰激进主义是西方对近现代伊斯兰教中所有主张复兴伊斯兰教,提倡回到《古兰经》和圣训的原初教义的思潮之称谓。伊斯兰激进主义的思想渊源可以回溯到公元 9 世纪伊斯兰教法学家、圣训学家伊本·罕百勒创立的罕百里教法学派理论。公元 14 世纪,伊斯兰教义学家、教法学家伊本·泰米叶继承并发展了罕百里教法学派的学说,奠定了近代瓦哈卜派伊斯兰复兴运动的思想基础。伊斯兰激进主义思想的核心内容主要包括:回归伊斯兰教的原始教义、主张严格遵循《古兰经》和"圣训"、要求恢复先知穆罕默德创立伊斯兰教初期伊斯兰教的纯洁性。现代伊斯兰主义也即现代伊斯兰激进主义,起源于 20 世纪初的伊斯兰世界,哈桑·班纳、赛义德·库特卜、阿里·沙里亚蒂和霍梅尼相继系统地阐述了现代伊斯兰主义的宗教政治思想。20 世纪 60 年代起,现代伊斯兰主义运动作为一股强劲的宗教政治力量活跃于阿拉伯世界,并在 70 年代末达到高潮,掀起了一场遍布伊斯兰世界的宗教、政治、社会和文化运动。

二、新伊赫万运动

20 世纪 70 年代中期的石油繁荣给沙特阿拉伯带来了巨大的财富。然而,国家现代化进程中衍生的社会弊端,诸如贫富悬殊和不公平等社会现象加剧了沙特社会的矛盾冲突。当王族成员沉溺于奢侈的生活时，沙特下层民众的生活水平仍然很低。当新近城市化的民众为生活而劳苦奔波时，沙特亲王的生活却奢侈和放纵。随着沙特阿拉伯经济社会的变化和广大民众民主意识的觉醒，民间宗教政治也向纵深领域蓬勃发展。沙特阿拉伯宗教多数派别逊尼派的民间宗教政治运动经历了自下而上的发展历程。许多具有激进主义倾向的宗教学者和学生都公开地批评沙特政府引进的革新和西方影响。对政权最直白的批评来自伊赫万成员的后代和一些退出现代教育体制的激进分子，他们大都具有贝都因人的出身。他们对沙特社会的变革感到不满，同时又对沙特阿拉伯的官方宗教政治权威感到失望。他们认为官方宗教政治势力是被政府收买的伪君子。70年代末期，一场以社会下层民众为基础的新伊赫万运动在沙特阿拉伯诞生，这场运动将伊赫万运动的好战倾向和穆斯林的千福年说结合在一起。

　　新伊赫万运动的主要成员有沙马尔、哈尔卜和阿太白部落的民众、沙特阿拉伯国民卫队成员、希贾兹的穆斯林兄弟会支持者、城镇失业人员和店员，以及麦地那伊斯兰大学学生。新伊赫万运动的组织者、军事领导人和理论家是朱海曼·本·穆罕默德·本·萨伊夫·欧泰比。[①]他的祖父是一名伊赫万成员，1929年3月在斯比拉战斗中被沙特军队杀死。朱海曼曾在以部落民为基础的沙特国民卫队中服役18年，担任国民卫队的一名班长。他后来进入麦地那伊斯兰大学学习，在倾听了一场阿布杜勒·阿齐兹·本·阿布杜勒·阿拉·本·巴兹的演讲后深受启发。1974年，朱海曼对沙特政权和官方宗教政治感到失望，于是离开麦地那伊斯兰大学，回到他的故乡卡西姆。一些贝都因人和外国学生成为朱海曼的追随者。1975年，朱海曼开始在纳季德地区的城镇和绿洲中传播他的新伊赫万思想和学说。这些城镇和绿洲中居住着许多伊赫万成员的后裔，他们成为朱海曼的主要支持者。同时，许多从大学中退学的学生也加入了朱海曼的组织。朱海曼还努力将新伊赫万运动与

---

　　① Al-Yassini, Ayman. (1985). *Religion and State in the Kingdom of Saudi Arabia*. p. 124. Boulder：Westview Press. 朱海曼·本·穆罕默德·本·萨伊夫·欧泰比，以下简称"朱海曼"。

邻近的阿拉伯和穆斯林国家中的激进组织联系起来。

朱海曼共著有 7 本手册阐释他的神学和政治观点。他对伊本·泰米叶的学说有精深的研究,他的许多观点都与伊本·瓦哈卜的学说相似或相同。朱海曼的神学政治主张是民众不必服从不遵循《古兰经》和"圣训"、强迫人民接受其意愿的沙特统治者,即使他们是以伊斯兰教的名义进行统治。[①] 在一部广泛散发的手册中,朱海曼宣称沙特阿拉伯的混乱并非是因为现代化的改革步骤,而是因为在 20 世纪 30 年代接受了阿卜杜勒·阿齐兹作为国王。在朱海曼的著作中,表示出一种对费萨尔秩序的极端反对。他质疑沙特家族与"基督徒"的结盟,要求将所有外国军队和平民驱逐出沙特阿拉伯,结束与腐败的西方的外交关系。朱海曼还直接攻击沙特家族和欧莱玛的联盟,叱责官方欧莱玛支持一个堕落的政权。1978 年,朱海曼进一步宣称,沙特家族收买了纳季德的欧莱玛。他还质问沙特阿拉伯的宗教权威:如果没有王族积极的财政支持,他们怎么能够如此富裕? 朱海曼还指责谢赫阿布杜勒·阿齐兹·本·阿布杜勒·阿拉·本·巴兹"接受了沙特家族的工资,是沙特家族操纵民众的工具。阿布杜勒·阿齐兹·本·阿布杜勒·阿拉·本·巴兹可能非常熟知经训,但是他却利用经训为腐败的统治者提供必要的支持"[②]。朱海曼还指出,一些正直的宗教学者已经对沙特王族的腐败加以警告,但阿布杜勒·阿齐兹·本·阿布杜勒·阿拉·本·巴兹和其他许多著名的官方欧莱玛都是腐败政权的傀儡,他们被沙特家族收买而认可沙特家族的行为。朱海曼提出,利雅得神学院学生穆罕默德·本·阿卜杜拉·卡塔尼是众所期待的马赫迪。朱海曼在 1978 年底和 1979 年发表的手册中都提到,马赫迪来自先知出身的古莱西部落,他将净化伊斯兰教和拯救穆斯林世界。他还间接地指责沙特家族是篡权者。朱海曼提倡禁

---

① Niblock,Tim. (1982). *State, Society and Economy in Saudi Arabia*. p.122. London: Croom Helm.

② Kechichian, Joseph. (1986). The Role of the Ulama in the Politics of an Islamic State: The Case of Saudi Arabia. *International Journal of Middle East Studies*, Vol.18, p.59.

欲主义的生活方式,反对沙特阿拉伯的腐败和堕落。朱海曼努力仿效伊赫万的行为举止,穿着长至小腿的长袍,提倡简朴的社会风尚。欧泰比严厉批评电视和摄影,就像当年伊赫万成员强烈反对无线电报一样。

1978年,朱海曼及其追随者移居利雅得,他们开始在利雅得的许多清真寺中传播反对现代化弊端的思想。新伊赫万运动成员还在布道中暗示,沙特政权应该对伊斯兰教的败坏负责。朱海曼的活动引起了沙特秘密警察的注意。1978年6月,朱海曼和近100名新伊赫万运动成员在利雅得被捕,并受到官方欧莱玛包括宗教权威阿布杜勒·阿齐兹·本·阿布杜勒·阿拉·本·巴兹的质问。在新伊赫万成员承诺不进行神学宣传和不举行公开活动之后,官方欧莱玛认为新伊赫万运动不会对沙特政权造成威胁,于是在6个星期后将他们释放。[①]

朱海曼命令他的追随者在1979年11月19日的夜晚聚集到麦加。当晚他带领400余名追随者及其妻子儿女,带着武器和食物储备进入麦加圣寺。1979年11月20日,即伊斯兰历15世纪的第一天,当麦加圣寺的伊玛目谢赫穆罕默德·本·萨比勒正要开始最特别的黎明祈祷时,朱海曼推开伊玛目,并当场枪杀了一名清真寺管理人员。随后,穆罕默德·本·阿卜杜拉·卡塔尼在扩音器中呼喊,他就是众所期待的马赫迪,马赫迪及其追随者将寻求圣寺的保护,因为他们到处遭受迫害,而唯一的求助对象就是圣寺。[②] 穆罕默德·本·阿卜杜拉·卡塔尼竭力劝说四处逃散的民众承认他就是众所期待的马赫迪。谢赫穆罕默德·本·萨比勒逃到禁地的公共电话室寻求帮助。新伊赫万成员对克尔白禁地发起攻击,3个小时之后,他们占领了圣寺的周围地区,并将数百名朝觐者当做人质。朱海曼领导400余名武装分子占领圣寺长达两周。

---

① Abir, Mordechai. (1988). *Saudi Arabia in the Oil Era: Regime and Elites; Conflict and Collaboration*. p. 151. London: Croom Helm.

② Kechichian, Joseph. (1986). The Role of the Ulama in the Politics of an Islamic State: The Case of Saudi Arabia. *International Journal of Middle East Studies*, Vol. 18, p. 58.

在占领麦加圣寺的行动中,新伊赫万成员集中抨击沙特家族的腐败,以及瓦哈卜派宗教政治传统在王国中的逐渐消失。叛军宣布这场运动的精神领袖是穆罕默德·本·阿卜杜拉·卡塔尼,他是人们期待已久的马赫迪。马赫迪将带来正义的统治并实现社会的复兴。朱海曼公开发表演说,斥责沙特政权是"异教徒的权力",严厉批评沙特家族的腐败和沙特家族与西方异教徒的亲密关系,抗议沙特政权对民众的压制,指责沙特社会宗教和道德的松弛和堕落,否定国家掌控的宗教,谴责官方欧莱玛对沙特家族的屈从并强烈呼吁他们取消对沙特家族的支持。① 新伊赫万运动采用强烈的伊斯兰言辞,具有浓厚的宗教色彩。它猛烈抨击沙特政权利用伊斯兰教来掩盖腐败、堕落、压迫和对"外国人"的帮助,由此置疑了沙特家族的宗教政治合法性,威胁了沙特政权赖以生存的基础。新伊赫万运动结合了对沙特社会的批评和对沙特政治的抗议。起义军的宗教运动具有明确的政治目标,即通过追求重建7世纪阿拉伯半岛伊斯兰社会的宗教埋想来号召废除沙特阿拉伯王国的君主制度,建立一个伊斯兰共和国。朱海曼在占领圣寺期间,通过圣寺的广播公开提出了五项宗教政治要求:第一,沙特阿拉伯社会价值观和文化价值观应当建立在伊斯兰价值标准上,而非建立在腐败的西方竞争机制的基础之上。应当解除与具有剥削本性的西方国家的外交关系。第二,推翻"不可信的"沙特家族君主制,建立一个公平的伊斯兰政府,完全接管沙特家族侵占人民的财富。第三,沙特家族和官方欧莱玛的统治并不具备安拉赋予的宗教政治合法性,因为他们鼓励外国人剥削这个国家。第四,结束对美国的石油输出,因为美国反对伊斯兰教和穆斯林。国家的财富不应该浪费,石油输出应该只在国家经济需要时才进行。第五,驱逐所有统治阿拉伯半岛的外国人和军事专家。②

---

　　① Al-Rasheed, Madawi. (2002). *A History of Saudi Arabia*. p. 144. New York: Cambridge University Press.

　　② Champion, Daryl. (2003). *The Paradoxical Kingdom: Saudi Arabia and the Momentum of Reform*. pp. 132-133. London: Hurst & Co.

叛乱发生后,国王哈立德要求沙特官方宗教政治权威颁布费特瓦支持沙特家族并授权军队进入圣寺平叛。1979 年 11 月 24 日,沙特王国的官方宗教政治权威颁布了一份费特瓦,要求叛军投降和放下武器,并且批准沙特政府使用武力镇压叛军。[①] 大约有 30 名欧莱玛在费特瓦上签名,其首领是谢赫阿布杜拉·本·胡麦德、阿布杜勒·阿齐兹·本·阿布杜勒·阿拉·本·巴兹和阿布杜勒·阿齐兹·本·纳斯尔·本·拉希德。[②] 这份费特瓦主要阐述在圣寺中使用武力和穆罕默德·本·阿卜杜拉·卡塔尼作为新的马赫迪这两方面的问题。首先,这份费特瓦指责朱海曼及其追随者占领圣寺的行动是亵渎信仰的叛教行为,要求叛军放下武器投降,否则他们就将面临先知在《古兰经》中明确说明的武力镇压。费特瓦援引《古兰经》的规定:"你们不要在禁寺附近和他们战斗,直到他们在那里进攻你们;如果他们进攻你们,你们就应当杀戮他们。不信道者的报酬是这样的。"[③]欧莱玛提出,虽然《古兰经》的这个章节是关于异教徒,但是也适用于其他有类似行为的人。因此,欧莱玛颁布的费特瓦赋予沙特军队在禁地作战的宗教政治合法性,目的是使沙特当权者能够采用任何需要的措施镇压占领麦加圣寺的叛乱。关于马赫迪的问题,这份费特瓦引用阿布·穆斯林记录的圣训,证明穆罕默德·本·阿卜杜拉·卡塔尼并非真正的马赫迪。这段圣训是:"当你们的意见全体一致时,想要来造成你们的分歧和分裂的人,应当砍掉他的脖子。"[④]欧莱玛提出,先知的规定适用于宣称自己是马赫迪的人,叛军宣布马赫迪的身份是要使穆斯林分裂和挑战他们的伊玛目,这种行动是违背宗教戒律的。这份费特瓦引用《古兰经》和"圣训"作为明确的证据,排除了任何将叛军清除出圣地的疑虑,最终授权沙特政府在圣寺中使用武力镇压叛军。

　　① Kechichian, Joseph. (1986). The Role of the Ulama in the Politics of an Islamic State: The Case of Saudi Arabia. *International Journal of Middle East Studies*, Vol. 18, p. 67.

　　② Heper, Metin & Israeli, Raphael. (1984). *Islam and Politics in the Modern Middle East*. p. 42. London & Sydney: Croom Helm Ltd.

　　③ 马坚译:《古兰经》,中国社会科学出版社 1978 年版,第 2—191 页。

　　④ Kechichian, Joseph. (1986). The Role of the Ulama in the Politics of an Islamic State: The Case of Saudi Arabia. *International Journal of Middle East Studies*, Vol. 18, p. 61.

随后,沙特军队在法国反恐部队的帮助下镇压了占领麦加圣寺的叛乱。穆罕默德·本·阿卜杜拉·卡塔尼在战斗中死亡。1979 年 12 月 5 日,沙特政府重新控制麦加圣寺,朱海曼及其追随者被捕。在这场沙特政府镇压叛军的战斗中,共有227 人死亡,400 多人受伤。1980 年 1 月,63 名叛军未经审判即被带往王国的 8 个城市公开处决,以儆效尤。①

70 年代末期的新伊赫万运动是沙特社会贫富分化等社会矛盾的直接结果。麦加圣寺事件不仅仅是一次社会骚乱,更是一次对沙特家族威望的巨大打击。这一时期,沙特阿拉伯民间政治反对派的群众基础主要是外籍学生和新近城市化的部落民众。朱海曼和穆罕默德·本·阿卜杜拉·卡塔尼的追随者大都是沙特、埃及、科威特、巴基斯坦和也门的下层民众,最后公开处决的 63 名叛军中包括 41 名沙特人、10 名埃及人、7 名也门人、3 名科威特人、1 名苏丹人和 1 名伊拉克人。② 参加占领麦加圣寺行动的主要是 30 岁左右的年轻人,他们主要是一些失业人员、店员和麦加伊斯兰大学的学生。然而,许多对沙特政权不满的个人和群体为新伊赫万运动的发展提供了经济支持,这些支持者包含沙特阿拉伯的军队、官方宗教人士甚至沙特王族等多种社会势力。

新伊赫万运动具有明显的部落特征。“部落清教主义”和“伊赫万的救世主思想”是导致叛军脱离沙特主流社会的主要因素。马赫迪的末世学说相对于主流的逊尼派伊斯兰教是一种边缘性的意识形态。③ 绝大多数沙特人并不支持朱海曼“通过众所期待的马赫迪拯救世界”的思想和计划,武力入侵麦加圣寺的斗争方式

① Aburish, Said. (1996). *The Rise, Corruption, and Coming Fall of the House of Saud.* p. 108. New York : St. Martin's Griffin.

② Al-Yassini, Ayman. (1985). *Religion and State in the Kingdom of Saudi Arabia.* p. 125. Boulder: Westview Press.

③ Champion, Daryl. (2003). *The Paradoxical Kingdom: Saudi Arabia and the Momentum of Reform.* p. 134. London: Hurst & Co.

更是难以获得沙特民众的容忍和支持。① 新伊赫万运动结合了原教旨主义倾向的伊斯兰教和伊赫万的部落遗产,具有沙特宗教政治历史传统的重要特点。麦加圣寺叛乱的失败,在一定程度上标志着部落势力退出了沙特阿拉伯的宗教政治舞台。石油繁荣时代,由于沙特政府依靠巨额的石油收入实行福利性的社会政策,发展免费医疗和免费教育,发放住房补贴和生活必需品的价格补贴,沙特阿拉伯大部分国民的生活条件得到很大改善,因此民间政治反对派并未得到多数国民的支持。新伊赫万运动没有深厚的群众基础,也没有对国家的改革和发展提出有建设性的意见。该运动成员由于知识构成和文化水平的局限,缺乏一个广阔的视野。占领麦加圣寺的叛乱被镇压以后,新伊赫万运动几乎没能在沙特社会留下任何影响和痕迹。

麦加圣寺事件之后,沙特政府的高层发生一些变化,国王哈立德的兄弟亲王法瓦兹·本·阿卜杜勒·阿齐兹辞去麦加省长的职务。军队和内政部公安总署的一些负责人因在麦加圣寺事件中有严重过失而被立即撤换,原参谋长、原公安总署长和原空军首脑均被解职。1980 年 1 月 1 日,将军法亚德·穆罕默德·阿瓦费被免去公共安全主管的职务,继任该职位的是将军阿卜杜勒·阿拉·本·阿卜杜勒·拉赫曼·谢赫。将军阿卜杜勒·阿拉·本·阿卜杜·拉赫曼·谢赫是瓦哈卜家族的成员,他的任命成为欧莱玛集团权力上升的标志,通过他的任命也增强了宗教权威和沙特家族之间的联系。②

麦加圣寺事件中官方欧莱玛颁布的费特瓦在最开始的段落中明确提出,是国王要求欧莱玛递交一份关于占领圣寺事件的宗教法律意见。关于新伊赫万运动对沙特政权和官方欧莱玛的指控,这份费特瓦并没有做出回应和解释。尽管沙特官

① Kechichian, Joseph. (1986). The Role of the Ulama in the Politics of an Islamic State: The Case of Saudi Arabia. *International Journal of Middle East Studies*, Vol. 18, p. 58.

② Kechichian, Joseph. (1986). The Role of the Ulama in the Politics of an Islamic State: The Case of Saudi Arabia. *International Journal of Middle East Studies*, Vol. 18, p. 62.

方欧莱玛在麦加圣寺事件发生之前就已经察觉新伊赫万运动的反政府活动,但这份费特瓦只是指责叛乱行为本身,而没有指责叛军的穆斯林信仰。沙特官方欧莱玛对沙特国家的西方化以及沙特家族与异教徒的联盟存在一定的看法,同时他们对自身权力和地位的不断丧失感到不满,因此对新伊赫万运动抱有一定的同情。官方宗教政治势力对新伊赫万运动抱持矛盾的态度。一方面,他们支持叛军的宗教信仰和世界观,但是另一方面,他们又不能接受叛军反对沙特国家的叛乱,因为瓦哈卜派欧莱玛一直将沙特国家视为瓦哈卜派伊斯兰教赖以生存的基础。最终,官方宗教政治势力对沙特政权的忠诚超越了他们对新伊赫万运动的怜悯。因此,官方欧莱玛在 11 月 20 日接到沙特政权的要求后,虽然经历了激烈的思想斗争,最终还是在 11 月 24 日的午夜颁布了费特瓦。麦加圣寺事件对沙特官方宗教政治势力的威望和权力造成了巨大的打击。官方欧莱玛在叛乱发生初期一度处于进退两难的局面,优柔寡断的缺点暴露无遗。"麦加事件标志着沙特欧莱玛的一个新的低谷,为欧莱玛政治上的软弱提供了铁证。"[①]沙特阿拉伯的伊斯兰主义者对官方欧莱玛的软弱和妥协感到彻底失望,于是他们开始在沙特社会中发展独立的民间宗教政治运动。

民间宗教政治的发展引起沙特家族的高度重视,沙特家族以强化官方宗教政治作为遏制民间宗教政治的重要手段。面对民间宗教政治势力对沙特政权宗教政治合法性的质疑和挑战,沙特政府试图通过实施更严格的瓦哈卜派原则来加强沙特政府的宗教政治合法性。沙特政府加强王国统治模式的伊斯兰色彩,国王法赫德采用了"两圣寺的仆人"的称号,官方欧莱玛在教育和其他相关领域的权力得到一定的加强。阿布杜勒·阿齐兹·本·阿布杜勒·阿拉·本·巴兹领导的官方瓦哈卜派欧莱玛在紧要关头发布费特瓦支持沙特家族和沙特政府,因此获得了沙特家族的信任和回报。沙特政府授权阿布杜勒·阿齐兹·本·阿布杜勒·阿

---

① Champion, Daryl. (2003). *The Paradoxical Kingdom: Saudi Arabia and the Momentum of Reform*. p. 62. London: Hurst & Co.

拉·本·巴兹及其同僚与王国宗教和社会生活中所有违反瓦哈卜派原则的现象进行斗争。官方宗教政治权威控制的利雅得、麦地那和麦加的宗教大学,都得到沙特政府的慷慨资助。80 年代,沙特阿拉伯宗教大学的学生数量迅速增加。90 年代初,大约有 1/4 的沙特学生在宗教学院就读。[1] 官方宗教政治权威控制的"劝善惩恶委员会"也在预算和行动自由方面得到大幅度提升。沙特政府希望通过以上的手段来安抚沙特阿拉伯的宗教政治势力。但事与愿违,这些政策促进了沙特社会中伊斯兰主义势力的发展,在一定程度上培育了 90 年代民间宗教政治运动的社会基础。1985 年石油危机以后,沙特阿拉伯出现的经济和社会问题更加扩展了现代伊斯兰主义在沙特社会中的基础。

新伊赫万运动是一场瓦哈卜派伊斯兰复兴运动,其宗教思想与瓦哈卜的宗教思想一脉相承。新伊赫万运动是瓦哈卜派激进倾向的一种历史延续,它试图将瓦哈卜派宗教势力从沙特家族的控制下解放出来,实现宗教权威相对于政治权力的独立。新伊赫万运动也是一场有组织的政治运动,它标志着沙特阿拉伯官方宗教政治和民间宗教政治的公开对抗。新伊赫万运动深受埃及穆斯林兄弟会和伊朗伊斯兰革命的影响,具有浓厚的激进主义色彩,是为沙特阿拉伯现代伊斯兰主义的萌芽状态。镇压朱海曼及其追随者的叛乱并没有结束沙特民间宗教政治势力对沙特政权和官方宗教政治的挑战。新伊赫万运动的要求与海湾战争之后沙特民间伊斯兰主义者的要求有许多相似的地方。朱海曼及其追随者占领麦加圣寺掀开了沙特阿拉伯现代伊斯兰主义民众运动的序幕。70 年代末,沙特阿拉伯民间政治反对派的特点是民间宗教政治的兴起和伊斯兰激进主义的出现。民间宗教政治挑战了沙特家族控制下的官方宗教政治的领导权力,伊斯兰激进主义从宗教教义和神学原理的角度,置疑了沙特家族政权的宗教政治合法性,成为民众反抗沙特家族统治和官方宗教政治的主要形式。80 年代,具有现代伊斯兰主义倾向的宗教学者在沙特

---

① Okruhlik, Gwenn. (2002). Islamism and Reform in Saudi Arabia. *Current History*, January, p. 23.

社会中的影响力不断增长,特别是当80年代沙特阿拉伯的经济由于石油收入的降低而出现长期的萧条之后,现代伊斯兰主义民间宗教政治反对派在沙特阿拉伯找到了发展的沃土。

二、什叶派宗教政治运动

沙特阿拉伯是一个以逊尼派穆斯林为人口构成主体的国家,什叶派穆斯林是宗教少数派,其人数约有50万人,约占王国总人口的十分之一。[①] 由于瓦哈卜派正本清源的宗教原则,沙特国家素有仇视什叶派的历史传统,其建立之初就将什叶派定为暴力攻击的目标之一。1801年,瓦哈卜派沙特军队掠夺卡尔巴拉城,毁坏侯赛因之墓,激起了什叶派对瓦哈卜派永久的仇恨。[②] 阿卜杜勒·阿齐兹征服哈萨之后,瓦哈卜派伊斯兰教将什叶派定义为“拒绝信仰的人”[③],这一宗教原则决定了什叶派穆斯林在沙特阿拉伯长期以来备受压迫的境况。沙特政权和瓦哈卜派官方宗教权威一直对什叶派采取歧视的政策。在沙特政权的支持下,瓦哈卜派欧莱玛颁布了许多谴责什叶派的费特瓦。什叶派教义被视为“异端邪说”,什叶派穆斯林被视为异教徒。什叶派穆斯林还被视为落后的甚至智力迟钝的人群,他们不得与逊尼派穆斯林通婚。沙特政权禁止什叶派拥有该教派自己的清真寺和宗教法庭,沙特法庭也拒绝接受什叶派穆斯林在法庭上提供的证词。沙特政权禁止什叶派举行公开的宗教仪式,特别是为纪念侯赛因之死的“阿舒拉”游行。什叶派穆斯林的就业受到限制,他们不能在沙特政府机构和教育部门任职,也不具备在正规军、国民卫队和警察系统服役的资格。沙特阿拉伯各级学校和教育机构禁止讲授和开设

① Abir, Mordechai. (1988). *Saudi Arabia in the Oil Era: Regime and Elites: Conflict and Collaboration.* p. 42. London: Croom Helm.

② Ahmed, Akbar. (1988). *Discovering Islam: Making Sense of Muslim History and Society.* p. 148. London: Routledge & K. Paul.

③ Al-Rasheed, Madawi. (2002). *A History of Saudi Arabia.* p. 41. New York: Cambridge University Press.

有关什叶派历史的课程。从孩童教育的初期阶段，什叶派教义作为异教的和罪恶的学说就被否定。什叶派著作严禁出版，拥有什叶派的著作也是一种违法犯罪的行为。另外，瓦哈卜派宗教机构和沙特当局还对什叶派实行宗教迫害。王国到处都有政府机构出版和分发的侮辱什叶派伊斯兰教的书籍，大学的宗教课本也包含侮辱什叶派的内容，描述什叶派的时候采用贬抑和毁谤性的词汇。官方宗教机构颁布侮辱什叶派的教令并鼓动逊尼派对什叶派的歧视、憎恨和暴行。大穆夫提阿卜杜勒·阿齐兹·阿尔沙伊克还曾颁布一份费特瓦，授权一次"计算机的圣战"，鼓励瓦哈卜派破坏和致使什叶派的网站瘫痪。什叶派教职人员以"巫术"罪被捕入狱，什叶派穆斯林集会则被指控为"行为放荡"。[①]

由于其宗教信仰与瓦哈卜派官方宗教原则的差异甚大，沙特阿拉伯的什叶派穆斯林处于沙特社会的最底层，其社会地位甚至不及基督徒和犹太人。然而，什叶派穆斯林却为沙特阿拉伯巨额财富的来源——石油工业的崛起作出了巨大贡献。沙特阿拉伯的什叶派穆斯林主要聚居在盛产石油的东方省，约占该省总人口的33％。[②] 东方省的什叶派穆斯林集中居住在沙特阿拉伯的主要油田所在地哈萨、卡提夫和加瓦尔周围，他们多数是石油工人或者从事与石油工业相关的工作。沙特阿拉伯的什叶派穆斯林是最先受到沙特阿拉伯王国经济现代化影响的社会群体，他们是石油时代沙特阿拉伯民间宗教政治最初的力量源泉。什叶派穆斯林约占阿美石油公司劳动力的一半以上[③]，在沙特石油工业中占有相当的分量，但这并没有给他们带来更好的经济条件、教育环境和发展机会。什叶派在沙特社会中所处的地位与他们在石油工业中所做的贡献极不相称。与东方省的其他城市相比，

①　Schwartz, Stephen. (2004). *The Two Faces of Islam: The House of Sa'ud From Tradition to Terror*. pp. 266-276. New York: Doubleday.

②　Natasha, Alexander. (1999). *Saudi Arabia: Country Study Guide*. p. 157. Washington, D. C.: International Business Publications.

③　Abir, Mordechai. (1988). *Saudi Arabia in the Oil Era: Regime and Elites; Conflict and Collaboration*. p. 153. London: Croom Helm.

什叶派城镇卡提夫和胡富夫是受到压制的地方。什叶派缺乏正规的学校、医院、道路和下水道系统,水电供应不足。① 20 世纪 50 年代,什叶派参加了争取改善工作和生活条件的石油工人罢工运动。1960 年,一个什叶派团体向国王沙特请愿,抗议一个半官方性质期刊刊载诽谤什叶派的文章,要求沙特政府结束对什叶派的歧视。② 60 年代晚期和 70 年代早期,什叶派举行了要求人权和经济权力的示威运动,沙特国民卫队拘捕了数以千计的什叶派穆斯林。③ 伊朗伊斯兰革命以后,国王哈立德在沙特家族的支持下,监禁了数百名什叶派和伊斯兰激进分子。④

沙特家族和官方宗教政治统治对什叶派的压迫最终导致什叶派与沙特政权的公开对抗。1979 年 11 月 28 日,卡提夫及其附近的什叶派村庄公开举行"阿舒拉"宗教仪式。自从 1913 年以来,沙特政府就限制沙特什叶派只能在家庭等私人领域举行"阿舒拉"宗教仪式。因此,什叶派的公开行动构成对沙特政府的挑战。当警察在卡提夫驱散参与活动的大批群众时,什叶派发起政治动乱。他们袭击英国—沙特银行、焚烧公共汽车、砸碎商店橱窗,甚至杀死国民卫队的贝都因人士兵。动乱扩展到赛哈特和该地区其他的什叶派定居点,拉斯塔努拉和宰赫兰附近的石油设施遭到破坏。骚乱持续了三天,什叶派高举阿亚图拉·霍梅尼的画像和公开指责沙特家族和美帝国主义的布告举行游行示威。他们高呼反美的口号,要求沙特阿拉伯停止向美国供应石油,要求沙特阿拉伯支持伊朗伊斯兰革命。还有一些什叶派要求推翻沙特政权,在哈萨建立一个伊斯兰共和国。⑤ 沙特政府残酷地镇压了这场什叶派动乱。沙特政府派遣 20000 名国民卫队士兵负责镇压什叶派运动,

---

① Natasha, Alexander. (1999). *Saudi Arabia : Country Study Guide*. p. 60. Washington, D. C. : International Business Publications.

② Abir, Mordechai. (1988). *Saudi Arabia in the Oil Era : Regime and Elites ; Conflict and Collaboration*. p. 154. London : Croom Helm.

③ Kechichian, Joseph. (2001). *Succession in Saudi Arabia*. p. 98. New York : Palgrave.

④ Aburish, Said. (1996). *The Rise, Corruption, and Coming Fall of the House of Saud*. p. 52. New York : St. Martin's Griffin.

⑤ Heper, Metin & Israeli, Raphael. (1984). *Islam and Politics in the Modern Middle East*. p. 51. London & Sydney : Croom Helm Ltd.

国民卫队多次向示威者开火，共有 17 人死亡，许多人受伤，数百人被捕。1980 年，什叶派在卡提夫组织了一系列的罢工和一次大规模的示威活动来庆祝霍梅尼返回伊朗的周年纪念日。2 月 1 日，卡提夫的什叶派高呼反对沙特政权和反美的口号，石油矿业大学的学生烧毁了公共汽车和私人轿车，沙特银行成为这次示威行动的主要攻击目标。这次动乱持续了许多天，国民卫队驱散了示威人群，共有 4 人死亡，许多人被捕。① 在这两次大规模的示威活动中，什叶派抨击沙特家族与西方国家的亲密关系、沙特家族对西方国家的依赖，以及沙特家族的腐败和对沙里亚的偏离。什叶派抗议他们在沙特阿拉伯是二等公民，抗议沙特的逊尼派和什叶派之间存在着巨大的经济悬殊，什叶派还要求停止对美国的石油供应，重新分配石油财富，以便什叶派可以获得一个更公平的占有份额。② 接下来的几年，哈萨的城镇和乡村不断发生颠覆政府的活动，沙特政府以铁腕将其镇压。70 年代末和 80 年代初的什叶派骚乱是沙特社会教派歧视和贫富分化等社会矛盾的直接结果，同时也是伊朗伊斯兰革命和霍梅尼输出革命的历史产物。

　　面对什叶派的宗教示威运动和公开反抗，沙特家族对什叶派采用"胡萝卜加大棒"的政策。沙特政府做出一些改善什叶派经济政治境况的让步，沙特家族主要领导人访问什叶派定居点，政府投入更多资金用于东方省的通信和基础设施建设，什叶派穆斯林的生活状况有所改善，个别什叶派人士还进入政府担任公职。然而，由于伊朗伊斯兰革命和两伊战争的宗教政治和地缘政治背景，沙特政府和逊尼派一直对沙特国内的什叶派持怀疑和否定的态度。沙特国家仍然对什叶派实行压制性的政策，什叶派社团受到沙特当局和宗教警察的严密监视甚至骚扰。沙特政府限制什叶派的宗教信仰自由和结社自由，并且允许对什叶派的职业歧视。什叶派作

　　① Abir，Mordechai.（1988）. *Saudi Arabia in the Oil Era*：*Regime and Elites*；*Conflict and Collaboration*. pp. 155-156. London：Croom Helm.
　　② Natasha，Alexander.（1999）. *Saudi Arabia*：*Country Study Guide*. p. 158. Washington，D. C.：International Business Publications.

为一个整体,仍被排除在沙特阿拉伯经济和行政机构的中上层之外,没有加入安全和武装力量的资格。沙特政府有意压制什叶派的文化象征,禁止什叶派出版书籍和发行录音磁带,禁止出版什叶派宗教领袖的画像,任何拥有违禁书籍、磁带和画像的人都可能被逮捕。沙特政府还禁止什叶派修建清真寺、殡仪馆或者社区会堂。①

什叶派的反抗活动还包括成立反政府的政治组织。"伊斯兰革命组织"是沙特阿拉伯最典型的什叶派反政府组织,它于 20 世纪 70 年代末建立,其成员主要来自石油矿产大学的学生和阿美石油公司的工人。70 年代末至 80 年代,该组织采取激进的立场与政府对抗,其主要目标是净化伊斯兰教,反对苏菲派实践以及为沙特政权合法性服务的官方宗教制度和惯例。该组织得到伊朗的大力支持。该组织从伊朗的无线电台向沙特阿拉伯国内传播信息,而且还在德黑兰建立了一个信息办公室。在此发展阶段中,激进的思想和言论控制了该组织的出版物,其月刊"伊斯兰革命"是表达该组织和什叶派反政府主张的最主要途径。1979 年的国内外形势使这个组织的立场变得更加激进,该组织的领导人坚持要遵循伊朗的伊斯兰革命路线。直到 1985 年,该组织仍持这种激进的立场和言论而毫不妥协。"伊斯兰革命组织"宣称:沙特家族利用伊斯兰教的外衣来为非伊斯兰的统治提供宗教政治合法性,是穆斯林"温麦"和伊斯兰教最危险的敌人;伊斯兰教不允许一个拥有豪华王宫和参与商业活动的王室家族存在。"伊斯兰革命组织"的政治主张是:要求沙特政权立即结束在卡提夫和哈萨的拘捕浪潮,释放所有的政治犯,特别是那些在东方省举行"阿舒拉"宗教仪式被捕的政治犯;结束沙特家族的专政,引进一部伊斯兰宪法来保护民主政治和改善人民境况;阿拉伯半岛的穆斯林不论任何教派都是同一个民族,谴责沙特政权煽动逊尼派反对什叶派的宗派主义政策;要求减缓石油生产的速度;要求社会公正,结束大众的贫穷;要求废除所有与美国签订的条约。伊斯兰

---

① Fandy, Mamoun. (1999). *Saudi Arabia and the Politics of Dissent*. p. 197. London: Macmillan Press.

革命组织甚至要求推翻沙特政权,建立一个"真正的伊斯兰共和国"。① 该组织的领导人强调,什叶派对沙特王族的态度是"绝不与一个违背伊斯兰教义的政权谈判"。该组织认为沙特政权是"非法的",因此,该组织的领导人提出:"我们不与一个忽视法律统治的政权谈判。我们希望的变革是让人们选择他们所希望的政权。我们想要一个不依赖资本主义世界的政权,我们要求减轻美国对沙特阿拉伯的影响。如果沙特政权不接受这种变革,我们就没有与它谈判的理由。"② "伊斯兰革命组织"追随霍梅尼的伊斯兰革命路线,得到了伊朗的财力支持。它代表着沙特阿拉伯什叶派的宗教政治利益,其追随者十分有限。20 世纪 70 年代末至 80 年代是"伊斯兰革命组织"的第一个发展阶段,该组织的活动尚处于初级水平。

80 年代是什叶派反政府活动受伊朗伊斯兰革命激励而蓬勃发展的时期。1982—1984 年间,东方省有数千名什叶派被怀疑是反政府组织的成员和支持者而受到审讯,数百人被监禁。③ 1983 年以来,700 多名政治犯未经指控和审判就被拘留,其中大部分是什叶派。④ 1988 年,欧莱玛长老委员会颁布费特瓦,允许在什叶派人口占多数的东方省处决 4 名沙特什叶派穆斯林。1989 年,沙特的什叶派发动了多次反政府活动。⑤ 由于沙特政府打击什叶派的政策和逊尼派伊斯兰主义者对什叶派的仇视,多数沙特什叶派反对派成员都长期流亡国外。海湾战争以后,沙特政府仍然执行压制什叶派的政策,并且试图以打击什叶派的政策和行动来讨好国内日益不满的逊尼派伊斯兰主义者。1992 年 3 月,沙特政府逮捕了国王大学的学

---

① Al-Yassini, Ayman. (1985). *Religion and State in the Kingdom of Saudi Arabia*. p. 123. Boulder: Westview Press.

② Fandy, Mamoun. (1999). *Saudi Arabia and the Politics of Dissent*. pp. 198-199. London: Macmillan Press.

③ Abir, Mordechai. (1988). *Saudi Arabia in the Oil Era: Regime and Elites; Conflict and Collaboration*. p. 112. London: Croom Helm.

④ Natasha, Alexander. (1999). *Saudi Arabia: Country Study Guide*. p. 158. Washington, D. C.: International Business Publications.

⑤ Teitelbaum, Joshua. (2000). *Holier than Thou: Saudi Arabia's Islamic Opposition*. p. 22. Washington Institute for Near East Policy.

生阿卜杜勒·哈里基·贾尼尼和穆拉·土耳基·阿哈马德·土耳基,因为他们与教授讨论一本被认为是侮辱了什叶派信仰的教科书。[①] 1992 年 9 月,沙特当局在卡提夫公开处决一名 23 岁的什叶派穆斯林萨德基·阿卜杜勒·卡里姆·马拉拉赫,内政部控告他背弃了伊斯兰教,亵渎了安拉、先知穆罕默德和《古兰经》,这是现代沙特阿拉伯第一次以这种罪名处决犯人。[②] 1992 年,政府共拘留了 26 名什叶派宗教领袖,温姆·库拉什叶派村庄的许多什叶派居民消失了。国家安全力量摧毁了 4 座什叶派清真寺,政府拒绝批准修建新的什叶派清真寺,并且比以往更严格地阻止什叶派庆祝大部分的什叶派宗教节日。[③]

什叶派的反政府活动是沙特阿拉伯王国官方宗教政治长期奉行的教派歧视政策和王国石油财富分配不均的逻辑结果。什叶派在宗教旗号下进行的政治活动主要是为了在沙特阿拉伯现代化发展进程中维护和争取本教派应当享有的平等的经济、政治和宗教利益。以教派运动形式出现的什叶派起义构成了沙特阿拉伯民间宗教政治发展的初级阶段,其实质是对官方宗教政治和沙特家族政治的反抗。然而,有限的社会基础决定了沙特阿拉伯什叶派民间宗教政治运动的边缘性。

第二节　现代伊斯兰主义的发展

一、觉醒派谢赫的政治诉求

沙特家族对官方欧莱玛的控制促进了教权与俗权的统一与合作,其结果是欧

① Abu-Hamad, Aziz. (1992). Empty Reforms: Saudi Arabia's New Basic Laws. *Middle East Watch*, New York, May.

② Murphy, Caryle. (1992). Saudi Beheading Draws Protests. *Washington Post*, October 1, 1992, p. A18.

③ Aburish, Said. (1996). *The Rise, Corruption, and Coming Fall of the House of Saud*. pp. 110-111. New York: St. Martin's Griffin.

莱玛在教俗合一政治体制中的地位逐渐降低,官方欧莱玛沦为沙特王族获取宗教政治合法性的工具。宗教机构广泛并入中央政府以及教职人员对沙特王权的普遍依附,标志着沙特阿拉伯王国官方宗教政治的日臻成熟。瓦哈卜派意识形态的制度化及欧莱玛的官僚化发展,成为沙特阿拉伯瓦哈卜派教界分裂和论争的主要原因。在官方宗教政治的发展进程中,宗教集团的势力范围日渐缩小,欧莱玛的影响全面降低。当瓦哈卜派伊斯兰教逐渐成为国家控制的官方意识形态,教界成员失去其独立的社会地位和广泛的宗教权力时,沙特阿拉伯的宗教势力发生裂变。官方欧莱玛对沙特家族妥协和顺从的最终结果是年轻一代的宗教学者对欧莱玛宗教权力丧失的日渐不满。

伴随着沙特阿拉伯经济和社会现代化的发展,民众经济政治力量开始壮大,沙特社会开始出现不同于官方宗教政治思想和意志的声音。沙特阿拉伯的教育事业大力发展之后,每年都有大批学生从王国的几所宗教大学毕业,其中一部分毕业生跻身王国宗教学者的行列,他们与传统的欧莱玛在职业生涯方面大不相同。传统的欧莱玛主要在国家的宗教和行政机构中任职,作为沙特国家的公务员参与王国的行政管理。年轻一代的宗教学者接受过系统的现代教育,他们大部分都选择在王国的教育领域发展自己的事业。这个宗教知识分子群体的成长环境和学问见识与老一辈的欧莱玛有很大差异,加之他们长期处于无权的政治状态,他们不可避免地与欧莱玛当权派产生严重的分歧和冲突。石油繁荣时代以来,大批相对年轻的、受到良好教育的宗教学者逐渐成为独立于官方宗教政治权威的政治力量,对沙特阿拉伯宗教和政治的发展产生了很大的影响。他们的宗教思想和政治倾向逐渐与沙特家族控制的官方宗教势力分道扬镳。一个由相对年轻的宗教学者和伊斯兰大学教授组成的,不盲目顺从官方宗教政策的宗教群体在欧莱玛阶层中逐渐兴起,这标志着王国传统的教俗关系发生了重大变化。尽管这一群体不像某些"新激进主义"群体那样激进,并且基本承认沙特家族的领导地位,但他们对官方欧莱玛长老机械地为沙特政府政策提供宗教政治合法性的做法感到不满,对沙特家族成员伪善和腐败的个人行为感到十分愤怒。他们质疑沙特家族的统治权力、行政能力、经济政策和与西方的关系①，并对激进分子攻击沙特政权采取缄默态度。他们要求调整官方欧莱玛和沙特政权的关系，目的是使欧莱玛在实际上控制政府行为的各个方面。

海湾战争时期，沙特阿拉伯的政治舞台上活跃着一批公开发表言论、挑战沙特官方宗教政治的宗教学者。这些宗教学者在沙特的大学和清真寺中发表演讲，表现出一种公然挑战官方宗教权威，反对美国和批评沙特政府的立场。这些宗教学者是沙特阿拉伯现代伊斯兰主义反对派的中坚力量，被学术界广泛地称为"觉醒派谢赫"。"觉醒派谢赫"的代表人物是阿瓦德·卡勒尼、赛义德·嘎米迪、阿伊德·卡勒尼、萨法尔·哈瓦里、萨勒曼·阿乌达和纳斯尔·欧马尔，以及一些知识分子，例如阿卜杜勒·阿齐兹·卡西姆或者阿卜杜拉·哈米德。

"觉醒派"伊斯兰主义倾向的意识形态是一种传统的瓦哈卜派思想和现代穆斯林兄弟会思想的混合物。20世纪60年代，许多埃及和叙利亚的穆斯林兄弟会成员在沙特阿拉伯避难，他们对沙特阿拉伯宗教和社会领域的现代化进程，特别是王国教育体制的发展起到了重要的作用。这些埃及和叙利亚穆斯林兄弟会的成员为制作沙特学校的课程作出了很大的贡献。他们有的还担任沙特阿拉伯的教师和大学教授，其中最著名的是70年代早期来自埃及的穆罕默德·库特卜。在他们的影响下，沙特阿拉伯的大学成为一个意识形态的大熔炉。沙特阿拉伯的"觉醒派"伊斯兰主义就是70年代在大学中逐渐产生的。1979年麦加清真寺事件之后，沙特政府决定加强官方瓦哈卜派宗教政治权力，新兴的"觉醒派"伊斯兰主义势力大都被吸纳到官方宗教当权派之中，并且从这种新的政府政策中获得了良好的发展机遇。

进入80年代之后，由于长期的经济萧条，沙特国内的社会经济发展处于停滞状态。沙特民众的生活水平下降，高中和大学毕业生大批失业，王国主要城市和部

---

① Al-Rasheed, Madawi. (2002). *A History of Saudi Arabia.* p. 11. New York: Cambridge University Press.

分农村的普通民众生活越来越艰难，这种现象在纳季德和阿西尔地区尤为突出。而沙特家族却滥用瓦哈卜派宗教政治原则，不断利用其统治权力谋财致富。经济财富和政治权力分配的不均促进了民间宗教政治的发展，传统的官方欧莱玛权威和年轻的伊斯兰主义者之间的分歧日益明显。曾经得到沙特政权支持并在沙特阿拉伯避难的苏丹、约旦、埃及和阿富汗等穆斯林国家的激进主义运动在沙特国内，特别是伊斯兰大学中发展起一定的势力，它们为沙特阿拉伯现代伊斯兰主义运动提供了理论基础和实践模范，并给王国的激进分子以财力和道义上的支持。这一时期民间宗教政治的领导力量主要是具有现代伊斯兰主义思想的神学家，包括法官、大学教授、学者和学生。[1] 他们主要利用大学和清真寺的讲台来传达他们的思想和主张，并且绕过王国的官方宗教组织，建立起他们自己的宗教政治团体。现代伊斯兰主义神学家置疑沙特家族的行为和政策，以及沙特政权的宗教政治合法性。80 年代晚期，广大宗教学者、教师、学生、商人、行政人员、阿美石油公司雇工，还有部落民都参与到这场民间宗教政治运动中。[2] 真主党、穆斯林兄弟会、新伊赫万运动、伊斯兰革命党等民间宗教政治组织在沙特阿拉伯陆续建立。这些组织都要求回归伊斯兰教并且排斥沙特家族的统治，尽管它们大都秘密活动，但他们对沙特政府的反对越来越接近于一种受到普遍欢迎的公开抗议。民间宗教政治的发展引起了沙特家族的恐慌，1988 年末，沙特政权进行了一次广泛搜捕反对派组织成员的行动，甚至连对政府官员的口头攻击，或是"散布谣传"都被定为受到监禁的罪行。[3]

　　80 年代末期，"觉醒派谢赫"成为沙特阿拉伯民间宗教政治势力的主要代表。

① Wilson, P. W. & Graham, D. F. (1994). *Saudi Arabia: The Coming Storm*. p. 67. New York: M. E. Sharpe.

② Abir, Mordechai. (1993). *Saudi Arabia: Government, Society, and the Gulf Crisis*. p. 159. London; New York: Routledge.

③ Abir, Mordechai. (1993). *Saudi Arabia: Government, Society, and the Gulf Crisis*. p. 158. London; New York: Routledge.

他们立足沙特阿拉伯社会和文化问题,试图发展出一种关于现代性的伊斯兰论述。他们还采用现代技术和传播手段,突破传统的清真寺讲道和学校课堂,开始录制和分发录有他们布道的磁带。于是,伊斯兰磁带成为觉醒派伊斯兰主义发展的主要标志和重要手段。

"觉醒派谢赫"领导的沙特阿拉伯知识界的文化争论,构成觉醒派伊斯兰主义者文化觉醒的重要阶段。80年代上半期,一些左翼倾向的知识分子发起了一场提倡现代化的文化运动,其主要代表人物是阿卜杜拉·嘎达米、阿比德·哈兹达、阿里·杜麦尼和拉贾·阿里姆。[1] 这一运动早期的主要目标是批评伊斯兰文学传统的僵化和顽固,号召更新伊斯兰文学传统。不久后,这种批评就不再局限于文学问题,而逐渐开始涉及宗教和社会问题。从1987年开始,沙特阿拉伯的伊斯兰主义者和自由主义者就围绕现代性和伊斯兰教展开争论。这场争论的中心是谢赫阿瓦德·卡勒尼的著作《伊斯兰教范围内的现代性》和学者赛义德·嘎米迪的两份磁带演讲。赛义德·嘎米迪从一项关于"现代派"文学运动的研究中得出结论,说这场"现代派"文学运动的实质并不是现代化的拥护者,而是试图以现代化的名义发起对伊斯兰教的战争,是一些作家、诗人和文学批评家提出的世俗化方案。[2] 具有同样观点的是萨法尔·哈瓦里,他的硕士论文题目为"世俗主义",他在论文中提出,世俗主义是一种西方试图从伊斯兰社会内部破坏伊斯兰社会的手段。萨法尔·哈瓦里的著作在中东地区的伊斯兰学界中都具有很大的名气。觉醒派伊斯兰主义者利用他们控制的所有方式,包括清真寺的布道、宗教性会议、书籍和磁带来反对沙特阿拉伯的自由主义力量,谴责现代主义者破坏了沙特社会的基本价值观和伊斯兰基础,领导了一次对现代主义者的猛烈攻击。他们还谴责沙特政府允许这些"世

① Aarts, Paul. (2005). *Saudi Arabia in the Balance*. p. 37. London: C. Hurst & Co. Ltd.
② Movement for Islamic Reform in Arabia. Social Transformation and Political Explosion. *History of Dissent: The Story of Islamic Dissent in Arabia*, chap. 1, http://www.miraserve.com/chap1.html.

俗的"理论控制国家主要的出版物和媒体。通过控制媒体,自由主义者就能引导新一代沙特人的思想和传播西方的思想。觉醒派伊斯兰主义者认为,自由主义思想和西方的思想都是反伊斯兰教的。伊斯兰主义者还认为,盛行于埃及、叙利亚和黎巴嫩的马克思主义思想已经通过这些沙特世俗作家的作品进入沙特社会。伊斯兰主义者提出,通过那些西方的或马克思主义的思想替代宗教的思想,世俗的作家试图破坏《古兰经》的信仰和权威。伊斯兰主义者将自由主义者描绘成现代性的代理人,现代性本身则被视作破坏传统和宗教价值观的等价物。[1] 数百万的伊斯兰磁带在王国所有主要的城镇中广泛分发,许多伊斯兰主义的支持者还捐赠金钱用以资助免费磁带的分发。这场文化争论逐渐发展成为一次全国性的抵抗世俗化倾向的运动,伊斯兰主义者的思想和主张成为沙特国内长期讨论的热门话题。后来,沙特当局开始阻止赛义德·嘎米迪在大学中分发伊斯兰磁带的行为,伊斯兰主义者的攻击逐渐减弱。这场运动显示出沙特社会伊斯兰信仰和价值观的深厚基础。

　　觉醒派伊斯兰主义者社会影响力的扩大引起了沙特政权和世俗倾向政治势力的恐慌。1989 年,阿西尔省长哈立德·费萨尔亲王策划了一起陷害谢赫阿伊德·卡拉尼的阴谋。谢赫阿伊德·卡拉尼是一位著名的伊斯兰学者和宗教人士,他的著作曾经得到政府机构的大力支持。哈立德·费萨尔亲王劝诱一名年轻的男孩控告阿伊德·卡拉尼性犯罪。阿伊德·卡拉尼被监禁之后,法庭证实阿伊德·卡拉尼是无辜的。于是,数千人聚集到阿西尔地区谢赫阿伊德·卡拉尼的住地表达他们对谢赫的支持,并且强烈抗议这次失败的阴谋。谢赫阿伊德·卡拉尼获释以后立即去往利雅得、吉达、嘎西姆和其他地区,向不远千里赶来聆听和支持他的群众发表演讲。谢赫阿伊德·卡拉尼在利雅得的国王哈立德清真寺中发表演

---

　　① Fandy, Mamoun. (1999). *Saudi Arabia and the Politics of Dissent*. p. 48. London: Macmillan Press.

讲时,听众人数达到 20000。① 这个事件显示了沙特公众对伊斯兰学者和觉醒派伊斯兰领袖的强烈同情和支持。沙特民众对伊斯兰主义的大力支持实际上成为海湾战争时期觉醒派伊斯兰主义者与官方宗教政治权威和沙特政府对抗的必要条件。

"觉醒派谢赫"都是沙特阿拉伯宗教领域的知识分子,拥有将伊斯兰学说与评判当今事务和穆斯林世界关系相结合的能力。海湾战争以前,"觉醒派谢赫"虽然领导了影响力巨大的文化运动,但他们并不公开地表达政治意见。虽然他们与老一辈的官方欧莱玛有不同的宗教政治观点,但是他们与官方宗教政治势力维持了长期的良好关系。这种良好关系有利于"觉醒派谢赫"宗教政治势力在发展的初期阶段免遭政权的干预和迫害。"觉醒派谢赫"主要以沙特阿拉伯的大学和清真寺为发展基地,逐渐在沙特社会中获得了强大的影响力。萨法尔·哈瓦里还被任命为麦加乌姆·库拉伊斯兰大学神学院的院长,由此获得了较高的社会地位。

海湾战争时期,沙特家族的政策和王国军事力量的虚弱对沙特阿拉伯社会和政治产生了巨大的冲击。伊拉克入侵科威特以后,沙特政府为了保卫王国的东方省,决定邀请美国军队进入沙特阿拉伯。考虑到沙特民众中普遍存在的反美情绪和瓦哈卜派教义憎恶外国人的态度,沙特政府要求由阿布杜勒·阿齐兹·本·阿布杜勒·阿拉·本·巴兹领导的欧莱玛长老委员会颁布费特瓦来支持政府的决定。迫于沙特政府的压力,欧莱玛长老委员会颁布了一份费特瓦,允许非穆斯林的军队在"沙漠盾牌"和"沙漠风暴"的行动中进入沙特阿拉伯。② 这份费特瓦引起了沙特阿拉伯伊斯兰主义者的强烈愤慨。沙特政府和欧莱玛长老委员会的决定破坏了统治家族的宗教政治合法性,并且导致官方宗教政治势力和以"觉醒派谢赫"为代表的民间宗教政治势力的正式决裂。两位"觉醒派谢赫"萨法尔·哈瓦里和萨勒

① Movement for Islamic Reform in Arabia. Social Transformation and Political Explosion. *History of Dissent: The Story of Islamic Dissent in Arabia*, chap. 1, http://www. miraserve. com/chap1. html.

② Teitelbaum, Joshua. (2000). *Holier than Thou: Saudi Arabia's Islamic Opposition*. p. 26. Washington Institute for Near East Policy.

曼·阿乌达,领导了一次"伊斯兰反抗"运动①。萨法尔·哈瓦里和萨勒曼·阿乌达毫不畏惧地明确地指出沙特阿拉伯社会和政治的错误。他们直接或间接地批评沙特家族偏离了瓦哈卜派伊斯兰教原则,斥责王室曲解了伊斯兰教,攻击政府的内外政策,包括石油价格、银行和财政法律、新闻管制政策、政府从国外的借款、海湾危机中和之后王国政府与美国的合作,以及沙特政府参与与以色列的和谈。他们还公开批评官方欧莱玛对沙特家族的妥协,斥责他们机械地给沙特家族的任何行为提供宗教政治合法性保障,并从沙特家族的慷慨赏赐中获益。"觉醒派谢赫"批评外国军队在沙特阿拉伯的出现,同时鼓吹欧莱玛应该在沙特阿拉伯的公共生活中担当更加重要的角色。"觉醒派谢赫"将世俗主义者视作对沙特社会的威胁,他们力劝政府和公众将世俗主义者从所有的沙特媒体中清除出去。②

海湾战争时期沙特政府对言论控制和检查制度的放松,使沙特阿拉伯现代伊斯兰主义运动获得了蓬勃发展的空间。以"觉醒派谢赫"为代表的现代伊斯兰主义者挑战了沙特家族的政治合法性和官方宗教权威的宗教垄断权。广泛散发的录音带和小册子成为"觉醒派谢赫"的重要活动手段。伊斯兰录音带录着"觉醒派谢赫"的布道,在王国的主要城镇,特别是纳季德地区自由地传播。阐述"觉醒派谢赫"思想和现代伊斯兰主义理论的小册子在王国各地广泛流行。数千名质疑沙特家族行为的年轻人成为萨法尔·哈瓦里和萨勒曼·阿乌达的追随者,"觉醒派谢赫"的声望在海湾危机时期达到顶峰。当"美国军队登上两座圣城所在的土地"之后,沙特民众的安全感受到威胁,沙特社会弥漫着不确定和不稳定的气氛。萨法尔·哈瓦里和萨勒曼·阿乌达的言论为惊恐和迷惑的沙特公众提供了引导和分析,其影响力在王国取得了进一步的发展。

---

① Fandy, Mamoun. (1999). *Saudi Arabia and the Politics of Dissent*. p. 21. London: Macmillan Press.
② Fandy, Mamoun. (1999). *Saudi Arabia and the Politics of Dissent*. p. 50. London: Macmillan Press.

伊拉克入侵科威特之后,首先公开活动的伊斯兰反对派人士是萨法尔·哈瓦里。他是麦加乌姆·库拉伊斯兰大学的教授,80年代因其关于伊斯兰神学的演讲以及致力于保护伊斯兰神学不受外国意识形态影响的行动而著名。就在伊拉克入侵科威特前夕,萨法尔·哈瓦里还发表了许多关于共产主义失势和伊斯兰激进主义取而代之的演讲。萨法尔·哈瓦里的代表作是《基辛格的允诺》,这是一本分析西方图谋占有海湾国家石油资源的书籍。在书的最后,萨法尔·哈瓦里向沙特同胞呼吁:"十字军(即西方和基督徒)对阿拉伯半岛的入侵已经暗中破坏了每一个穆斯林的荣誉。"①

1990年9月初,萨法尔·哈瓦里发表了两次重要的演讲,引用《古兰经》、"圣训"、沙特欧莱玛的观点、历史的证据和官方文件,以及一些美国的文件,揭露了美国在海湾地区的计划。② 1991年,萨法尔·哈瓦里出版了著作《海湾危机背后的现实》,书中明显表现出他对美国和西方的不信任。海湾战争时期,数百万份录制了萨法尔·哈瓦里言论的磁带在王国中和海外分发。萨法尔·哈瓦里的中心思想是捍卫伊斯兰教不受欧美世俗主义和基督教的冲击,保护沙特国家和沙特文化。萨法尔·哈瓦里严厉批评沙特政府最初对伊拉克入侵科威特的新闻封锁和邀请非穆斯林的军队来保卫沙特国家,并且警告说沙特阿拉伯对西方的军事依赖将随之带来经济和文化的依赖。萨法尔·哈瓦里还批评阿拉伯—伊斯兰世界对西方的经济依赖,批评沙特阿拉伯和海湾国家依赖于西方资本主义体系,与此相关的就是反复强调伊斯兰教禁止高利贷的重要原则。萨法尔·哈瓦里提出,穆斯林不应该与异教徒联合反对其他的穆斯林。据萨法尔·哈瓦里说,沙特阿拉伯人和其他的穆斯

---

① Teitelbaum, Joshua. (2000). *Holier than Thou: Saudi Arabia's Islamic Opposition*. p. 29. Washington Institute for Near East Policy.

② Movement for Islamic Reform in Arabia. Social Transformation and Political Explosion. *History of Dissent: The Story of Islamic Dissent in Arabia*, chap. 1, http://www.miraserve.com/chap1.html.

林面临的最大威胁是"被迫接受以色列和美国对整个地区的霸权"①，美国利用伊拉克入侵科威特作为借口来控制波斯湾的石油资源。萨法尔·哈瓦里认为，海湾战争"并不是世界与伊拉克的对抗，而是西方与伊斯兰教的对抗。如果伊拉克占领了科威特，那美国也占领了沙特阿拉伯"②。萨法尔·哈瓦里的攻击对象并不局限于对沙特政府，而是反对一个庞大的统治集团。这个统治集团以西方为首，接着是美国、美国的宗教右派势力、阿拉伯世界的世俗政权，最后是沙特政府。③许多萨法尔·哈瓦里磁带布道的核心思想都是沙特阿拉伯的广播和电视应当传播伊斯兰教，他认为对伊斯兰教的最主要威胁，是西方和美国基督教激进分子及其文化价值观。萨法尔·哈瓦里还抨击阿拉伯世界的世俗政权采用受西方影响的宪法和法律体系。萨法尔·哈瓦里的主要目标并非攻击沙特政府，而是警告沙特王族与西方合作的危险。他认为是外部因素，例如西方的统治和美国的新殖民主义直接导致了沙特国内的问题，要阻止腐败的外部影响，就必须坚持一种经过明确界定的伊斯兰文化。

与塞缪尔·亨廷顿的思想类似，萨法尔·哈瓦里将这个世界视作一种文明的冲突，特别是在西方和伊斯兰世界之间。萨法尔·哈瓦里在他的录音带、布道和著作中表露了对西方统治阿拉伯世界和穆斯林世界的恐惧。萨法尔·哈瓦里并不质疑沙特国家的政治或宗教权力，他认为最初的沙特国家是所有穆斯林应该效仿的典范，而不像其他反对派领导要求回到先知时期的麦地那国家。萨法尔·哈瓦里的思想具有明显的沙特国家主义或者沙特民族主义的色彩，沙特民族主义在萨法尔·哈瓦里的言论中披上了伊斯兰的外衣。萨法尔·哈瓦里没有将穆斯林国家的

① Fandy, Mamoun. (1999). *Saudi Arabia and the Politics of Dissent*. p. 63. London: Macmillan Press.

② Wilson, P. W. & Graham, D. F. (1994). *Saudi Arabia: The Coming Storm*. pp. 61-62. New York: M. E. Sharpe.

③ Fandy, Mamoun. (1999). *Saudi Arabia and the Politics of Dissent*. p. 61. London: Macmillan Press.

统一或者复兴哈里发国家作为他的目标,他只是赞赏穆斯林国家在一些共同方面做出一定的政策协调和协议。因此,以萨法尔·哈瓦里为代表的现代伊斯兰主义者并非要求复兴超越民族国家的传统伊斯兰"温麦",因此并非一种反现代化的意识形态。

萨勒曼·阿乌达是利雅得伊玛目穆罕默德·本·沙特·伊斯兰大学宗教基本原则专业的教师。他在萨法尔·哈瓦里之后发表了演讲,并且也录制了磁带广泛分发。萨勒曼·阿乌达演讲的题目是"国家的衰落",他分析了历史上沙特国家的衰败,提出现在沙特国家对美国总统乔治·布什的信赖超过了对安拉的信赖,这将导致沙特国家的失败,而美国人则将从沙特国家的失败中获利。① 萨勒曼·阿乌达写作了大约 10 部著作,录制了超过 500 份磁带,②还参与起草和签署要求改革的请愿书。他的主要布道包括"国家为什么会分裂?"、"看法的自由"、"伊斯兰磁带:一种评价"、"我们是和平与统一的拥护者"、"海湾和阿拉伯半岛的改宗"、"伊斯兰教的岛屿"、"伊斯兰教的岛屿和神的意愿"等。

萨勒曼·阿乌达的思想和主张具有浓厚的回归伊斯兰原旨教义的色彩。在1991 年的布道"我们是和平与统一的拥护者"中,萨勒曼·阿乌达主张:"为了维持沙特国家的统一,必须回归到伊斯兰教的基本原则和改革沙特社会……只有在沙里亚之下,并以《古兰经》和'圣训'作为唯一的参考,沙特国家才能统一。"③在另一份布道中,萨勒曼·阿乌达警告说,沙特阿拉伯已经具备政治暴力事件发生的成熟时机,他敦促沙特政府加快改革的进程,强调沙特阿拉伯政治改革的当务之急是对话,并且认为对话是沙特国家摆脱国内外困境的唯一办法。萨勒曼·阿乌达不仅

① Teitelbaum, Joshua. (2000). *Holier than Thou: Saudi Arabia's Islamic Opposition*. p. 30. Washington Institute for Near East Policy.

② Teitelbaum, Joshua. (2000). *Holier than Thou: Saudi Arabia's Islamic Opposition*. p. 29. Washington Institute for Near East Policy.

③ Fandy, Mamoun. (1999). *Saudi Arabia and the Politics of Dissent*. p. 95. London: Macmillan Press.

敦促国家进行改革,而且要求回归到现代沙特国家建立的基础,即国家和宗教力量之间最初的契约和联盟。萨勒曼·阿乌达认为,先知利用舒拉作为统治的基础,建立了最成功的伊斯兰国家,其次是最初四任哈里发统治的伊斯兰国家。萨勒曼·阿乌达批评沙特经济陷入了腐败、贿赂和奢侈的花费,并且发起对某些家族在商业方面垄断权的严厉攻击。萨勒曼·阿乌达要求国家招聘更多的宗教人士进入政府,同时削减世俗技术官僚的人数。萨勒曼·阿乌达抨击沙特社会中的自由主义者和世俗力量是"伪君子",他要求沙特国家依靠像他一样的宗教人士作为建议者,而不要依靠受过美国教育的技术官僚。萨勒曼·阿乌达在名为"伊斯兰磁带:一种评价"的布道中攻击沙特阿拉伯最著名的世俗派人士加兹·库赛比的教俗分离的政治主张。萨勒曼·阿乌达强调,伊斯兰教和政治通常都是相互关联的,如果现代主义者想要宗教学者只集中关注宗教事务,他们就是放弃了数个世纪的伊斯兰传统。①

　　萨勒曼·阿乌达还积极主张欧莱玛具有自由、独立从事布道的权力。他在一份名为"制造死亡"的演讲录音中,批评沙特政府引入了非伊斯兰的方式阻止宗教学者从事布道。萨勒曼·阿乌达要求获得自由布道的权力,并坚持声称他愿意为此付出代价。"让受过教育的人停止思想,这是不可接受的! 利用自己的智力促进社会和公众的发展,这是人类的权力。"萨勒曼·阿乌达还责备沙特政府试图将年轻欧莱玛的思想边缘化,他说:"我们的宗教并不意味着只限定在一个特殊的清真寺的角落。它是要教育我们怎样发展我们的经济和支配我们的财富"。②

　　萨勒曼·阿乌达还论述了有关"穆斯林人权"的观点,他认为:"现今的人权组织都被西方控制,人权成为强大的国家攻击弱小国家的一个工具。穆斯林应该建

---

　　① Fandy, Mamoun. (1999). *Saudi Arabia and the Politics of Dissent*. p. 103. London: Macmillan Press.

　　② Teitelbaum, Joshua. (2000). *Holier than Thou: Saudi Arabia's Islamic Opposition*. p. 60. Washington Institute for Near East Policy.

立自己的组织来研究和保护伊斯兰教中的人权,欧莱玛应该在这一进程中担任领导。统治者必须保护公民有生存、旅行、学习和工作的权利。"[1]

萨勒曼·阿乌达的布道体现出强烈的民族主义倾向。他在名为"伊斯兰教的岛屿和神的意愿"的布道中,要求沙特政府驱逐"抵抗派",这指的是东方省的什叶派。这种反对什叶派的布道,强调沙特阿拉伯独一无二的特性,他说:"安拉选择阿拉伯半岛作为伊斯兰教的诞生地并非偶然,这种明智的选择是基于阿拉伯半岛人民的品质。安拉通过给予阿拉伯半岛丰富的石油,保证了阿拉伯半岛人民的未来。沙特国家要确保瓦哈卜派运动的持续和纯洁的伊斯兰教形式。'安拉唯一'的教义是沙特社会的主要支柱。"[2]

萨勒曼·阿乌达还表达了反对暴力的倾向。他提醒听众要区分改革主义运动和"伊斯兰极端主义"。他强调《古兰经》将大清真寺描述为和平的地方,警告说"任何试图危害两座清真寺的人都将被安拉诅咒"。另外,与沙特阿拉伯诸多逊尼派伊斯兰主义者类似,表达了反对什叶派的宗派主义极端倾向。萨勒曼·阿乌达在名为"伊斯兰教的岛屿和神的意愿"的布道中,要求沙特政府驱逐"抵抗派",这指的是东方省的什叶派。

"觉醒派谢赫"没有形成特定的政治组织,其个体的宗教政治主张也有所不同,但是他们都利用了伊斯兰磁带作为传播宗教政治思想的主要手段。1991 年 8 月,一位匿名的宗教人士录制了名为"超级武器"的磁带。这份磁带提出了比较激进的观点,强调"我们的一些统治者的个人行为是那样地令人愤慨","除非沙特王族遵循沙里亚,否则就不应该效忠他们"。[3] 1991 年 9 月在王国分发的另一份匿名的磁

① Fandy, Mamoun. (1999). *Saudi Arabia and the Politics of Dissent*. p. 108. London: Macmillan Press.

② Fandy, Mamoun. (1999). *Saudi Arabia and the Politics of Dissent*. p. 101. London: Macmillan Press.

③ Teitelbaum, Joshua. (2000). *Holier than Thou: Saudi Arabia's Islamic Opposition*. p. 35. Washington Institute for Near East Policy

带比"超级武器"具有更大的影响,这份磁带对沙特阿拉伯的内外政策提出了广泛的批评。同一时期,阿伊德·卡勒尼两年前录制的磁带也在王国继续享有很高的声望。

面对"觉醒派谢赫"的挑战,沙特官方宗教政治势力猛烈抨击民间伊斯兰主义者,支持沙特家族和沙特政府打击和镇压反对派。欧莱玛长老委员会主席阿布杜勒·阿齐兹·本·阿布杜勒·阿拉·本·巴兹严厉地批评"磁带中录音的恶意指控和这些磁带的分发",并进一步猛烈攻击"觉醒派谢赫"是在散布"反对伊斯兰教和穆斯林的谎言和阴谋"。[①]国王法赫德在1992年12月发出警告,要求所有的民间宗教政治反对派停止他们反政府的活动,警告他们自动地节制反沙特家族的布道和制造反沙特家族的手册和录音带的行为。国王法赫德强调,沙特阿拉伯完全坚持伊斯兰教原则,在沙特阿拉伯没有任何人比"圣地的仆人"[②]更加虔诚。同时,国王法赫德宣布,沙特当权者欢迎公民私下表达个人的愿望和意见。国王重申他关于禁止利用清真寺讲台作政治演讲的命令,但同时允许受政府管制的演讲和布道。[③]1993年,沙特政府开始采取压制"觉醒的谢赫"的措施。沙特政府要求萨法尔·哈瓦里留在沙特国内并停止宗教政治活动。当萨法尔·哈瓦里拒绝签署同意政府管制要求的文件时,国王于1993年9月命令欧莱玛长老委员会研究萨法尔·哈瓦里和萨勒曼·阿乌达的著作和演讲磁带。欧莱玛长老委员会做出裁决,判定萨法尔·哈瓦里和萨勒曼·阿乌达犯了错误,要求他们收回错误的言论。如果他们拒绝,就将禁止他们发表演讲和录制磁带。

无视于官方宗教权威和沙特政府的强硬态度,"觉醒派谢赫"继续公开地评论有关政府行为的各个方面。1993年,欧莱玛长老委员会主席阿布杜勒·阿齐

---

① Teitelbaum, Joshua. (2000). *Holier than Thou: Saudi Arabia's Islamic Opposition*. p. 36. Washington Institute for Near East Policy.

② 这里指的就是沙特君主,国王法赫德自封为"圣地的仆人"。

③ Kechichian, Joseph. (2001). *Succession in Saudi Arabia*. p. 136. New York: Palgrave.

兹·本·阿布杜勒·阿拉·本·巴兹颁布费特瓦,赋予与以色列维持和平的宗教政治合法性。这是伊斯兰主义者绝对不能容忍的行为。"觉醒派谢赫"拒绝接受这份费特瓦的合法性。1994 年夏天,由沙特亲王和美国的沙特大学生组成的沙特国家队参与世界杯足球赛并进入 16 强,沙特政府宣布每名队员获得 26.7 万美元的奖金。"觉醒派谢赫"对整个足球事件持否定态度。萨勒曼·阿乌达呼吁在美国的沙特人忽略这一"足球闹剧",认为它不仅浪费金钱,而且参加比赛与伊斯兰教的生活方式相矛盾,参加比赛就有可能引诱人去喝酒、吸毒以及从事伊斯兰教所禁止的活动。萨勒曼·阿乌达提出,美国的沙特学生应当致力于伊斯兰教的宣传,集中力量战胜伊斯兰教的敌人。1994 年 5 月,也门内战爆发,沙特政权支持南也门的社会主义政权。"觉醒派谢赫"以及许多其他的学者颁布了一份声明,严厉指责沙特政府在也门内战中支持南也门的立场。这份声明指出,"南也门罪恶的共产主义者杀死了他们国内的谢赫和欧莱玛",沙特政权存在的目的应该是镇压多神教和传播瓦哈卜派教义。萨法尔·哈瓦里和萨勒曼·阿乌达关于也门内战的声明也录制成磁带在王国各地广泛散发。①

　1994 年,内政部传唤萨法尔·哈瓦里和萨勒曼·阿乌达,内政部官员向他们宣读了一系列控告,要求这两位谢赫书面承认他们的错误并停止活动。萨法尔·哈瓦里和萨勒曼·阿乌达拒绝了内政部的要求。9 月 9 日,沙特当局拘留了萨法尔·哈瓦里,萨勒曼·阿乌达迅速逃往利雅得。9 月 11 日,萨勒曼·阿乌达领导一支由 20 辆汽车组成的队伍开往布拉亚,并在布拉亚的一座清真寺发表演讲,鼓励其追随者反对政府镇压伊斯兰主义者的行动。布拉亚的长官传唤萨勒曼·阿乌达,萨勒曼·阿乌达带着由 500 名追随者组成的护送队前往。萨勒曼·阿乌达拒绝签署承诺停止反对活动的文件。萨勒曼·阿乌达回到他发表演讲的清真寺以后,清真寺周围聚集了大批的群众。萨勒曼·阿乌达及其支持者向欧莱玛长老委

① Teitelbaum, Joshua. (2000). *Holier than Thou*: *Saudi Arabia's Islamic Opposition*. p. 56. Washington Institute for Near East Policy.

员会递交了一份声明,指责该委员会与沙特政府串通,侵害人权、言论自由和集会自由。据"保卫合法权利委员会"报道,这份声明的签署者共有 20000 人。9 月 13 日,沙特王国安全部队在布拉达逮捕了萨勒曼·阿乌达。随后,在布拉达地区长官的宅邸发生了一次大规模的群众抗议,参加抗议的群众大约有 8000 人。据一位驻利雅得的外交官报道,有 500 名伊斯兰主义者占领了布拉亚长官的住宅。抗议在利雅得持续了数日,沙特当局在这次反对浪潮中大约拘捕了 1300 人。[1]

　　"觉醒派谢赫"是海湾战争时期沙特阿拉伯宗教政治舞台上的重要力量,是沙特阿拉伯现代伊斯兰主义运动发展初期的主要代表。"觉醒派谢赫"对沙特政权的批评结合了宗教、社会、经济和政治的论题,其攻击的焦点是沙特政权与西方国家的密切关系,而相关的抨击对象扩大到沙特家族、宗教权威和社会名流。他们的布道主要采取分发录音带的方式,依靠音频和视频技术传播他们的宗教政治观点和主张,在沙特阿拉伯引起了一场关于国内国际事务的广泛讨论。[2]"觉醒派谢赫"的布道为沙特阿拉伯民间宗教政治反对派的运动和组织建立了文化基调和社会基础。"觉醒派谢赫"的活动构成了沙特阿拉伯现代伊斯兰主义宗教政治运动的重要发展阶段。"觉醒派谢赫"的政治呼吁为沙特阿拉伯伊斯兰主义者进一步的宗教政治请愿运动和沙特阿拉伯现代伊斯兰主义组织的建立奠定了重要基础。

三、现代伊斯兰主义政治请愿运动

　　海湾战争是沙特阿拉伯历史的一个分水岭。面对海湾危机时期国内外局势的紧张,沙特社会处于一种激动和不安的状态。西方军队在王国的出现引起了沙特社会强烈的不满和恐慌。沙特社会普遍将引入西方军队视为一种违背伊斯兰教的

　　① Ibrahim, Youssef M. (1994). Saudi Arabia Cracks Down on Islamic Militants, Seizing Many. *New York Times*, September 22, 1994, p. A5.
　　② Fandy, Mamoun. (1999). *Saudi Arabia and the Politics of Dissent*. p. 61. London: Macmillan Press.

行为。沙特家族和官方宗教权威的合法性因此受到严重质疑。寻求外国军队的保护还暴露了沙特国防力量的虚弱,巨额的军费支出则加剧了沙特阿拉伯经济和社会领域的诸多问题。沙特政府无力继续维持慷慨的福利措施,沙特国民的生活水平受到很大影响。

"觉醒派谢赫"的文化觉醒和政治呼吁为沙特阿拉伯宗教政治领域的发展注入了新的活力。现代伊斯兰主义运动的发展促进了沙特阿拉伯官方宗教政治的裂变。就连一向对沙特政权唯命是从的宗教警察穆陶威也开始反抗官方宗教政治权威,甚至连王族成员也未能幸免于穆陶威的骚扰。在沙特国家面临内忧外患的严峻时刻,沙特阿拉伯的自由主义者和伊斯兰主义者陆续表达了促进社会政治变革的愿望和要求。

西方军队进入沙特阿拉伯之后,最先采取行动的对象是"自由主义倾向"的群体。这是一个由现代主义者、泛阿拉伯主义者、左翼人士和西方化的知识分子等多种力量构成的混合体,他们在反对伊斯兰主义者和反对宗教当权派等方面形成了联合。1990年11月6日,利雅得发生了一次妇女驾车示威抗议活动,这是自由主义群体的第一次公开行动。这次示威运动共有47名女性参加,主要是一些商人和大学教授。① 这些妇女在美国或者欧洲获得了驾照,但是沙特阿拉伯不允许妇女驾驶汽车,于是这些妇女驾驶自己的汽车在利雅得游行,要求获得妇女驾驶的权利。沙特妇女的大胆行为引起了沙特社会的巨大震惊。沙特阿拉伯的伊斯兰主义者认为妇女的行为与美国军队的出现直接相关,认为是美国军队的出现助长了自由主义和世俗主义力量的阴谋。根据伊斯兰主义者的说法,这些自由主义者几乎都是受过美国教育的沙特人,他们因为美国军队的出现而变得大胆。因此,沙特阿拉伯的伊斯兰主义者对沙特阿拉伯与美国的联合进行了更加猛烈的攻击。伊斯兰主义者将这些妇女的行为视作对沙特阿拉伯伊斯兰习俗和法律的挑战。他们在王

---

① Aarts, Paul. (2005). *Saudi Arabia in the Balance*. p. 41. London: C. Hurst & Co. Ltd.

国中到处散发传单，攻击参加游行的妇女，甚至提出这些妇女是应该被处死的异教徒。一些伊斯兰主义者还指责利雅得的统治者萨勒曼·本·阿卜杜勒·阿齐兹秘密地支持沙特妇女的示威游行。伊斯兰主义者还写信给国王法赫德、王储阿卜杜拉和利雅得统治者萨勒曼亲王，要求惩罚这些妇女以及支持她们的人。数百名沙特伊斯兰主义者向政府请愿，要求惩罚或者处死参与游行的妇女。沙特政府被迫行动，宣布妇女的示威运动不合法，并将所有参与游行的妇女停职。官方宗教权威阿布杜勒·阿齐兹·本·阿布杜勒·阿拉·本·巴兹还颁布费特瓦，确认妇女驾驶在沙特是非法的行为。[1]

1990 年 11 月初，国王法赫德宣布开始进行政治改革的计划，包括建立协商会议等措施。政府改革计划和政府对驾车妇女的打击行为，在一定程度上推动了自由主义群体发起向沙特政府的请愿运动。1990 年 12 月，43 位著名的"自由主义"人士签署了一份请愿书并递交给国王法赫德，要求进行社会和政治改革。这份文件在沙特阿拉伯广泛流传，并在阿拉伯世界出版。这份请愿书的签署人热情洋溢地表达了他们对国王的忠诚，以及"对现今的政府体制和对尊贵的王族"的忠诚，但是他们提出了 10 项改革要求。这些改革要求包括：做出宗教决定的进程应当更加公开，在这个进程中所有的沙特人都有权与宗教裁定进行辩论；制定一部政府基本法；建立一个协商会议，但并没有要求要由选举产生；恢复地方议会的选举；司法体制的现代化；公民不论种族、部落、教派或者社会出身而一律平等；建立一个自由的媒体；改革宗教警察系统；妇女在社会中应该具有更高的公共地位；进行教育方面的改革。[2] 这些自由主义人士主要是一些来自吉达和东方省的自由主义倾向知识分子和商人，其中包括前内阁大臣穆罕默德·阿布杜勒·亚马尼。请愿书的签名

① Teitelbaum, Joshua. (2000). *Holier than Thou*: *Saudi Arabia's Islamic Opposition*. p. 30. Washington Institute for Near East Policy.

② Abir, Mordechai. (1993). *Saudi Arabia*: *Government*, *Society*, *and the Gulf Crisis*. pp. 186-189. London; New York: Routledge.

者中包括少量温和的伊斯兰主义者。

自由主义者的行动反映了一次"顺从于政府可接受范围的最小限度的改革要求"①。然而,这份请愿书不仅被沙特政府忽略,还被沙特阿拉伯的伊斯兰主义者视作世俗主义者的又一次挑衅行为。自由主义者的请愿书对沙特家族的腐败和任人唯亲的行为提出批评。这份请愿书还对欧莱玛在宗教裁决进程中的地位提出质疑,同时还攻击了官方宗教政治的另一个权力中心,即宗教警察系统。自由主义者的请愿书使沙特阿拉伯的官方宗教政治势力和伊斯兰主义者感到恐慌,他们对自由主义知识分子进行猛烈的攻击。同时,沙特阿拉伯的现代伊斯兰主义者也加快了他们自己的行动步伐。

海湾战争以后,"觉醒派谢赫"成为沙特阿拉伯现代伊斯兰主义的重要领袖。他们不仅利用伊斯兰磁带宣传自己的观点,同时还领导和参与起草要求改革的宗教政治文件。萨勒曼·阿乌达分析了沙特阿拉伯的历史和现状,在题为"国家为什么会分裂?"的布道中提出了 12 点亟待沙特政府解决的问题。根据萨勒曼·阿乌达的思想,国家在以下情况发生时就有可能陷入分裂:国家与时代和地区不相协调;暴虐盛行和舒拉消失;统治者未能建立一种基于优秀能力来选拔国家官员的制度;国家的司法制度变得腐败;没有对国家官员私下和公共行为进行监督的体制;在经济秩序中,腐败成为地方性的普遍行为;教育体制变得腐败;道德腐败和奢侈的花费普遍流行;统治者未能区别他的朋友和敌人;国家失去了其存在的理由;外部权力密谋反对国家;国家经历了内部的分裂。② 萨勒曼·阿乌达的分析和主张成为现代伊斯兰主义请愿书《要求信》和《劝诫备忘录》的重要基础。"觉醒派谢赫"的政治主张和他们对沙特国家内外政策的批评为现代伊斯兰主义请愿书提供了基

---

① Champion, Daryl. (2003). *The Paradoxical Kingdom*: *Saudi Arabia and the Momentum of Reform*. p. 220. London: Hurst & Co.

② Fandy, Mamoun. (1999). *Saudi Arabia and the Politics of Dissent*. pp. 96. London: Macmillan Press.

本的思想原则和出发点。

1991 年初，沙特阿拉伯的伊斯兰主义者按照传统撰写了一份建议信，由伊玛目穆罕默德·本·沙特伊斯兰大学的一名备受尊敬的教授谢赫阿卜杜拉·图外吉里秘密地"递交给当权者"。近 200 名欧莱玛、学者、律师和其他社会著名人士在信上签名。① 1991 年 5 月中旬，400 名欧莱玛、法官、大学教授和其他著名学者联合签署了一份《要求信》，并以"伊斯兰教领导"的名义呈送给国王法赫德。② 在《要求信》的首页上，列出了 52 名主要签署人的印章，其中有许多人都是沙特阿拉伯的官方欧莱玛，同时还包括"觉醒派谢赫"的代表人物：萨法尔·哈瓦里、萨勒曼·阿乌达、阿伊德·卡勒尼、阿瓦德·卡勒尼、纳斯尔·欧马尔和阿卜杜拉·吉布林。同时，《要求信》也在王国的清真寺中广为流传。《要求信》对沙特社会产生了巨大的影响，国王法赫德和沙特家族接到《要求信》时的震惊程度甚至超过伊拉克入侵科威特。③

《要求信》是沙特阿拉伯现代伊斯兰主义运动的第一份重要文件。《要求信》的改革要求主要包括：(1)建立一个协商会议来决定国内外事务。协商会议的成员应当包括沙特社会各个领域的人，通过选举而产生，他们必须因他们的诚实和正直而著名。协商会议必须完全独立，不能受到任何阻碍其履行完全责任的影响和压力。(2)检查沙特阿拉伯王国所有政治的、经济的和行政的法律法规，确保它们与沙里亚一致。这项工作应当由一个得到完全授权的、有能力的和值得信赖的沙里亚委员会来完成。废除所有与沙里亚不一致的法律法规。(3)确保所有的国家官员及其国内外的代表都必须是有能力并且能适应其职务的人。他们必须虔诚地信仰伊

---

① Champion，Daryl. (2003). *The Paradoxical Kingdom*：*Saudi Arabia and the Momentum of Reform*. p. 221. London：Hurst & Co.

② Abir，Mordechai. (1993). *Saudi Arabia*：*Government*，*Society*，*and the Gulf Crisis*. p. 189-190. London；New York：Routledge.

③ Champion，Daryl. (2003). *The Paradoxical Kingdom*：*Saudi Arabia and the Momentum of Reform*. p. 221. London：Hurst & Co.

斯兰教,并且正直而诚实。不符合这些条件的人是辜负了信任,并且是对国家利益及名誉的一个重要威胁。所有官员特别是身居要职的官员无一例外地受其职责的严格约束,开除腐败的或者无能的官员。(4)承认所有社会成员一律平等,维护公民完整的权利。强制公民履行义务而没有的任何偏袒、特权或恩赐。必须认识到利用某人的影响来逃避其责任或侵占其他人的权利将引起社会的瓦解,并导致违背先知警告的厄运。(5)确保公共财富在所有阶层和社会群体中公平地分配。因为人民负担过重,所以必须废除税收和减少政府征收的费款。国家的财政收入必须确保不会浪费和非法挪用。公共财富应该优先分配给有紧迫需要的支出项目,同时必须结束非法的垄断权,收回通过不适当手段占有的资产。必须撤销对伊斯兰银行的禁令,所有公共和私人的银行机构都必须禁止高利贷。高利贷是一种对安拉及其使者的侵犯,也是使安拉的施与和祝福消失的一个原因。(6)建立一支强大的一体化的武装部队,为其配备各种装备。军队的职责是保护国家及其神圣价值。国家要特别关注军事工业的发展。(7)重建媒体以使其符合沙特阿拉伯王国服务于伊斯兰教的政策。媒体应该反映社会的价值观,加强和促进社会文化,必须清除与以上目标矛盾的事物。必须保护媒体通过传播沙里亚限制之内的建设性批评和真实的报道来教育和告知公民信息的自由。(8)对外政策要保护国家的利益,不能信赖任何沙里亚不认可的联盟。国家必须支持穆斯林的事业,捍卫穆斯林的原则。对外政策必须为伊斯兰事业服务。王国的驻外使馆必须反映国家的伊斯兰特性。(9)给予宗教发展和国家传教机构所需的人力和物力资源。必须清除所有阻止他们履行正当工作的障碍。必须加强伊斯兰宗教制度,特别是那些与促进伊斯兰教相关的宗教制度。(10)统一司法机构,赋予其完全和真实的独立,确保司法权力达到各个方面。必须建立一个独立的实体来执行司法判决。(11)确保个人和集体的权利,撤销所有压制人民愿望和权利的法律法规,维护人的尊严及合法的保护措施。①

　　欧莱玛长老委员会主席阿布杜勒·阿齐兹·本·阿布杜勒·阿拉·本·巴兹和沙特阿拉伯宗教问题方面最多产的作家和宗教学者谢赫穆罕默德·萨利赫·欧赛敏虽然没有在要求信上签名，但他们的确认可了《要求信》的建议和主张。两者单独向国王法赫德递交了一份秘密信件支持《要求信》，并且建议国王召集欧莱玛长老委员会讨论这些改革要求的执行。② 阿布杜勒·阿齐兹·本·阿布杜勒·阿拉·本·巴兹和谢赫穆罕默德·萨利赫·欧赛敏使用的是一种符合伊斯兰传统的向统治者私下表达建议的方式，就有关怎样才能按照伊斯兰法律最好地进行统治的问题上，支持《要求信》中提出的改革要求和建议。阿布杜勒·阿齐兹·本·阿布杜勒·阿拉·本·巴兹在秘密信件中附上了《要求信》的复印件，并对《要求信》的某一条款做出了修改。

　　不久之后，《要求信》的签署者递交了另一封信，详尽地说明《要求信》中提出的各项要求。他们声称是阿布杜勒·阿齐兹·本·阿布杜勒·阿拉·本·巴兹要求他们向欧莱玛长老委员会提交这些澄清性的说明。这份文件的语言更加严厉，这些自称是改革家的人解释说，之前的《要求信》被公开并不是他们所希望的。他们还提出，国王法赫德于1990年11月宣布建立的协商会议应当完全独立，而不应当是一个欺骗性的委员会。他们澄清的问题还包括：沙特政府采用的一系列法律法规都与沙里亚相冲突，部分原因是没有伊斯兰学识的世俗主义倾向的外行起草了它们。改革家还攻击徇私、裙带关系和腐败。他们攻击媒体带来了破坏性的思想、没带面纱的妇女照片和关于性的语言。签名者的指责还直接指向作为所有媒体管理人的沙特政府。这份文件还指出，录像带商店在王国大量存在，甚至还出售色情

---

① Kechichian, Joseph. (2001). Religious Petition to King Fahd(February 1991). *Succession in Saudi Arabia*. pp. 199-201. New York: Palgrave.

② Teitelbaum, Joshua. (2000). *Holier than Thou: Saudi Arabia's Islamic Opposition*. p. 33. Washington Institute for Near East Policy.

作品。签署人还特别关注宗教机构缺乏充足资金的问题,认为宗教机构没有从王国的石油繁荣中受益,甚至分配给足球队的资金都超过了给所有宗教机构的资金总额。①

《要求信》代表着民间伊斯兰主义者和官方欧莱玛的第一次有组织的联合行动。他们的目的实际上是要求增加宗教人士在政治决策中的权力,否定政府不断增加的欧莱玛权力的边缘化趋势。签名者的愿望实际上是要求伊斯兰主义者在对外政策中的发言权、控制媒体的权力,增加其在司法领域的地位,以及占有更多的资源来传播他们的主张。400 名宗教学者签署的请愿书震惊了沙特王族和大多数沙特人。两名官方宗教权威阿布杜勒·阿齐兹·本·阿布杜勒·阿拉·本·巴兹和谢赫穆罕默德·萨利赫·欧赛敏对请愿书的支持使国王法赫德和其他沙特家族的官员感到更大的忧虑。《要求信》的签署意味着具有广泛基础的宗教群体中不同倾向的派别在一定程度上结成了同盟。这个同盟的暂时形成暴露出沙特阿拉伯教俗合一的官方宗教政治所潜伏的危机,同时也是一种对沙特政权及其宗教政治合法性的巨大威胁。

沙特政权对递交《要求信》的行动采取镇压的措施,一名沙特安全机构的首领还因未能查明《要求信》的准备活动和背景而受到严厉的处罚。签名支持《要求信》的大约 400 名欧莱玛、法官、教界人士和大学教授都受到沙特安全力量的单独审问,还被禁止旅行和发表演讲。沙特政府采取镇压措施以后,《要求信》的支持者群体发生分裂,官方宗教政治权威都试图撇清他们与请愿书的关系。这实际上表明沙特阿拉伯的宗教势力已经分裂为不同性质的两个群体。1991 年 6 月 3 日,沙特政府说服官方宗教政治权威颁布了一份对《要求信》的谴责书。高级司法委员会和欧莱玛长老委员会共同发表的这份文件提出,虽然欧莱玛对统治者提出忠告是允

---

① Teitelbaum, Joshua. (2000). *Holier than Thou*: *Saudi Arabia's Islamic Opposition*. p. 34. Washington Institute for Near East Policy.

许的,但它不应该公开。① 官方宗教政治权威立场的转变表明,尽管官方欧莱玛与民间伊斯兰主义者有许多共同的主张,但是只要沙特政府施加压力,官方欧莱玛就会妥协并转而支持沙特政府。然而,沙特政权的镇压措施并不能阻止沙特阿拉伯民间伊斯兰主义者的宗教政治诉求。1991 年下半年,萨法尔·哈瓦里和萨勒曼·阿乌达在攻击政府时变得更加大胆,他们的磁带在王国中广泛流传。

1992 年夏,国王沙特大学的"改革和建议委员会"组织撰写了一份长达 45 页的《劝诫备忘录》并递交给宗教权威阿布杜勒·阿齐兹·本·阿布杜勒·阿拉·本·巴兹,同时附函请阿布杜勒·阿齐兹·本·阿布杜勒·阿拉·本·巴兹评阅这份文件并将它呈交给国王法赫德。《劝诫备忘录》共有 107 名欧莱玛、大学教授和显要人士签名支持。② 萨法尔·哈瓦里、萨勒曼·阿乌达、阿卜杜拉·吉布林和阿卜杜拉·加拉姆为《劝诫备忘录》写了导论。《劝诫备忘录》以《要求信》为基础,并详细解释了《要求信》的各种要求,采用了一种比《要求信》更加尖锐的基调,并且提出了一系列新的更为激进的要求和许多细节性的建议。《劝诫备忘录》共分为十个主题,每个主题分为三个部分:相关理论和宗教教义;王国的现状,其中包括现行的官方政策和现实问题;对这些问题的处理办法和建议。这十个主题包括:欧莱玛的角色、法律法规、司法体制、伊斯兰教规定的人权、王国的经济状况、社会问题、军队和武装力量、行政管理体制、媒体和对外政策。《劝诫备忘录》号召对沙特阿拉伯的经济、社会和政治结构进行广泛的改革,其中最需要改革的问题是:委托制农业、普遍的贿赂和腐败行为、裙带关系和徇私偏袒、商业的垄断、无能的国家政府机构、国家资源和财政经费的浪费、战略性计划的缺乏、政府缺乏责任感和透明度、失业的增加和人口的增长。③

---

① Teitelbaum, Joshua. (2000). *Holier than Thou: Saudi Arabia's Islamic Opposition.* p. 35. Washington Institute for Near East Policy.

② Aarts, Paul. (2005). *Saudi Arabia in the Balance.* p. 42. London: C. Hurst & Co. Ltd.

③ Champion, Daryl. (2003). *The Paradoxical Kingdom: Saudi Arabia and the Momentum of Reform.* p. 225. London: Hurst & Co.

《劝诫备忘录》讨论的重点是欧莱玛在沙特社会中的地位,并对此提出了六点批评和七点建议。《劝诫备忘录》宣称,欧莱玛和宗教机构在沙特阿拉伯公共生活中的角色是最小限度的和边缘的,"各个政府部门在执行他们的政策时都没有与欧莱玛商议,这就可能最终导致政治和宗教的分离,而这就会导致这个伊斯兰国家建立目的之彻底失败。"①欧莱玛的官僚化导致他们独立性的丧失,国家机构对宗教人士参与的敏感态度限制了宗教人士在社会中的地位。政府限制了清真寺的角色,并且对敢于讨论重要问题的宗教学者施加压力。宗教人士在国家机构中的地位受到了限制,例如信息部、教育部以及驻外使馆等机构。《劝诫备忘录》要求巩固欧莱玛在社会中的独立地位,并确保国家遵循伊斯兰教义。《劝诫备忘录》批评沙特阿拉伯官方宗教权威的宗教垄断权,要求解除所有对宗教活动家的限制,宗教活动家应当具有完全的言论自由而不需要获得官方宗教权威的赞同。应当建立一个有效的机制来确保所有宗教学者的权力和地位,而不仅仅是官方欧莱玛。国家应当在建立公民社会组织方面允许更大的自由,宗教机构应该获得对公民社会组织的控制权。欧莱玛长老委员会成员的选择应当基于他们的学识、虔诚和诚实,除非是因为伊斯兰的原因,否则他们在这个委员会中的成员资格不应该被免除。为了确保国家的伊斯兰性质,与外国签署的所有条约都应该得到欧莱玛长老委员会的同意。宗教组织的财政和活动应该由一个独立的欧莱玛团体管理,并且应该与国家预算相分离。政府应该对所有的机构颁布一个政策性声明,允许宗教人士传播伊斯兰教义。最后,政府应该允许来自国外的欧莱玛进入沙特和参加研讨会,这样就能使国外的欧莱玛与沙特的欧莱玛之间更广泛地交流思想。国家还有责任任命宗教人士到所有的大使馆以确保所有的活动符合伊斯兰教义。国家应当加强劝善

---

　　① Fandy, Mamoun. (1999). *Saudi Arabia and the Politics of Dissent*. p. 51. London: Macmillan Press.

惩恶委员会的组织和系统。①《劝诫备忘录》对沙特政府拘捕宗教人士提出强烈抗议。

　　《劝诫备忘录》强调伊斯兰法律的至高无上，认为伊斯兰法律应当管理个人、家族、国家之间的关系，还有国家和社会之间、沙特阿拉伯和其他国家之间的关系。《劝诫备忘录》在法律法规方面提出 8 个需要改革的地方，其在法律方面的主要建议是：重新审查王国的法律，清除所有非伊斯兰的法律并用伊斯兰法律取代；建立一个更高级的法庭来审查法律和沙里亚的兼容性；要求学术机构集中研究伊斯兰教义，只对研究生教授西方宗教教义，其唯一目的是质疑和批判这些宗教教义；研究法律的委员会成员应该只包括因学识和诚实而著名的神学家。

　　《劝诫备忘录》提出，当前沙特阿拉伯王国的法律体制存在许多问题：国家实行一个双重的司法体系，在法院之外，还有 30 多个基于国家法律而非沙里亚的委员会，这个双重的司法体系导致许多违反伊斯兰法律的情况；法院没有获得独立地位，这违反了沙里亚具有至高无上权力的原则；统治者对法院强加限制，内务部干涉了法院的工作；沙里亚法院在某些省发展不完全，需要国家加大支持来促进沙里亚法院的发展；调查官员舞弊情况的政府官员针对国家部委的裁决未能按期执行。《劝诫备忘录》对法律体制问题提出的建议是：去除所有具有司法权力的委员会；所有有争议的司法判决都应当用伊斯兰法裁决；调查官员舞弊情况的政府官员应当只处理针对国家及其部委的案件，其他的职能应该交给沙里亚法庭；法官应该由其他法官或者欧莱玛长老委员会选举产生；除非违反伊斯兰教义，否则法官不能被免职。②

　　《劝诫备忘录》还包括关于人权的主张。它提到的人权集中在沙里亚规定的穆

---

　　① Fandy, Mamoun. (1999). *Saudi Arabia and the Politics of Dissent*. p. 52. London：Macmillan Press.

　　② Fandy, Mamoun. (1999). *Saudi Arabia and the Politics of Dissent*. pp. 54-55. London：Macmillan Press.

斯林的权力。它认为所有的权利都来自伊斯兰法律，国家必须承认所有沙里亚规定的权利。伊斯兰国家有责任保障这些权利。《劝诫备忘录》列举了沙特阿拉伯违反人权的事例：没有经过审判，一些政府职员、大学教授、教师和法官就被停职和扣发工资，或者被调到其他地方；没有经过伊斯兰审判，许多宗教学者就被禁止发表演讲和旅行；警察监视和搜查私人住宅，有时还违反伊斯兰教义，拷打和折磨被告；没有政府部门负责保障公民的权利；一些政府法规禁止公民与非沙特人结婚，或者禁止成立公司和进出口货物。《劝诫备忘录》要求进行人权方面的改革：取消所有与沙里亚矛盾的政府法规；禁止所有拷打和折磨公民的行为；政府部委和警察未经审讯，不得逮捕公民；警察不能搜查私人住宅或阻止任何人迁移的自由；政府必须保障沙里亚赋予的人权，例如言论自由和结社自由；必须保证被告受到公平的审判；必须去除所有在穆斯林中引起歧视的法律；必须教育警察要尊重伊斯兰教规定的公民权利。[①]

《劝诫备忘录》考察了沙特阿拉伯的经济及其运行的状况，指出国家财政收入的来源、管理、投资和花费等方面的不法行为，并特别批评了资源的极大浪费和王国财富的流失。《劝诫备忘录》提出了细节性的解决经济问题的办法。《劝诫备忘录》提出了王国存在的主要社会问题，包括歧视的普遍流行和种族政策、社会不公正和不安定。《劝诫备忘录》宣称伊斯兰国家的财富应当公平地分配，要求严格地缩减政府花费和减小社会各个阶级之间的不平衡。

《劝诫备忘录》提出必须进行军队改革，建设一支至少由 50 万人组成的自立自强的军队，提高本国制造武器的能力。国防部的一些高级官员应该为国家面临的巨大危险负责，他们将数十亿美元的公共资金花费在欺骗性的合同上。以前的军队接受了过多的财政资助，却远没有达到预期的效果。政府应当为民众提供军事训练，应当实行强制性的兵役制度和建立一支储备兵力。《劝诫备忘录》特别批评

---

① Fandy, Mamoun. (1999). *Saudi Arabia and the Politics of Dissent*. p. 55. London: Macmillan Press.

了公共管理不善和腐败的猖獗，建议停止所有形式的垄断、高利贷和奢侈花费。民众权利的丧失要归因于行政管理制度的衰退和死板的惯例。《劝诫备忘录》提出了细节性的建议来清除这些落后的制度以及根除腐败和贿赂。[①]

《劝诫备忘录》指出，欧莱玛很少出现在沙特阿拉伯的媒体上，沙特阿拉伯也缺乏任何形式的媒体审查制度来控制违背伊斯兰教的信息的传播。应当建立一个"最高欧莱玛协商会议"及其监督之下的伊斯兰媒体和广播公司。《劝诫备忘录》要求，沙特阿拉伯的广播和电视应当传播伊斯兰教。政府应当增加宗教媒体的节目，而不能播放赞扬"堕落的西方生活方式"的节目。《劝诫备忘录》谴责沙特政府对非伊斯兰的政府提供帮助，例如约旦、阿尔及利亚、埃及、叙利亚和俄国，但却没有给予南斯拉夫波斯尼亚地区的穆斯林足够的帮助。[②]《劝诫备忘录》还着眼于排除西方文化的影响，主要的措施包括：限制圆盘式电视卫星天线的安装；限制政府与西方的接触，特别是军火交易；增加沙特阿拉伯与穆斯林兄弟国家的联系等。

《劝诫备忘录》系统地表达了沙特阿拉伯现代伊斯兰主义者的要求和主张，是沙特阿拉伯现代伊斯兰主义运动最全面的行动纲领，"应该被视作阿拉伯半岛伊斯兰复兴运动最重要的成果之一"[③]。《劝诫备忘录》的核心目的是改变沙特阿拉伯教俗合一的官方宗教势力独占国家宗教政治权力和伊斯兰教仲裁人的角色，满足沙特现代伊斯兰主义者分享国家宗教政治权力的要求。

《劝诫备忘录》的作者在递交给阿布杜勒·阿齐兹·本·阿布杜勒·阿拉·本·巴兹的信中写道："我们的目的是遵循伊斯兰教义的要求，进行建议和协

---

①　Movement for Islamic Reform in Arabia. Social Transformation and Political Explosion. *History of Dissent: The Story of Islamic Dissent in Arabia*, chap. 1, http://www.miraserve.com/chap1.html.

②　Teitelbaum, Joshua. (2000). *Holier than Thou: Saudi Arabia's Islamic Opposition*. p. 39. Washington Institute for Near East Policy.

③　Champion, Daryl. (2003). *The Paradoxical Kingdom: Saudi Arabia and the Momentum of Reform*. p. 224. London: Hurst & Co.

商。"①在沙特阿拉伯的历史上,劝诫或者建议,是受到尊重的一种宗教政治传统。这个传统建立在罕百里教法学派法理学家伊本·泰米叶的学说之上,伊本·泰米叶的名著《伊斯兰政治》论述了"有资格的个人有权力和责任提出劝诫"②。然而,一份以巴黎为基地的日报公开了《劝诫备忘录》。沙特国王法赫德在国家电视上发表讲话,责备伊斯兰主义者将他们的不满和国家的问题公开暴露和传播。国王法赫德认为国家的唯一目的是为伊斯兰教服务,沙特阿拉伯正是在这样做,因此那些以宗教的名义反对国家政策的人都是错误的。法赫德还说,沙特国家的领导人一直都愿意倾听合法的口头或者书面的批评意见,但是"为世俗的目的或者为与公共利益无关的事情"而利用社团或者集会、磁带和传单,都是十分有害的错误行为。国王法赫德宣布:"我希望所有人的努力都限制在为安拉的事业提出建议的范围内。任何人都可以向其地区主管诉说他的建议和要求。我们希望和渴望得到建议,而不希望的是将问题公开。目前,政府已经注意到这种将问题公开的行为。我希望大家清楚地明白,政府不会再忽视和容忍任何对宗教教义、对国家利益、对改变现状有所损害的行为。"③

国王法赫德要求欧莱玛长老委员会对《劝诫备忘录》的观点和要求提出反驳。1992年9月中旬,欧莱玛长老委员会在一份由阿布杜勒·阿齐兹·本·阿布杜勒·阿拉·本·巴兹和该委员会成员签名的声明中谴责备忘录,提出阿布杜勒·阿齐兹·本·阿布杜勒·阿拉·本·巴兹促成了这份备忘录的说法是"虚假的宣传"。欧莱玛长老委员会指责请愿运动提供了反对派成长的沃土,编造和夸大了王国的短处,忽略了国家的所有优点和贡献,是一种误入歧途的分裂性言论。官方欧

---

① Fandy, Mamoun. (1999). *Saudi Arabia and the Politics of Dissent*. p. 51. London: Macmillan Press.

② Teitelbaum, Joshua. (2000). *Holier than Thou: Saudi Arabia's Islamic Opposition*. p. 46. Washington Institute for Near East Policy.

③ Teitelbaum, Joshua. (2000). *Holier than Thou: Saudi Arabia's Islamic Opposition*. pp. 40-41. Washington Institute for Near East Policy.

莱玛还说，《劝诫备忘录》采用了错误的提出建议的方式，违反了提出宗教建议必须与伊斯兰教一致的原则，其签署人由于"意识形态路线的偏差"而造成了冲突。[1]欧莱玛长老委员会的17名欧莱玛长老中有7人宣称生病而没有出席讨论备忘录的会议，并且拒绝在谴责备忘录的声明上签字。1992年12月，国王法赫德将拒绝签字的7名欧莱玛长老免职，并重新任命了10名忠于政府的欧莱玛进入欧莱玛长老委员会。[2] 声明书事件暴露了沙特阿拉伯官方宗教政治势力的进一步分裂，同时也暗示着沙特政府与欧莱玛长老之间存在着一定的裂隙。沙特阿拉伯现代伊斯兰主义者在官方欧莱玛群体中得到了可观的支持，这实际上反映了沙特阿拉伯官方宗教权威与民间的伊斯兰主义者具有部分相似的意见和主张，现代伊斯兰主义者构建改革统一阵线的努力取得了一定程度的胜利。

《要求信》和《劝诫备忘录》在沙特阿拉伯引起了轩然大波。沙特政府采取强制性措施，没收了签名者的护照，许多签名者受到警察的审讯、骚扰和侮辱，一些人被禁止在清真寺或大学做报告。请愿运动的积极分子受到沙特秘密警察的追踪，甚至还被监禁。政府对现代伊斯兰主义宗教学者的严厉打击导致纳季德和阿西尔的一些城镇爆发了反政府的示威运动。[3] 随后一些伊斯兰主义者才陆续获释。

《要求信》和《劝诫备忘录》是现代伊斯兰主义者采用请愿运动的方式，试图通过合法途径影响沙特阿拉伯政治发展走向的重要尝试。这两次请愿的本质是一种改革沙特阿拉伯王国基本政治结构的要求，其中暗含着一个权力转移的重大要求，即将权力从沙特统治家族之手转移到现代伊斯兰主义精英人士的手中。[4] 现代伊斯兰主义者还反对通过指派形式产生的欧莱玛长老，这在一定程度上标志着沙特

① Teitelbaum, Joshua. (2000). *Holier than Thou：Saudi Arabia's Islamic Opposition*. p. 39. Washington Institute for Near East Policy.

② Champion, Daryl. (2003). *The Paradoxical Kingdom：Saudi Arabia and the Momentum of Reform*. p. 224. London：Hurst & Co.

③ Abir, Mordechai. (1993). *Saudi Arabia：Government, Society, and the Gulf Crisis*. p. 192. London；New York：Routledge.

④ Kechichian, Joseph. (2001). *Succession in Saudi Arabia*. p. 108. New York：Palgrave.

阿拉伯官方宗教政治势力与民间宗教政治势力的正式分裂。《要求信》和《劝诫备忘录》的签署人大都是来自纳季德的宗教精英和学术精英,他们是沙特阿拉伯现代伊斯兰主义运动的领导人物和精英人士。《要求信》和《劝诫备忘录》的要求包含了许多现代政治的要素,其中最重要的是选举政治、立法和行政的分立、司法独立,以及平等、法治、人权和公正。《要求信》和《劝诫备忘录》成为沙特阿拉伯现代伊斯兰主义运动的重要纲领,为以后建立的大多数沙特伊斯兰组织提供了主要的参考根据和理论框架。

四、现代伊斯兰主义政治组织的建立

沙特阿拉伯民间宗教政治势力在 20 世纪 90 年代开始进入联合协作、有组织地反对沙特政府的阶段。从 1991 年秋起,沙特阿拉伯现代伊斯兰主义者为了避免政府的干涉,就通过宗教社团"伊斯兰复兴组织"协调他们的活动。伊斯兰复兴组织的影响逐步扩大,许多欧莱玛、伊玛目、穆陶威、大学教授和律师都加入其中,而失业的年轻人构成了该组织的主要社会基础。伊斯兰复兴组织策划了一次反对政权的公开示威运动,然而由于其组织者受到沙特政府的严厉警告而未成行。①

现代伊斯兰主义者向国王递交《要求信》和《劝诫备忘录》之后,沙特政府的遏制政策未能阻止现代伊斯兰主义者的政治追求。现代伊斯兰主义者开始组建更为成熟的政治团体来实现其政治目标。1992 年 12 月,沙特当局逮捕了一个著名的宗教学者谢赫易卜拉欣·迪卜亚。一些宗教人士在哈马德·苏莱菲的家中开会商议,其中就有一个较小的宗教群体拥有共同的主张和愿望,他们希望利用这件事作为捍卫欧莱玛自由批评的权力和拓展伊斯兰事业的出发点。正是这个群体在第二年建立了"保卫合法权利委员会"。

1993 年 5 月 3 日,6 名沙特著名宗教人士公开宣布建立"保卫合法权利委员

---

① Natasha, Alexander. (1999). *Saudi Arabia: Country Study Guide*. p. 162. Washington, D. C.: International Business Publications.

会"。该组织的使命是"消除不公正现象、恢复人民的合法权利、保证人民自由表达自己观点的权利和在平等公正的环境中有尊严地生活的权利"。① 这 6 名创建者中有 4 人曾在《劝诫备忘录》上签名，他们分别是：谢赫阿卜杜拉·本·哈姆德·图瓦吉里，他是利雅得伊玛目穆罕默德·本·沙特伊斯兰大学圣训系的系主任，曾是一名伊斯兰法官；律师苏莱曼·本·易卜拉欣·鲁舒迪；律师谢赫阿卜杜拉·本·苏莱曼·马萨里；谢赫阿卜杜拉·本·阿布杜勒·拉赫曼·本·吉布林，一名资深的宗教学者。另外两名创建者是：哈马德·苏莱菲，他是一名教育部的高级官员；博士阿卜杜拉·哈米德，他是一名诗人和伊玛目穆罕默德·本·沙特伊斯兰大学的宗教学教授。②

实际上，"保卫合法权利委员会"真正的建立者和伊斯兰活动家是 6 名年轻的具有现代伊斯兰主义倾向的沙特专业人士，包括穆罕默德·马萨里、莫赫森·阿瓦吉、哈立德·赫梅德、阿卜杜勒·阿齐兹·卡西姆、阿卜杜勒·瓦哈卜·特拉里和萨阿德·法吉赫。③ 他们邀请具有很高宗教威望的伊斯兰学者担任"保卫合法权利委员会"创建公报的签署人，为的是更广泛地吸引沙特听众。这些年轻的伊斯兰主义者在沙特国内秘密地筹划了该伊斯兰组织的建立。

"保卫合法权利委员会"组织起源于保卫伊斯兰主义者执行沙里亚所批准的职责、抗议沙特政权拘捕伊斯兰主义者的政治要求。"保卫合法权利委员会"在建立公报中提出，该组织的工作要与《古兰经》、"圣训"和伊斯兰的共同意见保持一致，要"消除不公正和支持被压迫者……保卫沙里亚规定的权利"。这份题为"改革"的文件要求结束对伊斯兰主义者的旅行禁令和刑讯，号召行政和立法权力相分离，要

① Kechichian, Joseph. (2001). Communiqué Number 3, *CDLR Yearbook* 94-95, pp. 9-10. *Succession in Saudi Arabia*, p. 109. New York: Palgrave.

② Teitelbaum, Joshua. (2000). *Holier than Thou: Saudi Arabia's Islamic Opposition*. p. 49. Washington Institute for Near East Policy.

③ Fandy, Mamoun. (1999). *Saudi Arabia and the Politics of Dissent*. p. 119. London: Macmillan Press.

求检查现存的法律以确保它们符合沙里亚。"保卫合法权利委员会"还要求更广泛的社会政治参与和更负责任的公共官员,并且强调这些要求都是基于伊斯兰原则。作为宗教界的知名人士,"保卫合法权利委员会"的领导人到处收集沙特民众对政府错误行为的抱怨,他们认为这是符合沙里亚规定的正当行为。"保卫合法权利委员会"作为一个伊斯兰反对派组织出现,想要通过揭露沙特政府的腐败和管理不善等行为,来促进沙特政府的改革。

"保卫合法权利委员会"将沙特阿拉伯现代伊斯兰主义运动与世界人权运动挂钩的目的是获取西方的支持,以实现其政治目标。"保卫合法权利委员会"的主要领导人公开地通过传真与西方媒体联系,并且还在利雅得会见了美国大使馆的官员。5月6日,谢赫阿卜杜拉·本·苏莱曼·马萨里在与英国广播公司BBC会谈时表明,该组织的建立受到4月27日也门多党选举的重要影响。他说:"我确信沙特社会有更多的受过教育的人民,有一个更强大的中产阶级,这是比也门更适合进行选举的社会结构,选举在沙特阿拉伯会更为成功地举行。"①阿卜杜拉·本·苏莱曼·马萨里还强调,"保卫合法权利委员会"关注人权和法定诉讼程序,因为这个组织用一种伊斯兰的论述并得到了欧莱玛的支持和保护,这个组织能够获得更好的成果。谢赫阿卜杜拉·本·苏莱曼·马萨里之子,国王沙特大学的物理学教师穆罕默德·马萨里是"保卫合法权利委员会"与西方联系的重要人物。与"觉醒派谢赫"不同的是,穆罕默德·马萨里受过西方的教育,能熟练地运用英语。穆罕默德·马萨里对现代伊斯兰主义组织进行重新包装,将其塑造成一个人权组织的形象,其目的是吸引西方的听众,由此给沙特政府施加压力。在这一点上,他与苏丹的哈桑·图拉比和突尼斯的拉希德·加努什十分相似。

尽管"保卫合法权利委员会"最初的活动采用温和的基调,但沙特政府仍将其视为一次大胆的反对派运动。5月8日,利雅得总督萨勒曼亲王召集这个组织会

---

① Teitelbaum, Joshua. (2000). *Holier than Thou: Saudi Arabia's Islamic Opposition*. p. 50. Washington Institute for Near East Policy.

面,指责其成员的行为违反了王国的法律。5月12日,欧莱玛长老委员会发布声明,谴责"保卫合法权利委员会"与伊斯兰教的统治不协调,是非法的组织。欧莱玛长老委员会还做出裁定,说沙特阿拉伯是一个根据伊斯兰教进行统治的国家,伊斯兰法庭遍及王国各处,人们向政府部门或者向政府官员抱怨不公平现象的权利并没有受到阻止。① 欧莱玛长老委员会的谴责声明为沙特政府镇压"保卫合法权利委员会"的措施铺平了道路。沙特政府在"保卫合法权利委员会"成立两周后勒令其解散,随后解除了6名创建者在政府机构中的职务,关闭了他们的律师事务所。沙特政府开始逮捕和审讯"保卫合法权利委员会"的创建人和支持者。5月15日,穆罕默德·马萨里被捕。此后,国王沙特大学教职人员中的20名"保卫合法权利委员会"的支持者被捕,后来还有更多的人入狱,包括"保卫合法权利委员会"的重要领袖萨阿德·法吉赫。这些被捕的伊斯兰主义者最终获释,其中许多人都离开沙特阿拉伯,流亡伦敦。②

　　"保卫合法权利委员会"的重要领导人和国际媒体发言人穆罕默德·马萨里在1993年11月获释以后,暗中借道也门,秘密逃往伦敦。穆罕默德·马萨里向英国政府要求政治避难,国王法赫德屡次试图说服英国首相约翰·梅杰将穆罕默德·马萨里驱逐出英国,但都没有成功。1994年4月,穆罕默德·马萨里在伦敦重建"保卫合法权利委员会",伦敦成为沙特现代伊斯兰主义者开展反政府活动的海外基地。穆罕默德·马萨里担任该组织的秘书长和发言人。

　　穆罕默德·马萨里迅速认识到向西方和沙特阿拉伯国内尽可能广泛的听众散布该组织信息的重要性。为此目的,穆罕默德·马萨里开始采用新的通讯方式和传播信息的手段。"保卫合法权利委员会"最初在英国BBC电台、美国之声、开罗

① Fandy, Mamoun. (1999). *Saudi Arabia and the Politics of Dissent*. p.120. London: Macmillan Press.

② Champion, Daryl. (2003). *The Paradoxical Kingdom: Saudi Arabia and the Momentum of Reform*. p.226. London: Hurst & Co.

蒙特电台发表公告,随后又利用电报和互联网来公布该组织的公报。为了向沙特阿拉伯国内发送消息,传真成为最频繁使用的通讯方式。"保卫合法权利委员会"每周都通过传真将其简报发给沙特阿拉伯国内的 600 个分点,同时通过电子邮件及其全球网络主页传播同样的信息。该组织也通过同样的方式收集有关王国的消息。为了沙特国内的支持者能与"保卫合法权利委员会"及时联系,穆罕默德·马萨里公布了该组织的受话方付费电话号码。通过新的通讯方式和信息传播手段,"保卫合法权利委员会"获得了巨大的公众吸引力,它在建立的第一年中就成为一个在话语权和影响方面占据重要地位的宗教政治组织。"保卫合法权利委员会"还成为各种政治势力的代言人。沙特阿拉伯的伊斯兰主义者,还有部落组织和自由主义者,都对公开发表反对政府行为的言论有所顾虑。"保卫合法权利委员会"成为他们表达政治主张和要求的重要渠道,该组织政治主张的某些方面也获得了他们的赞同。据"保卫合法权利委员会"的领导人说,向该组织提供消息的人包括"不满的沙特商人、神职人员、军官和情报官员"。① 在穆罕默德·马萨里的领导下,"保卫合法权利委员会"的公报成为非常专业的反对派信息沟通渠道。沙特阿拉伯压制民众权利的信息、沙特统治家族的卑劣行为,特别是沙特家族屈从于西方命令的传闻等,都定期传真到世界的各个地区,包括沙特国内各地民众的手中。② 1995 年12 月,"保卫合法权利委员会"开始出版阿拉伯语的月刊,主要反映该组织最关注的问题:王族内部在继承王位方面产生的分歧、各种腐败行为、国内各种形式的意见分歧及政治秩序的不稳定、政府行为与真正的伊斯兰教义之间的分离。③ 为了获得西方听众的支持,"保卫合法权利委员会"还创办了英语周刊《领导人》。90 年代中期,"保卫合法权利委员会"在世界范围内反对沙特家族的活动中居于领导地

① Fandy, Mamoun. (1999). *Saudi Arabia and the Politics of Dissent*. p. 129. London: Macmillan Press.

② Kechichian, Joseph. (2001). *Succession in Saudi Arabia*. p. 109. New York: Palgrave.

③ Fandy, Mamoun. (1999). *Saudi Arabia and the Politics of Dissent*. p. 130. London: Macmillan Press.

位,引起了世人的广泛关注。穆罕默德·马萨里说:"可能有15万人在阅读我们的
著作,其中80%的人都反对沙特政府……他们之中约有1万是伊斯兰主义活动
家。"据萨阿德·法吉赫估计,"在'保卫合法权利委员会'发展的高峰期,每天有超
过120个电话从沙特国内打来,向该组织提供评论和信息"。①

　　"保卫合法权利委员会"声明其主要的目标是:清除沙特政权的不公正行为、使
沙特人民能限制政府的权力、支持司法部的独立地位,以及结束沙特政府对伊斯兰
主义者犯下宗教罪行的诬陷。"保卫合法权利委员会"的部分要求对西方听众有特
别的吸引力,这些要求包括:决策过程中更广泛的参与、言论自由、自由的媒体等。
"保卫合法权利委员会"宣称,在20世纪末,死刑是野蛮的、违反所有国际人权条约
的行为,是一种不合法不正当的国家行为。"保卫合法权利委员会"对人权问题的
特别关注,是作为获取大赦国际和人权观察等非政府组织支持的一种手段,试图通
过这些组织的声望来给沙特政府施压,要求政府释放被监禁的伊斯兰主义者。尽
管"保卫合法权利委员会"的要求中采用了人权、言论自由和反对独裁主义等现代
世界流行的政治语言,但它的真实要求是:沙特政权应当将布道的权利对民间宗教
人士开放;民间宗教人士拥有批评君主和向君主建议的权利;沙特政权应当更严格
地实施伊斯兰法律,并在对外政策中维护伊斯兰教的原则和利益。

　　"保卫合法权利委员会"通过质疑官方欧莱玛和王族的联盟,攻击了沙特政权
的宗教政治合法性和沙特体制的基础。1995年,穆罕默德·马萨里出版了《沙特
国家非伊斯兰性质的证据》一书,批评沙特国家建立的根本基础,即瓦哈卜家族与
沙特家族的契约。穆罕默德·马萨里在书中提出,谢赫伊本·瓦哈卜接受了沙特
家族作为穆斯林领袖的条件,将普世的伊斯兰教使命降低到狭窄的地区性的和种
族歧视的意识形态,为的是服务于沙特家族的利益。于是瓦哈卜派就丧失了伊斯

---

① Champion, Daryl. (2003). *The Paradoxical Kingdom: Saudi Arabia and the Momentum of Reform*. p. 227. London: Hurst & Co.

兰教使命的最主要目的,即将穆斯林拯救出落后的国家。① 这是一种对伊本·瓦哈卜和瓦哈卜派伊斯兰教的直接攻击。"保卫合法权利委员会"提出,许多官方宗教政治权威都是沙特政府的帮凶,他们接受沙特政府提供的薪水和财政支持,为堕落的沙特家族塑造良好的形象,同时掩盖其污秽不堪的本质。"保卫合法权利委员会"警告阿布杜勒·阿齐兹·本·阿布杜勒·阿拉·本·巴兹,如果他不为伊斯兰主义者的要求提供帮助和阐释,"那他就是沙特家族的工具,是沙特家族压迫民众和实施暴政的当事人"。穆罕默德·马萨里否认阿布杜勒·阿齐兹·本·阿布杜勒·阿拉·本·巴兹在宗教方面有很高的学识,认为阿布杜勒·阿齐兹·本·阿布杜勒·阿拉·本·巴兹现在在沙特欧莱玛中的地位都是因为他的反动立场,他是因为支持国王阿卜杜勒·阿齐兹和国王沙特,才获得了沙特王族的信任。② "保卫合法权利委员会"引用伊本·泰米叶的话,指出那些支持违背沙里亚行为的官方欧莱玛和违背沙里亚的人犯有同样的错误,如果这些官方欧莱玛无视于"保卫合法权利委员会"指出的违背沙里亚的行为,那么这些官方欧莱玛就将犯下严重的罪恶,因为他们是熟知沙里亚的,知法犯法将罪加一等。如果这些官方欧莱玛犯下了严重的罪恶,那么伊斯兰主义者就将蔑视和忽略这些官方欧莱玛的费特瓦。③

穆罕默德·马萨里认为,沙特阿拉伯的官方宗教机构曾经具有与沙特王族对抗的权力,但宗教权威现在和以前的地位有明显的差异。"保卫合法权利委员会"宣称,沙特王族对宗教学者的尊敬是一种虚假的面目。国王阿卜杜勒·阿齐兹在不能获得宗教学者的支持时,就强迫宗教学者保持沉默。沙特家族还通过欺骗的手段控制官方欧莱玛。亲王纳耶夫向阿布杜勒·阿齐兹·本·阿布杜勒·阿拉·

---

① Fandy, Mamoun. (1999). *Saudi Arabia and the Politics of Dissent*. p. 135. London: Macmillan Press.

② Fandy, Mamoun. (1999). *Saudi Arabia and the Politics of Dissent*. p. 123. London: Macmillan Press.

③ Teitelbaum, Joshua. (2000). *Holier than Thou: Saudi Arabia's Islamic Opposition*. p. 61. Washington Institute for Near East Policy.

本·巴兹施加压力并允诺释放部分政治犯,以此来要求阿布杜勒·阿齐兹·本·阿布杜勒·阿拉·本·巴兹发布反对"保卫合法权利委员会"的费特瓦。然而,当阿布杜勒·阿齐兹·本·阿布杜勒·阿拉·本·巴兹发布费特瓦之后,沙特政府却逮捕了更多的伊斯兰主义者。国王法赫德已经"引起了学者中最可靠的人士和在社会中最具有影响力的人的反感和敌对"。国王法赫德通过建立"最高伊斯兰事务委员会"并挑选亲信担任其成员,侵占了官方欧莱玛的首领和穆夫提的职责,僭越了伊斯兰国家宗教决定发布者的权力。"保卫合法权利委员会"提出,国王法赫德竭力排斥合法的宗教学者,"最高伊斯兰事务委员会"的建立破坏了沙特官方宗教政治的伊斯兰合法性,是一次巩固"伊斯兰教顺从沙特家族地位"的尝试。"保卫合法权利委员会"抗议"最高伊斯兰事务委员会"由国防部长苏尔坦亲王担任领导,因为苏尔坦犯下了虐待宗教学者的恶行。①

　　"保卫合法权利委员会"还集中攻击沙特王族的腐败和徇私行为,声称这些行为导致沙特阿拉伯公共资金的大量流失。该组织提出,国王法赫德的儿子阿布杜勒·阿齐兹·本·法赫德是美国电话电报公司在沙特的代理,于是在爱立信电信公司与美国电话电报公司竞争时,尽管爱立信电信公司的报价不及美国电话电报公司的一半,并且竞标条件远比美国电话电报公司优越,沙特政府还是将项目交给了美国电话电报公司。据该组织报道,1994年4月,先王阿卜杜勒·阿齐兹的每一个儿子都得到了一笔1亿沙特里亚尔,约合2666万美元的款项。② 该组织攻击沙特阿拉伯新的经济政策削减了对公共事业和种植小麦的农民的补贴,这些津贴的削减意味着沙特家族挪用国家资金的巨额增加。"保卫合法权利委员会"还举出许多事例强调王国水和电的短缺,以及政府无力支付工人和承包商的工资。根据该

　　① Teitelbaum, Joshua. (2000). *Holier than Thou: Saudi Arabia's Islamic Opposition*. p. 55. Washington Institute for Near East Policy.
　　② Teitelbaum, Joshua. (2000). *Holier than Thou: Saudi Arabia's Islamic Opposition*. p. 53. Washington Institute for Near East Policy.

组织的报道,在王国的东方省哈萨地区,还有 1500 个家庭没有电。① "保卫合法权利委员会"强调政府的不公平政策,认为沙特君主忽略了"贫穷的沙特人"的立场,而极力支持和维护沙特王室成员的奢侈行为。"保卫合法权利委员会"公布这些消息的目的是揭露沙特王族肆意侵吞和浪费国家财富的行为,与此同时王国普通民众的生活却日益艰难。

穆罕默德·马萨里断言,沙特阿拉伯即将发生一场突然的变革,如果不是因为国王法赫德死亡,就是因为一次由于石油价格下跌引起的严重经济衰退。穆罕默德·马萨里公开发表声明,要求沙特家族下台,并坚持说他绝不与沙特家族谈判。"保卫合法权利委员会"的发言人还提出,君主制在伊斯兰教中是不合法的,在现代的阿拉伯半岛,应该采取完全的民主政治。② "保卫合法权利委员会"的英语周刊《领导人》提出,沙特阿拉伯王国四位主要的政治人物应该为大多数的腐败行为负责,为沙特国家以及整个伊斯兰世界承受的灾难负责。这四位政治领导人是:国王法赫德、亲王苏尔坦、亲王萨勒曼和亲王纳耶夫。③ 尽管"保卫合法权利委员会"在总体上反对沙特王族,但是对王储阿卜杜拉有着比其他王族成员稍好的印象。据"保卫合法权利委员会"报道,王储阿卜杜拉没有卷入国王法赫德的同胞兄弟苏戴尔系诸亲王的内部纠纷。1995 年 11 月国王法赫德病重之后,"保卫合法权利委员会"报道说,国防部长苏尔坦亲王召集官方欧莱玛,试图阻止王储阿卜杜拉继承王位。"保卫合法权利委员会"还报道,国王法赫德坚决要求王储阿卜杜拉领导的沙特阿拉伯国民卫队在卡西姆地区执行机动任务,其目的是使卡西姆地区的人民憎恨阿卜杜拉。这是一次"苏戴尔人的阴谋",因为"没有证据显示王储阿卜杜拉参与

① Fandy, Mamoun. (1999). *Saudi Arabia and the Politics of Dissent*. p. 131. London: Macmillan Press.

② Kechichian, Joseph. (2001). *Succession in Saudi Arabia*. pp. 111-112. New York: Palgrave.

③ Fandy, Mamoun. (1999). *Saudi Arabia and the Politics of Dissent*. p. 133. London: Macmillan Press.

了沙特政府反对卡西姆人民的罪恶"。① 这些言论表露出"保卫合法权利委员会"对王储阿卜杜拉的好感。王储阿卜杜拉通常表现出一种朴素而虔诚的形象,因此"保卫合法权利委员会"希望非苏戴尔系的王储阿卜杜拉继承王位。

"保卫合法权利委员会"的公共形象是一个成熟而开明的组织,鼓励王国中的政治辩论。它提出,"禁止所有类型的组织或者集会是一种毫无根据的错误观念"。"保卫合法权利委员会"完全符合《古兰经》和"圣训",是"王国中'觉醒'主义宗教政治的一个必要的组成部分"。"保卫合法权利委员会"在该组织的介绍性文件中声明,该组织"信守和平的和建设性的批评方式,远离任何使用武力的改革尝试"②。然而,尽管不明确提倡暴力行为,"保卫合法权利委员会"还是警告说,如果沙特政府继续压迫反对派活动家,暴力将是最终的结果。认为暴力和混乱是腐败、压迫和侵害人权的直接结果。还威胁说,一些"热情的年轻人"许诺,如果有一个"保卫合法权利委员会"成员受到伤害,他们就将刺杀5名沙特王族成员。"保卫合法权利委员会"还是在1994年9月的布拉达拘捕行动之后,第一个威胁要在沙特阿拉伯使用暴力的组织。"保卫合法权利委员会"发表名为"信仰的部队"的公告,对沙特政府发出警告:"如果这种暴力的趋势在王国出现,那么它将比埃及或者阿尔及利亚造成更多的流血牺牲。王国的民众都将武装起来,在数千名的激进分子中,愿意为此献身的大有人在。"③1995年11月利雅得爆炸事件之后,"保卫合法权利委员会"的伦敦代表萨阿德·法吉赫发表声明,指出这次爆炸是沙特政府压迫政策的"自然结果",这种压迫政策使年轻的沙特人"无法表达他们的意见,就只能采用暴

①　Teitelbaum, Joshua. (2000). *Holier than Thou: Saudi Arabia's Islamic Opposition*. p. 62. Washington Institute for Near East Policy.

②　Teitelbaum, Joshua. (2000). *Holier than Thou: Saudi Arabia's Islamic Opposition*. p. 68. Washington Institute for Near East Policy.

③　Teitelbaum, Joshua. (2000). *Holier than Thou: Saudi Arabia's Islamic Opposition*. pp. 53-54. Washington Institute for Near East Policy.

力的方式"。^①"保卫合法权利委员会"的月刊提出,沙特政府应当为利雅得五名美
国人受伤的暴力事件负责,因为这次暴力事件的根源是政府逮捕伊斯兰学者和活
动家的政策。该组织进一步强调,"这种暴力事件的解决办法是矫正沙特社会中宗
教和政治的失衡状态。朝向这个目标的第一步就是应该释放被政府监禁的伊斯兰
主义者,允许言论自由和结社自由,给予民众质疑政治领导人的权利"。^②

"保卫合法权利委员会"公开抨击和挑战沙特家族政权,还发表沙特统治家族
即将倒台的言论,因此引起所有沙特王族成员的厌恶。许多沙特家族成员都对沙
特国王没有采取严厉措施清除持不同政见者而感到十分愤怒。一个沙特家族成员
提出,所有"保卫合法权利委员会"的支持者而不仅仅是其领导人,都应该被审讯,
如果发现应受法律制裁的,"就应该被驱逐到阿富汗去"。1995年,一些"保卫合法
权利委员会"的支持者在利雅得被判处死刑。^③

"保卫合法权利委员会"的最大缺点是它在反对现实的同时,并没有阐明改革
现实的方法,以及民众获得权力的具体途径。"保卫合法权利委员会"明确指出沙
特阿拉伯"是一个极权主义的国家,是人民意志的对立面",但它在表述希望沙特阿
拉伯建立何种类型的政府方面是十分模糊的。穆罕默德·马萨里没有明确地提出
他希望建立何种政权,他只是提到,新的沙特阿拉伯"将是一个伊斯兰国家,但并不
是一个神权政治的国家。新国家的典范是先知以后的哈里发国家"^④。穆罕默
德·马萨里在威斯敏斯特发表的演讲中提到,他喜爱有着自由的地区性和全国性
选举和普选权的"伊斯兰民主"。他提到独立的司法体制,强调妇女应该具有他们

    ① Teitelbaum, Joshua. (2000). *Holier than Thou*: *Saudi Arabia's Islamic Opposition*. p. 61. Washington Institute for Near East Policy.
    ② Fandy, Mamoun. (1999). *Saudi Arabia and the Politics of Dissent*. p. 131. London: Macmillan Press.
    ③ Kechichian, Joseph. (2001). *Succession in Saudi Arabia*. p. 113. New York: Palgrave.
    ④ Teitelbaum, Joshua. (2000). *Holier than Thou*: *Saudi Arabia's Islamic Opposition*. p. 54. Washington Institute for Near East Policy.

的伊斯兰合法权利,包括驾驶的权利。①

　　"保卫合法权利委员会"的建立是伊斯兰主义者向国王法赫德递交《要求信》和《建议备忘录》之后的重要行动,标志着沙特阿拉伯现代伊斯兰主义运动发展的重要阶段。"保卫合法权利委员会"建立之初主要表现为一个伊斯兰法律框架之内的人权组织。该组织宣称它"不是媒体所宣称的政党,也不追求政治目标"。②"保卫合法权利委员会"的总部在伦敦的重建是其发展的重要里程碑。1994 年 4 月 20日,"保卫合法权利委员会"发表第三份公报,指出该组织的发展目标是成为一个政治反对派组织,而不是一个非政治的人权组织。这份公报明确地提出对官方欧莱玛和沙特政府的怀疑。③"保卫合法权利委员会"不再是一个关注人权的非政治社团,而是一个对沙特政权提出宗教政治挑战的反对派组织。"保卫合法权利委员会"通过新的通讯手段,发起了一次针对沙特政权的反抗潮流。随着"保卫合法权利委员会"的发展,现代媒体成为反对沙特政府的主要阵地。直到 1996 年 2 月,"保卫合法权利委员会"都是一个在宣传沙特政府政策失误方面非常有效的媒体组织。

　　1996 年 3 月 5 日,穆罕默德·马萨里和"保卫合法权利委员会"的伦敦代表萨阿德·法吉赫分别发表声明,要将对方开除该组织。穆罕默德·马萨里指责萨阿德·法吉赫拒绝对他与英国驱逐政策的合法斗争提供资助。穆罕默德·马萨里说萨阿德·法吉赫与王储阿卜杜拉和沙特情报人员有密切联系,因此危害了沙特国内的伊斯兰主义活动家。穆罕默德·马萨里还说萨阿德·法吉赫试图敲诈他。穆罕默德·马萨里在声明中提到,布拉达的"舒拉议会"以及"保卫合法权利委员会"

　　① Teitelbaum, Joshua. (2000). *Holier than Thou*: *Saudi Arabia's Islamic Opposition*. p. 62. Washington Institute for Near East Policy.

　　② Fandy, Mamoun. (1999). *Saudi Arabia and the Politics of Dissent*. p. 120. London: Macmillan Press.

　　③ Fandy, Mamoun. (1999). *Saudi Arabia and the Politics of Dissent*. p. 127. London: Macmillan Press.

建立时的主席阿卜杜拉·马萨里已经取消了萨阿德·法吉赫在"保卫合法权利委员会"中的成员资格。萨阿德·法吉赫则发表了一份简要的声明,开除穆罕默德·马萨里,任命他自己取代穆罕默德·马萨里的职位,担任"保卫合法权利委员会"的正式发言人。萨阿德·法吉赫还否认了"舒拉议会"的存在。① 尽管在英国的其他逊尼派组织从中调解,"保卫合法权利委员会"还是于 3 月 11 日正式分裂为两个组织。穆罕默德·马萨里继续领导"保卫合法权利委员会",倡导温和色彩的政治改革。萨阿德·法吉赫创建了"阿拉伯半岛伊斯兰改革运动",反对沙特家族的权力垄断,强调伊斯兰框架内的政治改革和非官方欧莱玛在沙特阿拉伯政治生活中的主导作用,在一定程度上具有激进的宗教政治倾向。

"保卫合法权利委员会"的分裂有多种原因,该组织内部领导人之间的意识形态分歧是一个重要因素。1995 年,关于穆罕默德·马萨里与"解放党"和"流亡者运动"等组织联系的公开辩论就开始出现。"解放党"及其支派"流亡者运动"是以伦敦为基地的两个狂热的伊斯兰组织,它们不承认世界上的任何政权具有伊斯兰合法性,包括苏丹和伊朗的政权,而提议由该组织的一名成员统治整个穆斯林温麦。穆罕默德·马萨里承认他曾是"解放党"的成员,但是辩解说他的成员资格已经终止。穆罕默德·马萨里认为,"解放党"在维护伊斯兰教原则和支持沙特阿拉伯的伊斯兰运动两方面,是无可责备的。② 另外,"保卫合法权利委员会"的发言人穆罕默德·马萨里和"保卫合法权利委员会"的伦敦代表萨阿德·法吉赫之间还产生了权力争夺等矛盾。"保卫合法权利委员会"分裂的另一个重要因素是沙特政府的压力。沙特政府向英国施加压力,导致英国政府一度决定将穆罕默德·马萨里逐出英国。沙特政府还精心策划了分裂"保卫合法权利委员会"的活动,沙特情报

---

① Teitelbaum, Joshua. (2000). *Holier than Thou: Saudi Arabia's Islamic Opposition*. p. 63. Washington Institute for Near East Policy.

② Teitelbaum, Joshua. (2000). *Holier than Thou: Saudi Arabia's Islamic Opposition*. p. 64. Washington Institute for Near East Policy.

人员通过各种手段向该组织渗透。

"保卫合法权利委员会"的境况继续恶化。组织的分裂导致穆罕默德·马萨里失去了最重要的资金来源。"保卫合法权利委员会"只能继续通过互联网发表信息,而无力支付其他通讯手段的昂贵费用。穆罕默德·马萨里迫于多方面的压力,疏于对"保卫合法权利委员会"的管理,"保卫合法权利委员会"的网页很少更新。为了获得资金来源,穆罕默德·马萨里允许"流亡者运动"和其他组织在"保卫合法权利委员会"的电邮名单上发布消息。"保卫合法权利委员会"发出的电邮不再由穆罕默德·马萨里签名,而是由一名孟加拉作家穆罕默德·加拉勒·阿巴迪签名。"保卫合法权利委员会"分裂以后,穆罕默德·马萨里失去了许多沙特的听众和财力支持,他希望通过吸引更广泛的穆斯林听众来补偿这种损失。于是,"保卫合法权利委员会"关注的焦点超出了沙特阿拉伯的范围,开始涉及许多其他的伊斯兰问题。"保卫合法权利委员会"讨论的问题开始集中在以色列、犹太复国主义、犹太人在西方的影响,以及犹太人仇视伊斯兰教等泛伊斯兰主义的主题。[①] 由于"流亡者运动"极端和狂热的倾向,来自不同国家的伊斯兰主义者和伊斯兰组织大都对"流亡者运动"持否定态度,穆罕默德·马萨里也因此受到牵连。穆罕默德·马萨里以前的许多资助人都转而支持萨阿德·法吉赫,穆罕默德·马萨里不得不在1997年1月宣布破产。"保卫合法权利委员会"的领导人试图通过与"流亡者运动"等极端主义的伊斯兰组织联盟,以获得维持"保卫合法权利委员会"活动和发展的资金。他们共同建立了一个名为"穆斯林反对暴政"的组织,穆罕默德·马萨里还在互联网上到处呼吁对"保卫合法权利委员会"的资助。"保卫合法权利委员会"还在简报中提出,该组织愿意与所有以伊斯兰教为基础的组织形成联盟,以所有和平和合法的方式抵抗和破坏现今的政府。"保卫合法权利委员会"的分裂无疑削弱了穆罕默德·马萨里将来可能与政府谈判时的地位。穆罕默德·马萨里与萨阿

---

① Fandy, Mamoun. (1999). *Saudi Arabia and the Politics of Dissent*. p. 141. London: Macmillan Press.

德·法吉赫之间公开的相互指责无疑玷污了"保卫合法权利委员会"的形象。"保卫合法权利委员会"分裂以后,海外的沙特反对派失去了原本高涨的发展势头,财政困难则是最核心的问题。

穆罕默德·马萨里宣布破产以后,许多他以前的支持者都转而支持萨阿德·法吉赫及其"阿拉伯半岛伊斯兰改革运动"组织。"阿拉伯半岛伊斯兰改革运动"逐渐发展成为一个比穆罕默德·马萨里的"保卫合法权利委员会"具有更好形象的组织。"阿拉伯半岛伊斯兰改革运动"采用一个较为低调的外表,仅仅专注于沙特阿拉伯的问题,而不涉及"保卫合法权利委员会"提出的其他伊斯兰问题。"阿拉伯半岛伊斯兰改革运动"宣称自己是沙特阿拉伯改革运动的真正代言人,是被监禁的伊斯兰主义者的坚强后盾。"阿拉伯半岛伊斯兰改革运动"制作了一个最新式的网站,具有配套的软件来传播该组织每周录制的无线电节目。

"阿拉伯半岛伊斯兰改革运动"的思想体系包括沙特阿拉伯伊斯兰主义者在海湾战争之间和之后的布道、声明、演讲、书籍,以及最近提出的一份政治计划草案中的宗教政治思想。这份政治计划草案完成于 1998 年 5 月,它以《建议备忘录》为基础,是"阿拉伯半岛伊斯兰改革运动"在此后 6 年中思想成果的总结。这份 46 页的文件论述了"阿拉伯半岛伊斯兰改革运动"关注的 9 个领域,它们分别是:沙里亚和公正;现今的政治体制和它的局限,以及可供选择的体制;国外事务;国家安全问题;沙特阿拉伯的经济体制;社会;信息体制;个人权利的保护;政治和社会变革的策略。① 萨阿德·法吉赫对沙特体制的批评主要集中在三个方面:王族及其统治方式、欧莱玛,和司法体制。

萨阿德·法吉赫认为,"政权的所有问题都与王族及其权力垄断相关。这是每个沙特反对派都试图解决的根本问题。真正的政治改革必然需要一次沙特政权本身的改组。"关于王族及其统治方式,萨阿德·法吉赫主要提出四点问题:权力集中

① Fandy, Mamoun. (1999). *Saudi Arabia and the Politics of Dissent*. p. 159. London: Macmillan Press.

在王族的苏戴尔系手中；王国依赖于美国的保护；在任命内阁部长和其他高级官员时，依赖于家国政体而非能人统治；政治的个人化，沙特家族对国家政治、经济和信息制度的绝对控制维护了沙特王族高人一等的优越性。①

　　萨阿德·法吉赫强调，沙里亚是沙特社会的主要框架，欧莱玛在沙特社会中具有中心地位。沙特年轻人应当向所有的欧莱玛寻求建议，不论是官方欧莱玛还是民间欧莱玛。欧莱玛并非能阅读和理解沙里亚的人，真正的欧莱玛是对当权者说实话的人，是忠诚于沙里亚而不受世俗影响的人。萨阿德·法吉赫指出，沙特阿拉伯的现行体制不符合沙里亚原则。沙特政权错误地监禁了民间伊斯兰主义领袖人物，利用官方欧莱玛支持沙特国家违反伊斯兰教的政策。萨阿德·法吉赫批评以阿布杜勒·阿齐兹·本·阿布杜勒·阿拉·本·巴兹为首的官方欧莱玛一直在充当为沙特家族统治辩护的角色，而无视沙特国家偏离伊斯兰法律。作为官方欧莱玛腐败的证据，萨阿德·法吉赫提出，几乎所有欧莱玛颁布的费特瓦都是在危机的时候支持沙特政权。他列举的费特瓦包括：允许美国军队进入王国、反对"保卫合法权利委员会"、反对建议备忘录、批准逮捕萨法尔·哈瓦里和萨勒曼·阿乌达。②官方欧莱玛对沙特政权的无原则妥协损害了官方欧莱玛的宗教政治权威。萨阿德·法吉赫认为欧莱玛长老委员会、劝善惩恶委员会和司法部都必须进行改革。现今沙特国家宗教机构的成员都是由统治者任命的，统治者必然就会干涉他们的工作，这就是他们的费特瓦只维护统治者利益的原因。

　　萨阿德·法吉赫批评沙特的另一个重点是沙特阿拉伯的司法体制，这是他批评沙特政权非伊斯兰性质的一个组成部分。他提出沙特阿拉伯的司法体制有三个主要的问题：沙里亚没有得到完全实行、司法体制并非一个独立的实体、司法体制

---

　　①　Fandy, Mamoun. (1999). *Saudi Arabia and the Politics of Dissent*. p. 168. London：Macmillan Press.

　　②　Fandy, Mamoun. (1999). *Saudi Arabia and the Politics of Dissent*. p. 168. London：Macmillan Press.

管理混乱。萨阿德·法吉赫指责沙特阿拉伯王国的司法体制偏离了沙里亚法律，并且宣称在现今的体制下，法官不得不实行非伊斯兰的法律。他认为在现行体制下，沙里亚没有得到公平的实施：它用来控制弱者和工人阶级，但却不反对有权力的人士，而是用来保护王族。萨阿德·法吉赫提出，一个伊斯兰国家应该有一个领导，即一个伊玛目，他的职责不仅是领导礼拜和解释沙里亚，而是在与欧莱玛商议之后实行沙里亚法，目的是减少不公正和给予公民平等公正的权利。沙特阿拉伯王国的司法部缺乏独立性，因为国王和许多亲王能在任何时候向法官提出要求并改变判决。如果法官都是由统治家族任命和解职，他们就会试图做出统治家族希望的决定，而不是合乎法律的决定。萨阿德·法吉赫认为，如果没有一次政治体制的根本性变化，司法体制的问题很难解决。①

萨阿德·法吉赫提出："在伊斯兰体制中，沙里亚必须是至高无上的，这是我们与西方民主制的最主要区别。"沙特国家应该建立一个与欧莱玛长老委员会类似的机构，它的主要职责是确保所有的法律都符合伊斯兰法律。但这个机构应该由选举产生，反映出这个社会的一致意见。萨阿德·法吉赫认为，社会的所有成分都应该在国家政治体制中有自己的代表。国家的政治体制还应该包括沙里亚范围内的言论自由和集会自由。② 萨阿德·法吉赫提出，现今沙特阿拉伯王国的协商会议并不符合伊斯兰教的舒拉原则，协商会议应当成为高于国王和政府的政治权威，国王和政府应当对协商会议负责；欧莱玛的职责不应当局限于信仰的领域，而应当在政治领域发挥积极作用。

萨阿德·法吉赫指出，沙特阿拉伯的另一个重大问题是经济状况的恶化。沙特民众贫困的生活和失业的痛苦与沙特王族奢侈和富足的境况截然相反。沙特阿

---

① Fandy, Mamoun. (1999). *Saudi Arabia and the Politics of Dissent*. pp. 170. London: Macmillan Press.

② Fandy, Mamoun. (1999). *Saudi Arabia and the Politics of Dissent*. p. 170-171. London: Macmillan Press.

拉伯的年轻人由此产生了无所畏惧和无可失去的感觉,这是导致沙特社会动荡不安的重要因素。①

"阿拉伯半岛伊斯兰改革运动"及其领导人表现出明显的现代性倾向。萨阿德·法吉赫预见说,沙特阿拉伯将受全球化的影响而变化。接触现代世界及现代技术的发展,对于沙特阿拉伯的政治改革是十分关键的。萨阿德·法吉赫要求国家引进新的技术来改变现状。在这些方面,"阿拉伯半岛伊斯兰改革运动"及其领导人表现出与沙特阿拉伯传统伊斯兰主义倾向的重大区别。

然而,"阿拉伯半岛伊斯兰改革运动"并没有成为对沙特政权的重要威胁。"阿拉伯半岛伊斯兰改革运动"构想的伊斯兰国家与沙特政府并没有根本上的区别。萨阿德·法吉赫只是提出他的计划分为两个阶段,第一个阶段以建立言论自由和结社自由作为主要原则,第二个阶段是建立代表民族及其信仰体系的机构。② 萨阿德·法吉赫最主要的改革要求是言论自由和选举自由,它们并没有获得广泛的支持。"阿拉伯半岛伊斯兰改革运动"的政治目标尚不确定,该组织的简报的某些论述表明它具有改革主义的倾向,而 1997 年 6 月 16 日的周报又显示出其革命性的倾向。"阿拉伯半岛伊斯兰改革运动"在这份周报中提出它决心要推翻沙特政权。③ 萨阿德·法吉赫还说,他不相信现在的沙特政府有能力实施必需的改革,只有经历一次根本性的政治变革之后,政府才有可能具备改革的能力。改变沙特体制的任何尝试都将排除沙特统治家族的权力,因此,沙特家族不可能允许任何有意义的改革。④ 萨阿德·法吉赫的言论既不足够激进以吸引那些想要与沙特政权动

---

① Teitelbaum, Joshua. (2000). *Holier than Thou*: *Saudi Arabia's Islamic Opposition*. p. 65. Washington Institute for Near East Policy.

② Fandy, Mamoun. (1999). *Saudi Arabia and the Politics of Dissent*. p. 171. London: Macmillan Press.

③ Fandy, Mamoun. (1999). *Saudi Arabia and the Politics of Dissent*. p. 161. London: Macmillan Press.

④ Fandy, Mamoun. (1999). *Saudi Arabia and the Politics of Dissent*. p. 169. London: Macmillan Press.

武的人,也不足够温和以吸引西方政府。无论如何,"阿拉伯半岛伊斯兰改革运动"是现今唯一一个沙特现代伊斯兰主义反对派组织的代言人。"阿拉伯半岛伊斯兰改革运动"是沙特阿拉伯最具影响力的反政府力量,它的思想和活动会对沙特阿拉伯的反对派运动产生很大的影响。

另外一个沙特的反对派组织"沙特阿拉伯反对腐败委员会"出现于 1996 年,以美国为活动基地。这个组织的身份是模糊不清的,它的活动局限于互联网的范围。这个组织建设了一个精致的网站①,在网站上有关于沙特王族的生平传记信息、腐败的事例和批评沙特政权的书籍的原文复制。这个网站及其资料为了解沙特阿拉伯的现状提供了许多有价值的细节性信息。该组织发表声明陈述其使命:"'沙特阿拉伯反对腐败委员会'是一个和平的组织,其唯一的目的是将互联网作为一个世界范围的活动工具,来改变沙特阿拉伯的地位。'沙特阿拉伯反对腐败委员会'不隶属于其他任何组织,也不与任何政治或者宗教的组织相联系。'沙特阿拉伯反对腐败委员会'谴责暴力、激进主义和极端主义,维护美国和沙特的利益。"该组织还强调传统和伊斯兰教,并不公开追求自由化的政治和社会制度。该组织在声明中提到,这个组织的非正式领导权属于具有独立思想的、想要将沙特阿拉伯带入 21世纪而不扰乱其社会道德和伊斯兰根基的沙特阿拉伯商人、知识分子和其他人士。② 该组织申明其目标是揭露"苏戴尔七兄弟"统治下的腐败、压制人权和缺乏言论自由,其主要针对的听众是全世界的学生,鼓励他们传播有关王族腐败和压制人权的信息。除了学生之外,该组织的目标听众还有沙特精英、记者、学者和决策者。③ 1999 年末,"沙特阿拉伯反对腐败委员会"一度消失,2002 年又再次出现。

---

① 该反对派的网址为:http://www.saudhouse.com/.
② Champion, Daryl. (2003). *The Paradoxical Kingdom: Saudi Arabia and the Momentum of Reform*. p. 253. London: Hurst & Co.
③ Fandy, Mamoun. (1999). *Saudi Arabia and the Politics of Dissent*. p. 230. London: Macmillan Press.

五、什叶派的政治回归

20 世纪 80 年代以来,沙特阿拉伯激进的什叶派反政府运动并没有取得重大成果。面对什叶派少数派的挑战,沙特政府很容易就与逊尼派伊斯兰主义者结成同盟,他们甚至还指责什叶派是"多神论者"和"异教徒"。1988 年开始,一些什叶派活动家逐渐放弃霍梅尼主义的革命立场,开始寻求一种更具建设性的反抗形式。"伊斯兰革命组织"及其领袖也经历了从激进到中庸,从与沙特政府对抗到适应的过程。他们宣传什叶派少数群体作为沙特国家的公民,具有沙特文化的同一性,其政治言论也从发动伊斯兰革命转变为要求社会平等、号召政治民主化改革和保护人权。什叶派对沙特政权的批评开始集中在侵犯人权、缺乏宪法和国民议会等问题,同时要求扩大沙特公民的政治参与,限制国王的绝对权力,缩减警察拘留和逮捕政治反对派的权力。[1] 为了重塑该组织的形象,"伊斯兰革命组织"改名为"沙特阿拉伯什叶派改革运动",并且广泛利用各种媒体资源,包括磁带、传真和电子邮件等方式来传播该组织的信息。1990 年,"沙特阿拉伯什叶派改革运动"组织的领袖哈桑·萨法尔出版了《伊斯兰教中的多元主义与自由》一书。他的著作为引导该组织远离革命性的言论和霍梅尼主义的影响,构建更温和的主张铺平了道路。通过论述自由和多元主义的伊斯兰教根据,哈桑·萨法尔引导什叶派的政治活动向更温和更成熟的阶段发展。哈桑·萨法尔的温和倾向导致了《阿拉伯半岛》杂志的诞生,它在 1991 年 1 月到 1994 年 8 月之间出版。《阿拉伯半岛》集中报道沙特阿拉伯内部事件并提供相关分析,并集中讨论人权、宽容、公共管理、政府腐败和侵犯公民权利等问题。该杂志的可信性引起沙特政府和许多沙特民众对"沙特阿拉伯什叶派改革运动"的关注。1991 年,"沙特阿拉伯什叶派改革运动"开始在伦敦出版《贾兹拉·阿拉比亚》,在华盛顿出版《阿拉伯领导人》,取代原来的月刊《伊斯兰革命》。

① Fandy, Mamoun. (1999). *Saudi Arabia and the Politics of Dissent*. p. 199. London: Macmillan Press.

新杂志采用温和的基调,集中批评沙特国内的人权问题。他们提出了一份改革计划,其中许多内容都不仅仅属于什叶派的问题。① 1994 年"保卫合法权利委员会"开始出版杂志之前,什叶派组织的杂志一直都是沙特反对派在海外的唯一代言人。"沙特阿拉伯什叶派改革运动"强调那些能吸引更广泛听众的问题,并将其视野扩大到地区和国际的问题。什叶派反对派试图与逊尼派反对派建立通讯和联系,但是遭到逊尼派反对派的拒绝。

通过言论和策略的改变,什叶派反对组织逐步获得沙特阿拉伯民众的认同,吸引了更广泛的听众,加强了它的可信度,并由此获得了与沙特政权谈判的地位。什叶派反对派温和基调的反抗策略有助于沙特政府回应什叶派的要求。海湾战争以及伊拉克什叶派反对萨达姆的起义转变了沙特人对沙特什叶派的看法。沙特什叶派拒绝与萨达姆合作,沙特政府官员认为沙特什叶派领导人是负责任的公民,应当得到奖赏。加之在海湾危机时期,什叶派领导克制了他们对沙特王族的不满情绪,而不像逊尼派反对派,特别是萨法尔·哈瓦里和萨勒曼·阿乌达那样不断地批评沙特王族和沙特政府。面对 90 年代初期国内日益高涨的反抗情绪,沙特政府希望和力量相对弱小的什叶派和解,以集中精力对付更具威胁性的逊尼派反对派。什叶派也倾向于获得王族的保护,避免什叶派少数派受到正处于蓬勃发展阶段的逊尼派伊斯兰主义者的猛烈攻击。

1992 年 6 月,哈桑·萨法尔表示愿意与政府谈判,他发表声明:"我们不拒绝任何与政府的对话。我们将积极地回应包括政治改革和结束宗教倾向、地区主义和部落主义等方面歧视的主动行为。"②1993 年 10 月,一个流亡国外的沙特什叶派反对派领袖塔瓦菲基·谢赫带领一个代表团回到沙特阿拉伯,与国王法赫德和其他

---

① Teitelbaum, Joshua. (2000). *Holier than Thou: Saudi Arabia's Islamic Opposition*. p. 84. Washington Institute for Near East Policy.

② Fandy, Mamoun. (1999). *Saudi Arabia and the Politics of Dissent*. p. 200. London: Macmillan Press.

的沙特官员会面,双方达成了一个秘密协议。沙特政府首次表示接受什叶派反对派。在沙特大使与美国谈判之后,加兹·库赛比和许多什叶派反对派成员在 1993 年秋回到沙特阿拉伯。1994 年 9 月 27 日,4 名什叶派反对组织领导人从伦敦和美国回到沙特阿拉伯,这些什叶派领导人是塔瓦菲基·谢赫、加法尔·沙伊卜、萨迪基·朱卜兰和伊萨·穆兹伊尔。他们与国王法赫德、亲王苏尔坦和萨勒曼,以及东方省总督穆罕默德·本·法赫德亲王会面。国王法赫德还到什叶派地区视察,允诺改善那里的条件。沙特国家承认什叶派的意识形态,逊尼派大穆夫提阿布杜勒·阿齐兹·本·阿布杜勒·阿拉·本·巴兹也与哈桑·萨法尔进行会谈。① 沙特政权重新发行学校教科书,修改了曾经关于"什叶派是异端教派之一"的提法。新的教科书提到沙特阿拉伯现有 5 个伊斯兰教法学派,其中 4 个属于逊尼派,另一个属于什叶派。国王法赫德命令东方省省长亲王穆罕默德·本·法赫德满足什叶派的要求,包括允许以前不合法的什叶派宗教仪式、归还取消的护照、允许流亡者归国、保证回归的人将不会被捕或者被审问。② 沙特当局释放了许多什叶派活动家。

什叶派组织的宗教政治目标相对有限,他们最根本的要求是改善沙特阿拉伯什叶派的境况。沙特政府通过与"沙特阿拉伯什叶派改革运动"的和解,去除了一个有可能发展成为严重威胁的反对派,同时预防了不同倾向的反对派运动之间建立具有更大破坏性的政治联盟。"沙特阿拉伯什叶派改革运动"接受沙特家族改进什叶派现状的允诺,对与沙特家族订立单独的协议感到满意,因此不再坚持广泛的改革计划和对本国人权的要求。"沙特阿拉伯什叶派改革运动"的出版物《贾兹拉·阿拉比亚》和《阿拉伯领导人》在 1993 年 8 月出版最后一期之后停刊。沙特政

① Fandy, Mamoun. (1999). *Saudi Arabia and the Politics of Dissent*. p. 200. London: Macmillan Press.

② Teitelbaum, Joshua. (2000). *Holier than Thou: Saudi Arabia's Islamic Opposition*. pp. 109-110. Washington Institute for Near East Policy.

府在什叶派问题上作了有限的让步,"沙特阿拉伯什叶派改革运动"就演化成一种更温和的反对派运动。

"沙特阿拉伯什叶派改革运动"成员回归沙特以及该组织与政府的和解并不意味着沙特阿拉伯什叶派反抗运动的结束,它只是什叶派反抗策略的一种变化,即从直接的对抗转变为建设性的反抗。哈桑·萨法尔的录音带和著作显示出对国内外组织的开放态度,愿意与逊尼派和世俗的反对派组织对话。他的布道尝试将多元主义、言论自由、信仰和伊斯兰传统中正当反抗的理论相结合,而不论是什叶派的思想还是逊尼派的思想。哈桑·萨法尔还努力将西方的概念和沙特本土的思想相协调。哈桑·萨法尔强调什叶派政治参与以及与政府对话的重要性,他还提出私人宗教行为和公共政治活动之间是有界限的,国家不能干涉私人的生活。哈桑·萨法尔将公民社会视为国家和非国家的组织之间建立理想关系的关键组成部分,因此要求进行社会政治改革、扩大政治参与、发展公民社会、保护少数群体的权利。哈桑·萨法尔的著作和布道还提出,应该尝试建立一种能接受政治反对派和不同意见的宗教政治文化。"沙特阿拉伯什叶派改革运动"出版了两种新的季刊:杂志《话语》致力于拓展该运动与其他组织的对话,例如穆斯林兄弟会和穆斯林世界其他温和的伊斯兰组织;《绿洲》则向读者提供长时间被忽略和被禁止发表的东方省历史和什叶派文化,包括许多由沙特什叶派写作的诗歌和小说。

沙特阿拉伯民间宗教政治反对派长期以来处于分散甚至于相互对立的状态,这就为沙特政府对待反对派的分而治之策略提供了条件。"沙特阿拉伯什叶派改革运动"与沙特政府和解以后,就一直致力于什叶派与沙特政府之间的对话、什叶派与逊尼派之间的对话,甚至是什叶派与妇女之间的对话。"保卫合法权利委员会"领导人穆罕默德·马萨里评价沙特政府与什叶派的和解时说:"这次和解是国王法赫德在来自逊尼派主流群体的改革要求不断增加之时,减轻政权压力的一个'技艺高超的做法'。"为了与沙特政权抗衡,1995年,穆罕默德·马萨里宣布,"保卫合法权利委员会"提倡所有沙特公民的言论自由,包括什叶派和非穆斯林。逊尼派伊斯兰主义者对什叶派的承认有效地结束了什叶派与沙特主流社会的疏远状态。①

自从 1993 年沙特政府与"沙特阿拉伯什叶派改革运动"达成协议之后，沙特政府对什叶派的歧视行为大大减少。温和倾向的什叶派领袖哈桑·萨法尔和塔瓦菲基·谢赫对政府回应他们的要求感到高兴，但还是希望进行更多的改革。他们还警告说，如果政府违反 1993 年协议，什叶派民众就将采取更加激进的反政府活动。② 然而，尽管沙特政府成功地与最重要的什叶派组织达成协议，但并非所有的沙特阿拉伯什叶派都同意与政府和解，一些流亡海外的什叶派反对派成员并没有归国。许多什叶派的要求并没有得到满足，包括执行什叶派法律的权利、修建和崇拜什叶派圣地的权利、维修被沙特人毁坏的麦地那什叶派公墓、举行什叶派宗教仪式的自由、结束政府和大学中对什叶派的歧视，以及东方省什叶派状况的普遍改善。③

六、圣战派的政治实践

20 世纪 70 年代，沙特阿拉伯国的宗教政治领域出现了一种新萨拉菲主义倾向，其意识形态主要参考 19 世纪和 20 世纪早期的瓦哈卜派欧莱玛，以及一个因反对所有形式的模仿、强调依赖"圣训"进行宗教统治而著名的叙利亚学者纳斯尔·迪恩·阿拉巴尼的思想。④ 新萨拉菲主义明确否认国家的合法性，并且将接受国家公共机构的雇佣视作有罪的行为。因此，新萨拉菲主义者一般都在非官方的私人机构中工作，甚至还宁愿远离社会而居住到相对隔离的地区。新萨拉菲主义者最初

---

① Champion, Daryl. (2003). *The Paradoxical Kingdom: Saudi Arabia and the Momentum of Reform*. pp. 254-255. London: Hurst & Co.

② Fandy, Mamoun. (1999). *Saudi Arabia and the Politics of Dissent*. p. 198. London: Macmillan Press.

③ Teitelbaum, Joshua. (2000). *Holier than Thou: Saudi Arabia's Islamic Opposition*. p. 110. Washington Institute for Near East Policy.

④ Aarts, Paul. (2005). *Saudi Arabia in the Balance*. p. 39. London: C. Hurst & Co. Ltd.

并不关心政治,也不参与觉醒主义者所热衷的社会和文化问题的讨论,他们只关心个人信仰的问题,常常花费数小时和数日来讨论宗教仪式的细节问题。然而,正是新萨拉菲主义在沙特阿拉伯孕育了激进的宗教政治运动。

70年代中期,包括朱海曼·欧泰比在内的新萨拉菲主义者发起了一场被称为"贾玛阿·萨拉菲亚·穆赫塔斯巴"的运动,并于1979年11月武装占领麦加圣寺长达两周。朱海曼·欧泰比公开斥责沙特政权是"异教徒的权力",指责沙特家族的腐败,批评沙特家族与西方异教徒的亲密关系,抗议沙特社会宗教和道德的松弛,否定受沙特政权掌控的官方宗教政治权威,谴责官方欧莱玛对沙特家族的屈从。[①] 为这次叛乱提供意识形态辩护理论的"朱海曼七封信"成为年轻一代新萨拉菲主义理论家的灵感源泉。年轻的理论家阿卜杜勒·穆罕默德·马齐迪斯的著作《亚伯拉罕的团体》激励了第二次新萨拉菲主义激进运动的高涨。海湾战争之后,许多由新萨拉菲主义者组成团体就将自己视作朱海曼的继承者,并在阿卜杜勒·穆罕默德·马齐迪斯的著作中找到了灵感。这些新萨拉菲主义组织内部经历了数次争论和分裂之后,一些年轻的新萨拉菲主义者与从阿富汗战场归来的圣战派活动家密切接触,策划了以暴力手段反抗沙特家族统治的圣战派伊斯兰主义运动。

沙特阿拉伯的圣战派运动起源于80年代的阿富汗战争。为了提高在伊斯兰世界的地位和威望,沙特政府利用国家的石油收入,向伊斯兰国家和伊斯兰主义运动提供财政和后勤支持。阿布杜勒·阿齐兹·本·阿布杜勒·阿拉·本·巴兹为首的官方欧莱玛颁布费特瓦并发表神学演讲,鼓励沙特阿拉伯的年轻人为伊斯兰事业而献身。大约有3万名沙特人响应官方欧莱玛的号召,离开祖国去往阿富汗,参加反抗苏联占领阿富汗的圣战。[②] 其中大约有5000人在阿富汗接受了美国政府

① Al-Rasheed, Madawi. (2002). *A History of Saudi Arabia*. p.144. New York: Cambridge University Press.

② Aarts, Paul. (2005). *Saudi Arabia in the Balance*. p.203. London: C. Hurst & Co. Ltd.

提供支持的严格的军事训练,并且在阿富汗实地参加多次战斗,他们成为沙特阿拉伯圣战派运动的核心力量。[①] 整个 80 年代,沙特阿拉伯对阿富汗圣战和圣战派提供了大约 40 亿美元的官方支持,另外还有来自伊斯兰慈善团体的非官方资助、亲王的捐赠、私人的基金和清真寺募集的款项。[②]

　　90 年代初,沙特的圣战者开始撤离阿富汗,大约有 1 万人离开阿富汗回到沙特阿拉伯,其余的圣战者则在世界各地到处流亡。回到沙特阿拉伯国内的圣战者经历了艰难的生活。这些年轻的沙特人当年是响应官方欧莱玛和沙特政府的圣战号召才背井离乡,然而圣战停止以后他们却无路可走。沙特政府并没有制定后续政策来帮助圣战者重新融入沙特社会。加之 80 年代以来,沙特阿拉伯经历了长期的经济萧条。沙特民众的生活水平下降,高中和大学毕业生大批失业,教育状况相对较低的圣战者则更难找到合适的工作。圣战者在沙特国内的生活日益艰难,前途黯淡而渺茫。当年官方欧莱玛和政府的圣战口号与圣战者如今的贫苦生活形成了鲜明的对比,这些圣战者并没有因为他们完成神圣的使命而获得赏识和回报。圣战者本来希望成为战胜了共产主义的英雄,然而现在政府和公众的漠视却让圣战者有一种受到欺骗和背叛的感觉。加之弹震症和其他与战争相关的身体和精神创伤,圣战者开始成为一个与沙特社会不协调的群体。他们的不满和失落使他们试图寻找一场新的战争。伊拉克入侵科威特以后,圣战者表现出一种激动和高昂的情绪,他们主动向沙特政府提出要求,想要参加与伊拉克的战斗。沙特政府无视圣战者的要求,坚持引进西方军队,引起了圣战者群体的极大愤怒。一些圣战者离开沙特阿拉伯,开始发起反对沙特政府的运动。留在沙特阿拉伯的圣战者沦入沙特社会的底层,甚至成为受政府歧视的"问题人群"。最后,圣战者从 80 年代末期以

　　① Okruhlik, Gwenn. Islamism and Reform in Saudi Arabia. *Current History*. January 2002, p. 23-24.

　　② Al-Rasheed, Madawi. (2007). *Contesting the Saudi State: Islamic Voices from a New Generation*. p. 107. Cambridge, UK: Cambridge University Press.

来蓬勃发展的伊斯兰主义运动中找到寄托,他们成为沙特民众中信仰伊斯兰主义的极端势力。从 90 年代早期起,沙特阿拉伯的各种言论和媒体报道就开始将圣战者描述成"狂热的人"。沙特国内的圣战者逐渐远离沙特阿拉伯的主流社会,成为无处安身立命的边缘群体。其余的大批圣战者离开阿富汗之后并没有回到沙特阿拉伯,而是去往波斯尼亚、车臣和伊拉克库尔德斯坦等动荡不安的地区,也有少数人则分散去往西方国家。

欧萨玛·本·拉登是一位著名的圣战派谢赫。他生于利雅得,是沙特建筑富商的儿子,他的家族来源于也门南部地区。欧萨玛·本·拉登家族的财富主要来源于与沙特家族的友好关系,是该家族与沙特国家签订建筑承包合同的直接结果,这些承包合同包括改造穆斯林圣城麦加和麦地那的建筑项目。① 80 年代,欧萨玛·本·拉登积极地投身阿富汗战争,在阿富汗战场累积了丰富的斗争经验。由于欧萨玛·本·拉登的虔诚和勇敢,沙特官方宗教政治权威阿布杜勒·阿齐兹·本·阿布杜勒·阿拉·本·巴兹和穆罕默德·穆罕曼·萨利赫·欧赛敏在 80 年代曾经称赞他是"与异教徒作战的真正的信徒"。② 伊拉克入侵科威特以后,欧萨玛·本·拉登向沙特政府提出,他和沙特国内的圣战者愿意与伊拉克作战,解放科威特,保卫沙特阿拉伯。③ 沙特政府否决了欧萨玛·本·拉登的要求,并且联合官方欧莱玛权威做出决定,引入西方军队来完成解放科威特和保护沙特阿拉伯的任务。联合异教徒来发动对穆斯林的战争被许多伊斯兰主义者视为一种违背伊斯兰教的极大罪恶。欧萨玛·本·拉登离开沙特去往苏丹,在苏丹发起了反对沙特政权的运动。沙特的圣战派运动由此进入新的阶段。这场跨国的沙特宗教政治

---

① Fandy, Mamoun. (1999). *Saudi Arabia and the Politics of Dissent*. p. 180. London: Macmillan Press.

② Al-Rasheed, Madawi. (2007). *Contesting the Saudi State: Islamic Voices from a New Generation*. p. 106. Cambridge, UK: Cambridge University Press.

③ Fandy, Mamoun. (1999). *Saudi Arabia and the Politics of Dissent*. p. 183. London: Macmillan Press.

运动将其矛头指向圣战最早的发起人和赞助者。它不仅否定了沙特官方欧莱玛权威对伊斯兰教解释的垄断权,更重要的是挑战了向早期圣战派运动提供巨额资助的沙特政权。欧萨玛·本·拉登成为沙特阿拉伯圣战派运动的领袖人物。欧萨玛·本·拉登虽然不是一位宗教学者,但他使用宗教学者的言论,并给这种宗教言辞加入了政治性的主题,由此激发了沙特年轻人和其他国家穆斯林的激情和想象。欧萨玛·本·拉登领导了对沙特家族和官方欧莱玛权威的公开指责,并且通过跨国的伊斯兰主义运动获得了泛伊斯兰主义的威望和影响。欧萨玛·本·拉登被"阿拉伯阿富汗人"尊为领袖,因为他曾是阿富汗游击队的一名指挥官,后来又参与也门战争,支持伊斯兰的北也门对抗共产主义的南也门,因为坚定的信仰他获得了追随者的信任。[1] 欧萨玛·本·拉登离开沙特阿拉伯时,分得了 2.6 亿美元的家族财产。他将这些财富全部用来资助圣战派活动和中东国家的现代伊斯兰主义组织,成为许多伊斯兰主义者眼中最虔诚的慈善家。由于欧萨玛·本·拉登的家族依赖于沙特政权获得财富,因此当欧萨玛·本·拉登反对沙特政府以后,该家族的成员站在沙特政权一边,断绝与欧萨玛·本·拉登的关系并试图告发他的反政府行动。

海湾战争结束以后,西方军队仍然留在沙特阿拉伯国内,这个事实成为沙特阿拉伯伊斯兰主义反对派攻击沙特政权的中心和主要目标。沙特国家的伊斯兰性质及其与异教徒的关系,成为沙特国家内部争论的主要焦点。90 年代上半期,沙特阿拉伯民间宗教政治运动蓬勃发展。"觉醒派谢赫"、伊斯兰主义请愿运动和"保卫合法权利委员会"构成沙特阿拉伯现代伊斯兰主义运动发展的重要阶段。这些伊斯兰主义者及其活动主要通过非暴力的方式,要求沙特政府进行改革。另外还有一些秘密的团体和组织,它们具有明显的激进倾向,暴力攻击成为它们通常采用的活动手段。欧萨玛·本·拉登是沙特激进倾向民间宗教政治反对派的典型代表,

---

① Fandy, Mamoun. (1999). *Saudi Arabia and the Politics of Dissent*. pp. 180-181. London: Macmillan Press.

也是沙特阿拉伯伊斯兰主义反对派的中坚力量。他在苏丹的喀土穆建立"保卫伊斯兰合法权利的协商会议",公开宣布支持以伦敦为基地的沙特反政府组织"保卫合法权利委员会"。与"保卫合法权利委员会"等伊斯兰主义反对派不同的是,欧萨玛·本·拉登公开抨击沙特家族,号召以暴力活动推翻沙特政权。

"建议和改革委员会"是 80 年代就已经在沙特阿拉伯秘密存在的一个反对派组织,欧萨玛·本·拉登是它的一名"非常重要的成员"。[①]"建议和改革委员会"是一个松散的社团,由于欧萨玛·本·拉登的雄厚财力和广泛影响,"建议和改革委员会"成为许多沙特激进主义反政府组织的保护伞。[②] 1994 年 4 月,"建议和改革委员会"在伦敦设立办公室,由一名沙特流亡人士哈立德·法瓦兹担任其负责人。伦敦成为"建议和改革委员会"制造和分发反政府文献的主要基地。"建议和改革委员会"的主要成员是参加阿富汗战争的沙特圣战者,他们通过在阿富汗的作战经历而获得了一定的军事经验。

"建议和改革委员会"发表的重要文件宣布:"'建议和改革委员会'是一个包含广泛的组织,目标是将安拉的教义应用到生活的所有方面";"建议和改革委员会"改革社会和政治的要求是建立在"对由逊尼派前辈解释的伊斯兰教、《古兰经》和'圣训'的广泛理解之上"。"建议和改革委员会"提出它的主要目标是:"根除所有形式的前伊斯兰或者非伊斯兰的统治,将安拉的教义应用到生活的所有方面;达到真正的伊斯兰公正,根除所有的不公正;改革沙特的政治体制,清除腐败和不公正;建立'赫兹巴'体制,即公民有权控告国家官员有罪,这个体制应当由欧莱玛长老的学说来引导。""建议和改革委员会"提出,现今沙特阿拉伯王国的政府不是一个伊斯兰政府,政府体制不仅仅是需要改革,而是必须彻底改变。哈立德·法瓦兹发表

---

① Champion, Daryl. (2003). *The Paradoxical Kingdom: Saudi Arabia and the Momentum of Reform*. p. 229. London: Hurst & Co.

② Fandy, Mamoun. (1999). *Saudi Arabia and the Politics of Dissent*. p. 180. London: Macmillan Press.

声明,说明该组织在伦敦建立办公室的原因是:"由于沙特政府禁止言论自由,该组织发现有必要在国外开展活动。"哈立德·法瓦兹还说:"'建议和改革委员会'的建立早于'保卫合法权利委员会'等其他任何组织。我们从 80 年代早期就开始秘密工作,只是因为不想政府发现我们的活动,才推迟宣布该组织的产生。"哈立德·法瓦兹还指出其他伊斯兰组织的要求是有限的,认为这是它们战术上的错误。① "建议和改革委员会"的声明似乎认可以一种更暴力的途径来改变沙特政治体制。

1995 年 8 月 3 日,"建议和改革委员会"的第 17 期公报以"一封对国王法赫德的公开信"为题目,详述了沙特各方面政策的失误。该组织对沙特政治体制的批评主要包括:政权未能履行逊尼派伊斯兰教义规定的义务;国家缺乏执行有效的防卫政策之能力;政府对公共资金的管理不善和浪费;国家依赖于非穆斯林的保护。关于沙特国家缺乏伊斯兰资格的问题,"建议和改革委员会"主要攻击沙特官方欧莱玛权威颁布费特瓦为沙特王族垄断权力作辩护,赋予国家要求非穆斯林保护的合法性。这份文件中大多数支持其论点的引文都摘自伊本·瓦哈卜及其继承者的著作,提倡回到早期的瓦哈卜派学说以及伊本·瓦哈卜所理解的统治者与被统治者之间的关系。该组织批评欧莱玛由沙特国王任命产生。该组织积极支持萨法尔·哈瓦里和萨勒曼·阿乌达的思想和活动。它还发表专门的公报为这两名年轻的欧莱玛攻击沙特政府的言论做辩护。这份公开信的一些论述引用了萨法尔·哈瓦里和萨勒曼·阿乌达的言论,特别是关于与以色列关系正常化的问题。这份文件严厉攻击阿布杜勒·阿齐兹·本·阿布杜勒·阿拉·本·巴兹颁布的与以色列和平的费特瓦。在公开信的结论部分,"建议和改革委员会"要求国王辞职:"我们已经证明了你的统治是非伊斯兰的。这种统治陷入了腐败,并且实施非伊斯兰法律,在经济和国防方面也是失败的。因此,你应该辞职。"该组织非常关心政府镇压反对派的行动,并表示出对沙特政府逮捕"忠诚的"学者,例如萨法尔·哈瓦里和萨

---

① Fandy, Mamoun. (1999). *Saudi Arabia and the Politics of Dissent*. pp. 181-182. London: Macmillan Press.

勒曼·阿乌达而感到特别的愤怒。该组织提出,这些年轻的欧莱玛比官方欧莱玛更优秀,因为他们对当权者说实话。该组织反对建立一个官方的欧莱玛机构来解释沙里亚,认为官方欧莱玛都是沙特政权的辩护者。① 对沙特政府而言,"建议和改革委员会"的威胁不仅是认可"恐怖主义"的手段,而且破坏了沙特政权的瓦哈卜派宗教政治合法性基础。"建议和改革委员会"在挑战官方宗教权威和官方宗教机构方面,比其他任何组织的态度都更为激进。该组织向阿布杜勒·阿齐兹·本·阿布杜勒·阿拉·本·巴兹发布两份公开信,直接驳斥他宣布与犹太人和解的费特瓦。

"建议和改革委员会"早期发表的观点强调政治改革具有多种途径,包括教育、传教,以及与其他的伊斯兰势力联盟。伦敦办公室建立以后,"建议和改革委员会"在发表的文件中强调,该组织力图利用所有现代的技术手段来告知公众沙特政治体制存在的问题,该组织还试图利用传教活动来促进道德和压制恶习,同时也期望能与所有具有共同目标的伊斯兰力量和组织合作。最后,该组织还详述了所有改革社会的方式或者实现伊斯兰国家愿景的方式都是允许的,"只要它们符合伊斯兰教义"。

"建议和改革委员会"与"保卫合法权利委员会"具有不同的行动方针和宗教政治思想。"建议和改革委员会"的主要社会基础是以欧萨玛·本·拉登为首的沙特圣战派。欧萨玛·本·拉登直言不讳地号召将美国军队驱逐出阿拉伯半岛。在一份名为"战争宣言"的文件中,欧萨玛·本·拉登将美国对阿拉伯半岛的"占领"称之为"先知去世以后穆斯林遭受的最新的和最严重的侵略"。欧萨玛·本·拉登提出,在伊斯兰信仰之外,穆斯林最重要的任务是驱逐美国人。他想要建立一个神权国家,沙里亚在这个国家中处于至高无上的地位。欧萨玛·本·拉登出版了三种杂志:《也门·库卜拉》、《希贾兹·库卜拉》和《舒拉》。这些杂志的主题非常类似,

---

① Fandy, Mamoun. (1999). *Saudi Arabia and the Politics of Dissent*. pp. 186-187. London: Macmillan Press.

主要是表达对"保卫合法权利委员会"的支持，并攻击沙特政权。这些杂志公开声明其目标是推翻沙特政权，将阿拉伯半岛分为两个国家，即"大希贾兹"和"大也门"。杂志上还刊登着欧萨玛·本·拉登的相片。①

欧萨玛·本·拉登与穆罕默德·马萨里和萨阿德·法吉赫相同的是，他们都对沙特政府体制和沙特社会的诸多问题提出严厉的批评。但欧萨玛·本·拉登与他们不同的是，他致力于用武力来实现他的宗教政治理想。而且，欧萨玛·本·拉登不但采用通讯和媒体等多种现代技术，而且拥有雄厚的财力和军事能力。欧萨玛·本·拉登比穆罕默德·马萨里和萨阿德·法吉赫具有更强大的权力基础。欧萨玛·本·拉登在沙特社会中的权力基础主要分为三个部分：第一部分是一个非常小的核心组织。这个组织以欧萨玛·本·拉登为直接领导人，通过忠诚的盟誓与他紧密地联系在一起。这些数量非常少的信徒愿意为欧萨玛·本·拉登及其事业牺牲。第二部分的支持者并非欧萨玛·本·拉登组织的成员，但却将他视作神明般的伟大力量和阿拉伯伊斯兰行动主义的教父。第三部分也是最危险的类别，主要是"阿拉伯阿富汗人"为代表的沙特年轻人。这些年轻人大都去过阿富汗战场，具有一定的作战能力，并且对欧萨玛·本·拉登具有不同程度的崇拜和忠诚。② 欧萨玛·本·拉登的支持者并未形成统一的组织，许多欧萨玛·本·拉登的追随者也都是受到他激励而非直接受他控制的人，这些追随者都独立行事，因此具有一定的隐蔽性和不确定性。他们对沙特政权构成了一种恐怖主义的威胁。

海湾战争以后，欧萨玛·本·拉登策划了多次爆炸行动，使沙特政权陷入了严峻的安全危机。伊斯兰主义反对派在国内外秘密地建立政治组织并积极开展活动，民间宗教政治势力成为沙特政权无法掌握和控制的政治力量。沙特家族对民

① Teitelbaum, Joshua. (2000). *Holier than Thou: Saudi Arabia's Islamic Opposition.* p. 77. Washington Institute for Near East Policy.

② Fandy, Mamoun. (1999). *Saudi Arabia and the Politics of Dissent.* p. 183. London: Macmillan Press.

间宗教政治的发展感到恐慌,对反对组织和反对派成员实施严厉打击的政策。沙特阿拉伯王国的官方欧莱玛权威发表声明,宣布现代伊斯兰主义组织的活动是非法的,以支持政府的镇压行动。1994 年,沙特政府开始大肆搜捕民间宗教政治反对派。伴随着越来越多的温和倾向反对派人士遭到沙特政府的逮捕或放逐,沙特民间宗教政治运动开始转入地下活动的形式。为了切断现代伊斯兰主义组织获得资金的渠道,沙特政府于 1994 年取消了欧萨玛·本·拉登的沙特国籍。① 圣战派英雄和领袖欧萨玛·本·拉登在沙特阿拉伯成为"不受欢迎的人"。沙特阿拉伯的圣战者也被定义为"误入歧途的群体"。② 许多沙特圣战者追随欧萨玛·本·拉登去往苏丹,其他的一些人留在了沙特国内,或者是去往车臣、波斯尼亚和克什米尔地区。他们被沙特社会所遗弃,不得不亡命于伊斯兰世界,寻求避难之所或者是尝试发动另外一次圣战。迫于沙特政府的压力,苏丹政府将欧萨玛·本·拉登驱逐出境。1996 年塔利班政权建立以后,欧萨玛·本·拉登和许多圣战者又回到阿富汗。阿富汗再次成为沙特圣战者的重要聚集地。这一时期,一种对沙特政权威胁更大的宗教政治言论开始出现。许多布道都宣布要将整个沙特政权或者是其中的个人逐出伊斯兰教。欧萨玛·本·拉登多次发表声明,宣布沙特政权将异教徒引进阿拉伯半岛是一种违反伊斯兰教基本原则的罪恶,因此,他正在为推翻沙特政权而努力。③ 1998 年 9 月,哈立德·法瓦兹在伦敦被捕,"建议和改革委员会"的伦敦办公室关闭,其组织也遭到严重破坏。"建议和改革委员会"作为一个公开的、以西方为基地的流亡组织不复存在。沙特阿拉伯的圣战派伊斯兰主义者及其组织成为完全秘密的、难以捉摸的巨大威胁。

① Al-Rasheed, Madawi. (2002). *A History of Saudi Arabia*. p. 175. New York: Cambridge University Press.
②③ Al-Rasheed, Madawi. (2007). *Contesting the Saudi State: Islamic Voices from a New Generation*. p. 114. Cambridge, UK: Cambridge University Press.

第三节　国王哈立德和法赫德时期的政治改革

一、中央和地方的行政改革

1975 年 3 月 25 日,费萨尔遇刺身亡,哈立德继承王位。国王哈立德身兼六职,既是瓦哈卜派伊斯兰教教长和国王,又是王国武装力量的最高司令官、大臣会议主席、咨询会议主席、最高行政改革委员会主席。法赫德被立为王储,兼任大臣会议第一副主席。国民卫队司令阿卜杜拉亲王任大臣会议第二副主席。由于新任国王哈立德患有心脏病,健康状况欠佳,而且他本人对政治和掌管国务缺乏兴趣,因此国家的实际权力落入王储法赫德之手。新国王哈立德主持召开了新政府的第一次内阁会议,会议确认了已故国王费萨尔制定的内外政策。由王储法赫德向国内外公开发表的新政府内阁会议公报表明,沙特王国将继续沿着国王费萨尔制定的内政和外交路线前进。

沙特政府在王储法赫德的主持下,继续进行大臣会议的改革。1975 年 10 月 13 日颁布的王室法令宣布大臣会议下设 20 个部。[①] 大臣会议除各部以外,还陆续设立了一些局级机构和委员会,如石油和矿产总公司、人事总局、调查局、最高农业委员会、最高行政改革委员会,以及其他一些独立于各部之外的行政机构。经过长期的努力,沙特阿拉伯王国已经建立起一整套中央政府机构,政府部级机构达到 20 个,其他专门机构约有 70 个。[②]

1975 年 10 月,由法赫德王储领导的新一届大臣会议由 26 人组成,其中沙特家

①　Al-Farsy, Fouad. (1999). *Modernity and Tradition: The Saudi Equation*. p. 53. St Peter Port: Knight Communication.

②　Long, D. E. (1997). *The Kingdom of Saudi Arabia*. p. 48. Gainesville: University Press of Florida.

族成员有 8 人,非沙特家族成员 18 人。^① 与费萨尔时代相比,法赫德时代的大臣会议中,非王室成员的势力呈上升趋势。大臣会议的成员教育水平较以前有显著提高,24 名大臣中有 16 人具有西方教育的背景。^② 沙特政府逐步将受到西方教育的现代技术官僚纳入政府统治体系中。这一届大臣会议具有鲜明的特点,技术专家占据了几乎所有涉及国家现代化建设事务的部门。然而,80 年代,大臣会议中的一些希贾兹出身的技术专家陆续辞职,或被开除和放逐,其职位由对沙特家族更为忠诚的纳季德官僚或者苏戴尔家族成员替代。1982 年,国王兼任公仆委员会主席,最高人事权归国王掌管。沙特家族牢固掌握着外交、国防、内政等关键性的政府部门,政府其他的关键职位也都掌握在沙特家族亲王或者该家族次分支的成员手中。除了君主之外,大臣会议主席、大臣会议副主席、国防部长、内务部长、国民卫队司令、情报部门首长以及无数的其他政府职位,也都由沙特亲王担任。^③ 除了沙特家族年长的领导人物之外,年轻的"王室技术官僚"集团已经兴起,他们具有很高的教育水平,控制了王国政府中的许多专业性职位,有的已经在中央政府中担任非常关键的职位。前国王费萨尔的儿子沙特·本·费萨尔从普林斯顿大学毕业归国后,成为沙特阿拉伯王国的外交部长。^④ "王室技术官僚"的发展趋势不断加强,近年来,越来越多受过西方教育的亲王积极地参与政治事务。在大臣会议之下,大批年轻的沙特亲王占据着政府各级各类部门的重要职位。

王国的内政部主管国内治安,边防和海防警卫队属内政部管辖。内政部所属的维护社会治安的机关还有国民警察、特别保安部队、消防队和刑事侦察署。法赫德曾于 1962—1975 年间担任内政大臣,后来该职位由亲王纳伊夫接任至今。现内

---

① Abir, Mordechai. (1988). *Saudi Arabia in the Oil Era: Regime and Elites; Conflict and Collaboration*. p. 137. London: Croom Helm.

② Huyette, Summer Scott. (1985). *Political Adaptation in Saudi Arabia: a Study of the Council of Ministers*. p. 79. Boulder: Westview Press.

③ Kechichian, Joseph. (2001). *Succession in Saudi Arabia*. p. 142. New York: Palgrave.

④ Vassiliev, Alexei. (2000). *The History of Saudi Arabia*. p. 438. New York: New York University Press.

政部的两个重要职务即常务副大臣和负责安全事务的大臣助理,分别由亲王艾哈迈德和亲王穆罕默德·本·纳伊夫担任。王国还设有情报总局,国王法赫德之子沙特·本·法赫德亲王担任常务副局长。沙特家族还通过在武装机构中安插数百名亲王来直接控制并严密监视王国武装力量的活动,以保卫沙特家族的安全。沙特王室还通过各种手段严密控制王国的武装力量。沙特各武装机构中均有特殊部门负责搜寻潜在的动乱因素。高级军官如有过失,也要被撤职。近年来,大批在西方军事院校接受高等教育的沙特家族年轻一代成员学成归国并加入到各军事机构中,担任大部分高级职位,这种趋势的不断发展有利于沙特王室继续牢固地控制国家机器,维护沙特家族的统治。

政府机构改革使官方教界的权力受到削弱。1976 年,"扬善惩恶委员会"的总管谢赫阿卜杜勒·阿齐兹·伊本·阿卜杜勒·阿拉·伊本·哈桑·谢赫,获得了政府部长的身份和地位。"扬善惩恶委员会"因此成为从属于国家行政体制的政府机构,丧失了以前相对独立的地位。80 年代末期,"扬善惩恶委员会"拥有宗教警察两万余人,是瓦哈卜派欧莱玛控制沙特社会的重要工具。政府机构改革使官方教界掌管的领域逐步缩小。1975 年法赫德重组政府后建立了一个高等教育部,哈桑·本·阿卜杜拉被任命为部长,一个保守的技术官僚阿卜杜勒·阿齐兹·阿卜杜拉·胡维特接替了教育部长的职位。[①] 1987 年初,教育部长阿卜杜勒·阿齐兹·阿卜杜拉·胡维特代替哈桑·本·阿卜杜拉成为高等教育部长。[②]欧莱玛逐渐失去了对王国教育领域的控制权,而世俗教育和世俗大学的蓬勃发展则使宗教势力在王国教育领域中的阵地更加丧失。

国王法赫德继承了费萨尔将欧莱玛纳入行政机构的政策,然而法赫德缺乏费萨尔的虔诚声誉和克里斯玛式权威,因此他无法强迫欧莱玛接受他的意愿。国王法赫德频繁地通过媒体强调他虔诚地信仰瓦哈卜派伊斯兰教,并对欧莱玛领导尊重

①②　Abir, Mordechai. (1993). *Saudi Arabia: Government, Society, and the Gulf Crisis.* p. 16. London; New York: Routledge.

有加,但欧莱玛的影响和权力却在继续下降。国王法赫德统治时期,官方宗教政治的最高权力呈现出二元倾向。"扬善惩恶委员会"主席阿卜杜勒·阿齐兹·本·穆罕默德和科学研究、教法宣传和指导委员会的主席阿布杜勒·阿齐兹·本·阿布杜勒·阿拉·本·巴兹共同分享最高宗教权力。宗教权力的并行体制使最高宗教权力受到分割和制约,宗教权威再也无力挑战沙特王权,宗教势力的影响进一步削弱。1993年,阿布杜勒·阿齐兹·本·阿布杜勒·阿拉·本·巴兹被任命为大穆夫提,主持最高欧莱玛委员会,并以部长的身份加入大臣会议,宗教权威以宗教机构首领的身份,成为大臣会议的一员,沙特阿拉伯官方宗教政治势力被完全纳入沙特政权的控制之下。

90年代初期,为了获得沙特阿拉伯伊斯兰主义者上层的支持和控制潜在的民间伊斯兰主义反对派的发展,国王法赫德创建了一个伊斯兰教事务部。伊斯兰教事务部是沙特阿拉伯官方宗教权力机构的重要组成部分,其职责包括掌管传教事务、星期五的布道和沙特阿拉伯的伊斯兰大学。[①] 海湾战争以后,沙特阿拉伯伊斯兰主义的蓬勃发展趋势,令沙特统治者感到恐慌。同时,由于沙特官方欧莱玛与民间伊斯兰主义者拥有一些相似的主张和要求,现代伊斯兰主义运动的发展动摇了官方欧莱玛对沙特家族和沙特政府的坚定支持,沙特家族对官方欧莱玛的忠诚度和可靠性产生了怀疑。国王法赫德对欧莱玛长老委员会感到失望,于是在1994年10月宣布建立"最高伊斯兰事务委员会"和"伊斯兰传教和指导委员会"。"最高伊斯兰事务委员会"由国防部长苏尔坦亲王担任领导,其成员包括内政部、高等教育部、财政部、司法部和外交事务部的部长,以及穆斯林世界联盟的秘书长。[②]沙特家族由此控制了沙特阿拉伯王国的最高宗教政治权力,削弱了官方欧莱玛的权力和地位。"伊斯兰传教和指导委员会"由14名成员组成,主要职责是具体负责管理王国的星期五布道和审查礼拜的领导人。"伊斯兰传教和指导委员会"每周向王国各

①② Kechichian, Joseph. (2001). *Succession in Saudi Arabia*. p. 137. New York: Palgrave.

地传真一个星期五布道的模型,实质上是通过这种手段来限定王国各地清真寺布道的主要内容,控制和统一民众的宗教政治思想。"伊斯兰传教和指导委员会"还具有检查教育项目以"保护年轻人不受激进思想侵害"的职权。[①] 沙特家族试图通过这种手段来严格控制沙特民间宗教政治思想的传播。

70 年代中期,沙特阿拉伯王国修改省区划分,全国分为 18 个省,根据其人口、交通、环境等状况又分为三个类别。省区总督不再是过去充当国王个人代表的埃米尔,而是内政部管辖下的国家行政人员和沙特政府的代表。王国的地方行政根据大臣会议制定的《各省条例》运作,省区总督由内政大臣提名,大臣会议主席推荐,王室任命。省区总督根据中央的政策对地方进行管理,其人选主要出自沙特家族及其盟友苏戴尔家族。省区制度的建立,标志着沙特阿拉伯王国政府体系的进一步完善和政府权力的广泛延伸。

1980 年以来,王储法赫德决心加强和重组省级行政机构。年轻的受过良好教育的沙特亲王逐渐取代了传统的省级统治者。1992 年颁布的《地区法》规定,全国划分为 13 个省区;省区下设县和乡。省区长官称作埃米尔,享有大臣级地位,对内政大臣负责。省长和副省长由内政大臣建议,国王颁布王室法令任命。省长的职责是维护本地区的公共秩序和社会治安,执行司法条例,保障个人在沙里亚范围内的权利和自由,监督和检查各区和分区的管理,推行医疗、教育等公共事业,促进社会经济的进步,发展水利、交通、工业、农业、商业等。[②] 90 年代晚期,沙特阿拉伯王国分为 14 个省区,所有的省长都是沙特家族成员,除了季赞省省长由沙特家族旁系亲属苏戴尔家族的成员担任之外,其余均为阿卜杜勒·阿齐兹的子孙。[③] 理论上,省长向内政大臣负责,实际上,省长通常直接向国王汇报工作。此外,大部分副

① Kechichian, Joseph. (2001). *Succession in Saudi Arabia*. p. 136. New York: Palgrave.

② Kechichian, Joseph. (2001). The Law of the Provinces. *Succession in Saudi Arabia*. pp. 233-235. New York: Palgrave.

③ Kechichian, Joseph. (2001). Provincial Governors. *Succession in Saudi Arabia*. p. 185. New York: Palgrave.

省长和一些县级统治者也由阿卜杜勒·阿齐兹的后裔和沙特家族旁系支族的成员担任。《地区法》还规定在各省成立省级议会,任期为四年,行使资政的权力,省区长官兼任地方议会主席。① 省级议会包括省长、副省长、地区政府各部门的长官,以及至少10名该地区的显贵成员。② 然而,省级议会的职能仅限于讨论省的预算和发展需要,而不能干涉省的其他事务,政治领域更是省委员会涉足的禁区。省级议会没有决策权,其决定必须在内政部同意之后才能执行。省级议会的人选是根据省长的提名,由内政大臣根据品行和经验两条标准审查通过,由国王任命。对省级议会成员自身条件的规定剥夺了大多数沙特国民的参政权力。③ 由于内政大臣由沙特亲王担任,省长兼省级议会主席也由亲王担任,实际上,沙特家族控制了从中央到地方的政治权力。

二、基本法的制定和国家协商会议的成立

1979年的麦加事件对沙特统治者产生了很大的影响,政治改革再次提上议事日程。王储法赫德于1979年12月宣布:准备建立一个由国王任命的协商会议和起草一部宪法。④ 1980年1月10日,王储法赫德宣布,沙特政府打算制定一部以沙里亚为基础的基本法和筹建国家协商会议,国家协商会议将与大臣会议共同分享政府的权力。省级政府也要重新组建,以保证民众的政治参与。3月18日,国王哈立德任命欧莱玛和内阁部长组成八人委员会,由亲王纳伊夫担任委员会的首领。该委员会的职责是研究和起草政府基本法,建立国家协商会议和地方政府的主要

---

① Jerichow, Anders. (1998). *The Saudi File: People, Power, Politics.* pp. 35-40. Surrey: Curzon Press.

② Fandy, Mamoun. (1999). *Saudi Arabia and the Politics of Dissent.* p. 32. London: Macmillan Press.

③ Wilson, P. W. & Graham, D. F. (1994). *Saudi Arabia: The Coming Storm.* p. 73. New York: M. E. Sharpe.

④ Heper, Metin & Israeli, Raphael. (1984). *Islam and Politics in the Modern Middle East.* p. 44. London & Sydney: Croom Helm Ltd.

框架。沙特政府宣称,新建的国家协商会议将包括 50～70 名成员,他们将分别代表王国中不同的权力集团,包括王族和统治阶级、欧莱玛、技术官僚和其他知识分子。国家协商会议的成员将通过任命产生而非通过选举产生。他们的权力仅限于参与立法进程,他们无权否决国王的决定。①

1984 年底,法赫德国王在会见伦敦"星期天时报"记者时宣布,沙特政府正在筹建国家协商会议,成员由沙特政府任命产生,会议将于 1985 年 1 月召开,会议的职责是表达民众意见和监督政府政策的执行,以确保民众的政治参与。1985 年 4 月,国王法赫德再次向全国人民承诺,允诺已久的国家协商会议很快就会召开。②然而,这些政治改革的允诺并没有立即付诸实践。

海湾战争以后,沙特国内要求加快现代化和民主化进程的政治力量日趋活跃,世俗倾向的知识分子于 1990 年 11 月上书国王法赫德,要求建立王室曾多次许诺的协商会议,推进政治民主化进程。沙特中产阶级加快政治改革进程的要求更加迫切,同时现代伊斯兰主义者也以《请愿书》和《备忘录》等方式提出其政治改革的要求。面对沙特国内不断壮大的要求改革的势力,1992 年 2 月,国王法赫德主持召开大臣会议,以王室法令的形式颁布了《政府基本法》、《协商会议法》和《地区法》三项重要法案,实行有限的政治改革。③

《政府基本法》明确规定:"沙特阿拉伯是具有完整主权的国家,伊斯兰教是沙特阿拉伯的官方信仰,《古兰经》和'圣训'是沙特阿拉伯的永久性宪法,沙特阿拉伯实行君主制的政治制度,国家的统治权力属于沙特阿拉伯王国的创立者阿卜杜勒·阿齐兹的子孙。""国家权力由司法权、行政权、立法权组成,国王是这些权力的仲裁人。国王是大臣会议的主席,大臣会议依据《政府基本法》和其他法规协助国

①　Abir, Mordechai. (1993). *Saudi Arabia: Government, Society, and the Gulf Crisis*. pp. 91-92. London; New York: Routledge.

②　Abir, Mordechai. (1988). *Saudi Arabia in the Oil Era: Regime and Elites; Conflict and Collaboration*. p. 199. London: Croom Helm.

③　Kechichian, Joseph. (2001). *Succession in Saudi Arabia*. pp. 203-206. New York: Palgrave.

王执行其任务。大臣会议副主席和各部成员向国王负责,国王有权解散和重组大臣会议。"①《政府基本法》还明确规定,大臣会议和协商会议都绝对地对王室法令负责。大臣会议在国王的直接领导下,制定法律和规章,并在获得国王同意并以王室敕令形式颁布以后,负责监督这些法律法规的贯彻和实施,因此享有一定程度的立法权和行政权。根据《政府基本法》,沙特国家的根本职责是保护私有财产、捍卫伊斯兰教信仰、执行伊斯兰教法和保障沙里亚赋予的公民权利。沙特阿拉伯实行有限的司法独立和三权分立,法官的人选和任期由国王决定,国王是立法、司法和行政机构的最高裁决者。② 国王拥有最高司法权和行政权,兼任大臣会议首相,有权任免副首相和大臣会议成员,有权解散大臣会议。③《政府基本法》不同于中东其他国家在现代化进程中制定的宪法,其核心内容仍然沿袭沙特阿拉伯的传统政治制度,旨在通过法律的形式强化君主制和沙特家族的统治地位,并未涉及诸如司法独立、议会选举以及组建工会和政党的现代政治准则。《政府基本法》规定的国家制度,尚未突破传统政治的基本框架。④

　　1992 年国王法赫德颁布的《政府基本法》以国家法律的形式对王国继承制度做出新的规定。"国家的统治者出自开国君主阿卜杜勒·阿齐兹·本·阿卜杜勒·拉赫曼·沙特的儿子和后裔,他们之中最正直的人将按照《古兰经》和先知的逊奈获得效忠。"⑤这一规定说明,选择王位继承人的标准是个人能力和品行,而非年龄和资历,同时也承认了阿卜杜勒·阿齐兹的直系后代,包括儿子和孙子,都具

　　① "The Basic Law of Government", Article 44, 56, 57, Kechichian, Joseph. (2001). *Succession in Saudi Arabia*. pp. 214-215. New York: Palgrave.

　　② Long, D. E. (1997). *The Kingdom of Saudi Arabia*. p. 40. Gainesville: University Press of Florida.

　　③ Vassiliev, Alexei. (2000). *The History of Saudi Arabia*. p. 174. New York University Press.

　　④ Jerichow, Anders. (1998). *The Saudi File: People, Power, Politics*. pp. 126-127. Surrey: Curzon Press.

　　⑤ "The Basic Law of Government", Article 5, Section b, Kechichian, Joseph. (2001). *Succession in Saudi Arabia*. p. 210. New York: Palgrave.

有成为国王的资格。《政府基本法》还规定"国王有权颁布王室法令指定和免职王储",[①]"国王死后王储将接管所有的王权直至他获得效忠"。[②]《政府基本法》关于继承制度的法令开了两个先例,即国王拥有选择和撤销王储的特权,以及承认至少60个阿卜杜勒·阿齐兹的孙辈是合法的王权继承人。[③] 这一规定改变了长久以来的继承制传统,建立了新的继承程序。它为国王选择和免职王储的特权提供了固定的法律基础,同时王储不能在国王死后自动继位,只能作为临时的统治者,直到王储或者是另一个更适于担任国王的人得到效忠和承认并被拥立为国王。沙特王位继承人正式即位时,必须举行欧莱玛宣誓效忠的仪式,以表示沙特家族统治者具有宗教政治合法性,集王国的最高宗教权力和世俗权力于一身。《政府基本法》关于继承制度的规定是沙特阿拉伯王国继承制度发展的里程碑。沙特阿拉伯实行的非长子继承制度是维持家族政治的必要条件。

《协商会议法》则规定,协商会议由主席和60名成员组成,其成员皆由国王根据能力、经验和正直的标准选拔任命。协商会议成员任期为四年,主席、副主席和秘书长由国王任免。[④] 和大臣会议一样,国王具有终止和重新召开协商会议的权力。协商会议的产生基于一条伊斯兰教义,即"他们的事务基于他们之间的协商"。[⑤] 协商会议的具体职权是:"对大臣会议主席提交协商会议讨论的国家总政策发表意见。协商会议具有以下几项权力:讨论经济、社会发展计划并提出意见;研究法律、条例、国际条约、协定、特许权并提出建议;解释法律;讨论各部和政府机

①② "The Basic Law of Government", Article 5, Section c, Kechichian, Joseph. (2001). *Succession in Saudi Arabia*. p. 210. New York: Palgrave.

③ Natasha, Alexander. (1999). *Saudi Arabia: Country Study Guide*. p. 83. Washington, D. C.: International Business Publications.

④ Abir, Mordechai. (1993). *Saudi Arabia: Government, Society, and the Gulf Crisis*. p. 201. London; New York: Routledge.

⑤ Fandy, Mamoun. (1999). *Saudi Arabia and the Politics of Dissent*. p. 39. London: Macmillan Press.

关提交的年度报告并提出建议。"①根据《协商会议法》，国家协商会议的决议须经国王批准方可生效，国王有权决定国家协商会议的运作程序，国王具有终止和重新召开协商会议的权力。《协商会议法》颁布半年以后，国王法赫德任命宗教学者穆罕默德·本·祖拜尔为协商会议主席。这一任命体现了沙特阿拉伯王国以教俗合一作为基本的政治原则，宗教权威是沙特阿拉伯王国政府政治的基本组成部分。由宗教权威领导的协商会议根据伊斯兰教的"舒拉"原则，为沙特阿拉伯王国的君主政治和政府政治提供必要的宗教政治合法性。

1992 年 9 月，国王法赫德任命前司法大臣穆罕默德·伊卜拉欣主持筹建国家协商会议。1993 年 8 月，国王法赫德正式任命了 60 名协商会议成员，沙特阿拉伯王国第一届协商会议由此揭开帷幕。协商会议成员主要包括部族首领和官方欧莱玛，以及一些具有代表性的政府官员、技术官僚、商人、退役的军人和警察。协商会议成员约有 40% 来自纳季德，约有 30% 来自希贾兹，10% 来自阿西尔、7% 来自哈萨。② 没有任何反对派成员或妇女得到任命，只有一名什叶派人士被任命为协商会议成员。③ 国家协商会议分为 8 个专门委员会，会议的程序和内容受到严格控制。国王法赫德明确强调，协商会议仅仅具有咨询的功能，沙特阿拉伯将延续君主制的政治制度，不会接受西方的民主政体；协商会议遵循伊斯兰教的协商原则，是民众政治参与的基本形式。1994 年，协商会议召开会议 29 次，讨论议题 45 项。1995 年，国王法赫德首次向协商会议提交政府预算报告。据沙特政府统计，第一届协商会议 4 年间召开会议 103 次，通过决议 133 项。1997 年 7 月第二届协商会议召开，国王法赫德改组协商会议，其成员由 61 人增至 91 人。新一届协商会议成

① "The Majlis al-Shura Law", Article 15, Kechichian, Joseph. (2001). *Succession in Saudi Arabia*. pp. 221-222. New York: Palgrave.

② Al-Rasheed, Madawi. (2002). *A History of Saudi Arabia*. p. 174. New York: Cambridge University Press.

③ Wilson, P. W. & Graham, D. F. (1994). *Saudi Arabia: The Coming Storm*. p. 80. New York: M. E. Sharpe.

员包括一些著名的伊斯兰主义者和自由主义反对派成员，但大多数成员仍是政府高级官员和与部落领导有密切关系的人。① 协商会议成立了专门委员会。因为专门委员会的工作，协商会议在沙特阿拉伯王国的政府体系中具有了更重要的地位。1999 年 7 月，协商会议的专门委员会由 8 个增至 11 个。1997 年以来，王储阿卜杜拉努力改善沙特阿拉伯王国和伊朗的关系。为了安抚沙特阿拉伯的什叶派穆斯林，沙特政府在 1997 年任命了另外 3 名什叶派人士加入到沙特阿拉伯王国的协商会议中。加上 1993 年任命的 1 名什叶派协商会议成员，沙特的什叶派协商会议成员总数为 4 名。2001 年第三届协商会议召开，其成员由 91 人增至 120 人。② 2004 年 11 月，沙特政府允许协商会议制定议程时不必等待国王的同意。这一改革减少了协商会议对沙特统治家族的依赖，加速了协商会议获得立法权力的进程。③ 2005 年 4 月，第四届协商会议召开，其成员人数扩大到 150 人，并且正式获得了检查预算，以及掌管一些其他事务的权力。国王时常召集大臣会议和协商会议组成联席会议，共同讨论国王提出的问题，为国王出谋划策。亲王曼苏尔和亲王沙特·本·费萨尔还提出建议：协商会议最终应该有 2/3 的成员是通过选举产生。2005 年 4 月初，沙特阿拉伯王国的电视上讨论了关于协商会议选举产生的问题，被邀请的发言人都主张采取渐进式的发展道路。协商会议的产生是对 90 年代民间宗教政治反对派请愿运动的回应。协商会议在本质上是一个咨询性的政治实体，它的决定和建议只有在与大臣会议和国王的意见一致时才被接受，并且最终需要国王以王室法令的形式签署发布才能生效。虽然协商会议有权置疑大臣会议的决议，但它没有实际的立法权力。协商会议成员必须宣誓效忠国王，他们由国王指定而非由选举产生，协商会议实际上完全处于国王的控制之下。

① Najem, Tom Pierre & Hetherington, Martin. (2003). *Good Governance in the Middle East Oil Monarchies*. p. 40. London; New York: Routledge Curzon.
② Cordesman, A. H. (2003). *Saudi Arabia Enters the Twenty-First Century*. pp. 148-150. Connecticut.
③ Aarts, Paul. (2005). *Saudi Arabia in the Balance*. p. 226. London: C. Hurst & Co. Ltd.

第六章

世纪之交的政治形势

第一节　温和倾向的民间宗教政治运动

一、觉醒派谢赫的政治参与

　　沙特阿拉伯的"觉醒派谢赫"是温和倾向民间宗教政治势力的主要代表。"觉醒派谢赫"对海湾危机以后沙特阿拉伯的社会政治产生了极大的影响。由"觉醒派谢赫"领导的伊斯兰主义者起草和签署《请愿书》和《建议备忘录》，全面论述沙特阿拉伯现代伊斯兰主义者的改革要求，其宗旨是建立完全独立的具有决定国内外政策实权的协商会议、实现立法和司法的完全独立、保证社会所有成员一律平等。[①]"觉醒派谢赫"反对西方和美国的观点极大地影响了沙特社会和民众的心理，在沙特社会中激发了普遍的仇外情绪，给沙特政府造成了极大的政治压力。"觉醒派谢赫"的政治呼吁，促进了沙特知识分子和教界人士的政治觉醒。1994 年，沙特政府对民间宗教政治反对派采取严厉的打击和镇压措施，陆续逮捕了萨法尔·哈瓦里和萨勒曼·阿乌达等"觉醒派谢赫"的主要人物。

　　90 年代中期以来，激进倾向的伊斯兰反对派严重威胁了王国的政治稳定。以

---

① Kechichian, Joseph. (2001). *Succession in Saudi Arabia*. pp. 199-201. New York: Palgrave.

伦敦为基地的现代伊斯兰主义组织虽然采用非暴力的手段,却也严重挑战了沙特家族政权的宗教政治合法性。迫于多种反对派的政治压力,沙特政府采用分化和孤立的政策,集中力量对付最极端的"圣战派"伊斯兰主义者。沙特阿拉伯王国官方宗教政治权威由于 90 年代以来颁布的一系列费特瓦超出了大多数穆斯林可接受的底线,他们对沙特民众的控制力和影响力几乎已经丧失殆尽。沙特政府不得不通过吸纳和收买的政策,利用温和倾向的宗教政治反对派来攻击激进倾向的宗教政治反对派,由此来打击沙特阿拉伯的民间宗教政治势力。1999 年,沙特政府安排一些著名的民间宗教学者在官方宗教机构中担任重要职位,释放"觉醒派谢赫"萨法尔·哈瓦里和萨勒曼·阿乌达,"觉醒派"伊斯兰主义运动由此在一定程度上获得合法的地位。"觉醒派谢赫"接受政府的安抚政策,逐渐远离国内政治问题并减少在宗教领域的活动,他们在很大程度上改变了仇视西方的激进态度,转而宣传"温和、节制"的宗教政治主张。沙特政府安排一些具有显著地位的民间宗教学者在宗教机构中担任一些领导职位。"觉醒派谢赫"在一定程度上接受了沙特政府的安抚政策,觉醒主义运动成为沙特阿拉伯唯一合法的民间伊斯兰主义运动。为了维持他们在民间宗教政治势力中的领导地位,"觉醒派谢赫"试图扮演激进的圣战派和沙特政府的中间人。"觉醒派谢赫"为了维持与沙特政府的良好关系,停止了所有在政治方面与政权对抗的活动,而将社会领域视作他们表达反对意见的主要目标。他们在社会领域的异议主要集中在两个方面,即有关妇女和少数派权利的问题。在有关妇女地位的问题上,"觉醒派谢赫"主要采取保守主义的立场。他们通过采用一种保守主义的观点对待女子教育、女性参与选举和其他事务,来体现他们对沙特政权和官方宗教权威的反抗。"觉醒派谢赫"还采用一种批评的立场对待承认少数派权利的问题,以示他们的不满和反抗。在一定程度上,"觉醒派谢赫"的主张已经倾向于反对沙特阿拉伯的社会改革,在一定程度上向保守主义的宗教政治转化。

20 世纪末 21 世纪初,沙特阿拉伯的民间宗教政治领域已经涵盖了复杂的成分和结构。两种新的宗教政治倾向正在民间宗教政治领域中兴起和发展,并且每一种倾向都试图挑战"觉醒派谢赫"在民间宗教政治领域中的领导地位。一个激进倾向的团体代表着一种新的"萨拉菲—圣战"倾向。在社会问题方面,他们鼓吹一种极端严格的伊斯兰教形式,接近最强硬的 19 世纪瓦哈卜派欧莱玛的观点。在政治问题方面,他们支持欧萨玛·本·拉登和全球的圣战运动,强烈批评"觉醒派谢赫"与西方调解的新主张。后来,他们为 2003 年在王国发动大规模恐怖行动的激进派提出了许多意识形态的辩护理由。另一个团体主要由沙特民间宗教政治领域的著名人士所组成,他们有的曾经是"觉醒派谢赫"的成员,有的曾经属于更激进的组织。这个团体同时表达了批评传统瓦哈卜主义宗教思想和现代觉醒主义政治言论的观点。同时,他们大都号召在一个伊斯兰框架下进行民主改革,因此坚持将政治改革与宗教改革相结合。这种新的宗教政治主张使他们能够与非逊尼派宗教政治知识分子群体中的大多数人,特别是自由主义者和什叶派建立联盟。他们共同建立起一个民主主义的、民族主义的和反瓦哈卜主义的政治平台,构成了沙特宗教政治知识分子群体中的"中间派"倾向,即"伊斯兰—自由主义"倾向。

2001 年的 9·11 事件以后,"觉醒派谢赫"十分明确地谴责 9·11 爆炸事件。曾经在反对西方的问题上持激进态度的"觉醒派谢赫"领导人萨法尔·哈瓦里在 2001 年末发表一份"对温麦的声明",他在声明中批评圣战分子的计谋。随后,萨法尔·哈瓦里写了一封给美国布什总统的公开信,他在信中表达了准备与西方和平共处的愿望,只要西方"停止对穆斯林世界的攻击"。2002 年 4 月,许多"觉醒派谢赫"与沙特阿拉伯新兴的"伊斯兰—自由主义者"联合签署了一份重要的宣言,题为"我们怎样才能共存"。他们反复重申人类生命的神圣,指责用武力的方式强迫实施宗教的统治,号召尊重他人。宣言强调,美国频繁地干预和控制穆斯林世界,是穆斯林憎恨西方的一个主要原因。宣言号召西方要认识到,"穆斯林世界的大多数伊斯兰主义运动在本质上都是温和的……我们承诺要与恐怖主义对抗。"①这份宣言明确地以外部世界为目标,试图解释和澄清包括"觉醒的谢赫"在内的沙特社会普遍的温和倾向和立场。这份改革宣言及其签署人受到了激进的"萨拉菲—圣战主义"倾向宗教人士的猛烈攻击。他们发表许多声明并出版一系列书籍,攻击签署该宣言的萨勒曼·阿乌达和萨法尔·哈瓦里。其中最有代表性的是:阿里·库代尔发表的"复兴亚伯拉罕的团体:一份对失败主义的叛徒的回答";纳斯尔·法赫德发表的"谴责知识分子宣言所包含的错误"。圣战主义倾向的网上论坛中很快就出现了大量文章,谴责萨勒曼·阿乌达和萨法尔·哈瓦里的"失败主义"。萨勒曼·阿乌达的网站"今天的伊斯兰教"还被称之为"今天的投降"。② 支持宣言的"觉醒派谢赫"萨勒曼·阿乌达和萨法尔·哈瓦里迫于极大压力,不得不签署一份"解释性的声明",推翻了宣言中的所有观点和原则。这次事件是两个新兴的沙特民间宗教政治反对派"圣战派"运动和"伊斯兰—自由主义"运动的第一次冲突,他们是在争夺沙特阿拉伯历史上唯一合法的民间宗教政治反对派"觉醒派谢赫"的支持。"觉醒派谢赫"的"解释性的声明"在一定程度上表现出萨拉菲—圣战主义者的胜利和伊斯兰—自由主义者的失败,同时也体现出萨拉菲—圣战主义者巨大的社会动员能力。

伴随着暴力性反对派活动在沙特阿拉伯的爆发,"觉醒派谢赫"发起了对"阿拉伯半岛伊斯兰改革运动"及其负责人的攻击。他们认为是萨阿德·法吉赫及其组织的思想激励了沙特阿拉伯极端主义势力和激进倾向的反政府活动。"觉醒派谢赫"穆赫辛·阿瓦吉领导了对萨阿德·法吉赫个人的攻击,他号召萨阿德·法吉赫忏悔并回归祖国。2003 年 10 月,萨阿德·法吉赫成功地在利雅得号召了一次要求尊重人权和释放政治犯的游行示威,并在 2004 年 12 月,从伦敦号召了几次在沙特

---

① Al-Rasheed, Madawi. (2007). *Contesting the Saudi State：Islamic Voices from a New Generation*. p. 87. Cambridge, UK：Cambridge University Press.

② Aarts, Paul. (2005). *Saudi Arabia in the Balance*. p. 49. London：C. Hurst & Co. Ltd.

城市中的游行示威。"觉醒派谢赫"发表声明反对萨阿德·法吉赫的行动,指责这些游行示威是"以国外为基地的想要破坏我们的安全和繁荣"的行为。"觉醒派谢赫"还采用沙特阿拉伯官方宗教政治势力的观点,指责这些游行示威是不合法的政治行动。2005年1月,有41名谢赫签署了一份声明,指责"引起伊斯兰内战的行动"。①

"觉醒派谢赫"的重要人物接受沙特政府的邀请,参与了2003年开始举行的多次国民对话会议。"觉醒派谢赫"的首领萨勒曼·阿乌达受邀参加国民对话会议。政府试图利用萨勒曼·阿乌达在沙特民间宗教政治势力中的巨大声望,来压制宗教政治反对派对沙特政权的攻击。2003年,一群什叶派活动家向王储阿卜杜拉递交一份请愿书,要求更多的宗教自由、平等和合作。"觉醒派谢赫"主要人物萨法尔·哈瓦里指责什叶派的要求,并且严厉地警告沙特政府:什叶派的要求是受到了错误的引导,也可能是受到国外势力的支持来破坏沙特国家的统一,并且最终将导致沙特国家的分裂。② 2003年5月12日,利雅得侨民住宅区发生爆炸。随后,"觉醒派谢赫"萨法尔·哈瓦里和萨勒曼·阿乌达领导47名沙特宗教机构职员、教授和教界人士签署了一份声明,澄清他们本人以及他们的伊斯兰激进主义与恐怖主义者没有任何关系,同时还号召增进对话,反对利用炸弹来攻击穆斯林和造成穆斯林之间的分裂。③

2003年12月,伊斯兰—自由主义者向王储阿卜杜拉递交了一份新的请愿书,标题为"对政府和人民发出一次全国性的号召:首先进行宪政改革"。伊斯兰—自由主义者试图获得"觉醒派谢赫"的支持,他们在请愿书中明确宣布:"号召所有阶

① Al-Rasheed, Madawi. (2007). *Contesting the Saudi State: Islamic Voices from a New Generation*. pp. 86-87. Cambridge, UK: Cambridge University Press.

② Al-Rasheed, Madawi. (2007). *Contesting the Saudi State: Islamic Voices from a New Generation*. pp. 90-91. Cambridge, UK: Cambridge University Press.

③ Dekmejian, Richard. The Liberal Impulse in Saudi Arabia. *The Middle East Journal*, Summer, 2003, p. 413.

层和群体的人民,特别是欧莱玛、法理学家和宗教学者支持宪政改革的要求。"①许多著名的"觉醒派谢赫"在请愿书上签名,民间宗教政治反对派在一定程度上达成了广泛的共识。这些著名的"觉醒派谢赫"包括穆辛·阿瓦吉,他以前是"保卫合法权利委员会"的成员,曾经是萨法尔·哈瓦里的得力助手。另外还有穆罕默德·胡代夫、哈立德·欧贾米、沙特·富奈萨恩等"觉醒派谢赫",他们大都在 1992 年签署了《建议备忘录》,许多人还是"保卫合法权利委员会"的成员。萨勒曼·阿乌达的网站上也公布了这份请愿书。这是伊斯兰—自由主义者争取"觉醒派谢赫"支持的一次重大胜利。伊斯兰—自由主义者能够与"觉醒派谢赫"形成联合,主要得益于他们的对手"萨拉菲—圣战主义"谢赫的缺席。2003 年 5 月的利雅得爆炸事件之后,沙特政府指控"萨拉菲—圣战主义"倾向的主要人士阿里·库代尔、阿哈马德·哈立德和纳斯尔·法赫德参与了暴力事件,并于 2003 年 6 月将他们逮捕。"觉醒派谢赫"调和激进派与沙特政府的努力未能成功。"觉醒派谢赫"萨法尔·哈瓦里和萨勒曼·阿乌达提议,应该召开公正的司法听证会来调解政府和激进的圣战派之间的矛盾。然而,沙特阿拉伯缺乏一个独立的司法部,沙特民众难以信任法庭的判决。一些沙特阿拉伯的律师和宗教学者公开宣称司法部"不是独立的,因此它难以适应沙特社会的需要。"②因此,到目前为止,只有很少的激进派伊斯兰主义者接受了"觉醒派谢赫"的提议。

2001 年 9 月 11 日以来,沙特阿拉伯的民间宗教政治势力已经获得沙特政府的允许,在沙特官方媒体资源中参与讨论,这种讨论主要集中在沙特阿拉伯的社会、政治和经济问题。沙特的"觉醒主义"宗教政治倾向开始向沙特社会的纵深领域发展。沙特政府对媒体限制的放松制造了一种假象,似乎沙特阿拉伯已经实行了言论自由。实际上,在各种媒体论坛上的讨论都必须遵循严格的规则:民间宗教政治势力之间可以自由地相互批评,也可以指出各部高级官员实施政府政策的错误,但

---

①　Aarts, Paul. (2005). *Saudi Arabia in the Balance*. pp. 52-53. London: C. Hurst & Co. Ltd.
②　Aarts, Paul. (2005). *Saudi Arabia in the Balance*. p. 204. London: C. Hurst & Co. Ltd.

是不能直接批评沙特家族在政治决策过程中的影响和作用。沙特阿拉伯的记者因为恐惧失去工作或者被捕,常常利用隐喻的方式表达自己的批评性看法。2004年以后,沙特政权加大对"萨拉菲—圣战主义"反对派和"伊斯兰—自由主义"反对派的打击和镇压力度,有组织的民间宗教政治运动转入低潮。然而,沙特社会中的许多人已经决定不再沉默。他们因为缺乏最基本的表达意见的渠道,只能利用不具名的互联网论坛,发泄近年来不断增加的政治不满、社会地位边缘化和经济损失。沙特民众不满的主要原因是沙特政府未能满足公众所要求的政治参与、自由、社会公正和经济改革。另一个沙特民众获取和传播信息的渠道是"阿拉伯半岛伊斯兰改革运动"和伊斯兰复兴党在阿拉伯半岛的无线电台。沙特统治者通过各种手段阻止这些无线电台的运作,但未能完全成功,这些无线电台仍然通过各种渠道发布信息并在互联网上播放。

2005年2月,沙特阿拉伯举行第一次全国性的地方选举,其中50%的议席由选举产生。结果,以觉醒派运动为中坚力量的伊斯兰主义者在麦加、麦地那和吉达等城市获得了大多数的选票。[①] 觉醒派运动成员获得了较高的社会地位并享有更多的自由。他们获准在公共媒体领域公开活动。并建立了一些卫星电视、电子通讯、网络讨论版块和其他的通讯渠道。萨勒曼·阿乌达在电视节目和一个支持四种语言的网站上发表观点,成为沙特阿拉伯最受尊敬的宗教发言人之一,也在一定程度上成为沙特政府的发言人。2007年,觉醒派运动获得沙特政府的保护和资助。在沙特政府的支持下,萨勒曼·阿乌达等觉醒派运动领袖人物与官方欧莱玛竞争,打破官方欧莱玛的宗教解释垄断权,在一定程度上已经位居沙特阿拉伯宗教等级制度的显赫位置。

觉醒派运动对妇女地位、女子教育、女性参与选举等持保守立场,对承认少数派权利持批评的态度。2008年5月,萨法尔·哈瓦里支持官方宗教权威颁布的费

---

① Chronology: Saudi Arabia. *The Middle East Journal*, Autumn, 2005, Washington, p. 59.

特瓦,禁止以任何方式支持真主党组织,并且断言真主党组织不是"安拉的党",而是"撒旦的党"。①萨法尔·哈瓦里强调,对瓦哈卜主义者而言,什叶派是背教者。萨勒曼·阿乌达的网站以宣传"宽容和温和"为主旨,然而什叶派伊斯兰教及其分支在该网站上未能得到宽容,仍然被视作异教和误入歧途的教派。

经过十多年的对抗和调和,"觉醒派谢赫"与沙特政府达成了一种暂时性的妥协。为了提醒官方瓦哈卜派宗教权威,"觉醒派谢赫"指责沙特社会的无知、部落制度、腐败、地方主义、机会主义和其他的社会问题。20世纪90年代末期以来,觉醒派伊斯兰主义者的政治变迁代表着沙特民间宗教政治势力主流派别在复杂的国际国内形势下的探索历程。觉醒派伊斯兰主义者的活动在一定程度上显示出在维持沙特阿拉伯现今政治体制的条件下,民间宗教政治运动可能取得的政治成果相对有限。

二、"伊斯兰—自由主义"运动

世纪之交,沙特阿拉伯兴起了由伊斯兰主义者和自由主义者共同参加的,致力于在伊斯兰框架下通过修改官方瓦哈卜派教义,进而推动民主化进程的政治运动,是为"伊斯兰—自由主义"运动。"伊斯兰—自由主义"运动试图弥合长久以来沙特阿拉伯国内伊斯兰主义反对派和自由主义改革派之间的诸多分歧,超越逊尼派穆斯林和什叶派穆斯林之间的教派界限,表达教俗各界要求改革的强烈愿望,标志着沙特阿拉伯民众政治发展的崭新趋势。

自由主义和伊斯兰主义作为沙特阿拉伯民众运动的两大流派,缘起于沙特阿拉伯现代化进程的历史环境,经历近半个世纪的发展过程,涉及思想、政治、社会和文化等诸多方面的内容,构成活跃于沙特阿拉伯政治舞台的重要力量。所谓的自由主义运动,特指受西方影响和在一定程度上具有世俗色彩的自由主义者在沙特

---

① Senior Saudi Sheikh: Hizbullah-party of Satan. Associated Press,08.05.06,http://www.ynetnews.com/articles/0,7340,L-3286696,00.html.

阿拉伯国内掀起的思潮和运动。沙特阿拉伯的自由主义者主要来自包括商人和知识分子在内的新兴社会群体,崇尚自由与民主的政治原则,强调建立选举制度和扩大民众政治参与,主张完善法治和保障民众的公民权利,倡导加速私有制基础之上的经济市场化进程。沙特阿拉伯的自由主义运动反对传统社会的主流政治架构,着力否定沙特家族的世袭制度和权力垄断,同时挑战瓦哈卜派伊斯兰教的官方特权地位,要求实现国内的政治变革,提倡共和制或者以君主立宪制为架构的自由民主制,具有相对温和的政治倾向。相比之下,所谓的伊斯兰主义运动具有浓厚的宗教色彩,主张借助回归传统的宗教形式,否定现存的政治制度,倡导平等和民主的政治原则,实现民众广泛的政治参与和权力分享。沙特阿拉伯的伊斯兰主义者来源广泛,分别属于逊尼派和什叶派,长期存在明显的教派差异。沙特阿拉伯的绝大多数人口信奉逊尼派伊斯兰教,什叶派穆斯林作为沙特阿拉伯国内的宗教少数派,长期处于社会生活和政治舞台的边缘地带。什叶派伊斯兰主义者面临沙特政府的压制和逊尼派伊斯兰主义者的排斥,诸多什叶派领袖长期流亡国外。另一方面,沙特阿拉伯的伊斯兰主义者表现为温和与激进的不同政治倾向。伊斯兰主义运动的温和派大都来自中产阶级和知识分子,主张通过政治请愿等非暴力的方式推动沙特阿拉伯国内的政治变革。伊斯兰主义运动的激进派以下层民众为社会基础,否定沙特家族的统治,甚至主张通过暴力的方式推翻沙特家族政权。

长期以来,自由主义者与伊斯兰主义者尽管同为沙特阿拉伯民众运动的主要派别,然而相互之间分歧甚多。80年代末,沙特阿拉伯的自由主义者和伊斯兰主义者围绕现代性和伊斯兰教展开激烈的争论。伊斯兰主义者猛烈攻击自由主义者亵渎沙特社会的信仰理念和基本价值观,领导了一次全国性的抵制自由主义和世俗化倾向的文化和社会运动。[①] 海湾战争期间,自由主义者和伊斯兰主义者分别从各自的立场出发,表达促进社会政治变革的愿望和要求。1990年11月,自由主

---

① Fandy, Mamoun. (1999). *Saudi Arabia and the Politics of Dissent*. p. 48. London: Macmillan Press.

义者在利雅得举行妇女驾车的示威运动,伊斯兰主义者则将妇女驾车的示威运动视作对伊斯兰习俗和伊斯兰法律的挑战,要求政府惩处参与驾车示威的妇女。[①]同年 12 月,自由主义者在向国王法赫德递交的请愿书中,质疑瓦哈卜派欧莱玛在宗教裁决过程中的特权地位,引起沙特阿拉伯国内教界和伊斯兰主义者的普遍不满。[②]

官方的统治政策与民众的反抗模式两者之间具有内在的逻辑联系。海湾战争之前,自由主义者和伊斯兰主义者普遍持相对温和的政治立场,试图通过与沙特家族的广泛合作实现政治的变革和社会的进步,而沙特家族亦对自由主义者和伊斯兰主义者表现出相对宽容的态度,试图寻求自由主义者和伊斯兰主义者的支持。海湾战争无疑是沙特阿拉伯政治变革进程的重要分水岭,沙特政府与西方国家的军事合作引发沙特民众的普遍不满,沙特阿拉伯国内的反美情绪空前高涨,沙特家族政权的合法性受到严重质疑。巨额的军费支出,亦加剧了沙特阿拉伯经济和社会领域的诸多矛盾。针对国内日渐高涨的不满情绪,沙特政府对自由主义者和伊斯兰主义者发起的民众政治运动实行高压政策,严厉打击伊斯兰主义政治请愿运动,并监禁包括"觉醒派谢赫"萨法尔・哈瓦里、萨勒曼・阿乌达和纳赛尔・欧玛尔在内的诸多逊尼派伊斯兰主义反对派领袖。沙特政府的高压政策,导致民众政治运动的激进化倾向,暴力恐怖活动呈上升趋势。1995 年 11 月和 1996 年 6 月,利雅得和胡拜尔地区相继发生暴力恐怖袭击,造成严重的人员伤亡。激进倾向的伊斯兰主义运动威胁着沙特王国的政治稳定,以伦敦为基地的现代伊斯兰主义组织又挑战了沙特家族政权的合法性地位。迫于国内外的政治压力,沙特政府于 90 年代末开始调整统治政策,试图通过吸纳和收买的政策,利用持温和立场的宗教学者的

---

① Teitelbaum, Joshua. (2000). *Holier than Thou: Saudi Arabia's Islamic Opposition*. p. 31. Washington Institute for Near East Policy.

② Abir, Mordechai. (1993). *Saudi Arabia: Government, Society, and the Gulf Crisis*. p. 186, 188. London; New York: Routledge.

影响力来引导国内民众的思想和情绪,进而打击持激进立场的极端宗教势力。民间宗教政治的主流派别"觉醒派谢赫"接受政府的安抚政策,并在很大程度上改变了仇视西方的激进态度,西方的自由主义和人权思想在沙特社会广泛传播。面对激进派伊斯兰主义的挑战,沙特国内的诸多政治群体普遍希望维持王国的稳定和发展,试图通过温和的改革运动来避免沙特社会陷入动荡的局面。在维护国家稳定的前提下实现政治改革,成为沙特国内诸多政治反对派的共同目标。90 年代末期,基于共同的政治目标和政治愿望,沙特阿拉伯的诸多政治反对派捐弃前嫌,求同存异,开始走上寻求合作的道路。逊尼派伊斯兰主义者逐渐放弃排斥自由主义者和什叶派伊斯兰主义者的态度,直至与自由主义者以及什叶派伊斯兰主义者结为政治盟友,沙特阿拉伯的文化、宗教和政治领域由此形成"伊斯兰—自由主义"的崭新思潮。

世纪之交出现的"伊斯兰—自由主义"思潮,根源于沙特阿拉伯石油繁荣时代经济和社会领域的深刻变革。20 世纪 70 年代以来,沙特政府推行以石油经济为基础的多元化经济政策,民间资本和私营经济随之得到长足的发展。随着民间资本的壮大和私营经济的成长,中产阶级作为新兴社会阶层逐渐崛起。沙特阿拉伯的中产阶级主要包括在沙特政府任职的中高级官员、商人、企业家、工程技术人员以及分布在文化教育、医疗卫生、司法和其他专业技术部门的各类知识分子。这一社会阶层普遍具有较高的教育背景和文化水平,掌握现代的科学技术和先进的管理经验。中产阶级大都与新兴的现代经济活动相联系,是沙特阿拉伯最具现代性的社会阶层。中产阶级成员往往凭借自身的能力,而不是依赖传统的家族背景和血缘身世,获得相应的社会地位。经济发展和社会进步的需要为中产阶级提供了升迁的机遇,他们在沙特阿拉伯经济与社会的诸多领域发挥着举足轻重的作用。然而,沙特阿拉伯的中产阶级普遍缺乏相应的政治地位和政治权利,长期游离于政治舞台的边缘地带,由此导致其对沙特家族政权的强烈不满。推动政治民主化进程和实现广泛政治参与的共同愿望,促使新兴中产阶级逐渐超越教俗的差异和教派的界限,旨在调和伊斯兰主义与自由主义的政治思潮即"伊斯兰—自由主义思潮"
开始成为沙特阿拉伯社会的重要意识形态,兼容宗教与世俗之不同色彩和吸纳不
同教派成员的新兴政治运动即所谓的"伊斯兰—自由主义"运动随之始露端倪。

　　"伊斯兰—自由主义"运动的成员,根据其社会背景和意识形态的差异,大致可
以划分为四个主要的派别。所谓的"批评派",通常回避国内政治问题,致力于抨击
国内的社会现状和宗教现状。该派成员深受早期瓦哈卜派和新萨拉菲主义以及叙
利亚学者纳赛尔·迪恩·阿拉巴尼的影响,其代表人物是哈桑·马立克和曼苏
尔·努凯达恩。[1] 哈桑·马立克指责官方瓦哈卜主义是阻碍社会进步的根源所
在,阐释回归经训的现代伊斯兰主义思想,呼吁完善公民社会和舒拉体制。[2] 曼苏
尔·努凯达恩强调根据时代的变化重新解读经训是实现政治改革和社会进步的基
础,质疑官方操纵的劝善戒恶委员会所具有的职能和合理性。[3] 所谓的"政治派",
主要关注沙特国内的政治问题,通过起草政治宣言和递交请愿书的方式表达"伊斯
兰—自由主义"的改革诉求。该派成员深受萨赫瓦主义的影响,强调早期瓦哈卜派
理论和现代穆斯林兄弟会思想的有机结合,抨击官方瓦哈卜派学说的僵化思想和
保守立场,倡导通过论争的形式实现瓦哈卜主义的宗教改革。该派代表人物是阿
布杜勒·阿齐兹·卡西姆和阿卜杜拉·哈米德。阿布杜勒·阿齐兹·卡西姆曾经
参与过《建议备忘录》签署和"保卫合法权利委员会"的建立,在 90 年代早期曾被监
禁。阿卜杜勒·阿齐兹·卡西姆在国民对话会议上提交研究报告"哪里出了错?"
提出沙特阿拉伯王国的宗教教育强烈地宣扬瓦哈卜主义及其宗教解释,未能适应
现代的要求。阿卜杜勒·阿齐兹·卡西姆指责司法部"不接触现代的环境,法官不
懂法律并且是腐败的。更严重的是,法官的裁定常常违反沙里亚"。阿布杜勒·阿

---

　　① Aarts, Paul. (2005). *Saudi Arabia in the Balance*. p. 39. London: C. Hurst & Co. Ltd.
　　② Aarts, Paul. (2005). *Saudi Arabia in the Balance*. p. 44. London: C. Hurst & Co. Ltd.
　　③ Lacroix, Stéphane. Between Islamists and Liberals: Saudi Arabia's New Islamo-Liberal Re-
formists. *Middle East Journal*, Vol. 58, Summer2004, pp. 353-354.

齐兹·卡西姆致力于调和伊斯兰主义与自由主义之间的差异,强调包括民主政治、公民社会、民族国家在内的诸多现代政治理念与伊斯兰教具有一致性和非矛盾性,反对简单排斥和否定西方现代政治体制的保守倾向,呼吁穆斯林改革家应当借鉴西方现代政治体制的合理要素制定法律和建立政府。① 阿卜杜拉·哈米德从反思宗教入手,强调对经训进行创新性解读,从中找到解决当前所面临的全球化、人权、公民社会和联合国等特殊问题的办法。阿卜杜拉·哈米德指责沙特阿拉伯的官方瓦哈卜主义已经成为日趋保守的意识形态,提出现代的伊斯兰社会需要回归经训的传统,保障公民权利,建立民主政体。② 所谓的"自由派",深受纳赛尔主义和阿拉伯民族主义的影响,强调在伊斯兰的框架下实现政治改革、推进民主化进程和保障公民权利,代表人物是穆罕默德·赛义德·泰伊卜。穆罕默德·赛义德·泰伊卜强调伊斯兰教的核心地位,宣称所有的问题都可以在经训中找到答案,并呼吁保障经训赋予妇女的权利。穆罕默德·赛义德·泰伊卜认为自由主义者与伊斯兰主义者具有共同的原则,两者应当缔造和平、联合一致、达成协定,恢复和发展团结信任的友好关系。③ 所谓的"什叶派",倡导实现民主政治、保障人权和建立公民社会,同时强调捍卫伊斯兰教。该派坚称沙特什叶派具有沙特阿拉伯的国民属性,并将沙特民族主义与其政治言论相结合,代表人物是穆罕默德·马赫福兹和扎吉·米拉德。④ 穆罕默德·马赫福兹提出:"我们是沙特阿拉伯的国民,我们热爱我们的国家。在沙特阿拉伯的国家框架之下,我们要求解决什叶派的问题";"只有遵循伊斯兰教义,我们才能在生活的各个方面取得较大的进步和发展。我们作为阿拉伯人

---

① Lacroix, Stéphane. Between Islamists and Liberals: Saudi Arabia's New Islamo-Liberal Reformists. *Middle East Journal*, Vol. 58, Summer2004, pp. 347-348.

② Lacroix, Stéphane. Between Islamists and Liberals: Saudi Arabia's New Islamo-Liberal Reformists. *Middle East Journal*, Vol. 58, Summer2004, p. 350.

③ Lacroix, Stéphane. Between Islamists and Liberals: Saudi Arabia's New Islamo-Liberal Reformists. *Middle East Journal*, Vol. 58, Summer2004, pp. 355-356.

④ Al-Rasheed, Madawi. (2007). *Contesting the Saudi State: Islamic Voices from a New Generation*. p. 66. Cambridge, UK: Cambridge University Press.

和穆斯林,发展和进步的唯一道路是将伊斯兰教和民主政治结合起来"。[1] 扎吉·米拉德呼吁沙特政府给予沙特阿拉伯境内的什叶派穆斯林与逊尼派穆斯林同等的公民地位,在伊斯兰教的框架下推动沙特阿拉伯的民主化进程。

　　世纪之交的"伊斯兰—自由主义"运动,最初的形式包括举办沙龙和互联网论坛,以及在报刊文章中发表政见,现代媒体提供了"伊斯兰—自由主义"思想得以传播的重要手段。1998年和1999年,《祖国报》和《开放周刊》在沙特阿拉伯相继获准发行,开辟专栏,刊载不同政见的文章。"伊斯兰—自由主义"知识分子还在互联网论坛中积极讨论并传播他们的思想和言论。2000年,"伊斯兰—自由主义"知识分子创办名为"穆恩塔达·瓦萨提亚"(意为"中间地带")的互联网论坛,宣传温和的政治改革思想。2002年初创办的名为"图瓦"(意为"渴求")的互联网论坛,标榜"尊重拥有自由思想的自由思想家的地域",登录的网友涵盖了从世俗的自由主义知识分子到"伊斯兰—自由主义"知识分子等诸多群体。[2] 许多具有一定社会地位和影响力的知名人士还建立各种形式的研讨会,为知识分子和社会精英提供发表观点和交流思想的社会空间。自由主义活动家穆罕默德·赛义德·泰伊卜经常在《开放周刊》上发表言论,并创办著名的"星期二沙龙",汇集政治、经济、媒体和文学领域的精英数十人。[3] 什叶派政治家扎吉·米拉德在利雅得组织每周一次的沙龙,许多"伊斯兰—自由主义"者受邀出席。

　　2001年的"9·11"事件对沙特阿拉伯的政治生活影响甚大,在某种程度上成为"伊斯兰—自由主义"改革思潮付诸政治实践的催化剂。[4] "9·11"事件以后,"伊

　　① Lacroix, Stéphane. Between Islamists and Liberals: Saudi Arabia's New Islamo-Liberal Reformists. *Middle East Journal*, Vol. 58, Summer2004, p. 357.

　　② Lacroix, Stéphane. Between Islamists and Liberals: Saudi Arabia's New Islamo-Liberal Reformists. *Middle East Journal*, Vol. 58, Summer2004, p. 358.

　　③ Lacroix, Stéphane. Between Islamists and Liberals: Saudi Arabia's New Islamo-Liberal Reformists. *Middle East Journal*, Vol. 58, Summer2004, pp. 355-356.

　　④ Peterson, J. E. (2002) *Saudi Arabia and the Illusion of Security*. p. 59. New York: Oxford University Press.

斯兰—自由主义"运动聚合沙特阿拉伯中产阶级的诸多流派,公开发表政治宣言,向沙特政府递交请愿书,进而演变为具有"统一"倾向的民间宗教政治运动。2002年4月,"觉醒派谢赫"和"伊斯兰—自由主义"者共同发表题为"我们怎样才能共存"的政治宣言,由来自沙特阿拉伯诸多社会群体的150人共同签名。该宣言在强调沙特阿拉伯的国民属性和捍卫伊斯兰教信仰的基础上,主张与西方世界和平共存并展开对话,指责用武力的方式强迫实施宗教的统治,号召尊重他人的信仰。宣言号召西方要认识到:"穆斯林世界的大多数伊斯兰主义运动在本质上都是温和的……我们承诺要与恐怖主义对抗。"①然而,迫于激进派伊斯兰主义者的巨大压力,"觉醒派谢赫"的首领不得不签署一份"解释性的声明",停止了对"伊斯兰—自由主义"运动的支持。2003年1月,"伊斯兰—自由主义"者向王储阿卜杜拉递交由104人签名的请愿书,标题为"国家的现状与未来的前景"。该请愿书明确地宣誓效忠沙特王室,同时要求在政治、经济和社会领域实施重大改革,要求公平分配国家财富、严厉打击腐败和浪费、实现国家收入的多样化,要求尊重人权、结束所有形式的地区歧视和宗教歧视、改善公共服务设施、解决失业问题、保障妇女的地位和权利。该请愿书要求进行政治改革,实行权力分割,完善法治,保障所有公民的平等权利,建立选举产生的协商会议,要求给全体国民以言论自由、集会自由和结社自由,建立真正的公民社会,要求立即释放或者公正审判所有政治犯,恢复所有被解职的知识分子职务,允许知识分子自由地表达意见。该请愿书强烈呼吁召开不同地区和社会群体的代表都能出席的全国对话会议。该请愿书详尽阐述了"伊斯兰—自由主义"运动的行动纲领,标志着中产阶级知识分子超越信仰和教派的差别,在寻求政治改革方面形成广泛的政治联合。

"伊斯兰—自由主义"运动的政治实践,迫使沙特王储阿卜杜拉做出让步和妥

---

① Al-Rasheed, Madawi. (2007). *Contesting the Saudi State: Islamic Voices from a New Generation*. p. 87. Cambridge, UK: Cambridge University Press.

协的姿态。① 2003 年 6 月,王储阿卜杜拉主持召开全国对话会议,邀请沙特境内诸多教派组织的代表出席。② 全国对话会议经过讨论,颁布题为"沙特阿拉伯:关于多种教义、言论自由、妇女权利和对抗极端主义的诚挚讨论"的政治文件。该文件承认沙特民族中伊斯兰教派的多样性,承认实施改革、保障公民权利以及合理分配公共财富的必要性,同时对官方瓦哈卜主义的司法原则提出批评。同年 10 月,沙特政府颁布"决定举行地方协商会议选举的公告",宣布将于 2004 年举行部分地方协商会议的选举。"伊斯兰—自由主义"者最初对沙特政府的改革措施表示了极大的热情,然而不久之后就开始批评政府改革的步伐太过缓慢。2003 年 12 月,"伊斯兰—自由主义"者再次向王储阿卜杜拉递交请愿书,题为"对政府和人民发出一次全国性的号召:首先进行宪政改革"。新的请愿书提出要在三年内实行立宪君主制度,号召"所有的阶层和群体,特别是欧莱玛、法理学家和宗教学者支持宪政改革的要求"。③ 该请愿书将 2003 年 5 月以来王国经历的暴力恐怖事件归咎于美国对外政策以及沙特国内政治参与缺乏的状况。然而,由于该请愿书中的某些思想和语言具有更强的逊尼派伊斯兰主义色彩,"伊斯兰—自由主义"运动成员中的"自由派"和"什叶派"拒绝在该请愿书上签字。该请愿书的思想及其支持者的伊斯兰化实际上导致"伊斯兰—自由主义"运动内部的分裂。

"伊斯兰—自由主义"者提出的宪政改革要求,遭到沙特王室的拒绝。2004 年 1 月,王储阿卜杜拉发表演讲,强调"国家将在安拉的帮助下,按照经慎重考虑后制定的改革路线逐步发展,不允许任何人干涉和阻碍改革。"沙特政府建立号称独立于政府的国家人权组织,但该组织的所有成员均由官方任命产生。"伊斯兰—自由主义"者随即宣布另建民间色彩的独立的人权组织,这被沙特政府视为过分的挑衅

---

① Lacroix, Stéphane. Between Islamists and Liberals: Saudi Arabia's New Islamo-Liberal Reformists. *Middle East Journal*, Vol. 58, Summer2004, p. 363.

② Al-Rasheed, Madawi. (2007). *Contesting the Saudi State: Islamic Voices from a New Generation*. pp. 88-89. Cambridge, UK: Cambridge University Press.

③ Aarts, Paul. (2005). *Saudi Arabia in the Balance*. pp. 52-53. London: C. Hurst & Co. Ltd.

行为。随后,沙特政府以"要求立宪君主制,在要求政治改革和质疑司法体制时'利用西方的术语'"的罪名,逮捕 12 名"伊斯兰—自由主义"运动领导人,"伊斯兰—自由主义"改革运动告一段落。①

石油经济的发展,促使中产阶级开始登上沙特阿拉伯的历史舞台,成为区别于传统教俗贵族的新兴社会力量。然而,中产阶级作为新兴社会力量,在自身经济实力和社会地位显著提高的情况下,却无缘分享国家权力,长期徘徊于政治舞台的边缘地带。"伊斯兰—自由主义"运动代表着沙特阿拉伯新兴中产阶级之政治诉求,构建了一个民族主义、民主主义和反瓦哈卜主义的政治平台,阐述了法治和民主协商的政治原则,制定了新世纪沙特阿拉伯民主化进程的行动纲领。中产阶级之较高的文化背景和丰富的社会经历,赋予其思想意识的宽容性和开放性。他们在沙特社会中享有的较高的经济和社会地位,决定了"伊斯兰—自由主义"运动采用温和的改革主义和非暴力的政治请愿作为主要的思想和行为方式。每一次王国发生恐怖主义袭击以后,阿卜杜勒·阿齐兹·卡西姆和其他的"伊斯兰—自由主义"者都会指责暴力并再次表达他们对沙特政权的忠诚。阿卜杜勒·阿齐兹·卡西姆提出,"沙特阿拉伯王国的确存在腐败问题,但是沙特王族代表着一种稳定的平衡状态。不能为了社会上任何人的利益而使国家陷入不稳定的状态。"②

"伊斯兰—自由主义"运动纲领包含着宗教与政治的双重内容,对沙特阿拉伯的社会发展和政治改革提出了新的要求。"伊斯兰—自由主义"运动强调政治改革与宗教改革的内在逻辑联系和同步性,强调在重新诠释经训的基础上推动民主化的进程,提供了实现民众广泛政治参与的理论工具和改革手段。"伊斯兰—自由主义"运动在强调不断完善君主立宪制的基本框架下,倡导尊重人权、保障妇女地位

---

① Niblock, Tim. (2006). *Saudi Arabia: Power, legitimacy and survival*. p. 103. New York: Poutledge.

② Al-Rasheed, Madawi. (2007). *Contesting the Saudi State: Islamic Voices from a New Generation*. pp. 88-89. Cambridge, UK: Cambridge University Press.

和公民言论自由,包含着将伊斯兰教与现代西方民主政治有机结合的改革思想。"伊斯兰—自由主义"运动的兴起,标志着沙特阿拉伯的政治现代化进入崭新的发展阶段。

"伊斯兰—自由主义"运动具有政治论述的新颖性和社会基础的广泛性两大突出特征,强调平等、民主和自由的原则,包含伊斯兰主义、民主主义、自由主义三重倾向,形成不同教派的伊斯兰主义宗教政治反对派与世俗色彩的自由主义反对派的政治联盟。"伊斯兰—自由主义"运动在一定程度上弥合了沙特阿拉伯国内不同社会群体之间的对立冲突,初步实现了社会的整合与民族的凝聚,顺应了新世纪沙特阿拉伯历史发展的客观趋势,为沙特阿拉伯的民主化改革向纵深领域的发展开辟了新的道路。另一方面,在"伊斯兰—自由主义"运动期间,迫于民间政治反对派要求改革的压力,沙特王储阿卜杜拉主持召开全国对话会议,制定政治和宗教改革的宣言,承诺选举产生地方协商会议,建立国家人权协会。尽管官方承诺的改革措施并没有得到完全的贯彻,许多改革举措仅仅停留在文字层面而未能付诸实践,国家人权协会的成员亦由政府任命,然而沙特家族毕竟表现出推动政治改革进程的姿态。沙特家族垄断国家权力和排斥民众政治参与的冰山,开始出现融化的迹象。

世纪之交的"伊斯兰—自由主义"运动,可谓沙特阿拉伯一元倾向政治运动的首次尝试,在沙特阿拉伯的政治舞台留下了深刻的印记。然而,伊斯兰主义者与自由主义者以及逊尼派与什叶派相互之间毕竟存在由来已久的差异和分歧,诸多矛盾错综交织。由于缺乏多方共同接受的明确政治纲领以及克里斯玛式的政治领袖,沙特阿拉伯的政治反对派难以形成长期稳定的政治联盟。逊尼派伊斯兰主义势力的逐步壮大以及"伊斯兰—自由主义"运动的伊斯兰化倾向,导致该运动内部的不同派别经历由相互依存到彼此排斥直至分道扬镳的过程。另一方面,"伊斯兰—自由主义"运动尽管超越中产阶级内部不同意识形态群体的界限,却长期停留在精英政治的发展阶段,社会基础相对薄弱。加之中产阶级与沙特家族之间存在着千丝万缕的联系,其在挑战沙特家族权力垄断和推动民主化进程方面具有明显的软弱性和妥协性。

第二节　激进宗教政治派别的暴力活动

一、圣战派的暴力活动

现代伊斯兰主义运动的兴起标志着沙特阿拉伯民间宗教政治成为与官方宗教政治对立的重要社会政治力量。伴随着现代伊斯兰主义势力的发展，民间宗教政治对沙特家族政权的挑战使其逐步陷于非法的地位。1994 年，沙特政府开始大肆搜捕民间宗教政治反对派。沙特政府逮捕了现代伊斯兰主义运动最重要的骨干萨法尔·哈瓦里和萨勒曼·阿乌达等人，整个社会陷入一种紧张的政治气氛。沙特政府对萨勒曼·阿乌达的逮捕还在布拉达引起了一次大规模的游行示威运动。在沙特阿拉伯国内，"保卫合法权利委员会"的支持者和马萨里家族的成员都成为沙特政权镇压的目标。1994 年至 1995 年间，沙特国内有数百人被怀疑是反对派而被捕。欧萨玛·本·拉登短暂地停止了暴力攻击沙特政权的号召，但他严厉地批评沙特政权监禁"我们的欧莱玛"，由此导致沙特政权合法性的丧失。他说被监禁的欧莱玛是沙特民众的宗教政治领袖，但是沙特政权却提拔阿布杜勒·阿齐兹·本·阿布杜勒·阿拉·本·巴兹担任大穆夫提。他说这是因为沙特政权知道阿布杜勒·阿齐兹·本·阿布杜勒·阿拉·本·巴兹的弱点和妥协性，因此易于对他施加影响。而阿布杜勒·阿齐兹·本·阿布杜勒·阿拉·本·巴兹并不是最虔诚和最博学的人。沙特政府在阿布杜勒·阿齐兹·本·阿布杜勒·阿拉·本·巴兹的帮助下，开始打击宗教学者提出的所有改革计划，并且还引用阿布杜勒·阿齐兹·本·阿布杜勒·阿拉·本·巴兹发布的费特瓦，允许"现代的十字军"进入沙特阿拉伯。然后，沙特政权依赖来自阿布杜勒·阿齐兹·本·阿布杜勒·阿拉·本·巴兹的一封信，将最正直的学者投入监狱。沙特民众和年轻一代对阿布杜勒·阿齐兹·本·阿布杜勒·阿拉·本·巴兹的信任已经产生动摇，而建立起对博学而正直的学者,特别是那些在狱中的宗教学者的信任。①

　　1994 年沙特政府对反对派的大规模镇压是很有效的,但沙特社会中潜在的不满仍在继续,并在一定程度上导致了 90 年代后半期的暴力事件。沙特政府对非暴力反对派的暴力镇压开辟了一条暴力反抗的道路,沙特阿拉伯官方宗教政治与民间宗教政治的对抗进入了一种暴力循环的状态。1995 年 8 月中旬开始,一系列的暴力事件接连发生。

　　首先是沙特政府在利雅得处决了一些"保卫合法权利委员会"的支持者。②3 个月之后,利雅得发生了一次大规模的爆炸事件。1995 年 11 月 13 日,利雅得中心地区发生炸弹爆炸。爆炸的地点是一个由美国人管理的沙特国民卫队军事基地。这次爆炸导致 5 名美国人和 2 名印度人死亡,6 人受伤。遇难的 5 名美国人中有 1 名军人和 4 名非军事人员。这些遇害的美国人都是沙特阿拉伯国民卫队项目管理办公室的雇员。在过去的 22 年中,美国军队一直都在沙特运作这个项目,美国平民和军事人员接受政府的派遣到沙特阿拉伯协助国民卫队的训练。据当地的居民说,三个月前,爆炸地点附近就有人在散发传单,传单上警告说支持沙特统治家族的外国人将会有危险。一个英国使馆的官员证实,在几个月前,该使馆收到了一份来自伊斯兰激进组织的警告;美国大使也证实美国受到了同样的威胁。③

　　爆炸发生以后,三个以前不知名的组织宣布为这次炸弹事件负责。第一个组织是"海湾勇士",它两次拨打电话给在塞浦路斯尼科西亚的法国新闻报社,说"暴力攻击还将继续,直到最后一名美国士兵离开沙特阿拉伯"。第二个宣布参与此次攻击的组织是"伊斯兰改革运动,阿拉伯半岛的圣战派"。该组织曾在 1995 年 4 月

　　①　Teitelbaum, Joshua. (2000). *Holier than Thou：Saudi Arabia's Islamic Opposition*. p. 79. Washington Institute for Near East Policy.

　　②　Daryl Champion. (2003). *The Paradoxical Kingdom：Saudi Arabia and the Momentum of Reform*, p. 230. London：Hurst &·Co.

　　③　Teitelbaum, Joshua. (2000). *Holier than Thou：Saudi Arabia's Islamic Opposition*. p. 74. Washington Institute for Near East Policy.

和 5 月通过传真向沙特政府新闻处发送声明,威胁说除非"十字军"离开阿拉伯半岛,否则就要采取反抗行动;如果他们没有离开,那么这些外国人和沙特军队以及沙特王族成员,就将成为"合法的攻击目标"。该声明还指责沙特政权违背了伊斯兰教,与合法的改革家和宗教学者对抗。该组织 4 月的声明将 1995 年 6 月 28 日确定为外国军队离开沙特阿拉伯的最后期限。第三个组织是"安拉的激进游击组织",它宣称这次爆炸是"我们圣战运动的第一次行动"。它要求美国人离开阿拉伯半岛,要求释放逊尼派激进主义活动家欧马尔·阿卜杜勒·拉赫曼和拉姆兹·优素福,以及巴勒斯坦哈马斯官员穆萨·阿布·马祖基。它还进一步谴责沙特政权对欧莱玛强加限制和没有执行沙里亚。该组织的公报宣称,假如该组织的要求被拒绝,该组织宣布将"誓死效忠安拉的路线"。① 这些组织将炸弹攻击视作对沙特统治者和美国人的圣战。

利雅得爆炸是当时沙特阿拉伯历史上炸弹攻击事件中最严重的一次。沙特官员发表声明,说这场爆炸"不能在任何方面反映沙特阿拉伯王国的稳定遇到困难。然而,政权不能对公民掩盖这种反对派活动的事实,沙特媒体有义务揭露所有真相。沙特政权怀疑这次事件是否是沙特公民所为"。沙特阿拉伯的伊斯兰主义反对派运动在以前的许多年中大都采取了非暴力的方式,炸弹攻击是伊斯兰主义反对派运动的重要升级。1995 年以来,暴力倾向的伊斯兰主义反对派运动开始在沙特国内频繁发生。早在 1995 年 4 月,沙特阿拉伯驻希腊大使的住宅前就发生了炸弹爆炸,导致 1 人死亡。但这件事情在很大程度上都没有公开地报道。据有关消息,1995 年 11 月,还发生了一次沙特反对派向利雅得的国防部和石油大厦投放炸弹的事件,但这次攻击并未成功。沙特政府强烈否认这一事件。② 1995 年 11 月利

① Teitelbaum, Joshua. (2000). *Holier than Thou: Saudi Arabia's Islamic Opposition*. pp. 74-75. Washington Institute for Near East Policy.
② Teitelbaum, Joshua. (2000). *Holier than Thou: Saudi Arabia's Islamic Opposition*. p. 75. Washington Institute for Near East Policy.

雅得爆炸事件之后,美国大使馆受到警告:如果沙特政权处死因利雅得炸弹事件而被拘捕的人,就会有进一步的暴力袭击发生。[1]

1996 年 4 月 22 日,沙特内政部长纳伊夫·本·阿布杜勒·阿齐兹宣布逮捕 4 名参与利雅得爆炸的嫌疑犯,他们分别是:苏莱曼·伊沙基·哈吉里、阿卜杜勒·阿齐兹·法赫德·纳斯尔·穆阿沙、穆斯里·阿里·阿伊德·沙穆拉尼、哈立德·阿哈马德·易卜拉欣·赛义德。四人的供词几乎一致。四人都是 20 多岁的沙特人,其中有 3 人在阿富汗接受过军事训练并参与了对苏联的战争。四名罪犯说约旦极端主义组织“对宗教领袖忠诚”的领导人伊萨穆·塔西尔·马齐迪斯、欧萨玛·本·拉登和穆罕默德·马萨里的思想对他们产生了很大的影响。四名罪犯指责沙特家族是异教徒,指责沙特国家和欧莱玛长老委员会违背了伊斯兰教。[2] 阿卜杜勒·阿齐兹·法赫德·纳斯尔·穆阿沙在沙特电视播放的公开审判中,还指责沙特阿拉伯王国违背沙里亚,与非穆斯林国家结盟,他还攻击欧莱玛长老委员会默许了政府的错误政策。穆斯里·阿里·阿伊德·沙穆拉尼 16 岁进入沙特军队,1 年以后就到阿富汗去从事圣战。他在陈述中说,他是“保卫合法权利委员会”的建立者之一谢赫阿卜杜拉·本·吉布林的追随者。据他的家人说,他在阿富汗的经历使他成为了一名立志要为伊斯兰事业献身的圣战主义者,他多次表达他愿意在阿富汗的战场上牺牲,成为一名真正的殉教者。穆斯里·阿里·阿伊德·沙穆拉尼回国之后,一直过着贫苦的生活。沙特军队不再召他入伍,他从事着很不体面的工作,用一辆运货的马车在大街上售卖商品。他的一个兄弟说他坚信他肯定要杀死美国人。

尽管利雅得炸弹事件只是数量较少的激进分子的行动,但其攻击目标则是许多沙特人都愤恨的美国。当海湾战争的恐惧和紧张平息以后,沙特民众普遍质疑

---

① Teitelbaum, Joshua. (2000). *Holier than Thou: Saudi Arabia's Islamic Opposition*. p. 85. Washington Institute for Near East Policy.

② Aarts, Paul. (2005). *Saudi Arabia in the Balance*. p. 277. London: C. Hurst & Co. Ltd.

美国人继续出现在沙特国家的动机,以及沙特政府允许美国人继续留驻的动机。不仅仅是伊斯兰主义反对派人士萨法尔·海瓦里和赛勒曼·阿瓦达的追随者以及更激进的反对派欧萨玛·本·拉登的追随者持有"伊斯兰教的圣地被占领"的观点,"95％的沙特公民都相信海湾战争是一次美国人为了更频繁地出现在沙特阿拉伯王国和海湾地区的分阶段计划"。① 因此,利雅得炸弹事件不仅仅是在报复沙特家族镇压伊斯兰反对派的行动,而且是针对沙特政权与美国的"特殊关系"。②

利雅得爆炸事件以后,"保卫合法权利委员会"的言论变得谨慎,时任该组织伦敦代表的萨阿德·法吉赫发表声明,说利雅得爆炸事件是沙特阿拉伯王国压制政策的"自然结果",政府的压制政策使年轻的沙特人无法表达他们的意见,于是他们只好采用暴力的方式。③ 然而,沙特阿拉伯王国中的暴力循环仍在加剧。

1996年5月31日,沙特政权在利雅得中心地区处决了4名利雅得爆炸事件的参与者。几个星期之后,在1996年6月25日,一个巨大的汽车炸弹在胡拜尔地区邻近美国空军营地的地方爆炸,摧毁了附近的许多房屋。这个营地居住的是来自第4404战斗机部队的美国空军人员和来自英国和法国的军人,他们是来实施联合国发起的伊拉克南部"禁飞区"项目。胡拜尔炸弹事件共导致19名美国空军士兵死亡,500多人受伤,其中许多人受重伤。④

胡拜尔炸弹事件发生以后,有三个组织宣布对此次攻击负责。第一个组织是以前不知名的"殉教者阿卜杜拉·胡达伊夫的军队",它打电话给伦敦的一个阿拉伯语报社,宣称支持利雅得爆炸事件,并且威胁说如果美国不将其军队从沙特阿拉

① Champion, Daryl. (2003). *The Paradoxical Kingdom: Saudi Arabia and the Momentum of Reform*. p. 233. London: Hurst & Co.

② Champion, Daryl. (2003). *The Paradoxical Kingdom: Saudi Arabia and the Momentum of Reform*. p. 230. London: Hurst & Co.

③ Teitelbaum, Joshua. (2000). *Holier than Thou: Saudi Arabia's Islamic Opposition*. pp. 61-62. Washington Institute for Near East Policy.

④ Champion, Daryl. (2003). *The Paradoxical Kingdom: Saudi Arabia and the Momentum of Reform*. p. 235. London: Hurst & Co.

伯撤出，他们就要发动进一步的攻击。阿卜杜拉·胡达伊夫是一名沙特人，因为攻击沙特安全部人员并使一人受重伤，在 1995 年被沙特政府处死。第二个群体是以前不知名的"海湾真主党"，它的公告是第一个表明胡拜尔炸弹事件可能与伊朗或者什叶派有关联的迹象。第三个组织是曾经宣布对 1995 年利雅得爆炸事件负责的"伊斯兰改革运动，阿拉伯半岛的圣战派"，它在 7 月 16 日发表声明，宣布对胡拜尔炸弹事件负责。[①] 欧萨玛·本·拉登在胡拜尔爆炸事件后发表声明，表示他在道义上支持伊斯兰主义者的行动，但他否认直接参与了这次爆炸行动。然而，西方政府推测欧萨玛·本·拉登与利雅得炸弹事件和胡拜尔炸弹事件有关。尽管他从来没有直接承认为这两次炸弹事件负责，但西方媒体还是认为是欧萨玛·本·拉登在幕后策划了这些暴力攻击事件。[②]

　　胡拜尔炸弹事件发生以后，欧莱玛长老委员会指责这次爆炸是反对伊斯兰教的行动。尽管大多数受害者都是非穆斯林，但该委员会提出，任何人杀害在穆斯林保护下的非穆斯林也是"一种最大的罪恶，其惩罚将是不能进入天堂"。沙特政府情报部门和安全机构紧张行动，发起了另一波拘捕王国反对派的浪潮，美国中央情报局也参与到拘捕罪犯的行动中。沙特政府和美国政府都责怪伊朗支持了胡拜尔爆炸事件的罪犯。沙特政府和美国政府都怀疑胡拜尔爆炸事件是受伊朗支持的沙特什叶派穆斯林所为。1996 年 8 月中旬，沙特情报机构报道，安全机构在宰赫兰发现了一个由真主党使用的电子雷管和一盘磁带，磁带中的信息表明有沙特人在黎巴嫩东部接受真主党的训练。8 月底，政府安全机构的报告表明，伊朗和沙特的技术人员卷入了胡拜尔炸弹事件，他们从黎巴嫩和叙利亚向沙特阿拉伯国内运送军

① Teitelbaum, Joshua. (2000). *Holier than Thou: Saudi Arabia's Islamic Opposition*. p. 85. Washington Institute for Near East Policy.
② Fandy, Mamoun. (1999). *Saudi Arabia and the Politics of Dissent*. p. 179. London: Macmillan Press.

火。① 因此,沙特政府认为胡拜尔爆炸是由受伊朗政府支持的、在黎巴嫩接受训练的沙特什叶派所制造。

与胡拜尔爆炸事件和伊朗相关的什叶派自首和被捕的人数不断增加,许多被捕的人都是"沙特真主党"的成员。据说,沙特真主党的领袖谢赫加法尔·穆巴拉克也因胡拜尔爆炸事件被捕。然而,胡拜尔爆炸事件以后被捕的人并非都与爆炸事件有关联,这次爆炸事件实际上为沙特当局拘捕什叶派反对派提供了一个大好机会。1996 年 9 月初,沙特阿拉伯的什叶派活动家公开指责沙特当局逮捕了他们的同胞。"希贾兹欧莱玛组织"抗议沙特政府逮捕来自哈萨的什叶派活动家胡加特·伊斯兰·哈希姆·穆罕默德·谢克斯,并且列出最近被捕的另外 23 名什叶派宗教人士的名单。另一个组织"希贾兹保卫人权委员会"也颁布了一份类似的宣告。同时,"阿拉伯半岛伊斯兰改革运动"和一位不知名的沙特官员还说,许多沙特的逊尼派伊斯兰主义者也因为胡拜尔爆炸事件而被捕。1996 年 11 中旬,"沙特真主党"发表声明,威胁说如果沙特当局伤害了被拘留的"逊尼派和什叶派",他们将发起对美国和沙特的攻击。"伊斯兰改革运动"组织在 11 月末也发布了一份类似的威胁。② 然而,沙特当局加紧拘捕更多的反对派,以防止王国再次发生恐怖袭击事件。

1997 年 1 月,根据沙特情报机构首领特尔其·本·费萨尔亲王提供给美国的信息,胡拜尔爆炸事件的幕后策划人是一名沙特什叶派穆斯林阿哈马德·穆贾斯勒,据说他躲藏在伊朗。1997 年 3 月,加拿大警方逮捕了哈尼·阿卜杜勒·拉希姆·萨伊。他是一名来自沙特阿拉伯东方省城镇萨哈特的什叶派,安全机构怀疑他参与了胡拜尔爆炸攻击事件。据加拿大安全机构的调查,哈尼·阿卜杜勒·拉

---

① Teitelbaum, Joshua. (2000). *Holier than Thou：Saudi Arabia's Islamic Opposition*. p. 87. Washington Institute for Near East Policy.

② Teitelbaum, Joshua. (2000). *Holier than Thou：Saudi Arabia's Islamic Opposition*. p. 88. Washington Institute for Near East Policy.

希姆·萨伊是一名"沙特真主党"成员,是胡拜尔爆炸事件的直接参与者,阿哈马德·穆贾斯勒是爆炸事件的幕后策划人。[①] 然而,根据"阿拉伯半岛伊斯兰改革运动"的信息,胡拜尔爆炸事件的真正罪犯实际上是 7 名在阿富汗接受训练的沙特逊尼派伊斯兰主义者。[②] 1998 年 5 月,沙特内政部长纳伊夫亲王宣布,胡拜尔炸弹事件是由国内的沙特公民实施而没有外国的参与。沙特政府还否认这次爆炸是来自沙特阿拉伯中心地区的逊尼派人士实施的可能。然而,胡拜尔爆炸事件中表现出来的激进主义行动方式和宗教政治动机,以及具体实施爆炸行动的组织性和实践技能,都与 2001 年 9 月 11 日之后的恐怖主义事件,以及与受欧萨玛·本·拉登影响的沙特逊尼派伊斯兰主义者有诸多类似的地方。

胡拜尔炸弹事件以后,沙特阿拉伯又出现了许多次反对美国和沙特政权的爆炸行动,但大都以失败告终。这些行动中有一部分是由欧萨玛·本·拉登的追随者策划的。其中 1996 年对政府人员的攻击获得了成功,至少杀死了 8 名沙特内政部人员。但这次暴力事件的真相完全被沙特政府掩盖,没有任何相关的信息泄露给沙特公众或者国外媒体。不论这种暴力攻击事件是否真正与欧萨玛·本·拉登有关,沙特圣战派伊斯兰主义者的确是大多数这种暴力攻击事件的幕后人物。1996 年 11 月,至少有 3 次针对沙特政府和美国的炸弹袭击事件,其攻击对象还包括"国王法赫德的私人住宅"。1998 年 3 月,沙特政府逮捕了 60 名参加过阿富汗战争的沙特圣战派成员,并且在王国中专门设置了关押"阿拉伯阿富汗人"的秘密牢房。[③]

利雅得炸弹事件和胡拜尔炸弹事件是沙特阿拉伯 90 年代后半期发生的两次

---

① Teitelbaum, Joshua. (2000). *Holier than Thou*: *Saudi Arabia's Islamic Opposition*. p. 89. Washington Institute for Near East Policy.

② Teitelbaum, Joshua. (2000). *Holier than Thou*: *Saudi Arabia's Islamic Opposition*. p. 93. Washington Institute for Near East Policy.

③ Champion, Daryl. (2003). *The Paradoxical Kingdom*: *Saudi Arabia and the Momentum of Reform*. p. 238. London: Hurst & Co.

最严重的暴力事件,标志着激进倾向的民间伊斯兰反对派在沙特社会中的发展和壮大,同时也标志着一个以政治暴力为主要特征的新时代的开始。这两次炸弹事件主要以沙特阿拉伯的美国人为攻击目标,在沙特社会中引起了巨大的反应。海湾战争以后,美国军队仍然留在沙特阿拉伯的国土上,沙特民众对异教徒军队普遍持有厌恶和愤恨的情绪。因此,激进的民间伊斯兰反对派选择美国人作为主要的攻击目标,表达他们对美国占领沙特阿拉伯国土的不满,因此在沙特社会中赢得了普遍的同情和道德支持。加之90年代上半期,沙特政府对温和倾向的伊斯兰主义反对派运动采取严厉镇压的手段,沙特社会民众的不满和压抑急需找到发泄的途径。利雅得炸弹事件和胡拜尔炸弹事件发生以后,沙特社会中的各种力量都表达了他们自己的观点和看法。穆罕默德·马萨里在炸弹事件后发表声明:"只要美国政府保护一个暴虐的政权并且占领我们的领土,我们就将美国人视作我们的敌人。""阿拉伯半岛伊斯兰改革运动"发表声明:"'阿拉伯半岛伊斯兰改革运动'的成员和王国的所有穆斯林精英与欧萨玛·本·拉登一致认为,美国人在阿拉伯半岛的出现是不可接受的。我们认为,为了改变这种情况,努力的方向将是直接清除美国人出现在阿拉伯半岛的基础。支持美国人出现的政府和官方宗教权威应该负有更大的责任。"①

　　欧萨玛·本·拉登在与西方记者的一系列会谈中公开声明他反对非穆斯林的军队,指责西方主要是美国的军队出现在阿拉伯半岛。欧萨玛·本·拉登还表示,他反对历史上和全球化背景下,西方国家反伊斯兰的敌对情绪和行动。欧萨玛·本·拉登主张使用暴力的手段,直接破坏沙特政权在国际上的支持者,这样就能极大地削弱沙特王族在沙特国内和国际上的地位。实际上,欧萨玛·本·拉登的战略分为两个主要步骤,首先是集中精力战胜"更大的"或者"外部的敌人",即美

---

① Champion, Daryl. (2003). *The Paradoxical Kingdom: Saudi Arabia and the Momentum of Reform*. pp. 237-238. London: Hurst & Co.

国,然后是战胜"较小的"或者"内部的敌人",即沙特君主。[1] 欧萨玛·本·拉登于1996年到达阿富汗,受到塔利班政权的欢迎,他开始利用当地的训练营进行第一个步骤,即对外部敌人的攻击。[2] 在对外部的敌人和"十字军—犹太复国主义"联盟发起圣战的同时,欧萨玛·本·拉登还不断地严厉批评沙特政权。欧萨玛·本·拉登于1996年8月23日在阿富汗发布了第一份公报,标题是"向占领两圣地所在土地的美国人宣战"。[3] 这份公报也直接攻击沙特统治家族,指责沙特家族是暴君,指责沙特家族实施了不公正的统治和偏离了真正的伊斯兰道路。欧萨玛·本·拉登提出,因为沙特政府没有执行沙里亚,因此反对沙特政府是每个穆斯林的职责,发动圣战和清除阿拉伯半岛的占领者是阿拉伯半岛上每个部落的职责。[4] 欧萨玛·本·拉登号召沙特阿拉伯的年轻人组成这场圣战运动的"先锋部队",为圣战事业殉道。[5] 1998年2月中旬,伦敦的阿语报纸刊登了欧萨玛·本·拉登的声明,"宣布成立世界伊斯兰阵线来向犹太人和十字军发起圣战"。欧萨玛·本·拉登还颁布一份费特瓦,宣布杀死美国人和他们的同盟是每个穆斯林应尽的责任。[6] 他提出,利雅得爆炸事件和胡拜尔爆炸事件都是对"犹太复国主义者—十字军联盟"和法赫德政权相互勾结,监禁正直的欧莱玛的警告和回应。欧萨玛·本·拉登责骂沙特武装部队和国民卫队,认为沙特政权邀请美国人来保卫王国的决定侵占了沙特武装部队和国民卫队的权利。他建议武装部队应该分解成小的秘密组织,从

---

①　Aarts, Paul. (2005). *Saudi Arabia in the Balance*. p. 277. London: C. Hurst & Co. Ltd.

②　Burke, Jason. (2003). *Al-Qaeda: Casting a Shadow of Terror*. p. 151. London: I. B. Tauris.

③　Champion, Daryl. (2003). *The Paradoxical Kingdom: Saudi Arabia and the Momentum of Reform*. pp. 235-236. London: Hurst & Co.

④　Aarts, Paul. (2005). *Saudi Arabia in the Balance*. p. 278. London: C. Hurst & Co. Ltd.

⑤　Burke, Jason. (2003). *Al-Qaeda: Casting a Shadow of Terror*. pp. 147-148. London: I. B. Tauris.

⑥　Teitelbaum, Joshua. (2000). *Holier than Thou: Saudi Arabia's Islamic Opposition*. p. xvi. Washington Institute for Near East Policy.

事与美国军队的游击战争。① 欧萨玛·本·拉登与穆罕默德·马萨里和萨阿德·法吉赫相比,具有更强大的权力基础。沙特的"阿拉伯阿富汗人"都忠诚于他,并且宣誓要为他的事业做出牺牲。

90 年代后半期以来暴力性质的反政府事件接连发生,沙特政权加大了对民间宗教政治反对派的打击和镇压力度。根据萨阿德·法吉赫提供的信息,沙特阿拉伯共监禁了 300 名伊斯兰主义领袖,他们因为思想体系和对政府的批评趋同而日益具有密切的联系,但是并没有一个有清晰结构的组织将他们联合在一起。另外,还有大约 1000 名曾经在阿富汗作战的沙特圣战者尚在狱中,但这些人更多的是与欧萨玛·本·拉登及其领导的激进倾向伊斯兰组织有一定的联系。②

胡拜尔爆炸事件发生以后,沙特什叶派与沙特政府之间的休战状态结束。胡拜尔爆炸事件实际上为沙特当局拘捕什叶派反对派提供了一个大好机会,沙特政府和什叶派的关系变得紧张和相互猜忌。1996 年 8 月初,沙特安全机构在王国的东方省展开了一系列的拘捕行动。据英国的阿语日报报道,共有 300 名不满 1993 年沙特什叶派组织与政府达成和平协议的什叶派反对派被捕。1993 年的和平协议旨在使沙特政府放松对什叶派活动的限制,允许什叶派获得重要的政府职位,但很明显这次和平进程宣告失败。③ 沙特政府与什叶派的关系处于波动之中。2000 年 4 月,纳季兰地区又发生了沙特情报部门和宗教民兵突袭什叶派清真寺的事件,他们在清真寺中逮捕了一名什叶派宗教教师,没收其宗教手稿,开枪射死一名什叶派穆斯林。大约 60 名什叶派穆斯林聚集在该地区总督的住处抗议对这名宗教教师的逮捕。政府派遣军队,并调集 20 辆美国制造的坦克和其他的战斗车辆来镇压

---

① Teitelbaum, Joshua. (2000). *Holier than Thou*: *Saudi Arabia's Islamic Opposition*. p. 79. Washington Institute for Near East Policy.

② Fandy, Mamoun. (1999). *Saudi Arabia and the Politics of Dissent*. p. 166. London: Macmillan Press.

③ Teitelbaum, Joshua. (2000). *Holier than Thou*: *Saudi Arabia's Islamic Opposition*. p. 86. Washington Institute for Near East Policy.

反抗活动,2 名什叶派抗议者死亡,数十名受伤并遭监禁。对纳季兰的军事占领持续了一周,其间 600 名什叶派在街上被捕,一些人受到重击。

1996 年的胡拜尔炸弹事件以后,沙特民间伊斯兰主义者的暴力活动转入低潮。2000 年以后,沙特阿拉伯国内的暴力活动暂时以一系列小的对外国人的攻击为主要形式。从 2000 年 11 月到 2001 年 5 月,沙特国内共发生了 6 次炸弹袭击事件。第一次炸弹事件发生在利雅得,杀死一名英国的工程师。2000 年 12 月 15 日,胡拜尔发生炸弹爆炸,一名英国可口可乐公司的经理受重伤。2001 年 5 月 2 日,胡拜尔又发生炸弹爆炸,一名美国按摩师受重伤。另外有 7 人在 2000 年 11 月 23 日和 2001 年 3 月 15 日的另外 2 次炸弹事件中受伤。[①]“9·11”事件之后,美国发动了全球范围内的反恐怖主义战争,其重点则是增强对“中东—穆斯林”地区的统治,而沙特国内激进倾向反对派的活动也因此加剧。2001 年 10 月 6 日,胡拜尔的一个商业区发生爆炸,导致一名美国工程师死亡。[②] 由于欧萨玛·本·拉登及其圣战派伊斯兰主义者的暴力活动对沙特政府和美国造成巨大威胁,欧萨玛·本·拉登成为美国和沙特政权的首要敌人,圣战派伊斯兰主义者成为美国和沙特政权打击的首要对象。据估计,有数千名圣战派伊斯兰主义者流亡到阿富汗。2001 年美国发动对阿富汗的战争,据估计有超过 45 名沙特人被杀,至少 240 人被捕,其他的沙特圣战派伊斯兰主义者则逃往巴基斯坦和也门。[③]

二、“阿拉伯半岛基地组织”的暴力活动

2001 年美国入侵阿富汗以后,沙特阿拉伯国内出现了“阿拉伯半岛基地组织”,构成世界基地组织网络的一个重要组成部分。这个组织以推翻沙特家族的统

---

①　Champion, Daryl. (2003). *The Paradoxical Kingdom: Saudi Arabia and the Momentum of Reform*. p. 239. London: Hurst & Co.

②　Champion, Daryl. (2003). *The Paradoxical Kingdom: Saudi Arabia and the Momentum of Reform*. p. 243. London: Hurst & Co.

③　Aarts, Paul. (2005). *Saudi Arabia in the Balance*. p. 203. London: C. Hurst & Co. Ltd.

治为目标,在沙特阿拉伯发起了针对沙特政权和西方人的暴力攻击。尽管"阿拉伯半岛基地组织"只有数百名成员,但它在沙特民众中获得了很大的支持,一些具有激进倾向的宗教学者还颁布费特瓦,为"阿拉伯半岛基地组织"的行动提供宗教政治合法性。许多激进的宗教学者都来自布拉达,例如胡穆德·本·欧基拉·舒艾比。也有一部分伊玛目穆罕默德·本·沙特伊斯兰大学嘎西姆分校的学生退学并加入到"阿拉伯半岛基地组织"中,其中最著名的是阿卜杜勒·阿齐兹·欧马里,他是9·11劫机者的"伊玛目"。[①] 大多数"阿拉伯半岛基地组织"的成员都是忠诚的瓦哈卜派信徒,他们的信仰与沙特官方瓦哈卜派不同的是,他们认为沙特家族的统治是非法的,而沙特官方瓦哈卜派则竭力维护沙特家族政权的宗教政治合法性。

沙特阿拉伯政治反对派的活动通常也利用宗教作为意识形态的工具,以证明其反对沙特政权的宗教政治思想和行动的正当性。最极端最暴力的组织拥护一些最极端的宗教经文解释,并且根据现实需要发展了一系列相应的宗教政治理论。"9·11"事件发生后不久,沙特宗教学者胡穆德·本·欧基拉·舒艾比就因为支持塔利班而变得著名。他颁布了一份费特瓦,强调所有穆斯林在与美国军队对抗时,都要加入塔利班组织。这份费特瓦在沙特阿拉伯国内引起了激烈的讨论,最终结果是受沙特政府控制的欧莱玛长老委员会做出决定,规定只有"官方的"穆夫提才有权力颁布费特瓦。然而,胡穆德·本·欧基拉·舒艾比代表着沙特宗教学者中的一种更广泛的倾向。2002年初胡穆德·本·欧基拉·舒艾比去世以后,许多年轻学者继承了他对沙特国家支持美国中东政策的批评。这些年轻学者包括阿里·库代尔、阿哈马德·哈立德和纳斯尔·法赫德。[②] 他们的思想和主张广泛参考沙特阿拉伯各历史阶段瓦哈卜派学者的重要著作,这些学者包括伊本·瓦哈卜、苏莱曼·本·阿卜杜拉·谢赫、哈马德·本·阿提克、胡穆德·图瓦吉里、穆罕默德·卡塔尼、穆罕默德·本·易卜拉欣·谢赫和胡穆德·本·欧基拉·舒艾比。

① Aarts, Paul. (2005). *Saudi Arabia in the Balance*. p. 23. London: C. Hurst & Co. Ltd.
② Aarts, Paul. (2005). *Saudi Arabia in the Balance*. p. 32. London: C. Hurst & Co. Ltd.

年轻的宗教学者纳斯尔·法赫德生于 70 年代早期,毕业于沙特阿拉伯伊斯兰大学。他的著作主要提出了帮助美国的穆斯林之身份的宗教意见,暗示了沙特家族中的某些人是不信仰伊斯兰教的人,沙特国家是一个不信仰伊斯兰教的人统治的国家。①

随着美国军队在 2001 年终止了阿富汗的塔利班政权以后,在阿富汗的圣战大门关闭,沙特的圣战派为安拉而战的地点又回到了沙特国内。许多追随欧萨玛·本·拉登第二次去往阿富汗的沙特圣战者回到沙特阿拉伯。随着塔利班政权被推翻,基地组织的训练营也被拆散,曾在基地组织接受训练的沙特人或者被捕或者逃亡。许多中东国家在此后的一段时期中都经历了暴力攻击的浪潮。2001 年到 2005 年之间,沙特阿拉伯经历了现代历史上最激烈的暴力攻击浪潮,激进倾向反对派的主要口号是将异教徒驱逐出阿拉伯半岛,罢黜沙特的暴君。②

2002 年 6 月 20 日,利雅得发生汽车炸弹事件,一名英国银行家在爆炸中死亡。沙特内政部在爆炸之后拘留了 14 名西方人,其中多数是英国人,并且宣称这次事件是烈酒走私者的内讧,是"地盘之争"的结果。③ 萨阿德·法吉赫和英国政府官员都认为,欧萨玛·本·拉登的支持者才是真正的幕后人物,沙特政府是在蓄意掩盖逐步升级的国内安全问题。

从 20 世纪 90 年代开始,政治暴力就打破了沙特阿拉伯是一个安全国家的神话。2003 年,沙特阿拉伯国内的安全形势更加恶化。暴力事件主要包括对非沙特人住宅区的自杀式攻击、安全部队与基地组织成员之间的大量小规模冲突、在边远

　　① Al-Rasheed, Madawi. (2007). *Contesting the Saudi State: Islamic Voices from a New Generation*. p. 140. Cambridge, UK: Cambridge University Press.

　　② Al-Rasheed, Madawi. (2007). *Contesting the Saudi State: Islamic Voices from a New Generation*. p. 134. Cambridge, UK: Cambridge University Press.

　　③ Champion, Daryl. (2003). *The Paradoxical Kingdom: Saudi Arabia and the Momentum of Reform*. p. 239. London: Hurst & Co.

城镇对公共人物的暗杀，以及暗杀沙特家族成员的政变。① 2003 年 3 月，美国领导的联军入侵伊拉克，沙特政府支持美国的行动，"阿拉伯半岛基地组织"认为发起战争的时机已经成熟。2003 年 3 月 18 日，临近利雅得的贾兹拉地区发生炸弹爆炸，一名"阿拉伯半岛基地组织"的成员死亡。随后警察追踪该组织到临近利雅得的伊士比利亚地区，发现了大量的武器和炸药储存。5 月 7 日，沙特内政部公布了一份著名的"恐怖主义者"名单并向社会悬赏，上面有 19 人的名字和照片。由此，沙特国家第一次向"萨拉菲—圣战"运动宣战。"阿拉伯半岛基地组织"与沙特政权之间的残酷战争从 2003 年 5 月开始，构成了始于 90 年代中期的暴力循环的一个重要发展阶段。

2003 年 5 月 12 日，利雅得的侨民住宅区发生了一次巨大的炸弹爆炸，导致 35 人死亡，数百人受伤。死者包括 7 名美国人和 16 名自杀式突击队员。② 这次爆炸发生以后，一个欧莱玛群体在沙特家族所有的报纸《哈亚特》上发表一份公开信，指责这些暴力攻击行为违反了伊斯兰法律，同时还担忧美国将利用这次事件作为借口入侵沙特阿拉伯。这份公开信的作者包括萨法尔·海瓦里和赛勒曼·阿瓦达。而年轻的宗教学者包括阿里·库代尔、阿哈马德·哈立德和纳斯尔·法赫德则发表声明，要求政府停止对圣战派的宗教和政治迫害。这次炸弹事件以后，沙特政府采取强硬手段，镇压激进倾向的伊斯兰主义者，并且逮捕了 3 名年轻的宗教学者。③ 6 月，沙特政府公布了一份关于利雅得爆炸事件的攻击者名单，上面列出了 12 个的自杀式炸弹攻击者的名字。这种自杀式袭击成为攻击美国人和沙特家族，以及破坏沙特国家的经济和宗教政治合法性的一种重要方式。激进的反对派成员大都拒捕并战斗至死，采取被称为"间接自杀"或者"自杀式反抗"的战斗方式。④ 沙特安全

① Al-Rasheed，Madawi. (2007). *Contesting the Saudi State：Islamic Voices from a New Generation*. p. 13. Cambridge, UK：Cambridge University Press.
② Aarts, Paul. (2005). *Saudi Arabia in the Balance*. p. 280. London：C. Hurst & Co. Ltd.
③ Clerics among Latest Arrests in Suicide Bombing. *Los Angeles Times*, 29 May, 2003.
④ Aarts, Paul. (2005). *Saudi Arabia in the Balance*. p. 280. London：C. Hurst & Co. Ltd.

警察与自杀式反对派成员之间的暴力对抗时有发生。

2003年11月8日,利雅得的穆哈亚住宅区发生一系列爆炸事件,共有18人死亡,至少122人受伤,两名自杀式投弹者死亡,另外两人逃走。穆哈亚住宅区居住的主要是其他阿拉伯国家的侨民。沙特内政部于12月6日公布了一份新的名单,包括26名恐怖主义者。① 尽管到2004年6月,沙特当局已经成功地拘捕了以上名单中的大多数恐怖主义者,但沙特政府的威望和沙特国家的可信度及其在国际上的地位已经遭到很大的破坏。2003年12月,沙特国家的电视播放了阿伊德·卡拉尼与6月被捕的圣战派谢赫阿里·库代尔及其两名同僚的会面。圣战派谢赫阿里·库代尔公开宣布放弃以前的思想和圣战运动。2004年,沙特政府成功地吸纳和动员了许多以前的反对派谢赫站在政府一边,包括穆辛·阿瓦加和萨法尔·海瓦里,因此削弱了民间宗教政治反对派的力量。

2004年4月21日,阿卜杜勒·阿齐兹·马迪西什驾驶一辆满载炸药的汽车进入利雅得秘密警察大厦完成一次自杀式任务。这次攻击中共有6人死亡,144人受伤。这是沙特阿拉伯民间宗教政治反对派对沙特政府机构的第一次直接攻击,是对政府反击穆哈亚系列行动的报复。随后,圣战派重新发起对外国人的攻击,恢复了以社会"堕落"的源泉和政权经济支柱的主要来源为攻击目标的战略。4月30日,4名反对派分子在重要的石油工业城市延布的大街上横冲直撞,杀死瑞士—瑞典的ABB公司办公室的5名外国工程师和1名沙特人,另外有20名沙特人受伤。5月2日,4名攻击者杀死了延布的许多西方工人。5月29日,在胡拜尔发生了一次暴力攻击事件,在24个多小时中,一群恐怖分子见到外国人就杀,还扣押了许多外国人作为人质,总共有22名外国人死亡。接下来的几周,沙特政府的声誉遭到进一步破坏,许多外国人在利雅得被杀害,其中最著名的是美国军事专家保罗·约

① Aarts, Paul. (2005). *Saudi Arabia in the Balance*. p. 283. London: C. Hurst & Co. Ltd.

翰逊。许多侨居在沙特阿拉伯的外国人宣布他们将离开沙特阿拉伯。① 直到 2004 年 6 月,沙特当局才控制住了"阿拉伯半岛基地组织"的行动。6 月 18 日,沙特政府处决了三名圣战派重要人物,他们是阿卜杜勒·阿齐兹·穆克林、费萨尔·达里勒和特尔其·本·法赫德·穆泰里。之后的几周,沙特警察袭击了大多数反对派成员,杀死了许多与杀害外国人有关的反对派成员。

   2004 年下半年,直到 2005 年 4 月,沙特阿拉伯经常发生激烈的战斗,多数发生在吉达、利雅得和嘎西姆的保守派聚居区,这些地区是"阿拉伯半岛基地组织"的主要基地和最后的立足点。最激烈的战斗发生在嘎西姆地区。2004 年 11 月,在布拉达和阿尼匦的武装冲突持续了 18 个小时,在拉斯的武装冲突持续了 60 个小时。2004 年 11 月和 12 月,在吉达的萨利赫·阿瓦菲基地发生了三次较大规模的冲突。"阿拉伯半岛基地组织"采取报复行动,12 月 6 日,吉达的美国领事馆遭到攻击。2004 年 12 月,利雅得发生多次枪战,许多圣战派成员死亡。12 月 29 日,圣战派对沙特内政部和安全部队办公室发起炸弹攻击。2005 年,圣战派和安全部队之间的冲突时常发生,其中在达曼发生了一次最激烈战争。许多人在圣战派和安全部队的对抗中因为被怀疑是对方的成员而被杀死。② 4 月 3 日至 5 日,共有 15 名圣战派成员丧生。从 2004 年 6 月到 2005 年 4 月底,共有约 50 名圣战派成员死亡。2005 年 3 月,沙特政府宣布大约有 700 名反对派成员在押。③

   "阿拉伯半岛基地组织"主要通过攻击外国人和基础设施来毁坏沙特阿拉伯脆弱的石油经济。该组织的主要目标是:破坏沙特的经济、破坏沙特政权的稳定、分裂沙特政权的精英和损害沙特政权的安全力量。"阿拉伯半岛基地组织"是一个有

---

① Aarts, Paul. (2005). *Saudi Arabia in the Balance*. pp. 285-286. London: C. Hurst & Co. Ltd.

② Al-Rasheed, Madawi. (2007). *Contesting the Saudi State: Islamic Voices from a New Generation*. p. 135. Cambridge, UK: Cambridge University Press.

③ Aarts, Paul. (2005). *Saudi Arabia in the Balance*. pp. 287-288. London: C. Hurst & Co. Ltd.

固定结构的分等级的组织,在被称为"沙里亚理论家"的知识分子和余下的被称为"步兵"的人员之间具有明显的区别。位于宗教知识分子集团的最顶峰的是5名大学毕业生,他们是该组织的沙里亚委员会成员。这些"理论家"具有为该组织及其运动提供宗教意见和宗教政治合法性的重要职责。而处于下层的"步兵"则主要是在阿富汗接受过军事训练的圣战者。因此,该组织可以看做是沙特阿拉伯新一代激进倾向的圣战派知识分子与阿拉伯阿富汗人的联合体。"阿拉伯半岛基地组织"有一个固定的领导集团,当其中一名领导人死亡时,另一人就会立即取代他。另外,它还有一个拥有许多成员的顾问委员会,负责提供伊斯兰教法、军事、宣传和财政等方面的信息。在军事委员的领导之下是一个具体负责运作的部门,它控制着基层的组织。这些组织包括"圣城中队"、"两圣地营"。根据不同的情况,当官方采用通缉和镇压措施时,基地组织就会分化为一些独立行动的组织。① "阿拉伯半岛基地组织"的成员具有年轻化的特点,他们大都是80年代或以后出生的"年轻的城市贫民"。沙特政府公布的多个名单中,基地分子的平均年龄都在20几岁,其中"哈里迪亚基地组织"成员的平均年龄只有19岁。"阿拉伯半岛基地组织"的领导人年龄稍大,3名主要头目优素福·阿以里、阿卜杜勒·阿齐兹·穆基林和哈立德·哈吉的年龄都是30岁,位列第四的领导人萨利赫·阿瓦菲是38岁。② 该组织的成员普遍缺乏正式的教育背景,多数成员都只是接受了非正式的宗教教育和具有高度意识形态色彩的教育。4名领导人都没有完成中学学业,大多数成员都是在十几岁时就离开沙特阿拉伯去往阿富汗参加圣战。③ "阿拉伯半岛基地组织"大多数成员普遍很低的教育水平和没有稳定职业的状况加剧了该组织在沙特社会中的孤立地位。

"阿拉伯半岛基地组织"的目标是动员沙特民众反对"非伊斯兰"的政权。虽然

---

① Aarts, Paul. (2005). *Saudi Arabia in the Balance*. p. 298. London: C. Hurst & Co. Ltd.
② Aarts, Paul. (2005). *Saudi Arabia in the Balance*. p. 291. London: C. Hurst & Co. Ltd.
③ Aarts, Paul. (2005). *Saudi Arabia in the Balance*. p. 293. London: C. Hurst & Co. Ltd.

2003 年美国和沙特政府已经宣布,大多数驻扎在沙特阿拉伯的美国军队将移往邻近的海湾国家,主要是巴林和卡塔尔,但是,一些美国的军事基地仍然留在沙特阿拉伯。圣战派的宗教政治思想及其对暴力行动的合法性论述,主要是引用《古兰经》和"圣训",号召穆斯林将异教徒驱逐出阿拉伯半岛。然而,该组织对沙特政府机构发动的一系列暴力攻击标志着圣战派计划的转向,标志着圣战派的目标转移到两座圣寺所在的土地。① 2004 年 12 月,欧萨玛·本·拉登在"阿拉伯半岛基地组织"宣布为多起沙特暴力事件负责以后发表演讲,论述了他相对于沙特政权和官方欧莱玛的地位。根据这次题为"特别是两座圣寺所在土地上的穆斯林和整体的穆斯林世界"的演讲,欧萨玛·本·拉登指出,沙特政府一直在犯罪,从小的罪恶到严重的罪恶,现在则是违反了十条伊斯兰信仰的原则。② 欧萨玛·本·拉登和"阿拉伯半岛基地组织"开始将圣战的矛头从西方的非穆斯林转移到沙特政府。

"阿拉伯半岛基地组织"的斗争策略根据沙特社会民众的反映而不断变化。在美国刚入侵伊拉克时,"阿拉伯半岛基地组织"的策略是针对外国居民区的自杀式攻击,希望能调动沙特民众反对外国人。然而,该组织对穆哈亚居住区的攻击是一次失败的计划,穆哈亚居住区的居民主要是穆斯林和其他国家的阿拉伯人。对穆斯林的攻击导致"阿拉伯半岛基地组织"的宗教政治合法性遭到极大削弱。此后,"阿拉伯半岛基地组织"试图通过 2004 年 4 月攻击利雅得的政府建筑来重新获得沙特民众的支持。但是这次爆炸并没有严重地影响政府的基础设施。此后可能由于沙特安全机构缴获了该组织囤积的资源和武器,该组织未能再次发起大规模的攻击。"阿拉伯半岛基地组织"的行动震惊了沙特统治者以及与沙特阿拉伯结盟的国家,但是它却未能彻底破坏沙特政权的稳定和摧毁沙特的经济,也没能广泛地动

---

① Al-Rasheed, Madawi. (2007). *Contesting the Saudi State: Islamic Voices from a New Generation*. p. 135. Cambridge, UK: Cambridge University Press.

② Al-Rasheed, Madawi. (2007). *Contesting the Saudi State: Islamic Voices from a New Generation*. p. 115. Cambridge, UK: Cambridge University Press.

员沙特民众。该组织的暴力倾向和政府的镇压措施阻止了"阿拉伯半岛基地组织"从 90 年代兴起的温和倾向民间宗教政治反对派中获得支持和建立联盟。然而,通过"阿拉伯半岛基地组织"的行动,沙特政府的宗教政治合法性遭到很大的削弱,沙特政府在国内外的形象和地位受到极大破坏。沙特阿拉伯呈现出紧张的局势,主要城镇中的暴力事件大大增加。2003 年至 2004 年的暴力行动的确导致大量人员的伤亡、基础设施的严重破坏和王国中严重的骚乱。

面对"阿拉伯半岛基地组织"的攻击,沙特国家呼吁沙特人民保持理智和对沙特政府的信任,同时试图以尽快摧毁"阿拉伯半岛基地组织"来显示政府的效率。在打击"阿拉伯半岛基地组织"的过程中,沙特政府采用分化和孤立的政策,集中力量对付最极端的圣战派成员。沙特政府还通过吸纳和收买的政策,利用温和倾向的宗教政治反对派来攻击激进倾向的宗教政治反对派,由此来打击民间宗教政治势力。沙特政府与官方宗教政治权威紧密合作,指责极端倾向的反对派是异教徒、"伊斯兰教的异端"、"狂热者"和"恐怖主义者"。政府还不断公布"恐怖主义者"名单,大肆搜捕和屠杀民间宗教政治反对派。到 2005 年,"阿拉伯半岛基地组织"已经遭到严重的削弱。沙特国内大规模的暴力性反政府运动基本停止,但是小规模的暴力事件仍时有发生。2006 年 2 月 24 日,沙特阿拉伯东部城市阿巴奇克发生了一次针对一个大型炼油厂的自杀式袭击。沙特安全部队采取有效措施阻止了剧烈爆炸的发生,两名袭击者驾驶的汽车在炼油厂外发生爆炸,两名袭击者在爆炸中身亡,一条输油管道在爆炸中遭到破坏。① 同年 6 月,国王阿卜杜拉提出赦免主动向沙特当局自首的激进分子,基地组织在互联网上发表声明,拒绝向沙特当局自首和接受国王赦免的提议。② 2006 年下半年,沙特政府在全国范围内开展行动,共逮捕136 名激进分子嫌疑犯。③ 沙特政府持续地拘捕激进分子嫌疑犯,引起激进派的反

---

① 卢怀谦:《沙特挫败恐怖袭击》,《人民日报》,2006 年 2 月 26 日,第 3 版。
② Chronology：Saudi Arabia. *The Middle East Journal*, Autumn, 2006, Washington, p.771.
③ Chronology：Saudi Arabia. *The Middle East Journal*, Spring, 2006, Washington, p.331.

击。2007 年 2 月,许多法国旅游者在沙特境内被杀害。4 月,沙特内政部就法国旅游者被杀害一事发布公告,宣布已经拘捕了 172 名激进分子嫌疑犯。① 同年 8 月,沙特安全部队在吉达与基地组织交火,共逮捕 34 名基地组织嫌疑犯。② 2008 年春,沙特安全机构共逮捕 56 名基地组织嫌疑犯。配合安全机构的打击行动,沙特宗教事务部和国家对话中心宣布,将启动一项对 40000 名沙特伊玛目进行再培训的项目。沙特政府试图通过培训鼓励宗教信仰的节制和宽容,抑制一些沙特宗教人士对全球圣战行动的支持和煽动。③ 2008 年 6 月,据沙特官方报告,701 名激进分子嫌疑犯被扣押至少 6 个月。2009 年 1 月,沙特当局宣布逮捕 9 名前沙特政治犯,罪名是从事伊斯兰圣战主义的复兴计划。沙特当局怀疑这些人在计划进行恐怖主义攻击,以及重新加入基地组织。同年 4 月,沙特安全机构宣布,他们在邻近也门边境的山区中逮捕了 11 名恐怖主义组织成员。④ 5 月,一名持枪者在朱拜勒向一辆载有 5 名外国人的公共汽车开火。⑤ 7 月,沙特特别刑事法院正式宣判对 330 名基地组织激进分子嫌疑犯的裁决,其罪名是支持和资助恐怖主义、去往有冲突的地区战斗,阴谋导致混乱和破坏治安。大多数人被判处监禁、罚款或者是限制旅行,其中一人被判处死刑。⑥ 8 月,沙特内政部宣布,安全机构缴获 372 支遥控爆炸物和大量枪支,逮捕 44 名密谋发动武力攻击的基地组织嫌疑犯,其中有大约 30 名嫌疑犯具有研究生学历。⑦

近年来,沙特阿拉伯的大多数民间宗教政治反对派都主要采用非暴力的反抗

① The Economist Intelligence Unit. Country Report: Saudi Arabia, June, 2007, London, p. 1.
② Chronology: Saudi Arabia. *The Middle East Journal*, Winter, 2007, Washington, p. 137.
③ Chronology: Saudi Arabia. *The Middle East Journal*, Washington, Summer 2008, p. 509.
④ Chronology: Saudi Arabia. *The Middle East Journal*, Summer, 2009, Washington, p. 487.
⑤ Saudi Arabia: Gunman attacks bus carrying foreigners, Riyadh, AFP 26. 05. 2009, http://www. newssafety. org/index. php? view = article&catid = 527％ 3Amiddle-east-northern-africa-security&id = 13620％ 3Asaudi-arabia-gunman-attacks-bus-carrying--foreigners&option = com＿content&Itemid=100529.
⑥ Chronology: Saudi Arabia. *The Middle East Journal*, Autumn, 2009, Washington, p.655.
⑦ Economist Intelligence Unit. Country Report: Saudi Arabia, August, 2009, p10.

方式,尽管欧萨玛·本·拉登已死,但是,很难预计圣战派在沙特阿拉伯的影响力和号召力。如果沙特政权不能找到对待沙特圣战者现实困境的合适途径,圣战派就有可能在沙特社会中找到更多的支持者。

第三节　官方政策的调整

一、民主化改革的初步尝试

面对民间宗教政治运动的挑战,沙特统治者启动扩大政治对话和政治参与的改革进程,政治改革成为新世纪沙特阿拉伯政治舞台的主旋律。伴随着经济社会现代化的发展,国家经济社会事务和行政管理事务日趋复杂,由此对沙特政府官员的教育水平和技术能力提出了越来越高的要求,为非王族的技术官僚参与国家事务管理提供了必要的机会和途径。1999 年 7 月,王储阿卜杜拉建立了一个高级经济委员会,任命能力较高的技术官僚指导王国的石油战略。① 2003 年 4 月 30 日,沙特王室宣布组成由国王法赫德领导的新一届内阁,由 27 名大臣组成,包括力主革新的外交大臣费萨尔亲王、文化新闻大臣福阿德·阿卜杜·萨拉姆·穆罕默德,以及多名年轻的技术官僚。② 这些技术官僚的年龄在 40～50 岁之间,均留学英美并获博硕士学位,他们成为推动沙特阿拉伯改革的主要力量。然而,沙特家族一直是沙特阿拉伯王国政府体制和官僚政治的核心要素,非王室成员对国家事务管理的分享,只是构成了可供沙特家族控制和利用的人力资源工具。沙特家族的统治地位保障了其成员占据沙特高等教育机会的优先权力,沙特家族核心成员对社会发展要求的适应能力相对于社会大众也必然具有一定的优越性。

① Henderson, Simon. Saudi Succession: The Return of King Fahd. *The Washiongton Institute for Near East Policy*, October 5, 1999.

② The Economist Intelligence Unit. Country Report: Saudi Arabia, March 2007, London, p. 11.

新世纪,面对沙特国内日益增长的政治改革和民主平等的呼声,以及激进派伊斯兰主义运动的武力威胁,沙特政府开启了全国范围内政治对话的渠道。王储阿卜杜拉多次与知识分子以及政治反对派领袖会谈。2003 年 4 月,王储阿卜杜拉宣布建立"国王阿卜杜勒·阿齐兹国家对话中心",试图通过开展全国对话,传播诸如尊重他人、容忍、适度、言论自由和公共利益等道德原则,缓和沙特阿拉伯国内不同宗教派别和地区组织之间的冲突,达到与极端主义斗争并巩固国家统一的目的。该中心提出的主要目标包括:在国内外展现一种基于"适度"的真正的伊斯兰形象;解决社会的、文化的、政治的、经济的和教育的问题;加强公民社会的作用,确保公正、平等和言论自由。① 第一次国家对话会议于 2003 年 6 月在利雅得举行,沙特政府首次邀请 30 名不同宗教与政治派别的代表齐聚一堂。国家对话会议经过讨论,颁布题为"沙特阿拉伯:关于多种教义、言论自由、妇女权利和对抗极端主义的诚挚讨论"的政治文件。该文件承认沙特民族中伊斯兰教派的多样性,承认实施改革、保障公民权利以及合理分配公共财富的必要性,同时对官方瓦哈卜主义的司法原则提出批评。② 第二次国家对话会议于 2003 年 12 月在麦加召开。这次会议首次突破性别隔离,邀请 9 名妇女出席。③ 第三次国家对话会议于 2004 年 6 月在麦地那召开。会上重新强调:妇女权利的问题是有争议的,妇女还不能跨越使她们远离完全参与公共事务的分界线。第四次国家对话会议于 2004 年 12 月在东方省的宰赫兰召开。政府召集了 600 名男女性年轻人来讨论公民权的观念。在会议最后的声明中再一次强调,要"促进对话、宽容、尊重和相互接受对方观点的文化"。④ 国民对话会议上讨论了国家需要改革的主要方面,以及对将来改革步骤的建议。沙特

　　① Ansary, A. F. (2008) Combating extremism: A Brief Overview of Saudi Arabia's Approach. *Middle East Policy*, Summer 2008, Vol. 15, Iss. 2, Washington, p. 127.

　　② Al-Rasheed, Madawi. (2007). *Contesting the Saudi State: Islamic Voices from a New Generation*. p. 88-89. Cambridge, UK: Cambridge University Press.

　　③ Aarts, Paul. (2005). *Saudi Arabia in the Balance*. p. 227. London: C. Hurst & Co. Ltd.

　　④ Aarts, Paul. (2005). *Saudi Arabia in the Balance*. p. 230. London: C. Hurst & Co. Ltd.

政府还提出将要每3个月举行一次新的国民对话会议。① 2005年,第五次国家对话会议在利雅得召开。王储阿卜杜拉发起国家对话会议的目的是缓和沙特阿拉伯国内不同宗教信仰和地区的组织之间的冲突。国家对话会议在沙特阿拉伯历史上第一次将王国所有的宗教派别聚集在一起,共同商议国家的宗教政治问题,是沙特阿拉伯政治改革的突出成果。国家对话会议允许讨论大量长期以来被认为是敏感的主题,但是国家对话会议的实际效果仍然非常有限。沙特家族对国家对话会议具有绝对的控制权,绝不允许国家对话会议挑战沙特家族和官方宗教政治权威的地位。王储阿卜杜拉支持建立国家对话中心的目的,是使国民对话会议在沙特家族的领导下获得制度化的发展。

为应对国内外关注人权问题的呼声,2004年3月,沙特政府批准建立"国家人权协会"。该组织号称具有独立于沙特政府的地位,但其所有成员都由政府任命产生,主席由一名国家协商会议的成员担任。"国家人权协会"的41名成员中包括3名女性。"国家人权协会"主要接受关于社会中所有侵害人权的投诉,同时也包括针对政府机构的投诉。在此之前,这些权力一直都主要是由纳季德欧莱玛组成的"冤情委员会"所掌握。"国家人权协会"同意配合国际人权组织的活动,以确保国际人权组织的调查结果不会对沙特政权不利。

早在20世纪初阿卜杜勒·阿齐兹占领希贾兹时,就建立了一个由选举产生的希贾兹地区协商会议,还有5个主要城镇的市级议会。50年代国王沙特统治时期,曾经举行过地方选举。费萨尔掌权以后,废弃了地方选举制度。沙特阿拉伯长期缺乏民主选举的政治实践,国家协商会议成员均由国王任命产生。2003年10月,沙特政府颁布"决定举行地方议会选举的公告",宣布将于2004年举行部分地方议会的选举。为防止温和倾向的政治反对派倒向伊斯兰极端势力,王储阿卜杜拉允诺在2004年的地方议会选举中允许反对派参加选举。2004年,沙特政府宣布将进

---

① Aarts, Paul. (2005). *Saudi Arabia in the Balance*. p. 255. London: C. Hurst & Co. Ltd.

行部分地方议会的选举,沙特阿拉伯 178 个市级议会的近 12000 个席位中,50％将由选举产生,另外 50％仍由沙特政府任命。2005 年 2 月 10 日至 4 月 21 日,沙特阿拉伯举行第一次地方议会的选举。选举共分为三个回合。选举过程中选民登记率很低,大概在全体选民人数的 1/4 至 1/3 之间。已经登记的选民选举结果中通过率很高,头两轮是 70％～75％,第三轮超过 50％。选举中的竞争比较激烈,在第一轮中,有 1800 人竞争 127 个席位。温和的伊斯兰主义候选人得到了广泛的支持。少数派聚居地区的选举结果有很明显的宗派色彩。[①] 市级议会无权处理"政治性"事务,只是处理当地事务和计划性的事务。女性不能参加选举,尽管是因为"后勤的"而非法律的原因。没有任何团体参加竞选,任何的纲领和宣言都是不允许的,政党就更是被严令禁止的。[②] 虽然这次市级选举并非一次民主化改革的突破性进展,但它毕竟表明对政治参与的鼓励和对更广泛议题的关注。2009 年,沙特政府宣布将原定于当年 10 月举行的第二届地方议会选举推迟两年,第一届议会的任期相应延长。[③] 沙特阿拉伯地方选举的制度化构建还任重道远。

2005 年,沙特阿拉伯王国宣布进行司法体制改革。沙特政府宣布即将建立一个最高法庭来接管最高司法委员会的职责,同时还将建立一个由上诉法庭、商业法庭和劳工法庭构成的网状法律系统。[④]

二、家族政治改革与王位继承问题

沙特家族成员数量的众多是沙特家族势力强大的主要因素。据估计,阿卜杜勒·阿齐兹的直接男性后裔约有 400 人,沙特家族共包括 3000 至 5000 名亲王。[⑤]

① Aarts, Paul. (2005). *Saudi Arabia in the Balance*. p. 449. London: C. Hurst & Co. Ltd.
② Aarts, Paul. (2005). *Saudi Arabia in the Balance*. p. 448. London: C. Hurst & Co. Ltd.
③ Chronology: Saudi Arabia. *The Middle East Journal*, Washington, Autumn 2009, p. 655.
④ Aarts, Paul. (2005). *Saudi Arabia in the Balance*. p. 448. London: C. Hurst & Co. Ltd.
⑤ Kelidar, Abbas. (1978). The Problem of Succession in Saudi Arabia. *Asian Affairs*, Feb, Vol. 9, Issue 1, p. 24.

沙特家族对保持集体利益的关注,以及通过联姻建立的部落联系,也是沙特家族势力强大的重要因素。另外,沙特家族中的每一个权力集团都和社会中的重要成分例如家族、部落集团、宗教学者、平民、技术官僚和专业人员结合成整体。许多亲王的地位还超出了国家机构的范围,在经济和社会的子系统中建立了他们的权力基础。有权势的亲王或者家族分支的"封地"可能包括一个政府部门、一个安全机构、一个社会机构或者一个文化机构等领域。① 沙特家族诸多支派间潜在的权力斗争阻止了任何单独的集团垄断家族和王国的权力,家族内部集团间的势力抗衡制约了王室内部力量的极化发展,从而避免了家族政治从内部瓦解。伦敦东方与非洲问题研究所的一个有名的阿拉伯世界事务观察家阿巴斯·凯利达尔曾经说道:"他们充分运用了优秀的古老的阿拉伯艺术,即我反对我的兄弟,我和我的兄弟联合起来反对我们的堂兄弟,但是我和我的兄弟、我的堂兄弟联合起来反对整个世界。"② 沙特家族完全熟知在有 3000 多个亲王的家族中各种筹码的适当位置。沙特家族的每个部分和每个派系,在权力、影响和财富上都维持了一定的平衡。亲王之间的制衡不仅是在政府中,还在不同的社会系统中。沙特王族的各个派系可以在王室协商会议上激烈地争论,陈述他们的不同观点,但王室家族依然保持团结和一致。沙特家族不同权力集团之间竞争的底线是不能威胁到家族政治生命的原则。王室协商会议是沙特家族统治的"安全阀",它构建了协调各个势力集团关系的平台,从而有效地促进了沙特家族的团结一致和沙特阿拉伯家族政治的发展。沙特家族内在的调节机制不仅能解决亲王之间的权力斗争,维持整个家族的团结,还有助于建立一种集体领导权。

国王费萨尔统治时期,通过国王定期与非正式的王室长老委员会商议的方式,

---

① Aarts, Paul. (2005). *Saudi Arabia in the Balance*. p. 219. London: C. Hurst & Co. Ltd.
② [英]彼得·霍布德著,梁丙添译:《今日沙特阿拉伯》,商务印书馆 1981 年版,第 167 页。

加强了沙特家族领导成员在政治决策中的核心地位。^①"王室长老委员会"以非正式协商机构的形式参与王国的政治统治,并在一定程度上获得沙特阿拉伯王国最高的统治权。沙特家族强调"集体领导权",王室长老委员会掌握家族政治的最高权力,旨在以协商制度和公议原则维持沙特家族的团结和统一。一旦沙特家族内部产生重大分歧,王室长老委员会就将积极活动并发挥重要作用。国王哈立德领导时期,沙特家族内部出现了吉鲁维支系和苏戴尔支系的权力角逐,严重影响了沙特家族的统一和和谐。国王哈立德(1975—1982 年在位)与国王阿卜杜拉(2005 年继位至今)代表的吉鲁维支系具有沙特阿拉伯北方强大的沙马尔部族背景。国王法赫德(1982—2005 年在位)及其六名胞弟组成的"苏戴尔七兄弟"集团是具有纳季德苏戴尔部族背景的苏戴尔支系的领导和代表。吉鲁维集团和苏戴尔集团是沙特王族中最具权势的政治派系和寡头势力,在沙特阿拉伯的政治舞台上扮演着举足轻重的角色。吉鲁维集团和苏戴尔集团分别控制国民卫队和正规军,在角逐王权的同时瓜分政府要职。^② 费萨尔系的诸王子因其现代西方教育的背景和较高的文化水平,成为"王室技术官僚"^③的领导力量,他们已经参与到王国的权力体系中,成为沙特家族政治势力的新生力量。哈立德当政期间,王储兼第一副首相法赫德主持大臣会议,吉鲁维系与苏戴尔系诸亲王分享国家最高权力。为了争夺国民卫队的指挥权,进而在争夺王位继承权方面获得优势地位,两个派系的斗争出现激化的趋势。国王哈立德的长兄穆罕默德亲王领导沙特家族的长老人物从中调和,指责多次挑起争端的苏戴尔派系,沙特家族内部的权力角逐才告一段落。

1982 年哈立德死后,苏戴尔系的法赫德继承王位,吉鲁维系的阿卜杜拉出任

---

① Abir, Mordechai. (1993). *Saudi Arabia: Government, Society, and the Gulf Crisis*. p. 52. London; New York: Routledge.

② Abir, Mordechai. (1988). *Saudi Arabia in the Oil Era: Regime and Elites; Conflict and Collaboration*. pp. 138-139. London: Croom Helm.

③ Vassiliev, Alexei. (2000). *The History of Saudi Arabia*. p. 438. New York: New York University Press.

王储兼第一副首相并继续掌管国民卫队,苏戴尔系的苏勒坦出任第二副首相。国王法赫德即位以后,直接控制大臣会议,极力排斥吉鲁维系亲王。1983 年,国王法赫德为首的苏戴尔系与王储阿卜杜拉为首的吉鲁维系之间的矛盾达到顶点,诸多媒体甚至传闻王储阿卜杜拉密谋发动宫廷政变。这一时期,王室长老委员会的活动日渐频繁,讨论问题也日益广泛。1984 年以后,沙特家族不断强调王室成员的"集体领导权",增加王室协商会议对政府决策的影响,扩大王室协商会议的决策权,沙特家族内部矛盾逐渐缓解。

1998 年起,沙特家族内部矛盾再次加剧。国王法赫德由于健康原因,被迫将主持大臣会议和治理国家的实际权力让与王储阿布杜拉,苏戴尔系成员成为反对王储阿布杜拉的巨大威胁。1999 年,王室家族委员会正式成立,它取代非正式的王室长老委员会成为王国的最高权力机构。王室家族委员会成立之初,王储阿卜杜拉任主席,亲王赛勒曼任副主席。2000 年 6 月,王室家族委员会重组,由 18 名成员组成,王储阿卜杜拉担任主席,副主席由亲王苏尔坦担任,凡有王位继承权的王族分支都有代表参加。① 王室家族委员会具有最高的政治权威,可以随时就其认为重要的问题进行讨论研究并做出决定,然后通过国王交付大臣会议或者协商会议进行程序性的讨论,形成在王室家族委员会决定框架之内的决议,再由大臣会议监督实施。王室家族委员会的成立更进一步确立了家族协商的政治原则,并将家族政治正式化和机构化。沙特阿拉伯王国家族政治框架内的民主化改革,是国家政治现代化改革的重要内容,是沙特阿拉伯民主化改革的初步尝试。民主化改革和权力分享从作为统治者和权力垄断者的沙特家族内部开始,再自上而下逐渐延伸到沙特家族之外,延伸到社会与民众的层面,或许是沙特阿拉伯政治现代化进程的特定模式。另一个方面,沙特阿拉伯王室协商会议从非正式的王室长老委员会向正式的王室家族委员会的发展,体现了沙特阿拉伯王国家族政治强化的趋势。

---

① 王彤主编:《当代中东政治制度》,中国社会科学出版社 2005 年版,第 117 页。

王位继承权是家族政治的核心问题,沙特家族内部围绕王位继承权的斗争长期存在。沙特家族内部包含多个权力集团,在势均力敌的情况下,王位继承人的选择有可能出现暂时无法确定的状况。国王法赫德去世的消息是在 2006 年 8 月 1 日宣布的,但有许多迹象表明,实际上国王的死讯被拖延了多日后才正式公布,在此期间,沙特家族内部一直试图就继承人问题达成协议。① 然而,第二副首相的职位最终仍然保持空缺,说明关于继承人的问题暂时没有达成一致意见。国王法赫德去世时,阿卜杜拉即位,亲王苏尔坦成为王储。按照年资排序,亲王纳耶夫排在亲王苏尔坦之后,有权要求获得第二副首相的职位。时任利雅得省长的亲王萨勒曼,按照年资和能力标准,也有资格成为第二副首相职位的候选人。但是由于纳耶夫被认为是情绪多变的,而萨勒曼又有心脏疾病的弱点,因此第二副首相的职位暂时空缺。2006 年 10 月,国王阿卜杜拉建立"高级亲王委员会",其职责是在现任王储苏尔坦继任国王之后,帮助选举下一任王储。② 这一机构可以限制沙特家族内部关于继承权的争论,缓解需要在几个具有潜在争议的候选人中做出决定的压力。直到 2009 年 3 月 30 日,亲王纳耶夫才被确立为第二副首相。③ 沙特家族通过王室家族委员会和高级亲王委员会,在家族内部实现了政治参与和权力分享,家族政治率先进入民主化实践的阶段。王室协商机构构建了协调各势力集团关系的平台,成为沙特家族统治的"安全阀"。沙特家族诸多权力集团间潜在的权力斗争阻止了任何单独的集团垄断家族和王国的权力,家族内部集团间的势力抗衡制约了王室内部力量的极化发展,从而避免了家族政治从内部瓦解,维持了王位继承权力交接的渐进与和平。

世纪之交,沙特阿拉伯王国的君主政治已经呈现出老人政治的面貌。在阿卜

---

① Henderson, Simon. Saudi Succession. *The Washiongton Institute for Near East Policy*, January 19, 2006.

② The Economist Intelligence Unit. Country Report: Saudi Arabia, June 2007, London, p. 2.

③ Chronology: Saudi Arabia. *The Middle East Journal*, Summer, 2009, Washington, p. 487.

杜勒·阿齐兹的儿子辈中,长老级人物大都年事已高,国王阿卜杜拉、王储苏尔坦都已经是 80 岁以上的老人。君主政治呈现出重要的特征,即以国王的名义进行统治,实则是王储掌握国家领导人的实际权力。70 年代末 80 年代初,由于国王哈立德身体欠佳,王储法赫德实际上掌握着国家的统治权,掌握着政治决策权和制定政策的权力。1995 年国王法赫德健康状况恶化以后,沙特阿拉伯王国一直以来都是以国王法赫德的名义进行统治,但国王不再是唯一的最高决策者,亲王阿卜杜拉以王储的身份在近十年中大权在握。直到 2006 年夏季国王法赫德去世,王储阿卜杜拉即位,国王的名义和君主的权力才相对统一。

时至今日,沙特阿拉伯王国建立者阿卜杜勒·阿齐兹的儿子们已经逐渐老去,未来沙特王位的继承人将不可避免地从阿卜杜勒·阿齐兹的孙辈中产生。阿卜杜勒·阿齐兹孙辈中的杰出人物现在年龄大都在 50 岁左右,并且具有相当丰富的行政管理经历和更加正式而丰富的教育经历。跨越辈分的继承人选择将打破 50 年代以来确立的兄终弟及继承原则,而父死子继的原则又明显受到沙特家族政治的制约,沙特家族的王位继承制度在不远的将来必定面临一定的考验。

第七章

结论:沙特阿拉伯政治现代化进程的历史模式

第一节 教俗合一的国家制度

　　沙特阿拉伯实行教俗合一的国家制度,政治生活具有浓厚的宗教色彩。沙特国家起源于瓦哈卜派伊斯兰教创始人伊本·瓦哈卜与沙特家族的历史联盟,瓦哈卜派伊斯兰教与沙特家族政权处于共生状态。瓦哈卜派伊斯兰教依靠沙特国家作为存在的载体,沙特国家的生存和扩张则依赖瓦哈卜派伊斯兰教提供宗教政治合法性和意识形态的武器。瓦哈卜派伊斯兰教与沙特家族政权的相互依存,成为沙特阿拉伯国家制度的基本特征。瓦哈卜派伊斯兰教是沙特国家的官方意识形态,瓦哈卜派宗教政治运动为沙特国家的创建和扩张提供重要的意识形态宣传和军事力量。伊本·瓦哈卜作为瓦哈卜派伊斯兰教创始人,在沙特国家中享有巨大的宗教权威和宗教政治影响力。特定的历史条件决定了伊本·瓦哈卜时代沙特国家教俗联盟的政治体制。伊本·瓦哈卜与沙特家族统治者具有相同的宗教政治目标,在建立瓦哈卜派沙特国家的历史进程中亲密合作,共同商议和决定沙特国家的重要事务。伊本·瓦哈卜的宗教权力虽然在理论上构成制约沙特家族世俗权力的因素,但实际上伊本·瓦哈卜的宗教权力与沙特家族的世俗权力形成了相互依存和紧密合作的关系。伊本·瓦哈卜与沙特家族的教俗联盟成为沙特阿拉伯教俗合一国家制度的历史形态。

伊本·瓦哈卜去世以后,沙特家族领袖兼任瓦哈卜派伊斯兰教教长,由此确立了沙特国家延续至今的教俗合一国家制度。沙特家族领袖不仅具有"埃米尔"的最高世俗权力,同时至少在理论上兼有瓦哈卜派伊斯兰教教长"伊玛目"的最高宗教权力。瓦哈卜派宗教权力与沙特家族世俗权力在沙特国家制度中合而为一。沙特家族以瓦哈卜派宗教复兴运动为旗号,在阿拉伯半岛上建立了强大的瓦哈卜派沙特国家,教俗合一的国家制度成为早期沙特国家的重要历史遗产。

　　阿卜杜勒·阿齐兹重建沙特家族政权以后,在瓦哈卜派欧莱玛的帮助下,将复兴瓦哈卜派宗教政治运动作为拓展疆域和统一国家的重要手段。教俗合一的国家制度,既是阿拉伯半岛历史传统的延续,又是新形势下国家巩固和统一的需要。沙特阿拉伯王国建立以后,延续早期沙特国家的历史传统,实行教俗合一的国家制度,政治制度与政治生活具有浓厚的宗教色彩。沙特国家任命官方宗教权威依据《古兰经》和"圣训"阐述的宗教原则参与制定统治政策和进行神学宣传,为沙特家族政权提供宗教政治合法性。国王阿卜杜勒·阿齐兹邀请瓦哈卜家族成员阿卜杜拉·本·穆罕默德·本·阿卜杜勒·拉提夫领导沙特国家的宗教活动,同时任命利雅得欧莱玛参与管理沙特国家的教育和司法活动。沙特政府则以国家财政收入支持和促进瓦哈卜派伊斯兰教的发展。

　　欧洲基督教世界现代化进程中的重要内容是世俗化的历史进程。世俗化改革亦曾长期伴随中东诸国的现代化进程。沙特阿拉伯与伊斯兰世界诸多国家不同的是,在国家建立和现代化的过程中并没有经历明显的世俗化进程。沙特国家起源于瓦哈卜派宗教政治运动,瓦哈卜派官方宗教权威长期构成沙特阿拉伯举足轻重的政治势力,沙特家族给予官方欧莱玛充分的尊重。沙特家族与官方瓦哈卜派宗教权威长期保持广泛的合作关系,沙特统治者遇到重大问题都与官方欧莱玛领导商议。官方瓦哈卜派欧莱玛的重要职责是应沙特政府的要求,在某些有争议的涉及伊斯兰教教义的重大问题上颁布费特瓦,为沙特家族的统治政策做出裁断和说明。沙特统治者的改革措施尽力争取获得官方欧莱玛的赞同,沙特政府的诸多举措通过官方宗教权威颁布的"费特瓦"而获得宗教政治合法性。

沙特阿拉伯教俗合一的国家制度并非瓦哈卜派伊斯兰教的神权政治。沙特阿拉伯的瓦哈卜派欧莱玛不同于伊朗的什叶派毛拉,缺乏相应的教阶制度和宗教地产,经济上依附于沙特政权,政治上也处于沙特家族的控制之下。在国家权力的核心领域,沙特家族长期凌驾于瓦哈卜派宗教势力之上,瓦哈卜派欧莱玛的权力长期局限于宗教的范围。"发展的独裁模式"无疑是伊斯兰世界诸多新兴世俗民族国家现代化进程中的普遍现象。沙特阿拉伯的官方宗教政治与巴列维时代伊朗的世俗政治有异曲同工之处,其实质都是强化绝对主义政治进而排斥民众政治参与的政治工具。沙特家族凌驾于瓦哈卜派宗教势力之上,主导王国教俗合一国家制度的发展进程,是为沙特阿拉伯官方宗教政治的发展形态。

沙特阿拉伯官方宗教政治的发展形态,决定了相应的官方宗教政治理论和宗教政治原则。沙特阿拉伯王国明确强调国王与国家的一致性,抑或"朕即国家"的政治原则,官方宗教政治学说在一定程度上具有"君权神授"的色彩。大臣会议的所有成员必须以安拉的名义宣誓效忠伊斯兰教信仰,宣誓效忠沙特国王和沙特国家。沙特家族将伊斯兰教作为官方意识形态,坚持采用宗教色彩的政治模式。国王阿卜杜勒·阿齐兹采用"圣地护主"的称号,国王法赫德则以"两圣寺的仆人"取代"陛下"的称号。王国还长期以《古兰经》为宪法。沙特阿拉伯的官方宗教政治建立在沙特家族权力垄断的基础之上,官方宗教势力未能分享国家政治权力。沙特阿拉伯历任国王都对官方宗教权威尊敬有加,遇有重大的问题和制定改革措施之前都与官方宗教权威商议,在有关宗教和意识形态的问题上对官方欧莱玛采取迎合的姿态。然而,沙特家族并不允许官方欧莱玛干涉王国的政治问题。当沙特家族提出的措施遭到欧莱玛的反对时,沙特统治者首先采取说服的态度。如果官方欧莱玛顽固地反对,沙特统治者就常常忽略他们的意见和主张。沙特家族是否执行瓦哈卜派的规定也取决于其政治统治的需要。为服务于不同的政治目的,沙特家族或紧或松地推行瓦哈卜派宗教政策,其宗教政策的非一贯性和非持续性体现了官方宗教作为沙特家族的政治工具,为沙特家族政治需要服务的性质。

　　瓦哈卜派伊斯兰教作为宗教和思想武器,结束了阿拉伯半岛的混乱和纷争,对沙特国家的建立和统一作出贡献,获得了沙特广大民众的信仰和支持。瓦哈卜派伊斯兰教作为国家意识形态通过各种途径灌输给民众,长期以来对沙特民众的思想意识、社会生活和政治行为具有很强的约束力和控制力。在沙特阿拉伯现代化发展初期,官方宗教政治对沙特民众的教化和意识形态控制,促进了沙特阿拉伯的社会整合,确保了沙特阿拉伯经济和社会现代化的顺利进行。沙特家族的权力垄断无疑是沙特阿拉伯教俗合一国家制度的实质所在,瓦哈卜派官方宗教政治学说则是沙特家族垄断国家权力进而控制社会和驾驭民众的意识形态和舆论工具。官方宗教政治致力于为沙特家族的统治服务,赋予沙特家族宗教政治合法性是官方宗教政治的主要职能。[①] 沙特官方瓦哈卜派宗教权威大力宣传沙特家族的宗教性,宣称沙特家族是伊斯兰教的捍卫者、沙里亚的执行者、圣城的监护者和国家财富的管理者。官方瓦哈卜派宗教权威还着力宣传反叛政府的非法性,强调伊斯兰教的温和性,同时猛烈抨击民间宗教政治是所谓的伊斯兰极端主义。沙特阿拉伯教俗合一的官方宗教政治高度发展,宗教权力和世俗权力集中在沙特家族为中心的官方宗教政治势力之手,政治理论与宗教思想紧密结合。

第二节　家族色彩的权力结构

　　沙特家族在瓦哈卜家族的支持下,以瓦哈卜派宗教复兴运动为旗号,在阿拉伯半岛上建立了强大的瓦哈卜派沙特国家。早期沙特国家以瓦哈卜家族与沙特家族的合作为最重要的权力基础。瓦哈卜家族与沙特家族的权力分享构成早期沙特国家权力结构的基本形式,宗教资历和家族出身共同构成决定权力分配的二元因素。

---

　　① Vassiliev, Alexei. (2000). *The History of Saudi Arabia*. p. 445. New York: New York University Press.

瓦哈卜家族成员作为沙特国家的宗教贵族,在国家的宗教、教育和司法等领域享有很高的权力和地位。

前石油时代,沙特阿拉伯的经济基础是以游牧业为主的传统农业经济,与之相适应的则是以部落联盟为基础的部落显贵家族的联合统治。沙特家族通过联姻的方式,与瓦哈卜家族和重要的部落家族结合成整体,利益和取向趋于一致。沙特阿拉伯王国建立以后,国王阿卜杜勒·阿齐兹邀请官方宗教权威和重要的部落领导人参与非正式的王室咨询会议,并依据协商和公议的原则做出最重要决策。① 沙特阿拉伯的国家权力结构具有浓厚的家族色彩,家族势力是渗透于国家各个方面的社会和政治力量。

石油时代,家族色彩权力结构的长期维系是沙特阿拉伯经济基础和社会结构演进的逻辑结果。石油工业是沙特阿拉伯最重要的现代工业部门和国家财富的首要来源。伴随着石油资源国有化进程,国家资本主义经济在沙特阿拉伯建立。沙特家族对国家权力的垄断是石油资源国家所有制建立的前提条件。沙特家族对石油财富的垄断是其政治垄断权在经济领域的逻辑延伸。沙特家族沿袭阿拉伯人的传统习俗,援引伊斯兰教关于财产支配权的相关规定,将急剧增长的石油财富据为己有。沙特家族成员除了获得定期的政府津贴之外,还享有巨大的商业利益。许多沙特家族成员从商业委托权和非官方的原油销售中获得巨额的经济财富。沙特家族成员的另一项收入来源则是将国家赠与他们的土地重新出售给国家以修建公路、政府建筑等。② 沙特家族成员及其亲属和姻亲是 520 个沙特公司的董事长。沙特家族众亲王还是许多公司的匿名投资商。沙特家族至少有 50 名成员是百万富

---

① Abir, Mordechai. (1993). *Saudi Arabia: Government, Society, and the Gulf Crisis.* pp. 7-8. London; New York: Routledge.

② Wilson, P. W. & Graham, D. F. (1994). *Saudi Arabia: The Coming Storm.* p. 20. New York: M. E. Sharpe.

翁。法赫德的私人财产估计约 280 亿。[1] 石油时代，垄断王国政治和经济权力的沙特家族发展成为官商一体的官僚资产阶级。传统农牧经济向国家资本主义经济发展的模式构成家族政治赖以存在的经济基础。沙特家族通过国家所有制形式支配巨额的石油财富，为沙特家族垄断国家权力和控制民众奠定坚实的物质基础。沙特阿拉伯经济多样化程度的有限、非石油工业的相对弱小和私人经济的相对软弱，导致沙特民众对国家和政府的依赖。

　　国外学者将沙特阿拉伯的政权结构称之为"绝对君主制"[2]或者"君主亲政政体"[3]，实际情况与之不符。沙特阿拉伯王国并不存在国王的个人独裁，君主政治受到家族政治的制约，同时至少还在理论上受到宗教政治原则的制约。由沙特家族重要成员组成的王室协商会议通过家族内部协商和公议的方式确定王位的更替，国王做出的所有重大决定都须与沙特家族领导成员商议，国家的法律和决策也以王室法令的形式颁布。国王还定期与家族领导和官方宗教权威共同商议国家的重要事务，国王的决策时常需要官方宗教权威以宗教政治裁断"费特瓦"的形式提供宗教政治合法性支持。

　　"综观世界历史，国家机构的完善和政府职能的强化是现代化早期阶段的普遍现象，极权政治的膨胀在诸多地区构成从传统政治模式向现代政治模式过渡的中间环节。"[4]伊朗的巴列维时代是君主绝对独裁和极权政治膨胀的典型例子。石油时代沙特阿拉伯的确出现了国家政治极权化的倾向，与其他大多数国家不同的是，石油时代沙特阿拉伯的绝对主义政治并非普通意义上的君主极权或者个人的绝对独裁，而是沙特家族的绝对独裁。费萨尔时代的中央集权措施和政府机构改革是

---

① Aburish, Said. (1996). *The Rise, Corruption, and Coming Fall of the House of Saud*. p. 48, 61, 51. New York: St. Martin's Griffin.

② Buchan, James. (1982). Secular and Religious Opposition in Saudi Arabia. *State, Society and Economy in Saudi Arabia*. p. 107. London: Croom Helm.

③ [美]塞缪尔·亨廷顿著，张岱云等译：《变动社会的政治秩序》，上海译文出版社 1989 年版，第 136 页。

④ 哈全安：《伊朗现代化进程中的世俗政治与宗教政治》，《史学理论研究》，2008 年第 3 期。

沙特家族绝对主义政治的起点。沙特阿拉伯官方宗教势力范围和国家行政统治领域职责划分的过程中呈现出国家行政机构权限不断扩大和官方宗教机构权限不断缩小的趋势,教界成员的官僚化是这一趋势的必然结果。随着国家行政机构的发展,宗教机构逐步被纳入政府行政体系,欧莱玛传统上对司法和教育领域的控制权逐步丧失。瓦哈卜派宗教机构最终被纳入中央政府的框架之内,成为国家行政机构的一个有机组成部分。同时,欧莱玛进入国家行政体系中,担任一定的行政职务。官方欧莱玛成为领取薪俸的政府官僚,他们的活动由沙特家族统治的需要而决定。当欧莱玛作为个体担任内阁部长或者其他的行政领导,他们传统的机构也被赋予更广泛的职责时,官方欧莱玛集团的实际权力却在不断缩小。官方宗教权威由国王任命,欧莱玛的活动受到国家法律的控制。官方教界对沙特政权的依附性逐步增强,教界势力不断丧失其相对独立的地位和相对自主的权力。

绝对主义政治的发展与经济社会的剧烈变革具有密切的内在联系。石油时代沙特阿拉伯国家资本主义经济的繁荣和传统农牧经济的衰落是沙特家族绝对主义政治发展的经济基础。前石油时代的部落社会结构因传统农牧经济的衰落而解体,由沙特家族、瓦哈卜家族和重要的部落领导构成的国家权力结构发生变化。瓦哈卜家族以及其他重要的部落家族成员通过婚姻纽带部分地与沙特家族合为一体,同时其自身发生了剧烈分化。其部分成员作为沙特家族的一部分直接分享国家权力,余下部分则不再分享国家权力。沙特家族取代诸多家族的联合而成为国家唯一的权力实体,这是沙特家族绝对主义政治的重要表现。沙特家族绝对主义政治的另一个重要表现是沙特政府结构发展水平的相对有限。现代国家建立之后大都实行立法、行政、司法三权分立的制度,虽然有的国家也存在国家元首的权力凌驾于政府机构之上的情况,但立法机构、行政机构和司法机构基本上处于一种分立制衡的状态。沙特阿拉伯王国的政府结构则全然不同。虽然大臣会议享有一定的行政权,但大臣会议完全由沙特家族所掌握,重要的部长级职位全部由沙特家族成员担任。司法权历来都是属于官方宗教界的权力范围,但司法部建立和欧莱玛官僚化进程发展之后,最高司法权也落入沙特家族的控制之中。除此之外,沙特家族还凌驾于法律之上,不但沙特君主拥有豁免权,而且沙特王室成员在一定程度上也不受国家法律的控制。因此,最高的立法权和最高的司法权仍然掌握在沙特家族手中。

通过君主政治的强化和官僚政治的发展,沙特家族政权完成了整合社会和政治生活国家化的历史使命,同时沙特家族也控制了从中央到地方的经济、社会和政治权力。沙特家族通过君主政治的形式,控制王国宗教与世俗的最高权力,同时通过官僚政治的形式,控制王国的各种宗教政治权力和社会活动。瓦哈卜派沙特国家传统的权力分割出现了重大变化,瓦哈卜家族与沙特家族之间的权力消长成为沙特阿拉伯王国权力结构变化的明显特征。通过教界人士的官僚化和宗教机构的官方化,沙特家族在掌握国家权力的基础上,完全控制了瓦哈卜派宗教权威的宗教权力和势力范围。沙特家族成为沙特国家的权力核心,瓦哈卜伊斯兰教成为沙特国家的重要象征。

第三节　宗教政治与宗教改革

宗教政治是指带有浓厚宗教色彩的政治制度和政治生活。宗教政治的根深蒂固和蓬勃发展,是沙特阿拉伯历史的突出现象。宗教政治在国家政治领域的重要地位及其对社会领域的巨大影响力,是沙特阿拉伯历史的显著特色。官方宗教政治与民间宗教政治的矛盾运动,即沙特阿拉伯王国建立后瓦哈卜派伊斯兰教的官僚化、传统宗教势力依附性的加强与 20 世纪 70 年代末民间宗教政治的兴起以及 20 世纪 90 年代以来民间宗教政治的多元化倾向,构成沙特阿拉伯宗教政治的发展模式。

在沙特阿拉伯宗教政治的发展史上,居于官方宗教政治地位的瓦哈卜派伊斯兰教和目前仍处于民间宗教政治地位的现代伊斯兰主义无疑是最具影响的宗教政治力量。然而,如何评价沙特阿拉伯的官方宗教政治和民间宗教政治,目前尚有深入研究的空间。许多研究者认为,两者皆具伊斯兰原教旨主义倾向,其区别是具有温和倾向的官方宗教政治则给沙特阿拉伯带来了稳定和发展,具有激进倾向的民间宗教政治给沙特阿拉伯王国带来了动荡和倒退。然而,实际情况并非如此。官方宗教政治和民间宗教政治在历史上处于相互转化的状态,两者之间的消长和对抗在不同的历史条件下具有不同的社会性质。

顾名思义,伊斯兰原教旨主义就是号召回归伊斯兰教的基本信条和基本原则的宗教政治运动。伊斯兰原教旨主义的主张是"一切应遵循伊斯兰教的原旨教义,要求严守穆罕默德的遗训。按伊斯兰教教法行事,恢复伊斯兰教早年在社会生活中应有的地位和尊严"。① 中东社会素有托古改制的历史传统,"穆罕默德的宗教革命……是一种表面上的反动,是一种虚假的复古和返朴"。② 伊斯兰激进主义具有强烈的复古倾向,然而它并非是要回到先知穆罕默德时代,而是以回归宗教来否定现实,以伊斯兰教的原旨教义来改造现存的社会和秩序。

在中世纪的漫长历史时期,作为伊斯兰国家官方意识形态的伊斯兰教已经趋于保守和僵化,进而演变成为维护奥斯曼帝国封建统治秩序的意识形态。伊本·瓦哈卜不满 18 世纪阿拉伯半岛的政治秩序和社会现实,试图运用《古兰经》的国家理论来否定阿拉伯社会的无政府状态。瓦哈卜派伊斯兰教创立初期是一种具有浓厚原教旨主义色彩的民间宗教政治派别,伊本·瓦哈卜与沙特家族建立教俗联盟进而发展成为教俗合一的国家体制之后,瓦哈卜派伊斯兰教作为沙特国家的官方意识形态而长期存在。前石油时代,瓦哈卜派伊斯兰教作为革命的意识形态与沙特家族的统治相结合,成为沙特家族改造阿拉伯半岛部落社会、建立国家和完成统一的的重要武器。

伴随着石油时代沙特阿拉伯新旧经济秩序的更替和新旧社会势力的消长,瓦哈卜派伊斯兰教发生了深刻的裂变。官方宗教政治与民间宗教政治的消长,是石

---

① 金宜久:《伊斯兰教复古传统初探》,《世界宗教研究》1982 年第 2 期,第 59—60 页。
② 《马克思恩格斯全集》,第 28 卷,人民出版社 1973 年版,第 250 页。

油时代沙特阿拉伯历史的重要特征。官方宗教政治的膨胀是沙特家族绝对主义现代化发展的逻辑结果,民间宗教政治的异军突起则是沙特阿拉伯现代化发展的必然产物。沙特阿拉伯的官方宗教政治致力于为沙特家族统治提供宗教政治合法性保障,民间宗教政治则为沙特民众广泛的政治参与开辟了道路。随着沙特家族绝对主义政治的发展,瓦哈卜派官方宗教政治日趋保守,其整合社会的功能逐渐丧失。

　　现代伊斯兰主义是当今沙特阿拉伯民间宗教政治的主流倾向。现代伊斯兰主义是伊斯兰激进主义在现代社会的发展阶段,它既是一种宗教思潮与运动,也是一种政治思潮和运动。现代伊斯兰主义的宗教政治思想与伊斯兰传统教界的政治理论有着本质的区别。伊斯兰传统教界的宗教政治理论是伊斯兰传统社会经济基础和政治环境的反映。传统教界是传统社会政治势力的重要组成部分,是传统社会经济和政治秩序的既得利益者。传统教界的宗教政治理论以维护传统社会秩序和传统政治制度为主要目的。伊斯兰国家传统社会秩序的核心是民众对国家的依附状态,传统政治制度的主要特征是君权的至高无上和民众对君主的绝对顺从。传统教界的宗教政治理论主要强调传统社会秩序和传统政治秩序的合法性,是传统社会的统治者维护传统社会政治秩序和驾驭民众的意识形态工具。现代伊斯兰主义的兴起,根源于伊斯兰国家现代化进程中社会的裂变和诸多因素的矛盾运动,集中体现了现代化进程中民主与专制的激烈抗争。"现代伊斯兰主义强调《古兰经》和'圣训'的基本原则及早期伊斯兰教的历史实践,崇尚穆罕默德时代和麦地那哈里发国家的社会秩序,强调真正的伊斯兰教并非远离政治的个人信仰和僵化的神学理论,而是革命的意识形态和民众利益的体现,其核心内容在于借助回归传统的宗教形式而倡导平等和民主的政治原则,进而构成扩大民众政治参与和挑战世俗极权政治的意识形态。"①现代伊斯兰主义貌似复古,旨在攻击官方宗教政治的传

————————————
　　①　哈全安著:《中东国家的现代化历程》,人民出版社 2006 年版,第 459—460 页。

统理论及其所维护的传统社会秩序和政治制度,实则赋予伊斯兰教宗教政治理论以现代的内涵。沙特阿拉伯现代伊斯兰主义的实质在于倡导伊斯兰教原旨教义的法治和民主思想,并将伊斯兰教原旨教义作为理论武器来否定官方宗教政治和沙特家族的权力垄断和专制独裁,进而扩大民众的政治参与和实现民众的权力分享,推动沙特阿拉伯的政治现代化进程。

现代伊斯兰主义不仅是影响广泛的民间宗教政治运动,而且是伊斯兰世界现代化进程中的宗教改革运动。通常认为,宗教改革是基督教世界的特有现象,基督教通过宗教改革而由传统的意识形态转变为适应现代社会的意识形态;伊斯兰教则未曾经历宗教改革,因此仍然是传统性质的意识形态,是制约伊斯兰社会进步的负面因素。实际情况并非如此。在中世纪的漫长历史时期,伊斯兰教作为官方意识形态已经趋于保守和僵化,在一定程度上成为一种阻碍伊斯兰社会发展的宗教政治理论。然而,社会存在决定社会意识。伊斯兰教并非是一成不变的意识形态,客观物质环境的变化必然导致伊斯兰教的相应变化。伊斯兰教也非浑然一体的意识形态,随着新旧经济秩序的更替和新旧社会势力的消长,伊斯兰教发生了深刻的裂变。伊斯兰教的宗教改革与基督教的宗教改革具有相同的历史使命,即通过宗教改革,使宗教从传统的意识形态转变为适应现代社会的意识形态。

伊斯兰教的宗教改革与基督教的宗教改革具有许多相似的地方。两种宗教改革都表现出不同程度的复古倾向,亦即采用激进主义的外在形式,要求回归经典及其原旨教义。基督教宗教改革通过"因信称义"的宗教纲领,要求废除教阶制度,淡化教俗之间的界限,简化宗教仪式。宗教权力与国家权力的分离是基督教宗教改革的重要特点,现代民族国家的建立是基督教宗教改革的主要政治目标。伊斯兰教宗教改革具有与基督教宗教改革相同的内涵,民族主义和民主主义是宗教改革的核心思想和政治倾向。

伊斯兰教宗教改革与基督教宗教改革发生在不同的时代,在改革进程和宗教政治纲领等方面也大相径庭。伊斯兰教宗教改革与基督教宗教改革的不同模式,导致许多受西方社会发展模式束缚了思想和眼界的人,对伊斯兰宗教改革和伊斯兰社会的进步视而不见。伊斯兰世界的宗教改革在不同的国家经历了不同的发展历程。伊斯兰教宗教改革在沙特阿拉伯,分为两个重要的历史阶段,分别致力于不同的历史使命。瓦哈卜派宗教政治运动肩负着民族主义的历史使命,而民主主义的历史使命则是通过现代伊斯兰主义来推动和实现。

伊斯兰世界民族国家的建立有多种模式,大多数民族国家的建立是通过世俗化的方式,否定教俗合一的传统伊斯兰国家。沙特民族国家的建立具有一定的独特性。沙特国家起源于瓦哈卜派宗教政治运动。瓦哈卜派主张回归经训和崇尚早期伊斯兰教的宗教实践,反对圣徒和圣墓崇拜,反对18世纪阿拉伯半岛的宗教政治秩序。瓦哈卜派宗教改革的主旨是反对奥斯曼帝国和一切外来势力对阿拉伯半岛的统治和侵略。瓦哈卜派宗教改革破坏了阿拉伯半岛政治分裂的意识形态和宗教基础,瓦哈卜派教俗合一的沙特国家逐步建立。沙特民族国家的建立经历了漫长的发展过程,从国王阿卜杜勒·阿齐兹时期到国王费萨尔时期意识形态国家化发展,即沙特家族领导的瓦哈卜派官方宗教政治的发展,最终完成了与沙特民族国家相适应的意识形态基础。

国王费萨尔当政期间,伴随沙特阿拉伯经济社会现代化的长足发展,沙特家族的权力垄断和绝对主义政治也不断强化。费萨尔时期沙特政府的诸多举措,与伊朗巴列维时代的白色革命和埃及的纳赛尔主义具有许多相似之处。经济社会现代化的发展与宗教政治制度相对滞后的矛盾,是石油时代沙特阿拉伯现代化进程的突出现象。现代伊斯兰主义的兴起和民众宗教政治运动的高涨,是沙特阿拉伯经济社会现代化与滞后的意识形态和政治制度相互矛盾的逻辑结果。现代伊斯兰主义通过激进主义的外在形式,强调民众的政治参与和沙里亚范围内的公民权利,同时还包括许多现代政治的要素,其中最重要的是选举政治、立法和行政的分立、司法独立,以及平等、法治和公正。现代伊斯兰主义的发展,标志着现代性质的政治文化和意识形态通过宗教的形式在伊斯兰世界的建立。现代伊斯兰主义涵盖了社会平等、政治民主和思想自由等现代社会发展的意识形态基础。与基督教宗教改革政教分离原则不同的是,现代伊斯兰主义以宗教与政治的密切结合为主要特点,通过宗教改革和民间宗教政治运动的形式,倡导"安拉主权"的宗教政治思想,其实质是否定俗权的独裁模式和俗权色彩的绝对主义政治,实现沙里亚范围内的民主和法治。

第四节　民众政治的发展历程

绝对主义的现代化模式是中东伊斯兰世界现代化进程的突出现象。绝对主义的现代化模式根源于现代化进程中新旧经济秩序和社会势力的深刻对立,极权政治的强化和政府广泛的经济干预构成绝对主义现代化模式的核心要素。经济社会领域自上而下的深刻变革,标志着绝对主义时代现代化的长足进步。经济的发展与民众政治参与的排斥以及财富的增长与贫富分化的加剧,构成绝对主义时代现代化进程的普遍现象。以牺牲政治层面的自由和民主作为代价推动新旧经济社会秩序的更替,则是绝对主义时代现代化模式的实质所在。民族主义、极权主义与国家资本主义三重倾向的错综交织,构成此间中东诸国现代化的明显特征。极权主义作为民族主义的逻辑延伸,构成从传统的君主专制向现代民主政治过渡的中间环节。从民族主义的胜利到极权主义的实践,标志着中东诸国现代化进程中政治领域的深刻革命。

沙特阿拉伯现代化发展的历史模式,是沙特家族领导的自上而下的经济社会现代化改革与民间宗教政治派别发动的自下而上的政治现代化运动之结合。石油时代,沙特家族采取的一系列改革和发展措施最大限度地促进了沙特阿拉伯资本主义经济的发展和经济社会的现代化。沙特家族改造传统经济秩序和社会结构的主观目的在于维护沙特家族的统治,客观上则促进了传统自然经济和封建主义生产关系的崩溃、货币关系的扩大、农业生产的市场化、工业化程度的提高和城市的发展以及新兴社会阶层的迅速成长,沙特阿拉伯经济和社会现代化取得长足进步。然而,海湾战争以前,沙特阿拉伯的政治制度并没有出现与经济、社会结构变化相适应的调整,传统性质的家族政治仍然是王国政治体制的实质所在,传统性质的官方宗教政治思想仍然占据沙特王国官方意识形态的地位。沙特家族作为沙特阿拉伯政治舞台的核心群体,控制国家政权和石油经济。家族政治与政府政治之间缺乏明显的界限。沙特家族成员以及与沙特家族联盟的诸家族成员占据中央政府和地方政府的重要职位。以王室法令为形式的家族意志成为政府政策的最高指令。沙特家族垄断王国的政治权力,压制民众参政议政的权力和政治民主化的要求。沙特官方宗教权威则利用宗教政治裁断"费特瓦"为沙特家族的统治政策提供宗教政治合法性。民众的政治参与微乎其微,政府与民众之间缺乏必要的沟通渠道,政治体制与诸多社会群体的政治需求脱节,国家与社会处于对立状态,政治生活的社会基础颇显脆弱。

民众政治运动是绝对主义时代经济社会现代化长足发展的逻辑结果。在绝对主义的历史条件下,经济社会领域现代化的长足发展与政治现代化发展的相对滞后,构成沙特阿拉伯社会的突出矛盾。经济社会秩序剧烈变动和政治制度相对停滞之间的历史悖论是政治风暴源头之所在。伴随着沙特阿拉伯现代化的发展,沙特民众由于其自身经济状况和社会地位的变化,必然产生相应的政治要求和自主的思想意识。新兴的社会阶层逐渐登上沙特阿拉伯的历史舞台,进而导致现代模式的政治运动。民主与专制的较量,是石油时代沙特阿拉伯现代化进程在政治领域的集中体现。经济关系的变革和新旧社会势力的消长,是民主与专制抗争的物质基础。沙特阿拉伯民众政治的发展根源于沙特经济和社会的变革,经济和社会发展的阶段性特点决定了民众政治的时代特点。

沙特阿拉伯政治反对派的兴起始于 20 世纪 50 年代。国王沙特统治时期,沙特国内出现了一些反对现存统治秩序的派别,它们受到沙特王室的严厉取缔和镇压,处于非法的地位。最初的反对派大都具有世俗主义和民族主义的倾向,其主要的社会基础是沙特社会的外籍劳工。外籍劳工在沙特社会的边缘地位和世俗主义的非主流倾向决定了这些政治反对派的黯淡前途。

20世纪70年代以来,具有浓厚激进主义色彩的民间宗教政治派别逐渐兴起。70年代末80年代初,由于西方影响的冲击和现代化初期对经济发展的片面重视,王国社会在一定程度上出现信仰危机,民间宗教政治运动的主要目标是捍卫伊斯兰教,以反对西方影响的政治要求来反对沙特家族的统治。然而,沙特家族以丰厚的石油收入为基础,实施广泛的高福利政策,沙特国民在一定程度上分享了王国经济繁荣的成果,生活水平不断提高,因此大部分沙特民众仍然保持拥护沙特家族统治的态度。由于什叶派群体在沙特社会居于绝对的少数,其政治目标不可能得到大多数沙特民众的欢迎。70年代末80年代初的新伊赫万运动和什叶派起义具有希贾兹和东方省的地域色彩,并没有在王国发展成具有广泛动员力的民众政治运动。80年代的经济萧条使沙特普通民众与沙特家族的经济境况出现明显的差距,以中产阶级为中坚力量的民众经济和社会力量的崛起,为沙特阿拉伯民间宗教政治提供了广泛的群众基础。

海湾战争以后,现代伊斯兰主义运动逐渐从宗教领域延伸到政治领域,旨在否定君主制的合法性和沙特家族的权力垄断。现代伊斯兰主义在沙特阿拉伯新兴的社会阶层中产生了广泛的宗教政治影响。“觉醒派谢赫”的政治呼吁挑战了官方宗教政治的合法性,促进了沙特阿拉伯伊斯兰主义者的政治觉醒。宗教学者和中产阶级知识分子开始成为民间宗教政治运动的领军人物。《请愿书》和《建议备忘录》提出了现代伊斯兰主义系统性的政治要求和政治纲领,其政治目标是严格执行沙里亚和增加宗教集团的实际权力,在沙特阿拉伯建立由宗教学者领导的议会制政府,实行由宗教权威控制的教俗合一政治体制。伊斯兰主义请愿者以沙特阿拉伯的知识分子精英为主体,同时包括瓦哈卜派教职人员,其中多数具有纳季德的地域背景。现代伊斯兰主义组织的建立,标志着沙特阿拉伯民间宗教政治运动进入有组织的发展阶段。圣战派运动的发展,是民间宗教政治运动深入到沙特社会下层民众的重要表现。

　　20世纪90年代后半期以来,沙特阿拉伯的民间宗教政治运动进一步发展,激进倾向的民间宗教政治运动与温和倾向的民间宗教政治运动在群众基础、宗教理论、活动方式和政治主张等方面出现了明显的差异。激进倾向的民间宗教政治运动以沙特社会下层民众为群众基础,以极端的宗教教义为理论指导,采用暴力的活动方式,致力于推翻沙特家族的统治。温和倾向的民间宗教政治运动以沙特知识分子和中等阶层为群众基础,以温和的宗教教义为理论指导,采用政治请愿等非暴力的活动方式,要求沙特家族进行社会和政治等多方面的改革。从暴力倾向的秘密爆炸事件,到阿拉伯半岛基地组织与沙特政府的公开对抗,一方面反映了极端倾向民间宗教政治运动的发展,另一方面也表明沙特阿拉伯社会矛盾的日趋尖锐。"伊斯兰—自由主义"运动超越了沙特不同社会群体政治要求的狭隘界限,民间宗教政治已经发展成为一场深刻的社会运动。觉醒派伊斯兰主义者活动的合法化倾向,在一定程度上表明民间宗教政治已经成为沙特家族统治者无法抗拒的社会现实和历史潮流。沙特阿拉伯民间宗教政治的发展,体现了民众政治动员和政治参与的扩大,是沙特阿拉伯政治民主化进程的重要环节,民间宗教政治势力成为沙特阿拉伯政治民主化的中坚力量。

　　从世俗倾向民众运动的兴起到民间宗教政治运动的高涨,标志着沙特阿拉伯民众政治的长足发展。民间宗教政治从温和倾向向激进倾向民众运动的延伸,在一定程度上反映了沙特阿拉伯民间宗教政治社会基础的扩大。沙特阿拉伯的各种社会力量采用不同的宗教和政治理论,通过温和倾向和激进倾向两种不同的道路,共同推进沙特阿拉伯的政治民主化进程。20世纪五六十年代的自由主义政治运动、20世纪90年代初的伊斯兰主义改革运动以及世纪之交的"伊斯兰—自由主义"运动,构成了迄今为止沙特阿拉伯温和倾向民众政治运动的发展曲线。20世纪70年代末80年代初的新伊赫万运动和什叶派运动、20世纪八九十年代的圣战派运动和21世纪初的阿拉伯半岛基地组织运动,构成了迄今为止沙特阿拉伯激进倾向民众政治运动的发展曲线。

    沙特阿拉伯深厚的宗教历史传统和教俗合一的宗教政治制度决定民众运动采取民间宗教政治运动为主要形式。沙特阿拉伯的人口几乎是清一色的穆斯林,世俗倾向的政治运动在沙特阿拉伯缺乏相应的群众基础。沙特国家实行严格的党禁,议会政治和政党政治无从谈起,民众的政治运动大都以宗教运动的形式出现,清真寺是沙特民众表达思想和观点的主要场所。沙特阿拉伯的政治群体通常表现为有特定宗教倾向和主张的宗教政治派别,政治对抗大都采取宗教政治运动的形式。沙特民众民主平等的政治要求和独立自主意识的觉醒相结合,导致沙特阿拉伯民间宗教政治的兴起和发展。信仰的指责与权力的争夺构成沙特阿拉伯政治斗争的主要方面,权力的分享是民间宗教政治运动的核心内容。教俗合一的统治模式决定沙特阿拉伯的政治反对派同时以宗教反对派的面目出现和发展,现代伊斯兰主义运动成为挑战以家族政治为核心的官方宗教政治的主要形式。沙特现代伊斯兰主义民间宗教政治的实质在于通过强调《古兰经》的神圣地位,挑战具有极权倾向的家族政治和传统性质的瓦哈卜派官方宗教政治。沙特阿拉伯的民间宗教政治以反对官方宗教政治的专制秩序为目标,进而挑战沙特家族的政治体制,致力于在沙特阿拉伯最终建立现代民主政治制度。官方宗教政治极权倾向与民间宗教政治自由倾向的对立是当今沙特阿拉伯宗教政治的重要特点。官方宗教政治极力维护现存秩序,民间宗教政治则构成政治反对派的外在形式。官方宗教政治与民间宗教政治的矛盾对抗,是特定历史条件下沙特阿拉伯政治现代化发展的重要形式。

第五节　民众政治诉求与官方政治改革的互动

    20世纪的沙特国家经历了深刻的历史变革。前石油时代,瓦哈卜派官方宗教政治与沙特家族政治相结合,改变了阿拉伯半岛传统社会的政治动荡状态,建立了统一的民族国家。石油繁荣时代,沙特阿拉伯国家资本主义经济基础的建立,摧毁了传统的农牧经济和社会结构,是沙特家族绝对主义政治建立的基础和保障。沙特家族自上而下的经济社会改革促进了沙特经济现代化的长足进步,社会结构呈现多元化趋势。民间资本得到一定程度的发展,民众经济和社会力量逐步壮大。海湾战争以来,现代伊斯兰主义的蓬勃发展和民间宗教政治运动对官方宗教政治和家族政治的挑战,以及与之相回应的沙特政权自上而下的政治改革,标志着沙特阿拉伯政治现代化开始进入实质阶段。

政治现代化的核心内容,在于民主化的历史进程抑或民众广泛的政治参与和权力分享。民主与专制的较量,是绝对主义时代沙特阿拉伯现代化进程在政治领域的集中体现。经济关系的变革和新旧社会势力的消长,提供了民主与专制激烈抗争的客观物质基础。民主化无疑是现代化进程中不可抗拒的历史潮流,而"山雨欲来风满楼"。石油时代,自下而上的政治诉求与自上而下的政治改革构成沙特阿拉伯政治现代化进程的历史模式。民间宗教政治运动的滥觞,标志着现代化进程中民众的政治崛起,体现民众广泛政治参与的强烈诉求,构成促使沙特家族自上而下的政治改革和推动民主化进程的社会动力。沙特家族垄断国家权力的政治制度在石油时代面临着民众政治崛起的严峻挑战,形式各异的民间宗教政治运动预示着沙特阿拉伯即将到来的政治变革,可谓民主化政治风暴的前兆。

海湾战争以来,沙特阿拉伯的民众政治运动表现为温和倾向之请愿运动与激进倾向之暴力事件的错综交织。来源各异的诸多社会力量,通过温和与激进的不同方式,表达不同社会群体的政治诉求,挑战沙特阿拉伯的现存政治秩序,深刻影响着沙特阿拉伯的政治发展进程。官方政治改革是民众政治诉求的逻辑结果,民众政治的挑战与官方政治的应对构成推动沙特阿拉伯政治现代化发展的核心要素。

20世纪90年代初期,面对现代伊斯兰主义的挑战和沙特民众的强烈要求,沙特阿拉伯开始进行自上而下的政治改革,制定《基本法》和建立协商会议是沙特阿拉伯王国政治改革的核心内容。然而,姗姗来迟的政治改革并不能满足民众政治参与的基本需求。1992年制定的《基本法》强调君主制是沙特阿拉伯的基本政治制度,强调沙特家族在国家政治生活中的核心地位。这部《基本法》虽然已经具备国家宪法的外形,但完全不能满足现代国家的需要。议会政治和选举政治是现代政治之不可或缺的重要组成部分,议会政治与选举政治的结合是政治民主化进程的标志性内容。迫于民间政治反对派要求改革的压力,1993 年,沙特阿拉伯成立国家协商会议,并且进行中央和地方的行政改革。然而,国家协商会议的成员都是由沙特王室任命产生,协商会议处于沙特家族的操纵之下,并不具有现代议会所必须具备的独立性和选举政治性质。协商会议并非制约王权和实现民众政治参与的政治机构,不能满足现代性质国家的政治需要。《基本法》的颁布和国家协商会议的召开,构成宪政和议会政治的外在形式,为沙特阿拉伯政治现代化的发展,提供了必要的框架和平台,可谓民主化之形式方面的重要成果。沙特阿拉伯制定《基本法》和建立协商会议的目的在于巩固现存的政治秩序和强化君主制度,而非改变沙特阿拉伯现存的政治秩序和建立现代民主制国家。沙特阿拉伯的国家政策仍由为数不多的王室领导成员协商制定,国家的决策进程具有不公开的特点。沙特家族操纵着国家的行政机构和司法机构,沙特家族和显贵人士凌驾于国家法律之上。沙特阿拉伯自上而下的政治改革未能适应沙特阿拉伯经济和社会的剧烈变革,教俗合一的官方宗教政治已经成为阻碍沙特阿拉伯发展的意识形态和政治制度。

沙特阿拉伯王国严厉禁止集会和组建政治团体等政治表达和政治参与的途径,清真寺成为民众唯一可以发泄不满和表达个人意见的场所。以现代伊斯兰主义为核心的民间宗教政治是沙特阿拉伯王国自下而上政治运动的主要方式。自下而上的民间宗教政治否定自上而下的官方宗教政治,推动着沙特社会的发展和王国的民主化进程。沙特阿拉伯现代伊斯兰主义为民众的政治参与提供了重要途径,体现了民众政治动员和政治参与的扩大。现代伊斯兰主义的理论和实践构成沙特阿拉伯政治民主化的重要内容。

20 世纪 90 年代初期,民间宗教政治主要表现为非暴力的政治呼吁和政治请愿。然而具有温和倾向的民间宗教政治未被沙特家族所接受,沙特民众的政治改革要求并没有得到沙特政府的回应,沙特民间宗教政治所呼吁的法治、民主和议会政治等要求被沙特政府所忽略。沙特官方宗教政治还积极采取对民间宗教政治的压制和打击政策。沙特家族采取高压政策,试图通过以强化新闻审查和舆论控制的手段和暴力镇压的方式消灭沙特阿拉伯的民间宗教政治反对派。1992—1994年,沙特政府发起逮捕和迫害民间宗教政治势力的政治浪潮。王国的政治犯人数不断上升。内务部长纳伊夫宣布,110名沙特阿拉伯公民由于从事威胁国家安全的政治活动而被政府逮捕。反对派公布的数量则远大于此,被捕者数量据称有数千人。

　　沙特阿拉伯官方宗教政治和家族政治的绝对主义性质导致民间宗教政治极端和激烈的倾向。沙特政府采取的高压政策和暴力镇压宗教政治反对派的手段,导致沙特国内的政治气氛日益恐怖,激进倾向反对派的暴力活动日渐增多。沙特阿拉伯民间宗教政治由此呈现出从合法斗争到非法斗争,从非暴力斗争到暴力斗争的演进趋势。民间宗教政治从温和倾向向激进倾向的发展,是沙特家族绝对主义政治统治模式的必然结果。一些现代伊斯兰主义活动家流亡海外并建立反对沙特政权的政治组织,通过著书立说的途径来否定君主制的合法性和沙特家族的统治地位,号召民众推翻沙特家族的统治。另一些伊斯兰激进分子则采用暴力方式来反对沙特家族统治的方式,许多秘密团体和组织在沙特阿拉伯涌现出来。激进的民间宗教政治已经严重威胁到沙特家族的生存,沙特阿拉伯呈现出政治动荡的状态。

　　世纪之交,沙特家族政治内部的民主化进程启动,是为沙特阿拉伯政治现代化进程的重要内容。王室家族委员会的成立和重组,使家族协商机构正式成为王国的最高政治权威,国王成为家族协商机构的重要领导和代言人,大臣会议和国家协商会议则成为家族协商机构的执行机关。凡有王位继承权的王族分支都有代表参加王室家族委员会,家族协商的政治原则正式确立。沙特家族内部的政治民主化,标志着沙特阿拉伯的政治民主化进程从外在的形式延伸到内在的层面,构成沙特阿拉伯政治民主化进程的重要里程碑。民主化进程,以自上而下的方式,从作为国家统治者的沙特家族开始,逐渐延伸到沙特家族之外,延伸到社会与民众的层面,构成沙特阿拉伯政治民主化进程的特定模式。

新世纪温和倾向的"伊斯兰—自由主义"运动在一定程度上构建了民众政治的统一战线,而圣战派和阿拉伯半岛基地组织运动的暴力活动极大威胁了沙特政权的稳固。沙特王储阿卜杜拉主持召开全国对话会议,制定政治和宗教改革的宣言,举行地方议会选举,建立国家人权协会,试图通过自上而下的政治改革缓解民众政治挑战的压力。沙特家族表现出推动政治改革进程的姿态。沙特家族垄断国家权力和排斥民众政治参与的冰山,开始出现融化的迹象。新世纪地方议会选举进程的启动,标志着宪政制度开始具有民主化的内涵。然而,议会政治和选举政治还远不成熟。国家协商会议具有议会的萌芽形式,却完全不具备议会应有的独立政治地位和立法权力。家族政治和君主政治仍未脱离绝对主义政治的历史范畴。官方承诺的改革措施并没有得到完全的贯彻,许多改革举措仅仅停留在文字层面而未能付诸实践,国家人权协会的成员亦由政府任命。

第六节　政治现状与政治动向分析

综观世界历史,政治发展的道路通常表现为艰难和曲折的过程,沙特阿拉伯亦不例外。自20世纪90年代以来,沙特阿拉伯的反对派政治势力无疑呈明显上升的趋势,反对派的政治影响不断扩大,政治风暴的诸多征兆日趋显见,民众力量的崛起与沙特家族的权力垄断之间的激烈抗争则是引发政治风暴的源头所在。虽然沙特家族启动了多项政治改革措施,然而沙特阿拉伯的家族政治、议会政治和选举政治无疑处于精英政治的历史阶段。沙特家族的政策调整和官方承诺的政治改革,显然不足以平息民众的不满情绪。民间宗教政治借助现代伊斯兰主义的形式,分别强调神权政治性、民众参与性或圣战暴力性之要素,旨在以民众政治取代精英政治。沙特阿拉伯的政治现代化进程还任重道远。

公民社会的缺失,是制约沙特阿拉伯民主化进程的重要因素。世纪之交,沙特阿拉伯民间宗教政治运动的派别划分日渐明晰。民间宗教政治运动的多元化倾向,代表着沙特阿拉伯公民社会发育的初步迹象,是为民主化进程不可或缺的条件。然而,多数民间宗教政治运动的非法地位,导致民众缺乏反映自身诉求的正常社会渠道,官方意志与民众意志常常处于对立的状态。民众意志在一定程度上通过激进的宗教政治运动得以表达,公民社会尚不成熟。

　　以石油繁荣为基础的食利国家具有利用公共福利缓解社会矛盾之特殊功能。沙特阿拉伯的财政收入来源于外国交付的巨额石油美元而非来自国内经济发展之税收。沙特家族以高福利的社会政策和广泛的社会补贴换取民众的忠诚和顺从,公共福利作为政治无为主义之补偿成为沙特阿拉伯社会特殊的社会契约。巨额的石油收入还使收买潜在的政治反对派成为可能。沙特家族通过控制石油经济而间接地控制社会变动,确保政治稳定和巩固政治霸权。1999—2001年强劲的石油价格为沙特家族的政治统治注入了强心剂。[①] 尽管存在针对西方国家和沙特政府的暴力攻击,但绝大多数社会民众尚未放弃对沙特家族的支持。官方统治基础与民间宗教政治运动之间的力量对比尚未改变,政治天平尚不足以发生明显的倾斜。

　　世纪之交,沙特阿拉伯的民间宗教政治运动无疑呈明显上升的趋势,民间宗教政治派别的政治影响不断扩大。"觉醒派谢赫"在一定程度上参与到国家政治改革的进程之中。"伊斯兰—自由主义"运动的政治请愿在沙特阿拉伯的政治舞台留下了深刻的印记。"圣战派"运动与"阿拉伯半岛基地组织"的暴力行动给沙特家族的统治造成了巨大的压力。然而,由于缺乏多方共同接受的明确政治纲领以及克里斯玛式的政治领袖,沙特阿拉伯的宗教政治派别难以形成长期稳定的政治联盟。"觉醒派谢赫"和"伊斯兰—自由主义"运动长期停留在精英政治的发展阶段,社会基础相对薄弱。加之中产阶级与沙特家族之间存在着千丝万缕的联系,其在挑战

---

　　① Champion, Daryl. (2003). *The Paradoxical Kingdom:Saudi Arabia and the Momentum of Reform*. p. 143. London:Hurst & Co.

沙特家族权力垄断和推动民主化进程方面具有明显的软弱性和妥协性。"圣战派"运动与"阿拉伯半岛基地组织"主要与跨国基地组织网络相联系,在沙特阿拉伯国内的支持者局限于从阿富汗归国的圣战者和持激进宗教政治意识形态的城市贫民。他们在一定程度上脱离了沙特阿拉伯社会发展的主流方向,未能得到沙特社会民众的广泛支持。

现代化进程在政治层面的历史运动,表现为传统政治稳定的衰落和现代政治稳定的逐渐确立。政治稳定与政治动荡交替出现是国家现代化过程中不可避免的历史现象。政治请愿和政治暴力都是政治参与的表现形式。民众的政治请愿受到绝对主义政治的压迫时即转为政治暴力活动。政治暴力是在特殊的政治环境中扩大政治动员的重要方式。政治暴力的目标是表达民众意志和实现政治参与。沙特阿拉伯现代伊斯兰主义从温和走向温和与激进并存的多元化发展道路,是民众政治参与扩大的特殊表现形式。

政治发展的主要模式有政治革命和政治改革。政治革命是变更政治体系的激烈变革,是政治权力的迅速变更方式。政治改革则通过调整社会政治利益关系的方式,构建新的政治权力格局,以适应社会政治发展的需要。政治改革有利于国家社会经济的持续发展,然而当代表传统政治权力结构和政治秩序的统治阶级不愿主动退出历史舞台时,政治革命便成为政治发展的动力。当统治阶级主动对政治权力结构和政治秩序进行调整时,政治改革就成为政治发展的主要推进方式。政治动荡的激烈程度,取决于统治意愿与民众意志之间的差异程度,取决于统治模式与相应的反抗模式。相对宽松的政治环境常常与温和倾向的政治运动相联系,从而实现自上而下的政治改革和实现政治权力的平稳过渡。而高压独裁的政治环境常常成为极端倾向政治运动发展的沃土,高压独裁的政治统治有可能暂时掩盖和压制社会矛盾和政治对抗,却不能消除社会矛盾和政治对抗,最终常常导致社会的断裂和暴力的革命。沙特阿拉伯未来的政治发展将采取何种模式尚不明晰,目前存在多种可能性。一种可能性较大的模式是,沙特家族通过自上而下的政治改革,以温和渐进的方式缓解民众与官方的政治对立,实现民众广泛的政治参与和权力分享,推动沙特阿拉伯的民主化进程。另外一种可能性仍然存在,即通过自下而上的政治革命,以激烈和极端的方式否定现存的政治秩序和实现政治权力的更替。

参考文献

中文文献

马克思恩格斯全集(第 28 卷).北京:人民出版社,1973.

马克思恩格斯选集(第 1 卷).北京:人民出版社,1972.

北京大学亚非研究所西亚研究室.石油王国沙特阿拉伯.北京:北京大学出版社,1985.

[英]彼得·霍布德著,梁丙添译.今日沙特阿拉伯.北京:商务印书馆,1981.

[英]伯纳·路易著,马肇椿、马贤译.历史上的阿拉伯人.北京:中国社会科学出版社,1979.

[美]C·E·布莱克著,段小光译.现代化的动力.成都:四川人民出版社,1988.

[美]菲利普·希提著,马坚译.阿拉伯通史.北京:商务印书馆,1979.

哈全安.古典伊斯兰世界.北京:中国青年出版社,1998.

哈全安.中东国家的现代化历程.北京:人民出版社,2006.

哈全安.中东史:610—2000.天津:天津人民出版社,2010.

黄民兴.沙特阿拉伯——一个产油国人力资源的发展.西安:西北大学出版社,1998.

[美]凯马尔·卡尔帕特编,陈和丰等译.当代中东的政治和社会思想.北京:中国社会科学出版社,1992.

[美]拉蒙·克瑙尔黑斯.北京大学亚非研究所西亚研究室译.沙特阿拉伯经济.北京:北京大学亚非研究所,1981.

刘竞、安维华.现代海湾国家政治体制研究.北京:中国社会科学出版社,1994.

刘景华.大国衰落之鉴.北京:人民出版社,2007.

罗荣渠.现代化新论.北京:北京大学出版社,1993.

吕大吉.宗教学通论新编.北京:中国社会科学出版社,1998.

[德]马克斯·韦伯著,林荣远译.经济与社会.北京:商务印书馆,1997.

[叙]莫尼尔·阿吉列尼著,何义译.费萨尔传.北京:商务印书馆,1977.

[苏]尼·伊·普罗申著,北京大学历史系翻译小组译.沙特阿拉伯:历史与经济概况.北京:北京人民出版社,1973.

彭树智.伊斯兰教与中东现代化进程.西安:西北大学出版社,1997.

钱学文.当代沙特阿拉伯王国社会与文化.上海:上海外语教育出版社,2003.

[美]塞缪尔·亨廷顿著,张岱云等译.变动社会的政治秩序.上海译文出版社,1989.

[美]塞缪尔·亨廷顿等著,现代化:理论与历史经验的再探讨.上海:上海译文出版社,1993.

孙关宏、胡雨村、任军锋.政治学概论.上海:复旦大学出版社,2003.

孙鲲.沙特经济新貌.北京:时事出版社,1989.

[日]田村秀治.伊斯兰盟主——沙特阿拉伯.上海:上海译文出版社,1981.

[英]R·H·托尼著,赵月瑟等译.宗教与资本主义的兴起.上海:上海译文出版社,2006.

[以]S.N.艾森斯塔德著,旷新年等译.反思现代性.北京:三联书店,2006.

[以]S.N.艾森斯塔德著,张旅平等译.现代化:抗拒与变迁.中国人民大学出版社,1988.

王京烈.当代中东政治思潮.北京:当代世界出版社,2003.

王铁铮.沙特阿拉伯的国家与政治.西安:三秦出版社,1997.

王铁铮、林松业.中东国家通史:沙特阿拉伯卷.北京:商务印书馆,2000.

[英]威廉·穆尔著,周术情、吴彦等译.阿拉伯帝国.西宁:青海人民出版社,2006.

吴冰冰.什叶派现代伊斯兰主义的兴起.中国社会科学出版社,2004.

[美]西·内·费西尔著,姚梓良译.中东史.北京:商务印书馆,1980.

杨灏城.当代中东热点问题的历史探索:宗教与世俗.北京:人民出版社,2000.

张俊彦.中东国家经济发展战略研究.北京:北京大学出版社,1985.

中文期刊

[苏]阿·瓦西里也夫.沙特的家族统治和社会结构.西亚非洲,1981(3).

[法]埃里克·鲁劳.沙特阿拉伯的社会状况.西亚非洲,1982(1).

毕健康、王艳峰.从大臣会议制看沙特阿拉伯的政治发展.西亚非洲,2008(6).

陈德成.论沙特阿拉伯的政治现代化.西亚非洲,1996(6).

东方晓.伊斯兰运动与中东穆斯林国家的政治合法性危机.西亚非洲,1994(4).

邓碧波.宗教世俗化与现代伊斯兰原教旨主义的产生.世界宗教文化,2005(4).

杜红.伊斯兰教与伊斯兰国家的现代化.世界宗教研究,1997(1).

杜红.伊斯兰教与政治现代化.世界宗教文化,1995(4).

杜红.伊斯兰教与经济现代化.世界宗教文化,1996(3).

哈全安.从白色革命到伊斯兰革命——伊朗现代化的历史轨迹.历史研究,2001(6).

哈全安.纳赛尔主义与埃及的现代化.世界历史,2002(2).

哈全安.伊朗现代化进程中的世俗政治与宗教政治.史学理论研究,2008(3).

黄民兴.论沙特阿拉伯现代化的阶段及其特点.西亚非洲,1994(6).

黄民兴.论沙特阿拉伯现代人力资源的形成及其特点.世界历史,1996(2).

柯惠玲.沙特王国:家族与宗教的结合.百科知识,2005(10).

李国发.法赫德国王在沙特经社发展和政权建设中的作用.阿拉伯世界研究,1997(2).

李军保.沙特阿拉伯的宗教政治反对派.国际资料信息,2005(8).

李绍先.沙特阿拉伯王国政府——"大臣会议".西亚非洲,1992(4).

李志星.身陷困局的沙特王室命运.现代国际关系,2004(9).

刘鸿武.当代沙特王国君主政治的改革与演变.世界经济与政治,1991(10).

刘鸿武.论君主制在沙特阿拉伯长期延续的根源.西亚非洲,1991(2).

刘靖华.伊斯兰教、君主专制与发展.西亚非洲,1990(2).

刘中民.冷战后伊斯兰原教旨主义的新特点.世界宗教文化,1996(6).

刘中民.伊斯兰原教旨主义对民族主义的思想挑战.世界民族,2001(6).

卢少志、贾淑荣.全球化与沙特阿拉伯的政治民主化进程.内蒙古民族大学学报(社会科学版),2003,6.

吕翙欣.浅谈瓦哈卜教与现代沙特王国政权的互动.陕西教育学院学报,2004(5).

马明贤.沙特阿拉伯王国的法制现代化.西亚非洲,2008(6).

马小红.沙特阿拉伯反政府活动的特点及其失败原因.阿拉伯世界,1994(1).

马小红.沙特王族君主制的伊斯兰性.阿拉伯世界研究,1998(4).

马小红.试析影响沙特稳定的主要因素.阿拉伯世界研究,1997(1).

马小红.乌里玛与保持君主制的伊斯兰性.阿拉伯世界研究,1999(1).

马秀卿.面向 21 世纪的沙特阿拉伯经济.西亚非洲,1996(5).

马志学.全球化与中东现代化进程.阿拉伯世界,2002(1).

敏敬.伊本·泰米叶的时代及其思想.世界宗教研究,2004(4).

钮松.沙特阿拉伯王国的政治现代化.武汉大学学报(人文科学版),2007(6).

钱学文.沙特的瓦哈卜主义.阿拉伯世界,2002(3).

钱学文.论沙特的经济政策与私营经济的关系(一).阿拉伯世界研究,1997(1).

钱学文.论沙特的经济政策与私营经济的关系(二).阿拉伯世界研究,1997(2).

钱学文.论沙特的经济政策与私营经济的关系(三).阿拉伯世界研究,1997(3).

施桦.沙特贝都因人的定居工程.阿拉伯世界,2004(6).

唐宝才.略论沙特阿拉伯政治制度及政治民主化走势.西亚非洲,2007(3).

田传宇,王爱敏.现代沙特阿拉伯王国定都利雅得原因探析.社会科学论坛,2007(10).

田文林、林海虹.对伊斯兰原教旨主义的多学科分析.世界民族,2001(1).

涂龙德.伊斯兰原教旨主义极端势力的全球化.阿拉伯世界,2007(4).

谢鹏.论沙特王国的政治民主化.国际政治研究,1996(3).

王彤.浅议沙特阿拉伯王国政治制度.世界历史,2003(1).

王彤.沙特君主制政权相对稳定的原因.阿拉伯世界,2003(1).

王彤.沙特王国君主制的伊斯兰特征.世界历史,2002(4).

王铁铮.从炸弹袭击案——探寻沙特.世界知识,2003(23).

王铁铮.论沙特阿拉伯的政教联盟.西亚非洲,1995(4).

王铁铮.浅析九十年代沙特王国的伊斯兰潮.西亚非洲,1996(6).

王铁铮.沙特阿拉伯的乌里玛阶层及其宗教组织.西亚非洲,1993(4).

王铁铮.沙特阿拉伯的政治体制及其变革.西北大学学报,1995(4).

王铁铮.试探沙特王国社会结构的演变及其特点.世界历史,1998(4).

王侠.时代变迁中的沙特阿拉伯.阿拉伯世界,2004(5).

伍庆玲.现代沙特社会经济结构的演变.西亚非洲,1995(3).

吴彦.费萨尔改革与沙特阿拉伯王国现代化.阿拉伯世界研究,2006(1).

吴彦.沙特阿拉伯宗教政治初探.西亚非洲,2008(6).

吴彦.沙特王国现代化进程中的民间政治反对派.现代化研究(第四辑),商务印书馆,2009.

吴云贵.当代伊斯兰原教旨主义析论.世界宗教研究,1999(2).

吴云贵.伊斯兰教与中东政治.世界宗教研究,1997(1).

吴云贵.伊斯兰原教旨主义、宗教极端主义与国际恐怖主义辨析.国外社会科学,2002(1).

杨恕.沙特的改革成就与面临的挑战.阿拉伯世界,2003(3).

杨恕、续建宜.试论伊斯兰世界非政府宗教政治组织.新疆社会科学,2004(5).

雨思.沙特人口、劳力结构和就业状况.阿拉伯世界,2004(2).

张晓东.伊斯兰教与现代化.西亚非洲,1989(2).

赵国忠.沙特家族化治国模式.西亚非洲,2000(4).

周燮藩.伊斯兰教伦理.传统形式及其现代意义.世界宗教研究,2005(4).

朱少华.恐怖分子缘何盯上沙特.瞭望新闻周刊,2003(46).

朱少华.左右为难的沙特王室.瞭望新闻周刊,2003(1).

英文文献

Aarts, Paul. (2005). *Saudi Arabia in the Balance*. London: C. Hurst & Co. Ltd.

Abir, Mordechai. (1993). *Saudi Arabia: Government, Society, and the Gulf Crisis*. London; New York: Routledge.

Abir, Mordechai. (1988). *Saudi Arabia in the Oil Era: Regime and Elites; Conflict and Collaboration*. London: Croom Helm.

Aburish, K. (1996). *The Rise, Corruption, and Coming Fall of the House of Saud*. New York: St. Martin's Griffin.

Ahmed, Akbar S. (1988). *Discovering Islam: Making Sense of Muslim History and Society*. London: Routledge & K. Paul.

Akbarzadeh, Shahram and Saeed, Abdullah. (2003). *Islam and Political Legitimacy*. London; New York: RoutledgeCurzon.

Akkad A. A. (1983). *Development of Indigenous Manpower in Saudi Arabia*. Colorado.

Albers, Henry Herman. (1989). *Saudi Arabia: Technocrats in a Traditional Society*. New York: Lang.

Anderson, Norman. (1990). *The Kingdom of Saudi Arabia*. London: Stacey International.

Anscombe, Frederick F. (1997). *The Ottoman Gulf: the Creation of Kuwait, Saudi Arabia, and Qatar*. New York: Columbia University Press.

Ankary, al-, K. M. (1989). *Urban and Rural Profiles in Saudi Arabia*. Berlin: G. Borntraeger.

Armstrong, H. C. (1938). *Lord of Arabia, Ibn Saud: an Intimate Study of a King*. Harmondsworth, Middlesex: Penguin Books Limited.

Askari, Hossein. (1990). *Saudi Arabia's Economy: Oil and the Search for Economic Development*. Greenwich, Conn.: Jai Press.

Bashir, al-, F. S. (1977). *A Structural Econometric Model of the Saudi Arabian Economy*. 1960—1970, New York: Wiley.

Beling, Willard A. (1980). *King Faisal and the Modernization of Saudi Arabia*. London: Croom Helm.

Bligh, Alexander. (1984). *From Prince to King: Royal Succession in the House of Saud in the Twentieth Century*. New York: New York University Press.

Bradley, John R. (2005). *Saudi Arabia Exposed: Inside a Kingdom in Crisis*. New York: Palgrave Macmillan.

Champion, Daryl. (2003). *The Paradoxical Kingdom: Saudi Arabia and the Momentum of Reform*. London: Hurst & Co.

Cordesman, A. H. (2003). *Saudi Arabia Enters the Twenty-First Century: the Military and International Security Dimensions*. Westport, Conn.: Praeger.

Cordesman, A. H. (2003). *Saudi Arabia Enters the Twenty-first Century: the Political, Foreign Policy, Economic, and Energy Dimensions*. Conn.: Praeger.

Cordesman, A. H. (1997). *Saudi Arabia: Guarding the Desert Kingdom*. Boulder, Colo.: Westview Press.

Davidson, Lawrence. (1998). *Islamic Fundamentalism*. Greenwood Press.

Dekmejian, R. Hrair. (1995). *Islam in Revolution: Fundamentalism in the Arab World*. Syracuse, N. Y. : Syracuse University Press.

Division, F. R. (2004). *Saudi Arabia: a Country Study*. Whitefish, MT: Kessinger Publishing.

Donald, M. Moliver. (1980). *The Economy of Saudi Arabia*. New York: Praeger.

Enayat, Hamid. (1982). *Modern Islamic Political Thought*. London: Macmillan Presss.

Esposito, John L. (1980). *Islam and Development: Religion and Sociopolitical Change*. Syracuse, N. Y. : Syracuse University Press.

Esposito, John L. (2001). *Makers of Contemporary Islam*. Oxford: Oxford University Press.

Faksh, Mahmud A. (1997). *The Future of Islam in the Middle East: Fundamentalism in Egypt, Algeria, and Saudi Arabia*. Westport, Conn. : Praeger.

Fandy, Mamoun. (1999). *Saudi Arabia and the Politics of Dissent*. London: Macmillan Press.

al-Farsy, Fouad. (1994). *Modernity and Tradition: The Saudi Equation*. St Peter Port: Knight Communications.

al-Farsy, Fouad. (1982). *Saudi Arabia: A Case Study in Development*. Kegan Paul International.

Gold, Dore. (2003). *Hatred's Kingdom: How Saudi Arabia Supports the New Global Terrorism*. Washington, DC: Regnery Pub.

Hajrah, Hassan Hamza. (1982). *Public Land Distribution in Saudi Arabia*. London; New York: Longman.

al-Hariri, Wahbi. (1990). *The Heritage of the Kingdom of Saudi Arabia*. Washington, D.C. : GDG Publications.

Heinrichs, Ann. (2002). *Saudi Arabia*. New York: Children's Press.

Helms, Christine Moss. (1981). *The Cohesion of Saudi Arabia: Evolution of Political Identity*. London: Croom Helm.

Henderson, Simon. (1994). *After King Fahd: Succession in Saudi Arabia*. Washington, D. C. : The Washington Institute for Near East Policy.

Heper, Metin and Raphael Israeli. (1984). *Islam and Politics in the Modern Middle East*. London: Croom Helm.

Herb, Michael. (1999). *All in the Family: Absolutism, Revolution and Democracy in the Middle Eastern Monarchies*. Albany, NY: State University of New York Press.

Hobday, Peter. (1978). *Saudi Arabia Today: an Introduction to the Richest Oil Power*. Macmillan Pr.

Holden, David. (1982). *The House of Saud*. London: Pan Books Ltd.

Hopwood, Derek. (1972). *The Arabian Peninsula: Society and Politics*. London: Geo. Allen & Unwin.

Howarth, David. (1964). *The Desert King: a Life of Ibn Saud*. London: Collins.

Huyette, Summer Scott. (1985). *Political Adaptation in Saudi Arabia: a Study of the Council of Ministers*. M. E. Sharpe. Westview Press.

Islami, A. Rezas. (1984). *The Political Economy of Saudi Arabia*. Washingtox D. C. : University of Washington Press.

Jerichow, Anders. (1998). *The Saudi file: People, Power, Politics*. Surrey: Curzon Press.

Johany, Ali D. (1986). *The Saudi Arabian Economy*. Baltimore: Johns Hopkins University Press; London: Cromm Helm.

al-Juhany, Uwaidah M. (2002). *Najd Before the Salafi Reform Movement: Social, Political and Religious Conditions During the Three Centuries Preceding the*

Rise of the Saudi State. Reading: Ithaca Press.

Kanovsky, Eliyahu. (1994). *The Economy of Saudi Arabia: Troubled Present, Grim Future*. Washington, D. C. : Washington Institute for Near East Policy.

Kechichian, Joseph A. (2001). *Succession in Saudi Arabia*. New York: Palgrave.

Khoury, P. S. and Kostiner, J. (1990). *Tribes and State Formation in the Middle East*. Berkeley and Los Angeles: University of California Press.

Kienle, E. (2003). *Politics from Above, Politics from Below: the Middle East in the Age of Economic Reform*. London: Saqi.

Knauerhase, Ramon. (1975). *The Saudi Arabian Economy*. New York: Praeger.

Kostiner, Joseph. (1993). *The Making of Saudi Arabia* (1916—1936): *From Chieftaincy to Monarchical State*. New York: Oxford University Press.

Kostiner, Joseph. (2000). *Middle East Monarchies: The Challenge of Modernity*. Boulder, CO: Lynne Rienner.

Kubursi, A. A. (1984). *Oil, Industrialization & Development in the Arab Gulf states*. London; Dover, N. H. : Croom Helm.

Lacey, Robert. (1982). *The Kingdom*. New York: Harcourt Brace Jovanovich.

Lackner, Helen. (1978). *A House Built on Sand: A Political Economy of Saudi Arabia*. London: Ithaca Press.

Lipsky, George A. (1959). *Saudi Arabia: Its People, Its Society, Its Culture*. New Haven: HRAF Press.

Long, David E. (1997). *The Kingdom of Saudi Arabia*. Gainesville: University Press of Florida.

Looney, R. E. (1990). *Economic Development in Saudi Arabia: Consequences of the Oil Price Decline*. Geenwich, Conn. : Jai Press.

Looney, Robert E. (1982). *Saudi Arabia's Development Potential: Application of an Islamic Growth Model*. Lexington, Mass. : Lexington Books.

Mackey, Sandra. (1987). *The Saudis: Inside the Desert Kingdom*. Boston: Houghton Mifflin.

Mallakh, Ragaei. (1982). *Saudi Arabia: Energy, Developmental Planning, and Industrialization*. Lexington, Mass. : Lexington Books.

Masood, Rashid. (1984). *Industrialization in Oil-Based Economies: A Case Study of Saudi Arabia*. New Delhi: ABC Pub. House.

McLoughlin, Leslie. (1993). *Ibn Saud : Founder of a Kingdom*. New York: St. Martin's Press.

Meadows, Robert J. (2000). *What Price for Blood?: Murder and Justice in Saudi Arabia*. San Francisco, Calif. : Robert D. Reed Publishers.

Moliver, Donald M. (1980). *The Economy of Saudi Arabia*. New York: Praeger.

Moussalli, Ahmad S. (1999). *Moderate and Radical Islamic Fundamentalism: the Quest for Modernity, Legitimacy, and the Islamic State*. University Press of Florida.

Najem, Tom Pierre and Hetherington, Martin. (2003). *Good Governance in the Middle East Oil Monarchies*. London; New York: RoutledgeCurzon.

Natasha, Alexander. (1999). *Saudi Arabia: Country Study Guide*. Washington, D. C. : International Business Publications.

Niblock, Tim. (1982). *State, Society and Economy in Saudi Arabia*. London: Croom Helm.

Niblock, Tim. (2006). *Saudi Arabia: Power, Legitimacy and Survival*. New York: Poutledge.

Niblock, Tim. (2007). *The Political Economy of Saudi Arabia*. Abingdon, Oxon; New York: Routledge.

Nyrop, Richard F. (1984). *Saudi Arabia, a Country Study*. Washington, D. C. :

参考文献

Foreign Area Studies, American University.

Peterson, John. (2002). *Saudi Arabia and the Illusion of Security*. London: Oxford University Press for the International Institute for Strategic Studies.

Philbi, H. (1968). *Saudi Arabia*. Beirut: Lebanon Bookshop.

Pompea, Sophie. (2002). *Saudi Arabia: Issues, Historical Background, and Bibliography*. New York: Nova Science Publishers.

Posusney, M. P. (2005). *Authoritarianism in the Middle East: Regimes and Resistance*. Boulder, Colo. : Lynne Rienner Publishers.

Presley, J. R. (1989). *A Guide to the Saudi Arabian Economy*. London: Macmillan.

Ramady, M. A. *The Saudi Arabian Economy: Policies, Achievements and Challenges*. New York: Springer.

Al-Rasheed, Madawi. (2002). *A History of Saudi Arabia*. New York: Cambridge University Press.

Al-Rasheed, Madawi. (2004). *Counter-Narratives: History, Contemporary Society, and Politics in Saudi Arabia and Yemen*. New York: Palgrave Macmillan.

Robert, E. Looney. (1982). *Saudi Arabia's Development Potential: Application of a Growth Model*. Lexington, Mass. : Lexington Books.

Safran, Nadav. (1985). *Saudi Arabia: The Ceaseless Quest for Security*. Cambridge, MA: The Belknap Press of Harvard University Press.

Schwartz, Stephen. (2002). *The Two Faces of Islam: The House of Sa'ud from Tradition to Terror*. New York: Doubleday.

Scott, Max. (2006). *The Kingdom of Saudi Arabia*. London: Stacey International.

Shaw, John A. and David E. Long. (1982). *Saudi Arabian Modernization: the Impact of Change on Stability*. New York, N. Y. : Praeger.

Simons, G. L. (1998). *Saudi Arabia: the Shape of a Client Feudalism*. New

York: St. Martin's Press.

Teitelbaum, Joshua. (2000). *Holier Than Thou: Saudi Arabia's Islamic Opposition*. Washington, DC: Washington Institute for Near East Policy.

Troeller, Gary. (1976). *The Birth of Saudi Arabia: Britain and the Rise of the House of Saud*. London: Frank Cass.

Vassiliev, Alexei. (2000). *The History of Saudi Arabia*. New York: New York University Press.

Watenpaugh, Keith David. (2006). *Being Modern in the Middle East: Revolution, Nationalism, and the Arab Middle Class*. Princeton, NJ: Princeton University Press.

Winder, Richard Bayly. (1965). *Saudi Arabia in the Nineteenth Century*. London: Macmillan.

Wilson, Peter W. and Graham, Douglas F. (1994). *Saudi Arabia: The Coming storm*. New York: M. E. Sharpe.

Wilson, Rodney. (2004). *Economic Development in Saudi Arabia*. London; New York: RoutledgeCurzon.

Al-Yassini, Ayman. (1985). *Religion and State in the Kingdom of Saudi Arabia*. Boulder: Westview Press.

Yizraeli, Sarah. (1997). *The Remaking of Saudi Arabia: the Struggle Between King Sa'ud and Crown Prince Faysal*, 1953—1962. Tel Aviv University.

英文论文

Aba-Namay, Rashed. (1993). The Recent Constitutional Reforms in Saudi Arabia. *The International and Comparative Law Quarterly*, Vol. 42, No. 2.

Aba-Namay, Rashed. (1998). The New Saudi Representative Assembly. *Islamic*

参考文献

Law and Society, Vol. 5, No. 2.

Abukhalil, A. (2006). The Battle for Saudi Arabia. *New Internationalist*, Issue 389.

Baer, Robert. (2003). The fall of the House of Saud. *Atlantic Monthly*, Vol. 291, Issue 4.

Bahgat, Gawdat. (2004). Saudi Arabia and the War on Terrorism. *Arab Studies Quarterly*, Winter.

Bligh, Alexander, (1985). The Saudi Religious Elite (Ulama) as Participant in the Political System of the Kingdom. *International Journal of Middle East Studies*, Vol. 17, No. 1.

Champion, Daryl, (1999). The Kingdom of Saudi Arabia-Elements of Instability Within Stability. *Middle East Review of International Affairs*, Vol. 3, No. 4.

Crystal, Jill. (1992). Society and State in the Gulf and Arab Peninsula: A Different Perspective. *International Affairs*, Vol. 68, No. 2.

Doran, Michael Scott. (2004). The Saudi Paradox. *Foreign Affairs*, Vol. 83, No. 1.

Economides, Michael J. (2005). Saudi Arabia after King Fahd. *Military Technology*, Vol. 29 Issue 9.

Edens, David G. (1974). The Anatomy of the Saudi Revolution. *International Journal of Middle East Studies*, Vol. 5, No. 1.

Fandy, Mamoun. (1999). CyberResistance-Saudi Opposition between Globalization and Localization. *Comparative Studies in Society and History*, Vol. 41, No. 1.

Farmer, Richard N. (1959). Local Entrepreneurship in Saudi Arabia. *The Business History Review*, Vol. 33, No. 1.

Gideon, T. W. (1997). Sword of Saud and the birth of a nation. *Military History*, Vol. 14, Issue 3.

Kechichian, Joseph A. (1986). The Role of the Ulama in the Politics of an Islamic State: The Case of Saudi Arabia. *International Journal of Middle East Studies*, Vol. 18, No. 1.

Kostiner, Joseph. (1996). State, Islam and Opposition in Saudi Arabia-The Post-Desert Storm Phase. *Terrorism & Political Violence*, Vol. 8 Issue 2.

Lacroix, Stephane. (2004). Between Islamists and Liberals: Saudi Arabia's New Islamo-Liberal Reformists. *Middle East Journal*, Vol. 58 Issue 3.

Lippan, Thomas W. (2004). The Battle for Saudi Arabia: Royalty, Fundamentalism, and Global Power. *Arab Studies Quarterly*, Fall.

Al-Mehaimeed, Ali M. (1993). The Constitutional System of Saudi Arabia: A Conspectus. *Arab Law Quarterly*, Vol. 8, No. 1.

Miller, Aaron David. (1981). Search for Security-Saudi Arabian Oil and American Foreign Policy, 1939—1949. *International Journal of Middle East Studies*, Vol. 13, No. 1.

Obaid, Nawaf E. (2002). In Al-Saud We Trust. *Foreign Policy*, No. 128.

Ochsenwald, William. (1981). Saudi Arabia and The Islamic Revival. *International Journal of Middle East Studies*, Vol. 13, No. 3.

Okruhlik, Gwenn. (2002). Networks of Dissent: Islamism and Reform in Saudi Arabia. *Current History*, Jan.

Okruhlik, Gwenn. (1999). Rentier Wealth, Unruly Law, and the Rise of Opposition-The Political Economy of Oil States. *Comparative Politics*, Vol. 31, No. 3.

Paul, Jim. (1980). Insurrection at Mecca. *MERIP Reports*, No. 91.

Sfeir, George N. (1988). The Saudi Approach to Law Reform. *The American Journal of Comparative Law*, Vol. 36, No. 4.

Sheean, Vincent. (1966). King Faisal's First Year. *Foreign Affairs*, Vol. 44 Issue 2.

Souryal, Sam S (1987). The Religionization of a Society: The Continuing Applica-
tion of Shariah Law in Saudi Arabia. *Journal for the Scientific Study of Religion*,
Vol. 26, No. 4.

Turner, Louis. (1978). Saudi Arabia: The Power of the Purse-Strings. *Interna-
tional Affairs*, Vol. 54, No. 3.

Walsh, John. (2003). Royal Crackdown. *International Review*, Fall, Vol. 25 Issue 3.

后 记

  《沙特阿拉伯政治现代化进程研究》一书系教育部人文社会科学重点研究基地重大项目"中东政治现代化进程研究"的研究成果（项目批准号：2009JJD770023），它是在笔者博士论文的基础上继续研究和修改而成。此项研究始于笔者的本科毕业论文写作，历经研究生阶段的继续学习和研究，至今已有八年多的时光。最初选择中东史作为研究领域，是受到国际政治舞台热点问题的吸引。而之所以在中东史领域选择沙特阿拉伯作为研究对象，是因为在接触中东史的最初阶段，了解到沙特阿拉伯在中东和伊斯兰世界的特殊地位，以及现今学术界沙特阿拉伯历史研究基础薄弱和学术空白甚多的状况，于是萌生了接受挑战的激情。本科时代年少轻狂的我并不知晓未来学术道路上的荆棘，随着对沙特阿拉伯历史学习和研究的深入，才真正明白这份挑战的含义。在此，首先要向恩师哈全安教授表达最深挚的感谢和敬意。在南开大学学习的十年中，哈老师从学习世界历史的最基本思路到研习中东历史的思维，都给予我耐心的教导。研究生阶段，此项研究从最初的选题、立意构思、谋篇布局到撰写论文，都倾注着恩师的心血。而其间多少次迷茫和彷徨，都是通过与老师讨论才走出了自己思维的狭隘空间，是老师的悉心指教引领我拨开现象的迷雾而接触到历史的本质。通过恩师十年的教导，我学习到的不仅仅是思想方法和写作风格，恩师严谨的治学态度、科学的治史方法和淡泊宁静的人生境界，亦将是我穷尽一生努力学习的楷模。

  感谢南开大学世界史系的各位老师，他们在十年中向我传授了世界史的知识，在学业上给了我很大的帮助。感谢南开大学的付成双教授，在学习历史的最初阶段，是付老师耐心的讲解，为我学习世界近现代史打下了基础。

感谢北京大学历史系的董正华教授和钱乘旦教授。笔者读博期间曾在北京大学访学一年，有幸得到合作导师董正华教授的悉心点拨，董老师在现代化理论方面给予我很多教育和帮助，为我进一步的学习和研究打下基础。在北京大学学习期间，笔者有幸得到钱乘旦教授的指导。钱老师深邃的思想和精辟的阐释令笔者在现代化理论方面和世界现代化进程比较研究方面茅塞顿开。钱老师对世界各国现代化进程的精辟分析丰富了我的专业背景和知识，为我进一步思考研究现代化问题拓宽了视野。

本书得以付梓，承蒙浙江大学人文学部党委书记沈坚教授和人文学院副院长吕一民教授鼎立推荐，在此深表谢意。感谢浙江大学人文学部的资助，同时要感谢浙江大学出版社陈佩钰编辑的支持和帮助。

最后，笔者要特别感谢家人多年来的理解和支持。感谢母亲为我辛劳一生的养育之恩，感谢丈夫多年来对我的关爱和支持，感谢公公婆婆对我和孩子的照料，感谢儿子的乖巧和懂事。

吴 彦

2011 年 4 月 28 日

于浙江大学西溪校区

图书在版编目(CIP)数据

沙特阿拉伯政治现代化进程研究 / 吴彦著. —杭州：
浙江大学出版社，2011.10
ISBN 978-7-308-09116-9

Ⅰ.①沙… Ⅱ.①吴… Ⅲ.①政治－研究－沙特阿拉伯
Ⅳ.①D738.4

中国版本图书馆 CIP 数据核字(2011)第 190844 号

沙特阿拉伯政治现代化进程研究
吴　彦　著

责任编辑	葛玉丹
文字编辑	陈佩钰
封面设计	项梦怡
出版发行	浙江大学出版社
	（杭州市天目山路 148 号　邮政编码 310007）
	（网址：http://www.zjupress.com）
排　　版	杭州中大图文设计有限公司
印　　刷	杭州杭新印务有限公司
开　　本	700mm×960mm　1/16
印　　张	24
字　　数	336 千
版 印 次	2011 年 10 月第 1 版　2011 年 10 月第 1 次印刷
书　　号	ISBN 978-7-308-09116-9
定　　价	48.00 元